# 幕末武家の回想録



角川文庫
22395

目次

【凡　例】

一、文庫化にあたり、新たに、筆者略歴、編集部注〔　〕、小見出し、一四三頁の図版一点を加えた。なお、小見出しは底本の目次を基とした。

一、底本の編者注（　）はそのままとした。

一、漢字で表記されているものは、原則底本の通りとしたが、頻出する「併し」は仮名にあらためた。また全体にわたって、ルビを追加した。

一、旧字体は新字体にあらためたが、「嶋」や「皺」などの異体字はそのままとした。

# 解題

柴田宵曲

本書は昨年（昭和三十九年）十月に出版された青蛙《せいあ》選書第三冊「旧事諮問録《きゅうじしもんろく》」の姉妹篇とも見れば見らるるものである。旧を談ずることは同じでありながら、少しく趣を異にするのは、一は書名の示す如く諮問の形を取り、一は問を俟《ま》たずして自ら語る点にほかならぬ。

「旧事諮問録」のはじめて世に出た明治廿《にじゅう》年代から卅《さんじゅう》年代にかけて「江戸《えど》会誌《かいし》」「同方会誌」「旧幕府《きゅうばくふ》」等の雑誌が次々に行なわれた。いずれも旧幕人の手に成ったものので、幕末資料として貴重な文献に乏しくないが、ここには「旧事諮問録」のひそみに倣う意味において、談話もしくはそれに近いものを択《えら》んだ。その記事と雑誌名とを併記すれば左の通りである。

高家の話、御船手の話、幕末の話、明治以前の支那《しな》貿易、目撃した薩英《さつえい》戦争、日蘭交渉の一片、和蘭《オランダ》留学の話（以上「旧幕府」）

時の御太鼓、御朱印道中・御目付、御徒士《おかち》物語、外国使臣の謁見、徳川《とくがわ》民部公子

の渡仏、幕府軍艦開陽丸《かいようまる》の終始（以上「同方会誌」）

当時、旧幕府史談会なるものがあり、上野東照宮《うえのとうしょうぐう》社務所を会場として連月催された。「旧幕府」所載の談話はその筆記なので、一々の演題はなかったのを、便宜のため仮りにみだしを付けて置いた。「幕末の話」として一括したものの中には「同方会誌」所載の記事もまじっている。六（竹斎）、七（六十夕道人）、八（相陽道人）、九（松本蘭疇）、十（流行歌）等がそれである。これらはおおむね筆者不明の断片であるが、資料として本書に収載すべきものと思われるので、ここに附け加えることにした。

「同方会誌」と「旧幕府」とは主宰者を異にするに拘《かかわ》らず、併行して刊行された時代があり、時に記事の共通するものさえないではなかった。「御徒士物語」「幕府軍艦開陽丸の終始」の二篇は先《ま》ず「同方会誌」に掲げられ、次いで「旧幕府」に転載されたものである。「御徒士物語」の筆者鈍我羅漢は何人《なんぴと》の匿名であるか明かでない。この一篇は「嘗《かつ》て御徒士の職司に在りし先輩数氏に就き聴取せし所の記憶に存するものを、覚束《おぼつか》なくも補綴《ほてい》して御徒士物語と名づけぬ」とあり、筆者自身の体験談でなしに、聞書《ききがき》の集成であることがわかる。

同様の事は「時の御太鼓」「御朱印道中」「御目付」等の諸篇に就いても言い得るので、「時の御太鼓」の最後に「聞き噛《かじ》りの講釈も、あらあらこれで尽きたので擱筆《かくひつ》するる」とある。「御朱印道中」の終りに近く「自分の紋を染めた幕を張り、私なら江連《えづれ》加賀守御泊《かがのかみおとまり》などと、筆太に認《したた》めた木札を立てた」というのと、「御目付」の話の初めに「君の昵懇《じっこん》な江連老人」というのとを併せ読めば、おのずから別人の口より出たことが明かになる。筆者の署名は同一であっても、話し手はいろいろあるのである。「徳川民部公子の渡仏」は単なる聞書であるか、随行者の記すところであるか、この文章から俄《にわ》かに判断することはむずかしい。後年、林若樹《はやしわかき》氏は扈従《こじゅう》の一人であった井坂泉太郎氏の日記により、「攘夷《じょうい》家の洋行」なる一文を草されたことがあった。そこへ往くと「和蘭留学の話」は、留学者の一人の筆に成ること明かである。あられのや主人は赤松則良《あかまつのりよし》氏ではないかと推せられるふしがあるが、臆断《おくだん》を下すことは見合わせる。

以上のほかに次の諸雑誌から採録したものがある。この種の材料は捜せばいくらも出て来る筈《はず》であるが、本書の紙幅に限りがあり、広範囲に亙《わた》ることが不可能だったのである。


勤番者（「ホトトギス」）

明治元年（「文芸倶楽部《ぶんげいクラブ》」）

雲助、廻《まわ》り方の話、御伽《おとぎ》役の話（「彗星《すいせい》」）

鳴雪翁《めいせつおう》の「勤番者」は先ず「ホトトギス」に載り、次いで「寒玉集《かんぎょくしゅう》」第二編（明治卅四年四月刊）に採録された。渋柿園《じゅうしえん》氏の「明治元年」は寧《むし》ろ一般的な事柄であるが、最初の薩摩邸焼討から、終りの無禄《むろく》移住者の侘住居《わびずまい》に至るまで、悉《ことごと》く自身の体験談で、当時の感情がそのまま滲《にじ》み出ている点を珍とすべきであろう。この人の小説以外の文章は全く閑却されている形なので、特にここに収めた。明治卅六年一月の「文芸倶楽部」に出た時は「卅五年前」という標題であったが、近く明治百年を迎えようとする現在では、いささか距離があり過ぎるので「明治元年」と改めた。庶政一新の明治元年ではない、幕府瓦解に直結する明治元年である。三昧《さんまい》氏の「雲助」は「国民雑誌《こくみんざっし》」に出る筈のものが、何かの都合で発表されず、三田村《みたむら》翁の手に保存せられたのを、「彗星」（昭和二年七月、八月）に分載したと記憶する。従って実際この稿の成ったのは、それより大分遡《さかのぼ》らなければなるまい。他の二篇はいずれも昭和年代の談話筆記である。

「大名の日常生活」は昭和三年十月、広嶋《ひろしま》市郊外の浅野《あさの》侯爵別邸に於て、老侯より親しく承り得た筆記である。三田村翁が「江戸《えど》百話《ひゃくわ》」（昭和十四年五月刊）に収めた「浅野老侯のお話」には、その時以外の分も併録されているが、それには翁自身の説なども加えられたところがあるので、ここには「先年広嶋に老侯を候問し、連日お話を承り、その筆記を呈覧せしに、清閑を頒《わか》ちて具《つぶさ》に加筆され」云々《うんぬん》とある最後の分だけを採録した。この筆記を読み返すと、已《すで》に四十年近い過去になった当時の事が髣髴《ほうふつ》として浮かんで来る。畳の上には円いテーブルが置かれ、老侯は椅子に凭《よ》って話される。

これに対する椅子に腰掛けた者は三田村翁だけであった。筆記者は次の間の襖《ふすま》の陰に机を控えて小さく畏《かしこま》っていると、いよいよ老侯の御話がはじまる段になって、邸内に在った人々は悉く次の間に列坐《れつざ》し拝聴する。何となく引緊《ひきしま》った空気であった。広嶋は連日好晴で、別邸に到る途中、到るところ柿が赤々となっていたことを思い出す。

「大奥秘記」は「新燕石十種《しんえんせきじっしゅ》」第五所収のもので、著者「旧旗下の一老人」は即ち村《むら》山摂津守《やませっつのかみ》（鎮《まもる》）である。この書及び「村摂記」（未刊随筆百種）解題に自筆稿本とあるけれど、本来村山翁の口述に係るものであろう。

「新燕石十種」のどん尻《じり》に据えられたこの一篇は、その内容から言っても、談話体の記述から言っても、頗《すこぶ》る異彩を放っている。「大奥秘記」などと称するよりは、「幕制一斑《いっぱん》」とでもした方が内容にふさわしいかも知れぬが、子細に読んで行くと、さすがに慶喜《よしのぶ》公に仕えて中奥小姓《なかおくこしょう》であった斯《こ》の人でなければ語り得ぬ消息が窺《うかが》われる。但し村山翁その人に就いては「御殿女中」の解題に書いてしまったから、新たに加うべき材料は何もない。僅《わず》かに「大奥秘記」の中にペルリ来航当時を回顧して、四十九年前云々とあることにより、明治卅五年頃の口述であろうと推し得たくらいのものに過ぎぬ。

「幕府軍艦開陽丸の終始」は本書中の最長篇であって、しかも完結していない。完結しなかったのは沢太郎左衛門《さわたろうざえもん》氏が中途において遠逝されたためである。「同方会誌」

の編者は最初からこの顛末《てんまつ》の細大漏らさず演述されんことを希望し、年三回と定められた同方会小会の席上では到底尽くし得ぬことが明かなので、後には同会幹事が代る代る沢氏の邸に赴いて筆記する方法を取ったに拘らず、遂《つい》に終始を完了し得なかった。その最後の口述は明治卅一年三月十三日、遠逝は五月九日であった。この未完結の談話が「旧幕府」のほか「商船学校校友会雑誌」にも転載されたのを見れば、いかに当時に注目されたかを知るべきである。

沢氏は和蘭より帰朝の後、五稜郭《ごりようかく》の戦に加わり、明治二年下獄、同五年出獄、海軍省出仕となった。この話の最後に出て来る「テウェー、イヤッパネース、エネ、バスバスバス、エーネン、ストレーキストック、ダール、ヘーン、ハーン」という童謡には更に後日譚《たん》があって、明治卅四年、沢氏の嫡男鑑之丞《かんのじよう》氏（後備海軍中将）が和蘭に遊んだ時、ハーゲ市の公園近くにおいて、あとから附いて来た学校帰りの子供等が突然この謡をうたい出した。出発前、和蘭留学仲間であった榎本武揚《えのもとたけあき》子から、その話を聞いていた中将は、感慨無量で耳を傾けていると、突然公園の木立ちの中より風采賤《ふうさいいや》しからざる一老紳士が現われ、一喝して子供等を走らせた後、英語で彼等の無礼を陳謝して去ったというのである。この後日譚は林若樹氏によって大正末年の「新小説」に発表された。和蘭留学の一人である林研海《けんかい》は若樹氏の厳君であるから、往年の童謡が後々まで伝わっている点に、特に興味を感ぜられたものであろう。

本書の内容は大体以上の如きもので、諸家の談話も個々独立する場合が多いから、一定の方針のもとに会を企て、幾多の質疑を重ねて真相を知ろうとした「旧事諮問録」と同様に視ることは出来ない。編者は出来るだけ話題の変化を求め、且つ散漫に陥らぬよう注意したつもりであるが、果してどの程度に実現し得たか、もとより疑問である。もし多少なりとも「旧事諮問録」の闕《けつ》を補うところがあったとしたら、望外の幸いと言わなければならぬ。

書名は「旧事諮問録」の姉妹篇たることを期する意味に於て、「江戸旧事談叢《だんそう》」「故老回顧談」その他種々案にのぼったが、結局、平易明快な「幕末の武家」と決した。本書の内容はかなり多岐に亙っているにせよ、「雲助」一篇を除けば武家の範囲を出《い》でず、時代もまた略〻《ほぼ》幕末に終始するわけだから、却《かえ》って内容を端的に示すことになるかも知れぬ。スペルウエル号難破始末誌は、一つだけ飛び離れて元禄《げんろく》以前に遡るけれど、これはもともと附録的文字であり、比較的世に知られぬ文献として掲げたものなので、時代的には例外と見られんことを希望する。

編者は平生幕末なり武家なりに就いて、特別の注意を払っているわけではない。もし本書に研究とか、批判とかいうものが加わらなければならぬとしたら、最初から着手する勇気が出なかったろうと思う。武家自身その立場において語るところを集録するまでだから、安心して書物に纏《まと》めることが出来たのである。

本書を編むに当り、森銑三《もりせんぞう》氏は種々雑誌借覧の便宜を与えられた。本書が短日月の間に成ったのは、一にその好意と援助とによるものである。最後に附記して感謝の意を表する。

(昭和四十年四月)

# 大名の日常生活

浅野《あさの》長勲《ながこと》

天保十三年広島生まれ。伯父長訓《ながみち》の養子となり広島藩の支藩、新田藩主を継ぐ。本藩に代わり、京都で幕末の政局に携わる。薩長と挙兵討幕の盟約を結びながら、土佐藩の公儀政体論に同調し、徳川慶喜に大政奉還を勧め、王政復古の大号令にて議定《ぎじょう》となった。その後、広島藩主、同藩知事、元老院議官、イタリア日本公使、貴族院議員などを務めた。昭和十二年没。

## 江戸城における大名の詰所

まず旧幕の時の模様をお話しします。

私の方は国主《こくしゅ》で、大広間詰《おおひろまづめ》というのでありますが、これにはいろいろ格式があって、諸侯の詰席が異っておる。それには家格もあり、慣例もあって、一様には言われません。ただ私の存じていることを以《もっ》てお話すると、幕府の極く近親で、縁故の深い者が溜間詰《たまりのまづめ》になる。その次が大廊下《おおろうか》で、このうちに上の部屋、下の部屋と二つに分かれておる。上の部屋が御三家御三卿《ごさんきょう》の間、次の部屋が幕府一門の詰席になっておる。それから外様《とざま》大名になりまして、大広間へ国主及び准国主が詰める。別に四品《しほん》の間詰というものがある。四品というのは四位にして官名なきもの、これが大広間の次へ詰めることになっている。それから少しこちらに来て柳《やなぎ》の間、これが五位の者で、七万石余を頭《かしら》に、一万石ぐらいの大名がここに詰めている。つまり大広間と柳の間との二つが、外様大名の詰所になっておるのです。譜代《ふだい》の者は別になっていて、この方にも帝鑑《ていかん》の間、雁《かり》の間、菊《きく》の間など、いろいろあるが、その方の事は私は全く存じません。

将軍への謁見の仕方

将軍に謁見します時は、大広間を出て、柳の間を通り、松《まつ》の廊下《ろうか》を通って、白書院《しろしょいん》へ出る。ここで将軍に謁見があるのです。今お話した御三家御三卿の詰所の前を過ぎ、広い間があって、そこに溜間詰の人々、譜代にして政事《まつりごと》の諮問に預かる者が詰めておる。次いで老中、若年寄、寺社奉行、それから大目付、目付という風に並んでおる。その前を通って、白書院へ行くのですが、白書院には上段、下段の二つ間があり、もう一つ先に間がある。上段の所に将軍が簾《みす》を半身垂れて着坐《ちゃくざ》しておられる。国主になると、上段の次の間の中程ぐらいで謁する。将軍を拝し見ることは出来ません。平身低頭するだけです。国主に限って、老中の披露があるが、何の守《かみ》、何の大夫《だいぶ》とは言わんで、ただ安芸《あき》とか、薩摩《さつま》とか、備前《びぜん》とかいうような風に披露する。津の守、紀の守だけは、摂津《せっつ》、紀伊《きい》とは言わずに、こう言っておりました。全く君臣の態《てい》です。

陛下に拝謁するには、御顔を拝することが出来るのですが、将軍の方はそうでない。将軍の方から御覧になるだけで、こちらから仰ぎ見ることは出来ません。だから大広間以外の柳の間ぐらいの外様大名が謁見する時には、将軍は始終着坐しておられない、といわれておるくらいです。この時は白書院の先の一間の障子の所に五人ぐらいずつ並んで謁する。この時は何も披露はありません。お辞儀をして、ずうと引いて行くだけのことですが、非常に厳重なもので、この障子は腰高障子になっておる、その前半畳敷ぐらいの所で謁するのですが、その時に畳の縁《へり》へ手がついたり、脇差《わきざし》が障《さ》わったりすると、直ぐに御目付が駈《か》けて来て、下城《げじょう》差留ということになる。但しこれは譴責《けんせき》を受けるだけで、それ以上の処分はありませんでした。

白書院の先に黒書院《くろしょいん》というもありましたが、普通は白書院で謁見することになっていました。

## 登城と服装

登城は年頭と、五節句（若菜（一月七日）、上巳《じようし》（三月三日）、端午《たんご》（五月五日）、七夕《たなばた》（七月七日）、重陽《ちようよう》（九月九日））と、月並《つきなみ》（月に二、三度ほど）と、これだけが定まった登城日になっておって、年頭は四位以上は直垂《ひたたれ》を着る。四品は狩衣《かりぎぬ》、五位はみな大紋《だいもん》と、こういうことになっておる。五節句になりますと、熨斗目《のしめ》、長上下《ながかみしも》で、これにも格式がある。この節は国主も、五位もみな長上下だが、熨斗目が四位以上は「ちぢれ熨斗目」といって、ちぢれたようなものを用いる。これは略式なものですが、却《かえ》ってこれを位のよい者に許されて、これを着るのを自慢のようにしていたものです。四位以下は板熨斗目《いたのしめ》と称《とな》えて、皺《しわ》のないのを用いる。この方が本式なのです。月並は半上下《はんじよう》です。これを着用する例になっておった。謁見の次第は、五節句も月並も前にお話し《げ》した通りで、別に変ったこともないようです。

### 初めての謁見で一字を賜わる

登城の日はいろいろありますが、武家の方に於きましては、乗出しと称えて、はじめて将軍に謁見する殿上元服《てんじよう》で、この時に官位を賜わり、将軍の一字を拝領し、刀を賜わる。官位もいろいろあるが、私の家格では、従四位下侍従になるのが定まりでした。元服は黒書院の縁側で式があるので、縁側というても畳が敷いてある、かなり広い所です。そこで老中が上座に出て、官位、御名前の一字、刀を賜わり、厚き上意を伝える。こちらでは将軍に対する通り、有難く上意をお請けして、将軍に申上げると同じく敬礼する。老中は御名の一字を賜わるというので、家茂《いえもち》将軍ならば、家の字を賜わることはありませんから、茂の字を賜わる。勿論《もちろん》その場では定まりませんから、頂戴《ちょうだい》して帰って、下の字をつけて、御名の一字を賜わって、茂勲《もちこと》と申しました。明治になって本姓に復せという御下命があって、松平《まつだいら》から浅野になった時、拝領の名もやめいということで、浅野家代々の長という字に改めたのです。

その他の登城日には御能見物がある。これには変った話がありますが、別段にお話することにします。それから嘉祥《かしよう》〔将軍から菓子を賜わる儀式〕。これは私の方の家風として、一代に一度ずつくらいの事であった。まず普通に知れておる登城はこのくらいのものであろうと存じます。玄猪《げんちょ》〔十月の亥《い》の日の亥の刻についた餅《もち》を食べる儀式〕は外様は関係がありません。

私の屋敷は霞ケ関《かすみがせき》にありまして、登城いたすのが昔の五ツ時、四ツには謁見があった。この時連れます同勢は、大分人数が多いので、二ノ切、三ノ切などと称えて、二つにも三つにも間を切ってある。諸人通行の邪魔になるからです。私の時はちょうど本丸が焼けて、西ノ丸が主になっておりましたが、下乗橋《げじよう》のところで供がみな落ちる。そうしてこれはみな供待に置いてある。あとは先箱一人になって、供頭、傘持、草履取、これだけが二重橋《にじゅう》まで行く。それから先は供頭、傘持、草履取だけ連れて玄関まで行く。ここにかねてさし廻《まわ》してある刀番、これは相当位置のある士ですが、これに玄関を上がる時、刀を抜いて渡します。刀番は私が帰るまで終始玄関の外で、刀を持って立っていなければならないのです。

登城の服装が長上下という時でありますと、長袴《ながばかま》の中に三尺ばかりの黒い打紐《うちひも》があって、それで前を括《くく》って帯へ結《ゆわ》えてある。ですから足のところには何も蔽《おお》いがないので、雨だの雪だのの時には、なかなか寒いのです。玄関を上がる時にこの紐を解いて、前を長くしてはいります。城にはいると頼みの御坊主があって、いろいろ世話をする。間もなく大老、老中が登城されまして、それから謁見がある。御坊主にはいろいろの名称があって、表坊主もあり、奥坊主もあるが、それが大広間辺に待受けていて、間接の世話をするくらいのものです。

御城坊主の部屋で休憩

大広間へ詰めておっても、台子《だいす》へ行って茶を飲む者はない。公然ではないが、坊主の部屋へ行って、茶を飲んだり、食事をしたりする。重詰を二つも三つも持って行きました。席にいては茶を飲むこともいけません。坊主の部屋へ行くのも公然ではないが、勤めたる態で休息するのです。午《ひる》までには帰るわけになっているから、城中では食事はないのです。

そういうような次第ですから、はじめて登城する時には、親族の大名二人に依頼して、これが附添いとして同道します。何奉行とか、奏者番《そうじゃばん》とかいう者にも頼みがあって、定頼みのように頼んで置くのです。

登城の駕籠と行列

登城の駕籠《かご》の中へは、煙管《きせる》も火も一切入れません。

私の方の駕籠は打上網代《うちあげあじろ》〔簾《すだれ》を上下させて出入りする駕籠で、木などの薄い部材を編んで作る網代を胴回りに張った〕でありました。これは家格で、他に余計ありません。加《か》州《しゅう》〔加賀藩前田《まえだ》家〕あたりでも、たしか引戸だったと思う。私方の風習として、簾は常に巻き上げていました。

駕籠の中にも薄い蒲団《ふとん》が敷いてあるくらいのものです。雨とか、雪とか、風のひどい時とかには、帰って玄関で下りると、供の者に「御苦労であった」という意味の慰労の言を吐く。駕籠へ乗る時に、厚い蒲団を敷くこともないではないが、その時は家来に「足が悪いから許せ」というような一言を吐かなければ乗りませんが、私はそういうことは一度もなかった。薄い蒲団の上に端坐しているのですから、私もあまり楽ではないが、供の者は登城している間、下乗門の外に詰めて待っているので、ずいぶん難儀なものです。それに何分屋敷が近いので、霞ヶ関から下乗門までは供が続いてしまう。その上、前申した通り、中の切を取らなければいけない。最後の合羽《かっぱ》籠《かご》の者は通用門を出たままで待っている。今考えれば愚なことをしたものです。

駕籠は四人で担ぎました。いつでも必ず手代りの者が四人付いておった。これがずうっと駈けて行って、うしろ向きにお辞儀をしておる。形式上隠れたという姿で、うしろを向いているのです。駕籠は登城のときは下乗門まで、帰りは下乗門から乗って、屋敷の玄関まで来る。下乗門外で駕籠から下りると、草履取が草履を出す。これは竹の皮で編んだ、共緒《ともお》のものです。足袋は穿《は》きますが、夏は出来ない。穿かんのが例になっておる。もし穿くときは願いを出すのです。草履取は目通りが出来んので、投草《なげぞう》履《り》と称えて、遠くからちゃんと二つ揃うように投げる。草履取の姿は見えているのだが、形式にそうするのです。玄関に上がった後では、また草履取が預かっている。雨天の際は下駄です。これは投げて揃えるわけに往かないから、横から並べる。

この下駄は歯が厚く、鼻緒も大きい。下駄を穿く時は、どこへ行っても、それでした。登城の供連は左のようなものです。

道案内
先箱　左右歩行小姓　同　同　馬廻り　供頭　小姓　鎗《やり》
長刀　駕籠　駕籠者八人
先箱　左右歩行小姓　同　同　馬廻り　供頭　小姓　鎗
口附　鞭《むち》
乗用馬　馬柄杓《まびしゃく》　乗替馬　茶弁当　馬廻り　左右歩行　小姓小頭
駕籠之者小頭
口附　水箱　茶道方　馬廻り　歩行　目付
草履取　挟箱　小使　中押足軽　供挟箱　同　同　同
長柄傘　小使　此《この》間明ヶ　供頭馬　供鎗
手傘　蓑《みの》箱　小使　中押足軽　供挟箱　同　同　同
又供　両掛　合羽籠　同　同　同　同　同　同　押足軽
押足軽

私の方の行列の他と異っておるところは、槍が二本で、それが短いのです。ですから見附をくぐる時でも、平気でずうっと行けたのです。それに私の方では、駕籠の者でも何でも、渡りの者は使いませんので、みな国の者ばかりでした。押えの者の羽織が無紋の絹の羽織で、これは将軍家から賜わったとか、許されたとか申します。先箱を渡す時には、両手にて捧《ささ》げて渡す。それを受取って直ぐ肩へ担いで行く。その様子は実に手際なものでした。

道中で大名が行合いになることは、滅多になかったが、江戸では始終出会いました。行違う向うから行列を見ると、上杉弾正大弼《うえすぎだんじょうだいひつ》様という風に、先におる者が知らせる。行違う時に引戸の駕籠なら、半ばこれを引く。打上のは駕籠脇が簾に手を掛け、それで目礼する。駕籠は止めはしません。どんな大名でも行き会えば、こういう風にする。相手が三家ですと、駕籠を下りなければならないのですが、この時は大概避けます。

将軍への献上物

献上物は廃藩の際、旧記を県庁の役人が焼いてしまったので、よくわかりませんが、あらかた書かして置いたものがありますから、これを御覧に入れましょう。

帰国の上御礼　　巻物二種
年始、八朔《はっさく》　　太刀馬代
端午、重陽、歳暮　　時服《じふく》
正月三日謡初ニ付　　盃一台、干鯛
二月　西条《さいじょう》枝柿、在国の時
三月　三原《みはら》酒

四　月　生肴《なまざかな》、在国の時
暑　中　煎海鼠《いりこ》、在府の時
十　月　細炭、茶、干鯛、在府の時
十一月　塩鮎《あゆ》、鰭《ひれ》、在府の時
十二月　西条枝柿、串柿

献上物は生肴のほか、国産物を差上げるのが、主なのですが、これらの品物はみな駅伝で送ります。みずから持って行って、献上するようなことはありません。

右の品の内、三原酒、西条枝柿、茶、塩鮎などは、献上と同時に、老中一同、京都所司代《しょしだい》、大坂城代へも、留守居《るすい》を以て贈進することになっておりました。謡初《うたいぞめ》のときの盃一台というのは、私は覚えない。高砂《たかさご》ということの書いた書類がありましたが、高砂の絵でも書いてあったものか、どうも確かに申されません。

元服のときの献上物は、登城と同時だったようです。ほかの書類に、その時の品名は、太刀一腰、白銀卅《さんじゅう》枚、縮緬《ちりめん》というように書いてあります。

参府は隔年

参府は国主、准国主及びその他の大名を二つに別けて、子《ね》と丑《うし》とにする。隔年になるのですから、私の方は子、寅《とら》、辰《たつ》、午《うま》、申《さる》、亥（戌《いぬ》か）と、これだけが参府の年になります。参府の年に限って、老中が上使に来る。将軍の名代ですから、出迎えて上座に誘引する。場所は霞ケ関の表書院です。この時の献上物は、太刀馬代黄金十両とある。帰国の節は登城いたします。参府のときの服装も、この時の服装も並の服です。帰国の節の拝領物は、太刀拵付《こしらえつき》、馬とあります。このほか歳暮にも時服の拝領がある。

鶴の拝領は、在国の時は、国へ宿継《しゅくつぎ》で参ります。鶴といったところで、鶴が一羽来るわけではない。身が切ってあるので、よく覚えませんが、箱にはいっておりましたでしょう。雲雀《ひばり》の拝領は御使番《おつかいばん》が上使に来ました。拝領すると御礼に行きました。

御能見物の登城、これは諸大名に拝見仰せ付けられる。このとき変った事と申すは、諸役人も出ておりますが、町の者が一町に幾人という割で、舞台の下の砂利の上に坐《すわ》って、拝見仰せ付けられる。将軍家の出御《しゅつぎょ》以前から、入御になるまで、坐っておらなければならんのですから、難儀なものと思います。

それからこの日に限って、町奉行の批判をする。悪口することを許されている。これは将軍家が下情を御存じなさるという意味であろうと存じます。この時、要脚広蓋《ようきゃくひろぶた》ということがありまして、能の中入《なかいり》に、この広蓋へ能役者の着用する能衣裳《いしょう》とか、式日上下とか、狂言の衣裳とか、そういうものを階段から上がって、舞台の正面に着坐して、広蓋から出して賜わります。これが大分長い間で、かれこれ一時《とき》ぐらいもかかりましょう。

## 浅野家の婚礼

婚礼の式は風が変っておりまして、初めに貰《もら》い受けの使者が来て話がきまる。その節進物がありますが結納はそれだけのもので、反物とか、干鯛とかいうようなものです。その日になると、奥向の広敷の内には、いろいろな掛りがあって、御末《おすえ》という者、これは一番下の女で、常盤《ときわ》とか、何とかいう名が付いています。この女が駕籠を担ぐ。広敷の玄関から、締り口の処まで担いで来ると、夫になるべき者が、そこへ行きまして、駕籠の前へちょっと手を掛ける。これは本来は自分が行って連れて来るべきものなので、親迎《しんげい》の式の意味だそうです。そうして客座へ嫁が坐る。その時の衣裳は、まるで白で、死んだ時と同じ事です。頭にも白いものを被《かぶ》っていて、顔は一切《いっせつ》見せない。夫になるべき者は、兼房《けんぼう》の上下を着ている。ここで向い合いになって、お嫁さんの方へ先に酌をします。先方には向うから連れて来た役女が附添うており、こちらにも役女が附いている。盃は三方《さんぽう》に載せてある。これで夫婦の固めが済むと、双方が離れて、勝手へ参って、衣裳を改めて出て来る。お嫁さんも美しいものを着、髪も飾り立てて出て来る。こちらは当り前の紋付と半上下を着ます。もう夫婦になったのですから、今度は夫が上座に、新婦が下座に並ぶ。もちろん被りものも取っております。それから色直しになって、打解けた酒宴があるので、しまいに夫婦の床入という順序になります。

床入をするとおかしな話ですが、狗張子《いぬはりこ》を是非持って来てあって、これに汚れた紙を入れる。それを翌日里へ持って行くと、はじめて首尾よく婚礼が済んだといって安心した。これが戻るのが遅いと、里方で心配したものだそうです。

色直しの時も、夫婦と双方の介添女がいるだけで、それに給仕をする者やらはいるが、親族を呼ぶとか、家来の者が来るとかいう事はありません。それが済んで翌日両親のところへ礼に行きます。

夫としては被《かつぎ》を取って出た時に、初めて自分の妻の顔を見るので、それ以前には、どんな女か全くわかりません。尤《もっと》もどういう人であるというようなことは、中に入っている人があって、それから聞いてはいますが、顔の善悪などは、それまでわからんのです。私の婚礼は広嶋でしたので、当時は御祝い能などありませんでした。臣下は歓《よろこ》びに来ることは来るが、これは帳付までで、御目見《おめみえ》以上でも逢《あ》うことはない。新しく来た妻に、臣下が目通りをすることは、容易にありませんで、執政、用人などは格別、その他は重役でも逢わんのが多い。広敷掛には逢います。時々来ていろいろ用を聞くことはあるが、これもずかずかとははいって行けない。一応役女に聞いて、それからはいる。役女の権というものは、よほど高いものです。奥向の女中としては、老女が一番上で、江戸には四人ぐらいおる。広嶋は前には二人三人いましたが、後は一人ぐらいになっていた。その次が若年寄。それから役女として右筆《ゆうひつ》。それから表使《おもてづかい》。表使は表と奥の境の錠口へ行って、双方談じ合う役目です。ここへはほかの者は行けない。そこへ行って杉戸の内と外とで談判する。右筆は一種の権力があって、老女、若年寄と雖《いえど》も、追い使うことは出来ない。殆《ほと》んど同等の権利を持っておった。けれども役は下なのです。それから側女中、次女中ということになる。

側女中、次女中は広嶋では五、六人でしたか、江戸ではもっと多かった。江戸表には右のほか、中奥掛《なかおくがかり》とか、御住居《おすまい》掛とかいうものがありました。

家臣の登庸と制度

臣下に対する礼に於きましては、家老などに対すると、名を呼捨てにします。はじめは少し離れて坐るが、これへと言うと、敷居ぎわまで来ます。私の方では、家老は大事件に対して、諮問に応ずるだけになっている。昔は家老が政事をしたこともあるが、そうすると、その陪臣に権力のつく事があって、弊があるからやめたのです。そうして執政を置いた。この執政の登庸法が一種変っておって、家老のほかは禄《ろく》を世々に継がないことにしてある。百石以下でも、人才と認めれば、大いにこれを用いる。執政、年寄役、米銀掛というような役目には、事宜《じぎ》によって随分下からも抜擢《ばってき》したものです。

藩士が隠居するという場合には、隠居する者の在職中の功労の多少によって禄を減じます。あとを何か役をやらせることもあり、無役で置くこともある。全く私の方は人材登庸の主義に基づいていたので、これが世の中の変化した場合にも、都合がよかったかと存じます。執政になると小座敷に毎朝揃って、めいめいに挨拶《あいさつ》に来る。そのとき藩主は褥《しとね》をはずして一礼する。それから各持場に帰って、政事を取扱うのです。これらは家老とは扱いが違うが、重役として扱います。その次が用人で、これは機密には預からんが、常に参って用向を聞きもし、言いもする。これに対しては執政のようでなく、褥にいて話をするくらいのことです。

家老の次に中老というものがありますが、これは常任がない。縁故とか、功労とかいうものによって、家老に次いで扱いをするのですから、これという定職もありません。それから番頭《ばんがしら》、これは軍職で、千石以上の役です。そのあともいろいろ役があって、大目付、目付、これは善悪を糺弾する。

大目付は直きに出まして、役人の善悪等を言う。目安箱《めやすばこ》と称えて、方々に上訴する箱がある。これも大目付が持って来て見せる。目付はそういう事はしませんが、まずその種類の仕事です。大小姓頭《こしょうがしら》、中小姓頭、これは側役ですが、軍事に臨んでは武役にもなるので、組を引連れている。役の方面によって、おのずからその待遇も異ります。執政などは前申したように、下から思いも寄らず引上げることもあって、部屋住から引上げた例もある。そういう点は大いに自由だったのです。

臣下よりの年頭の礼を受ける場合は、家老、年寄役というような者は、表でなしに勝手の書院――奥書院と申します――へ来る。家老は敷居より少し離れて坐り、これへと呼ぶと、敷居ぎわまで参ります。口上の趣意は、益〻《ますます》御機嫌よく御超歳遊ばされ、恐悦に存じますというようなことで、私の方からは愈〻《いよいよ》無事で珍重に存ずるくらいのことを言う。年寄役になると、三の間の敷居をちょっと入ったくらいの所で、これは年頭の御祝詞を申上げますくらいで、私は「目出度」くらいのことを言う。その他は表になりまして、金《こがね》の間という広間へ出る。千石以上の者は太刀馬代というものを奏者が持って出る。その下にお辞儀をしておると、奏者が開き直って披露する。千石以下は青緡鳥目《あおざしちょうもく》〔紺色の麻縄を通してまとめた銭〕で、禄高の順によって多少がある。奏者がこれを前に置いて、何の某《なにがし》と姓名を述べる。それ以下の者は、鎖《くさり》の間より書院台所にずうっと並んで坐っておる。一番上が書翰《しょかん》片列、台所奉行、総歩行《かち》組ですが、この時はあちらこちらに奏者が坐っていて、それぞれ披露をする。これは通り懸りの礼である。その他、部屋住の礼などがあるので、数日を要します。神官僧侶《そうりょ》の礼もある。部屋住以下の者は献上物はありません。披露だけです。

年末には立派な式がないので、家老、執政、勝手役の用人というような者が、奥書院へ来ることはありますけれども、一般には何もないのです。

執政は毎日必ず藩主の前に出ますが、ほかの者は出勤しても一々出ない。側近の者は別です。広敷へ寝た場合でも、毎朝みなが挨拶に出るというきまりはない。起きた時に、御機嫌を伺いますくらいのことはある。夜、寝所へ入ると、御機嫌を伺うと言って下がります。

表の方では寝室に入る時に、小姓がお辞儀をして、詰所に引取る。但し枕許《まくらもと》に不寝の番が二人おり、次の間にも二人ぐらい居たでしょう。小姓は袴だけ穿いて、羽織は着ていない。私の刀は枕許に置いてあります。両刀とも手の延びるところに置いてある。

脇息《きょうそく》（肘掛け）は年寄らなければ用いません。別に年齢のきまりはないが、六十ぐらいからでしょう。煙草盆だの煙管だのは、座に着けば小姓が持って来る。これは随意にのめます。

鼻紙台の上に載せてある紙は、口を拭《ぬぐ》うとかいう紙で、もみ紙ではありません。もみ紙は本当に洟《はな》を取るとかいうことに使うので、これはちょっと目に付かん、陰《かげ》の所に置いてあります。

## 琴以外の鳴物は禁止

夜物を食うことはありません。酒は午《ひる》は出もせず、好みもしませんが、夜は好めば持って来ます。昔は酒宴などもそうですが、飯の前に酒を飲むことはしない。御膳《ごぜん》を一ぜん食うてから酒が出る。御膳の出るのは、もうおしまいの時だなどということはありませんでした。酒は初め木盃が膳についている。後は猪口《ちょこ》になる。大概の場合は銚子《ちょうし》ですが、猪口の場合には徳利《とっくり》も使います。奥で飲む時に酌をするのは若年寄で、若い者が酌をするようなことはなかった。

　子供と共に飯を食うとか、子供の遊ぶのを見るというようなことはありません。聞いたこともなかった。

　表にいる時の楽しみといえば、謡をうたうとか、詩を作るとかいう事です。謡は分家におる頃、家来に習いました。能舞台もありましたが、広敷にはない。奥書院というような所に舞台があったが、ここで催したことは一度もありません。三の丸に御《お》住《すま》居《い》の御連合《おつれあい》が隠居しておられて、そこで御能があった。奥の狂言は江戸にはあったが、国では琴のほかの鳴物《なりもの》は、一切禁制になっておりました。江戸でも御住居はあったが、別に三味線を弾かして遊ぶということもなかった。

　三曲〔合奏〕が一、二度ありましたが、これは尾州《びしゅう》から来た方〔先々代藩主の正室〕の所で、中奥では聞きませんでした。広嶋ですべての鳴物遊芸を禁じていた為に、一度こういうことがありました。奥が琴を弾いたのを、三味線と聞き誤って、目付が直ぐやって来て、御奥に三味線に似た音が致しますがと言う。私はわかっていたのですが、早速調べて見ようと言うて、一応調べた上で、よく言うた、あれは琴を弾いていたのだ、と言うた事がある。禁を犯した事があれば、目付は直ぐ飛んで来て咎《とが》めます。こういう法度《はっと》書を書いたものはありません。古くはあったかも知れませんが、もう無言の令になっていました。

食事の箸《はし》は杉の小箸で、何も入れずと、膳の上に置いてありました。これは無論、一回々々に取捨てます。御膳の茶碗《ちゃわん》は陶器、お汁の椀《わん》は木具になって居りました。医者の診察は側医《そばい》が代り合うてしておりました。朝一回で、脈と舌、腹も見ました。坐ったままでしたが、風邪を引いた時などは、寝ていることもある。診察の場所は居間です。道中も医者は幾人も連れておりますが、その時は出立前に診察します。

徳川家からの嫁

将軍家から降嫁された方を、私の方では御住居様と称し、末《すえ》姫様と申しました。霞ケ関におられました。霞ケ関の屋敷には、中奥に続いて新奥というものがあって、これには上総介《かずさのすけ》という、後にちょっと十二代安芸守になった者の室――尾州家から来られた利《とし》姫と申す御方が、当時寡婦でおられた。それより御住居のおられる所がありました。新奥から御住居の方へ参るには、少し小高くなった段がある。それを上がると待合の間というものがあります。そこへ通って待っていると、年寄という女中が来る。それについて御住居のおられる次の間まで来ると、上﨟《じょうろう》、年寄、中老などという者が、そこに並んで坐っている。この中老が側女中のようなものなのでしょう。人数は上﨟が一人、年寄が三人、中老は四、五人くらいおったようです。ここで脇差を抜き置いて、一応膝《ひざ》をついて挨拶しなければならん。向うは坐ったなりで挨拶する。殆んど対々です。それから敷居の手前で、扇子を抜いてお辞儀をしていると、御住居がはいれと言われる。中へはいると打解けて、いろいろのおねんごろなお話があるのです。

御住居の襖《ふすま》は金張付《きんばりつけ》でした。実は御住居でも金張付ということは、公儀に対して出来なかったので、これは金張付ではない、白地に金の画《え》だという言い訳がしてあった。御住居のおられる所は、うしろに床があって、屏風《びょうぶ》はありません。床には懸物がかけてあり、置物が置いてあるだけで、ほかに飾ってあるようなものはなかった。私は随分打解けて、お親しくはありましたが、陪食などということはありませんでした。庭へお供したりすることはある。そういう時の穿き物は草履でした。私のも普通の男の穿き物が出ている。藤倉《ふじくら》といいますか、麻裏の草履です。服装は普通の模様の着物を着て、カケを着ておられるので、庭へ出る時などは、御附の者がカケをかかげており、

この時には女中が皆お供して参ります。

御住居のところへは、別に参る日がきまっていたわけではない。親子であったら、

やはり毎日御機嫌を伺うのでしょうが、私は曾孫《そうそん》に当りますので、そんなことはありません。

折ふし参ったのですが、その時は前に打合わせて行きました。御住居の方から呼ばれることもあります。茶の会をするから来いとか、あるいは御住居の方に舞台がありまして、狂言があるから見に来いとか言われる。藤間とかいう女の役者が御抱えでありまして、歌舞伎の真似事などをして御覧に入れる。この舞台は別段に立派なものが出来ていました。殆んど芝居小屋と似たもので、ガンドウ返しとか、せり出しとかいうことは出来ない。廻り舞台ぐらいのことでしたが、ほかには見物席が小さいだけで、本当の芝居と違いはなかった。これは御住居の住居向きを離れた近い所にありました。

御住居のところへ参った時の挨拶は、その時によっていろいろありますが、まず御機嫌よろしうという意味のことを言う。先方でもお前も障りがなくてめでたい、というようなことを言われる。これも判で捺《お》したように、きまっておるわけではありません。それから四方山《よもやま》の話があって、双六《すごろく》をするとか、その他いろいろ遊び事などがある。この時は女中達も御居間の中へはいってお相手をするのです。帰る時には敷居を出て挨拶をして、そこに置いた扇子を取る。御住居は座を動きはなさらんので、中老一人ぐらいが送って附いて来ます。

## 御住居の権威

御住居の権力というものは非常なもので、夫婦の間でも大分違います。夫と雖《いえど》も、いきなりずっとその部屋へ通るわけには往かない。やはり前お話したように待合で待っている。女房である御住居が、そこへ出て来られて御対顔があり、それから御住居の御誘引で、一緒に居間へ行く、という順序になります。これが普通の夫婦であれば、妻が錠口まで出向いて迎えるのですが、御住居となると、これだけの相違があったのです。

そういう風ですから、女中の方にも御住居掛りというものがあって、双方の間に争いの起ることもあり、なかなかむずかしいものです。平生の暮しにしても、三度の食事はみな私の方から供えますが、これを三通りの供えにする。例えば向うづけの鯛にしても三つ用意する。公辺からもその通り御膳が出る。その両方から出るのを、どういうわけか知らないが、公辺から出る方をお上がりになった。浅野家から出した分には御手が付かん。が、上がった態になっておりました。大きい鯛でも何でも、それぎりになってしまうのです。それから御住居の上臈、年寄等を中奥の方へ招《よ》ぶことがありました。年に一度か二度はありましたが、まことによそよそしいもので、お客さんのようです。刻限は昼でしたろう。よくはおぼえません。先方は上座に坐っている。私はそこへ出て挨拶をしたり、取持ちをしたりしなければならない。そういう時の私のなりは、袴を穿いて羽織は着ていない。昔はあまり羽織は着なかったようです。場所は中奥の一部の座敷へ招くのです。

当時は戸主にも妻がなく、私にもなかったので、霞ヶ関には中奥ばかりで、奥というものがありませんでした。

維新後は上総介の室が、寡婦になっていたので、この方には別に掛りがなく、奥掛りがこれを兼ねておりました。

御住居の方には、御住居掛りというものがあり、別に役所があって、そこに幕府の役人ばかり詰めておりました。屋敷の方の御住居の掛りは、そこへ行って打合わせをするようになっていました。

この御住居様は至ってやさしい方で、私をお愛し下さったので、よくお遊び相手のために臨時に出ました。御顔は今でもおぼえていますが、竪長い立派な御顔でした。髪は下げておられるのではない。広がったような結び方をしておられた。中肉のどちらかと言えば、少し大きい方だったように思います。広嶋の方は元来中奥ばかりなので、名称として中奥と言わず、広敷と言っておりました。御住居様の持って来られた雛《ひな》は、今でも幾らか残っていますが、立派なものでした。もう一つ尾州から来たのも立派だった。これを飾るのは、広い間へ別段に出来るので、段はかねて設けてあるのを、その時に組立てるのです。それが三ところぐらいあって、この間にはこういうもの、あの間にはああいうものという風に、飾ってあったように思うが、これは判然《はっきり》おぼえません。

御住居は御住居の中だけで暮しておられて、外へは来られなかった。中奥の庭の方へ遊びにお出《い》でになったらよかろうと思ったこともありますが、そういうことは大分面倒だったらしいのです。一度家斉《いえなり》将軍が御住居へお出でになったことがあります。これも表面はむずかしいので、御庭をお通り抜けになるという意味で、お出でになったのです。お上がりになったかどうか、それは存じません。

## 大名家の親子の関係

昔の親子の関係というものは、まことにむずかしいもので、親が隠居して、子が世を取っておりますれば、隠居した者は親と雖《いえど》も政事上には一切口を入れない。子も親に一切相談しないで、直きに執政に命を下すという風になっておりました。親と相談すると間違いのもとになる。政事上でないことでも、執政を経て聞くとか、事の大小によっては、用人あるいは内用掛りを経て聞くようにする。直接に尋ね問うことはしませんでした。親子の間は、ただ睦《むつ》ましくして行くということになっていた。親が世を取っていて、子が嫡子である場合も同じことです。嫡子は一切政事上に関係しないし、親も何も相談しない。

隠居の親から当主の子に対しては太守といいます。呼捨てにもせず、名も呼ばず、また子が世を取って親が隠居すれば、子から親に対して官名を称える。少将殿とか、侍従殿とか言うたものです。この工合《ぐあい》がまことに厳重なものになっておりまして、親子で対面いたすということになりましても、必ず袴を着けて敷居越しに礼をする。親のはいれという言葉を聞いて、敷居から内へはいるくらいのものです。

この親に対する口伝《くでん》というものが、親に対しては胸を見ておれ、ということになっていた。上を向いて顔を見ると驕《おご》る容《かたち》になる。下を向いて膝を見ると憂うる容になる。親を喜ばし、且つ礼を失わぬというのが、定めになっておりました。折り折り親子で共に食事をすることがありましたが、親より先に御飯のお替りをすることを致しません。手加減をして親より後に替えるようにしました。

私の方では親子の間に、とやかく言うような事はなかった。後には親が年寄りまして、政事が面倒になったので、私に政事を任せました。即ち摂政《せっしょう》で、そうなると親は万事を抛《なげう》って隠居のようになっておったので、私が京都へ参って勅命を拝したのです。

私の方の庶子は、浅野姓を名乗らせずに、安井《やすい》姓を名乗らせます。庶子から家老へ対しては、何々殿と呼ばせるという風に、引下げて使うたものです。

長子が嗣子と定まると、浅野姓を名乗ります。将軍家の御目見《おめみえ》が済んで官位がつくと、松平姓を名乗り、藩主に次いでの待遇を受けるのです。

嫡子が部屋住のうちは名前を呼びます。位がつけば位を呼びます。女子も名を呼ぶ。子供から親を呼ぶ時は殿様と言う。臣下から言う時も殿様です。

## 妻の呼び方

夫から妻に対しては名を呼びます。子供や臣下から私の妻を呼ぶときは御前様《ごぜんさま》です。隠居の妻は大御前様《おおごぜんさま》というのですが、旧幕から降嫁された方に対しては、一般に御住居様と申しておった。これは一般の例にはなりません。親王家から降嫁された方もそうで、十代安芸守の室が有栖川宮《ありすがわのみや》の姫宮でしたが、これは何の宮と称えておりました。今日は皇族から降嫁されても、直ぐに普通の妻のようにしておりますが、この辺は昔と大分違うのです。

妻から夫を呼ぶ時は殿様と言う。私が臣下に対して、妻のことを奥と言う。隠居から世子の妻に対しては名を呼ぶ。打解けた時には、何さんという風にも言う。何さんというような場合に、何印というようなことは、私の方にはありません。あれは道具とか、着物とかいうものが、誰の品かわからんところから印を付ける。それが起りなのでしょう。親子で食事を共にする時は、隠居の方へ行く時もあり、隠居の方から来る時もある。時としていろいろある。そういう場合は広敷の方が多い。立派な改まった席だと、親でも藩主のあとへ坐る。内輪の時ですと親を先に立てる。親の親があればもっと先へ立てます。

公会の席では戸主が一番先になっているが、昔は隠居は公会の席へは出んものとしてある。今日は隠居した者がいろいろの事をやるようだが、昔はあんな事はなかったものです。

朝夕は挨拶のため、親の建物が違えば、必ずそこまで参ります。服装はたいがい継《つぎ》上下《じょうげ》です。親の所へ行くと、次の間へ脇差を抜いてはいって礼をする。これは世嗣《せいし》、もしくは世嗣になるべき者に限ります。庶子は前申した通りに、すべて引下げまして、次男三男でもそうは往かない。この時の先立《さきだち》は小姓の頭取、あるいは小納戸《こなんど》で、刀は小姓が持って附いて行く。隠居が女親である場合は、先立が老女です。

## 藩主の厳重な日常生活

藩主としての日常は、まことに厳重なものでありまして、例えばちょっと外へ出るというても、東の門から出て、西の門から帰るということは出来ない。西の門の方へは何等そういう通告が渡っておらぬからです。私も一度そういうことがあって、西の門から帰ろうとしたところが、どうしても門番が入れない。いくら藩主であるとか、殿様であるとかいうても、通知がなければ入れませんと言う。仕方がないから、前に通知してあった東の門から帰りましたが、これは私のあやまちで、あとから門番を賞したことがある。藩主たるものは、よほど慎んで諸事に油断なくしていなければなりません。

夜分寝る時、それが表の場合でも、一と間に二人ずつ小姓が袴を穿いて坐っている。しかもそれが枕許ですから、窮屈で眠られません。坐っている方では寝ずにいるばかりでなく、咳《せき》一つすることが出来ないのですから、大そう難儀だったそうです。入浴なども随分困りました。浴衣は夏でも冬でも麻の裏付の浴衣で、冬は寒いものです。湯殿に行く時は、戸口まで小姓が附いて来る。湯殿の中は側坊主という者がいるけれども、これは身分が低いので、ものも言えず、お答えも出来ない。湯が熱かったり、冷たかったりすると、熱い熱いと独り言をいう。坊主がそれを聞いて戸のところへ行って、何か御意《ぎょい》がありますという。小姓が何かと聞いて、はじめて湯が熱いという御様子でございますと言う。そのあいだ私は裸で立っておらねばならない。形式でまことに困るのです。風呂《ふろ》は焚《た》くのではない。入れるのですから、加減は見るはずなのですが、こういうことがある。多分あとで叱られるのでしょう。

これは表の話ですが、広敷で風呂にはいったことはありません。はいるのは一日に一度以上はない。たいがい朝早く食事が済んでから、私どもは隔日にはいりました。洗うのは側坊主が糠《ぬか》袋の中に洗粉を入れて摩《こす》る。ろくに垢《あか》は出んでしょう。手拭で拭《ふ》くことはなしに、直ぐ浴衣を着て、居間へ通ります。居間へ帰ってから、ほかのものを着せるので、よくは拭けないだろうと思われます。

平生の服装

平生の服装は羽織袴で、紋の付いていないものは、一切着ません。夜分寝るときは紬《つむぎ》を着る。これには略紋《かえもん》、桔梗《ききょう》の紋が付いている。これは長政《ながまさ》の実家の紋です。帯は当り前の帯の薄いので、一種の結び方がある。貝の口などという結び方は下卑《げび》たもので、町人以上の者がああいうことをしたら笑います。髪は前を指三本入るくらい剃《そ》りました。私の若い頃には髷《まげ》を大きく結った。元結《もとゆい》をたくさん巻きつけたのもあるが、私のは四、五本でした。

具足の着初《きぞめ》は、男になったと言うて、十五の歳にやります。別に大したことはない。具足を着て、式の御馳走《ごちそう》が出るくらいのものです。その時には親族の関係などは何もありません。その時のことは藩に、そういう仕付けをする者がおってやります。今、観古館《かんこかん》〔現在の広島県立美術館の場所にあった〕に陳列してあるのが、この着初の鎧《よろい》です。

羽織の紐は年齢に拘《かかわ》らず、紫にきまっていました。扇の中へ金で筋を入れる。一本とか、二本とか、代々それを替えて入れるのですが、私のは二筋でした。

## 道中は本陣泊まり

道中の供連《ともづれ》のことはよくわかりません。私は一度も出会わないからです。幼年で江戸へ参った時は、国の資格で行ったのではない。江戸を立った時は、文久《ぶんきゅう》何年やらで、世の中が変って居って、鉄砲を携えて行くような有様でしたから、本当の行列のことはわかりません。記録も残っておらんのです。文久年間に私が広嶋へ下ったときは略式で、時日も詰まり、供も減じておった。昔で言えば江戸から広嶋まで、廿《にじゅう》六七日ぐらいはかかりましたろう。それをごく略して行ったのですが、途中まで来ると、小《お》田《だ》原《わら》で混雑があり、引戻されるところだったのですが、大いに論じまして、遂《つい》に命を聞かずに出立してしまった。そうして柏原辺まで参りますと、今度は朝廷から内勅を賜わって、上京せよということになりましたので、帰国せずに直ちに上京して、維新前の勅命を拝するようになったのです。

その時の様子を少しお話すれば、道中は本陣に泊まる。それがすべて陣屋の仕組になっておって、いくさ仕立です。枕許の床の上には、軍器が並んでいる。夜分も世間へは、終夜寝ない事を示すために、枕許に小姓が二人坐っておって、本を読み立てる。ありふれた盛衰記とか、太平記とかいうものを読むので、やはり睡《ねむ》いものですから、一つところを二度読んだりして、おかしくもあるが、枕許で読んでいられるので、なかなか眠れない。ですから、駕籠へ乗ると睡くなって、駕籠の中で眠りました。道中は引戸の駕籠で、煙草も火も入れてある。私は若かったから、時々駕籠を下りて、乗用の馬に乗って行きました。疲れるとまた駕籠に乗る。こういうことは先例もないでもないが、滅多にあることでないので、十二代安芸守が道中、馬に乗った時は、世間で珍しく感じたそうです。宿割《やどわり》は一年前に取調べに行かしました。宿泊の時は棒鼻《ぼうばな》〔宿駅のはずれ〕へ札を立てて誰も入れない。大名が落合うと仕方がないし、旅人の泊まりも立札の内へは入れませんから、来かかった者は迷惑です。

### 質素な食事

略式と申しても、道具はいろいろ持って行っておりますから、食事はその土地のものを食うには相違ないが、台所があって料理番が仕立てる。道中ばかりではない、平常でも大名の食事は奢《おご》っとるだろうと言いますが、私の方などは極めて質素なもので、朝は焼味噌《みそ》に豆腐くらいです。昼と晩が一汁二菜です。好みなどということは、いつでもありません。台所から前日に板に書いて持って来る。ろくに見たことはないが、それでよしということになる。それから多く食ったり、少なく食ったりすることも出来ない。食い方が減りでもすると、何か調進の仕方が悪いのでないかというようなことを、台所奉行が調べる。二ぜんなら二ぜんの飯に対して、おおよそ菜をどのくらい食うということがきまっている。それ以上も以下もうっかり食えんのです。

食物は台所奉行がまず食味をします。それから近習の者が毒味をするので、これは食味がまずくても加減が悪うても一言もいえない。何か嫌いのものが出た為に、目を白黒して呑《の》み込んだという話もある。なかなか面倒なものです。道中でもやはり食事は前日に伺いますが、その晩のことは前日というわけに往かないから、着いてからきめることになります。

ついでに食事のことを申せば、表へ泊まれば表で朝飯を食うし、広敷へ泊まれば広敷で朝飯を食う。時には広敷で夜食を済まして表へ出ることもある。

午食はたいがい表ですが、これも広敷で食べぬという規則があるわけではない。表の食事の配膳は小姓がするのですが、次の間に小納戸が御櫃《おひつ》を持っている。平小姓《ひらごしよう》が盆を持って、そこにいる。御膳《ごぜん》を替える時には、小姓に知らせて下に置く。そうすると盆を持って来るので、その上に載せてやるのです。茶漬を食う時は、終りの御飯を少し残して茶をくれと命ずる。沢山つけた飯に茶をかけて食うことはありません。吸物は飯を一ぜん食うてからでなければ替えるものではないが、これも小姓に替えて来いと命ずる。時には食物の中にごみがはいっていることがあって、それを人に見せんように隠そうとするが、大きなものは隠しきれんので困るのです。一度どうしたのか、鼠の糞《ふん》がはいっていたのを、どうしても隠しおおせんので、大騒動になったことがあります。これは打っちゃって置くと、腹を切らなければならんようになるので、特別を以て許すということにした。それも何か言草《いいぐさ》をつけて、已《や》むを得ず入ったのだ、ということにして許したのです。

## 起床と就寝

髪を上げるのは小姓が致します。小姓に頭取、小納戸、平小姓という風に、いろいろあるが、その中の二人か三人に言付けてある。稽古《けいこ》中のことだから随分痛いこともあるが、痛いとも言われない。顔を剃るのでも、顔へ手を少しも当てないで剃るのだから、うまく往かんわけです。着物は小納戸が扱っておりました。朝の六ッ時半になりますと、小姓が起しに来て、何時でございますと言う。起きると黒く塗った盥《たらい》を持って来て、暑くても寒くても肌を脱がせて洗いました。五ツになって、親があれば御機嫌伺いをする。歴代の位牌《いはい》に拝をする。旅中でも遥拝《ようはい》します。それから稽古事、これは日課によってやる。間食はお八ッのほかにはありません。それでもきまりで持って来るが、必ずしも毎日食うわけではない。夜寝るのは四ッ半頃です。昔は日の長短によって時が違うが、この時が錠締りで、表と広敷との錠口を締めてしまう。これはいつでも締めてあるには相違ないが、この以後全く通行が出来なくなるのです。だから四ッ半になれば、どうしても寝なければならんので、まだ寝ずにいるとか、何か旨《うま》いものが食いたいとかいうわけには往かない。この時刻も小姓が言って来る。

## 窮屈な広敷

広敷は江戸で申せば、妻のいる所が奥、妾《めかけ》のいる所が中奥です。御住居の所は別段に出来ていた。この御住居のことは別に申しました。私は若かったので、妾もおりましたが、多く表におった。奥に用がある時は杉戸から鈴を引いて、表使という女を呼ぶ。これが杉戸のところまで来るが、敷居を越すことは出来ない。これを隔てて応待する。広敷はなかなか窮屈なもので、老女と若年寄とが詰めている。三の間の隅に側女中がおって、もし火鉢の火が消えたとか、茶をくれいとかいう時には、老女にそう言います。老女がこれを若年寄に伝える。若年寄がまた側女中に命を下すと、側女中が持って来て若年寄に渡し、それから私の所へ持って来る、ということになる。私は坐ったきりで、両方にこういう者が詰めているのだから、なかなか広敷に来て寛《くつろ》ぐなどというわけに往きません。

おかしな話ですが、妾と一緒に寝るという時でも、次の間には老女が控えていて、翌朝になると、殿様の御機嫌はいかがであったか、と言って尋ねるような次第ですから、甚だ窮屈なものです。江戸はそれが特に厳重だった。まだ広嶋の方が楽でしたが、それでも厳重なところがあって、例えば便所へ参るというても、若年寄が便所の入口まで附いて来る。側女中が戸を明ける。そうして用が済むまで、外で控えているのですから、大きなおならも出来ない。窮屈なものです。御国御前《おくにごぜん》というようなものは、私の方にはありませんでした。上杉などにはあったそうです。が、これも公辺へ貫いていう名ではない。内々の称えでしょう。妻は江戸に人質としているわけだから、広嶋には妾がおったのです。

妾を選ぶのも、なかなか厳重のもので、親の許しを受けるので、随意には往きません。妾の部屋と申して別にあるわけではない。部屋子《へやご》として老女なり、若年寄なりが世話をするのです。

表と奥との区別は前にお話した通りですが、表の居間としているところは、まあ勝手というて宜《よろ》しいでしょう。

表に奥書院などというものがあり、これが表の表とでもいうべきもので、ここで人に応対する。奥の方にも区別があって、側の者のいる所と、目通りの出来ぬ者のいる所とは違っております。

中奥と奥とは、家は続いているので、家の中で区域がついている。奥でも寝所に充《あ》つべき座敷があり、中奥にもそれがある。妻がない場合でも、妾があればあります。これが御住居となると、境に杉戸が立って、表と奥との境界厳重になります。

奥へ行く場合にも、直ぐには行けません。小姓筆頭なり、小納戸なりが出て、支度をするので、まさか一時《とき》もかかりますまいが、ちょっとは行けないのです。

そういう場合には、私はただ、これから奥へ参るというだけです。服装は閑居の時には袴を穿かない。立派な時には羽織を着ないで、閑居の時には着ている。その閑居のなりのままで、奥へ行きます。親の所へは袴を穿いて行く。奥へ行くのでも、先祖の位牌を拝する時は、袴を穿いて身を清めてから参ります。仏間は表にはありません。ですから、毎朝の拝には殊更参ります。あるいは一度表に出てから、また行くこともある。そういう時の着物を着替えるのは、表から取寄せて、広敷で着替えることもあります。

拝礼は仏式で、香を炷《た》きます。香は白檀香で、香包みにして持って行く。拝の時には、その辺に役女がいるだけです。読経は滅多にありません。内輪のところですから、寺の坊主が来ることもない。忌日とか何とかいう時には、寺へ行きますから、そこには内輪の位牌が飾ってあるだけで、仏像はありません。

対客でも敷物はなし

江戸で対客の時には、定服は上下です。着物は羽二重《はぶたえ》と白無垢《むく》は動きません。席次は公辺に立てられた順に坐ります。床の方が主人座で、向う側にお客が並ぶ。たいがい向い合いで、今のようにお客が沢山のことはありません。敷物は一切なしです。お客にも出しません。あれはどうも茶屋の風が移ったものじゃないかと思うのです。懇意なところへ行く場合でも、上下は着ている。格別懇意な先に行き、夜中に帰る時などには、継上下を着することもありました。

老中へ挨拶に廻る時は、登城の帰りがけです。食事の時刻がおくれても構いません。御三供のうちに茶弁当もありますが、それを食うようなことはありません。御三家、御三卿あたりへ参ると、駕籠を下りて、そうして式台を上がって、刀はさげて参る。それから一室に通りまして、主《おも》な人を呼んで挨拶をする。別段の事がなければ、お逢いになるようなことはありません。刀番は入らず、小刀は抜いたことはありません。その場合も床をうしろには坐りません。応接するのは用人みたいなもので、家老は出なかったようです。

老中へ勤《つとめ》に行くのは、玄関で帰ります。玄関へ行って立つと、取次が出て来る。それに対して口上を述べるのです。用によっては上がることもあるが、普通はそれです。子供の生まれた場合は、どういうことだったか、私のは世の中が変ってからだったので、慥《たし》かなことは知りません。子供をはじめて見ることもありましたろうが、幾日目ぐらいか、おぼえていない。抱いて来られる程度になってからでしょう。

江戸に於ける登城のない日、その日は別に定まったことはありません。若いうちなら学問をするとか、書見をするとか、庭を歩くとか、すべて任意です。そのほかには勤に出るくらいのことで、他出はありません。たまに何処かへ見物に行くとか、馬で乗切に行くとかいうことはありました。そういう他出の際も、平生の供廻りです。これは幕府へ断わることはありません。ただ幕府の制として川へは行けない。舟に乗れないことになっていた。将軍家の上野、増上寺《ぞうじょうじ》、両山御成《おなり》の時は、何も関係はありません。紅葉山《もみじやま》も関係ありません。あそこは参ることも出来なかったのです。

## 乗馬で外出の場合

乗切の場合は五、六騎で、手軽なものです。尤《もっと》も茶弁当とか何とかいうような、相当の人数が先へ行っております。どのくらい行っていたかは知りません。往来は下坐《げざ》なしです。通行人も構いません。江戸では登城の場合でも、私などでは下坐はありませんでした。

乗切の時の服装は、ぶっさき羽織に馬乗袴で、陣笠《じんがさ》を着ています。乗切は私の事ですから、笠にもきまりはない。紋があるのも無いのもあります。附いている者も、私と同じようななりでいる。江戸で私の行ったのは普通に大師河原《だいしがわら》とか、飛鳥山《あすかやま》とか、上野とかいうところぐらいのもので、堀切《ほりきり》へ行ったこともありました。向うでは一間借り切ってあるが、人をよけるとか何とか、厳重なことはせんのです。

本供《ほんども》で参る時、遊女屋、芝居小屋、獣を店先に懸けて売っているところ、葬式、そういうものがあると、駕籠を四人で高く上げて、小走りに駈けます。穢《けが》れるという意味なのでしょう。

## 当主に三遍、養子に二度

私は身柄がいろいろ変化しておりますので、その生い立ちからお話いたします。十一代安芸守斉粛《なりたか》という者の弟に、右京長懋《うきょうながとし》という者がありまして、その総領は早世し、次男長訓《ながみち》は近江守長賢《おうみのかみながかた》〔長容〕の養子になりました。五男徳三郎、これは私の実父ですが、それが藩の執政をしておりました沢讃岐守《さぬきのかみ》という者の養子になりました。即ち臣下に落ちたわけで、この家が今の家令をしておる浅野一男の家です。

私は広嶋大手《おおて》町《まち》一丁目というところの沢讃岐の役宅で生まれました。母は勇、これは讃岐の子左仲の妻八百の生んだのであります。それから私は分家の近江守長訓とは、伯《お》父《じ》甥《おい》になりますから、その養子になりました。はじめ石見守《いわみのかみ》で、後に近江守になったのです。その間に本家の方では、十二代安芸守慶熾《よしてる》が家督をして、間もなく亡くなりまして、それに子が無いので、養父長訓がその跡を相続しました。私はあとに残って、近江守長賢の跡を継いだのですが、その後また長訓の養子となって、本藩に入りました。明治になりまして、養父が隠居をしたので、私がその跡を継いだという順序になります。つまり親が三度替りました。当主に三遍なりました。養子に二度なりました。というような妙な人間です。

## 稽古や習い事

稽古事は実父がやかましかったものですから、生家にいる頃、十歳頃からはじめました。書物は父が教えてくれました。馬は飯田五郎、剣術は関百之助、槍《そう》術は黒田弥五右衛門という者に就き、分家へ行ってから、堤宝山《つつみほうざん》流の剣術を習いました。本当の稽古をしたのは、これからです。

私が本藩へ来た時には、まだ子供もありませんでした。自分はいい加減な年になっていたから、子供の教育ということはわかりませんが、自分の学問はしました。剣術もすれば槍も使いました。稽古事はたいがい午後で、夜分本を読んだが、昼読むこともあります。それから夜は詩を作ったり、文章を作ったりする。時によると、一題で平韻《ひょういん》卅韻《さんじゅういん》も作らなければ寝ない、というようなことがある。こんな時には私が寝ないうちは、夜が明けても小姓は寝ることが出来ないので、たいへん困るのです。その席には儒者がついていますが、卅韻作るには、どうしても一時、二時頃までかかりました。歌もつまらんのをやります。

私の習った儒者は、金子《かねこ》徳之助《とくのすけ》（霜山《そうざん》）という人で、朱子学です。そのほかにも堀、木原などという人もありましたが、金子が一番多うございました。剣術は関百之助（真影流）に習い、また武藤伝蔵という者にも習いました。槍は黒田弥五右衛門、これは丸橋流でした。謡は喜多《きた》流、茶の湯は存じません。習字ははじめ味木彦兵衛という者が、手本を書いてくれ、次には董其昌《とうきしよう》の石摺《いしずり》を習いましたが、その後自分流にしてしまいました。

## 伝奏役と方角火消

旧幕の時分に頼みというものがありましたが、奥御右筆にも頼みがあって、私の方にも二軒ありました。これに大分弊害がありますので、それも本藩だと留守居の関係するところなので、まださほどにありませんが、分家になるとよほど弊害が多い。私は分家におりました時分、はじめ伝奏役《てんそう》、二度目に方角を勤めました。方角というのは火消のことです。伝奏御馳走役はむずかしいもので、その時は伝奏役の長屋へ引越します。そうして伝奏御馳走人の詰席へ出て、高家の指図を受けて、いろいろの事をします。御馳走ですから、終始食事の諸入費を弁償する。それから登城先へ行っておりまして、今どこそこへかかられたというような注進によって、それで殿中の駈引きをしなければならんので、高家衆の指図を受ける。そこに間違いも起れば、物も要るというわけなのです。

方角にも桜田《さくらだ》組、大手《おおて》組とありまして、私は桜田組でした。たいがい三年間勤めるので、火事があると人数を出す。一番手、二番手が出て、三番手となると、私がみずから出馬しなければなりません。分家の近江守は三万石でしたが、こういう公務になりましては、すべて本藩から入費を弁償します。三万石は家の小普請とか、役人の給料、役料とか、女中の給金とかいうもので、あとは衣食の費に充てるくらいのことです。家を建て替えるにしても、本藩の仕事です。家来一人もなし、寸分の土地もない。すべて本藩のもので、分家の所有は一切ないという、大そう変ったことになっておりました。方角をするにしても、伝奏御馳走役を勤めるにしても、その入費はすべて本藩から支弁するのであります。私の時は別に異状もなかったが、親の時には家来が三人、気の違った者があったそうです。その上に入費はみな弁償しなければならんのですから、難儀な役です。方角となりますと、大きな人数で引取りの時など、馬に乗って赤坂見附《あかさかみつけ》に立って見ると、はじめの人数は牛泣坂《うしなきざか》（牛鳴坂、赤坂見附から七〇〇メートル程）の半ばにいるくらいのものです。

出火というと、一番に纏《まとい》が火消役所に参りまして、どちらへ出張かと聞く。和田倉《わだくら》なら和田倉、食違《くいちがい》なら食違ということで、これが近江守陣取りの場所になります。三番手が出れば、私も出なければならんから、平生寝ている時でも、枕許に火事装束が置いてあります。若い時は出かけるのが面白いので、馬に乗って駈けて行くと、一緒に駈けて行く者が、牛泣坂ぐらいまでで皆落ちてしまう。引取りには火事装束を着まして、錣《しころ》（兜《かぶと》や陣笠の垂れ布）――これは立派なもので、鯉の滝登りとか、波に千鳥とか、竜とかいうようなものが、繡《ぬい》になっている。大名が競って立派なものを作ったのですが、後に節倹の令が出てやみました。

火事の時に使うガエンは、一時抱えるのですが、これは大部屋に置いてありました。方角の役は三年がきまりのところ、私の時は世の中が変って、火消が廃止になりましたので、一年半ぐらいしか勤めませんでした。その間で一昼夜に三度出たのが、一番多かったようです。元来非常を警《いまし》めるのが主ですが、御城へ火が近づけば、消防にからなければなりません。火の見櫓《やぐら》は大名に皆あって、それに昼夜人が上がって見ている。そうして浅草《あさくさ》通りなら、浅草通りというように呼ばわります。盤木《ばんぎ》を撞《たた》きますから、三番の盤木を撞くと、衣裳を着けて支度をする。広敷に寝た場合は、錠口から老女を通じて知らせて来ます。表に寝れば小姓が知らせる。火事の際は御使番が利け者で、裏金《うらぎん》の笠をかぶっておりましたが、あれが来ると皆いじけたものです。

御馳走人からの贈り物

伝奏の方は凡《およ》そ十日前後で、その間御馳走人の大名が詰めています。高家《こうけ》衆のお引けを聞いて、長屋みたいな所へ戻って寝る。そこへ明日はこういうことにしろ、例えばどういう屏風をどこに出して置け、というようなことを、高家から直達があります。高家は詰切りではないが、夜が明けると詰めている。肝煎《きもいり》というのが主なので、御馳走人の方から贈り物をする。それもきまったものではいけない。これが秘密の恒例になっていました。同時に高家の家来にも遣い物をしなければいけない。こういう者へは金です。結局主人の力ではない。金の力なのです。

伝奏は一代に度々ありません。方角の方は長いことがあって、そうすると費用が多くなります。伝奏の入費は、私の方は本家から出ましたが、すべてどこでも廻って来そうだということがわかると、奥御右筆の所へ聞きに行って逃れようとする。何でも諸家の者を集めて置くそうです。そうして一人ずつ逢う。その時ものを言ってはいけない。黙って持って来た物を置いて、お辞儀をする。御免蒙《こうむ》りたいという意味を含蓄するのです。本家の方には、そんなことはありませんが、日光《にっこう》御手伝いとか、上野御警衛とか、堀の御手入れとかいうような、大きいものが時々来ます。上野の警衛についても、名代で済む。費用を出し、人数を出し、名代を出せば済むのです。

### 老中門前の駕籠

分家にいる時、目撃したことで、こういうことがある。将軍家へ御機嫌伺いとして、老中の所へ行くので、夜分老中の門前に駕籠が堵列《とれつ》する。門が明くと内へ通る。老中は上座におって、こちらは次の間に平身低頭して、将軍の御機嫌を伺う。すると上聞に達するであろう、というようなことで退出します。平生駕籠を内へ入れることはないが、その時に限って門の内へ入れる。それを帰りに門の外へ出して、駕籠を斜《ななめ》に立てる。その時、刀を抜くと直ぐ駕籠へ飛び込む。同時に駕籠の引戸をパッと締めるので、私も足を挟まれたことが何度もありました。それから夜中に帰るので、青山《あおやま》〔下屋敷〕へ帰って夜が明けるくらいのものです。

# 大奥秘記

村山《むらやま》　鎮《まもる》

嘉永元年江戸生まれ。一橋《ひとつばし》家の小姓、徳川慶喜の中奥小姓を勤める。維新後、徳川家に従って静岡へ移住、茶樹栽培の成果を挙げ、のちに内務省勧農局、農商務省技師として茶葉産業に携わった。著書に『村摂記』など。妻は大奥女中として天璋院《てんしょういん》篤姫《あつひめ》の中﨟《ちゅうろう》だった、ませ（ませ子）。

君たちが旧幕府の政事《まつりごと》をいろいろに論ずるけれども、その大体さえ知らないで、ただただ欠点ばかり指摘してはひどいよ。それは欠点も多かったろうが、とにかく殆《ほと》んど三百年間（慶長《けいちょう》六辛丑《かのとうし》年より慶応《けいおう》三丁卯《ひのとう》年まで、二百六十七年間なり）治世したのは、世界中、周《しゅう》の代は知らず、こう永いことは聞きません。今と違って「民をして由《よ》らしむべし、知らしむべからず」という筆法だったのである。刑罰というものは厳重であったよ。また法律というものは、いわゆる憲法で、百ヶ条というものがあったのだから、話をするのに先《ま》ず大体からして、それから一箇年中の衣服換り、祝日等の式だの、年中行事というようなことをいうから、大体を知って後《の》ちに議論したまえ。はじめからけなされては困る。話す張合いがないからね。しかし老爺《おやじ》も旧幕府の政事が、一から十まで完全無欠だとはいわない。ずいぶん御目見《おめみえ》以下（旗本にあらず、御家人にして小役人）の役人が、諸大名から袖《そで》の下（賄賂《わいろ》のこと）を取りて、知らん顔をしたなぞということもあるそうですから。しかしそれは贈った方がつまらぬのです。小役人などにはどうすることが出来るものか。だから取っても知らぬ顔の半平《はんぺえ》をやるのです。まず御老中、若年寄のことから話しましょう。

老中、若年寄

以前老若だの五奉行だの、諸番頭または奥の衆なぞというて、ただひとつらのように思う人も多くありましたが、大そうな権式の違ったものでありました。まず老若とは御老中、若年寄のことで、今でいえば先ず大臣と諸省総務長官、官房長官というようなもので、それよりも取扱いから何から丸で違ったものでした。御老中の部屋は、筆頭すなわち上席の人より、各〻《おのおの》御用箱を脇に置いて列坐《れつざ》していて、殿中褥《しとね》を敷くことは、御三家方、御三卿《ごさんきょう》方よりほかには出来ぬから、畳と床の間へパンヤ（樹木の実から採れる綿毛）を入れてありました。その部屋は凡《およ》そ二十畳敷ぐらいで、筆頭より順々に並座している所の畳ばかりへ、パンヤが入れてあります。冬は各〻火鉢を控え、殊に座敷四五箇所に、お間あぶりという大きな火鉢が控えてありました。また若年寄の部屋は、御老中部屋の次の間で、人も多くて御用箱を脇へ置き、列坐しているのは御老中と同じようでも、何だか狭く吝《けち》に見えました。

それからその次の間に、御同朋頭《どうぼう》と御同朋の部屋――御同朋なるものは、坊主にして素袍《すおう》を着し、平日は上下肩衣《じょうげかたぎぬ》で、坊主で旗本と同じことです。それに御用部屋坊主というものがいて、湯茶の世話から御台所被下《くだされ》（即ち弁当）ごとから、何でも御老中、若年寄の用をするもので、十三四人います。それから御老中がこの坊主を呼ぶには、単に坊引――といって、若年寄が呼ぶには、御用部屋御用部屋といいます。御老中が若年寄を呼ぶに呼捨てで、豊前守《ぶぜんのかみ》なら豊前、主膳正《しゅぜんのかみ》なら主膳と言いっぱなしでありました。それは若年寄は、御老中の支配を受けているものだから仕方がないのです。

上席の御老中、或《ある》いは御用の多き御老中などは、老年の若年寄、あまり掛りなどの沢山ない人を部屋へ呼んで、今申したように呼捨てで呼び、今御用はないかと問うて、ございませんというと、憚《はばか》りだがこの御用箱を片付けて、入用そうなものはとり置き、不用そうなものは見せて下さいと、殆んど家来を使うようですが、唯々諾々《いい》、返辞は総じて「はい」と言います。若年寄から御老中に対するには、必ず手をついて、「おまえ様（御前様なるべし）からおっしゃりつけ（仰付なるべし）の何々」というようで、御老中からは「御自分」とか「おまえ」とか言って、恰《あたか》も親爺《おやじ》と息子の間柄ぐらいの口のききようですから、御老中がいったことを、若年寄が阻むことなぞは出来るものではないのです。しかし御老中がやられたことを、ただ一度聞いたことがありました。それはあまり勢いのない御老中でしたが、二、三の若年寄のいるところに来て、「何々のことは何々してよかりそうに思う」と、事柄は何だか知らないが、小声で言いますと、一人の若年寄が目に角を立てて、「今更さようなことをおっしゃっては決してなりません、馬鹿なことを」と言いました。御老中赤面して、「各〻方がそれまでに御申しなら仕方がない」と言って去りました。あとで他の若年寄達が、「今のことはあれでよけれど、馬鹿はひどいよ、誰殿は忽《たちま》ちあれだから困る」と言ったのを聞いて、論じた若年寄はびっくりして、「馬鹿と言いましたか、すこしも知らなかったのだから、お詫《わ》びをしよう」と言ったのを、他の若年寄が、「今更、先程は馬鹿と申して失敬のお詫びを申します、と言ったならば、それこそ誰殿お困りになるだろう、先様もお心付かなかったようだから、しかし以後はちとお心付けあれ」と、一同笑ったそうです。今記憶を呼び起すに、御老中は稲葉《いなば》美《み》濃守《ののかみ》〔正邦《まさくに》〕、若年寄も稲葉兵部《ひょうぶ》少輔《しょう》〔正巳《まさみ》〕という人であったようです。それくらい格段が違ったもので、ただ一と口に老若ということは出来ません。

## 大老には最敬礼

　また御大老となると、それは権力のえらいもので、御老中部屋の上座に、屏風《びょうぶ》のような太鼓張りの障子を仕切って格別にして、登城退出のときは勿論《もちろん》、常に御同朋頭と御同朋が世話をして、刀も自分では持ちません。御同朋が後から立って持ってあるきます。それから出勤すると、御老中一同揃って、まずその前に並んで挨拶《あいさつ》をしますに、御前《ごぜん》へ出たと同じで（将軍の面前を御前という、常には上《かみ》というなり）お辞儀を最敬礼にします。御大老は稍〻《やや》半分ぐらいのお辞儀挨拶です。その内に御用談のある御老中へは、「誰殿暫《しばら》くお控え下さい」と言いますと、「はい」と言って独り残って、御用談をすることもあります。御大老が登城すると、奥へ坊主から、「誰殿御上がり」と通知がありますと、御側《おそば》衆（御用御取次とて、御側中より二名ぐらい居るなり）が御大老の前へ行って挨拶をする。御大老が手をついて平身低頭、「今日の御機嫌を伺います」と言いますと、御側は「益〻御機嫌よういらせられます」と同じくお辞儀をして、直ちに御前へ出て、「誰御機嫌を伺います」と申上げること毎日です。老爺が見たのは、掃部《かもん》殿（井伊《いい》掃部頭《かみ》（直弼《なおすけ》））の御大老の時分のことは知りませんが、暫時でありましたが、酒井《さかい》雅楽頭《うたのかみ》（忠績《ただしげ》）殿（姫路《ひめじ》の酒井にて、旗本より本家相続をして、後ちに閑亭といいし人なり）の御老中上席より、御大老になりし時分のことであります。

## 穏かな常の執務

常の執務の様子は、まことに穏かなもので、まず御老中、若年寄の内に、月番というものがあります。また掛りというて、譬《たと》えば御側掛、公事方《くじかた》掛（裁判に関することを公事方という）御勝手掛（御勘定即ち会計のことなり）外国掛、陸海軍掛等、種々の掛りがあって、その掛りの内の御老中と若年寄と協議し、またその奉行頭等より申し出たることをも協議します。事柄によっては、大目付、御目付にも相談して、あらかじめ決したる後ちに、御右筆組頭を呼びます。それは先にも申した通り、御老中ならば誰が呼んだか分からぬからだということです。すると呼んだ御老中は、「組頭」と「坊引――」というと、坊主が直ぐ来て、大きな声で「平《へい》ィ」と言います。なぜなればいいます。すると「平ィ」といって御右筆部屋に来て、「組頭衆誰殿」という。それから御右筆組頭が行きますと、「何々のことであるが、あれは何々とするつもりだから、前例を調べて書付にして差出すよう」といいます。組頭は承知して部屋へ戻り、またその掛りの御右筆にいって、前例も取調べ、敢《あえ》て差支えなきことは、書付を拵《こしら》えて御老中に渡すと、同掛りの若年寄を呼んで、なお協議してから、上席の御老中の前へ行き、その書付を出し、その事柄を話して、元の自分の座に戻る。上席の御老中は篤と見て、異存がなければその書付を扇にはさみ、次席の御老中へその扇を押して渡します。すると書付を取り、扇を直ぐまた畳の上で押して渡します。末席までその通りにして、一同読み終ればまた元へ戻します。今度はその出した御老中を、上席の御老中が誰殿と呼びますから、また前の通り上席の御老中の前へ行き、その書付を受取って元の座にかえり、協議したといって、同掛りの若年寄を呼び、その書付を出して、何々の件は済みましたから、直ぐ言上するとか、取り計らうとか、なおまた篤と相談して、奉行等に差図するものです。

また仰せ出され事や何かで、「万石以上以下、私領は領主地頭より、不漏様《もらざるよう》相触るべく候」というのがある。それは日本全国へ示すべきもので、いわゆる御触れとて、即ち法度《はっと》法律なるものです。この仰せ出されの書付の上へ、小さき同じ紙を張り付けて、大目付、御目付へとしてあります。また万石以上のみならば、大目付へとし、「百石已上《いじょう》以下御譜代の面々へ相触れらるべく候」とあるのは、やはり大目付、御目付へとし、旗本と御家人ばかりならば御目付へとし、御内々のことならば御同朋頭へ渡されるから、御同朋頭へとしてあります。

さて御用の多きときは、掛り掛りの御老中と若年寄と、幾組も協議しています。また上座の御老中の前へは、御老中も二、三名の若年寄も、大目付も、御目付も、時としては御勘定奉行も並んで、頻《しき》りに議論をしていることもあります。そうして前にお話した御右筆組頭に、前例を調べさせ、前例のなきものは御右筆一同で協議し、あまりとつけもないことは、御右筆組頭から、前例なきのみならず、かくかくの不都合がありますと、ずいぶん阻むことが出来て、今の内閣書記官長や、法制局長官よりも権力があったものです。若年寄は只々《ただただ》補佐するまでで、その場合には権力は少しもありません。

## 大事件の場合

さて大事件となると、上座の御老中の前へ一同寄合い、大目付、御目付は勿論、芙《ふ》蓉《よう》の間の御役人――この芙蓉の間役人というと、大目付、町奉行、御勘定奉行、御旗奉行、御作事奉行、御普請奉行、外国奉行、その他は遠国の奉行です。それ等が集会して協議し、その議の決したとき、上座の御老中から坊主を呼び、御用掛りというと、坊主は奥口に来て、時計の間坊主すなわち御側衆の用をするものに取次を頼み、御用御取次の御側が、呼んだ御老中の前へ行くと、両手をついて、「総寄せの御前を願います」というと、御側は承知して御前へ出て、御年寄どもはじめ御前を願いましたと言上すると、両年寄ばかりかと御尋ねになる。両年寄とは御老中と若年寄のこと、上《かみ》にては御年寄どもというと老中のこと、若年寄はその名の通りにいうものです。御奉行どもも参りますと言上するときは、御小座敷（平生在らせられるところ）より御座の間へ、御肩衣御袴《はかま》にて入らせられ御待ちになります。御奉行どもというと、前の芙蓉の間役人達のことです。大勢になるゆえ、常の御座所すなわち御小座敷にては狭き故、奥の御座の間へ入らせられるのです。御老中と若年寄、大目付二人、御目付の三人ぐらいのときは、御小座敷にて済みます。御側衆は御老中部屋へ行って、「直ぐ御前へお出《いで》なされて宜《よろ》しうござる」というて先へ立ち、一同御老中を先に奥へ出るのです。それで御次にて一同下剣して、扇も脇差《わきざし》と一所に置き、御座の間の御入頬《いりがわ》へ並び、平身低頭すると、「誰はじめ（誰はじめとは御老中ということ）大儀である、近くへ進め」と上意があると、各〻膝行《しっこう》して御下段へ進み、それからその事件の顚末《てんまつ》より、協議した結果を言上するのであります。

そういう時はおよそ御人払いで、御用御取次が詰めて、御小姓は御次か、或いは御小座敷に残っていますから、何の事件やら更に分からぬものです。御老中と若年寄の御前へ出るのは、珍しくありませんので、毎日のようなことですが、総年寄、五奉行までのはめったにありません。多くは禁裏から仰せ出されだの、或いは外国に関することのようでした。御多端になってからは、その珍しかったことも、日に三、四度もあるようになりました。また御老中も若年寄も、御側衆と同様に、すぐ御小座敷へ出て、伺うことや言上をしましたが、元は御側御用御取次から、誰御前を願いますと一々申上げたものです。今ここで少し御前でのお話をしましょう。

## 御前での振舞い

御前では御三家、御三卿と御摂家のほかは、皆互いに呼捨てにしたものです。御老中でも若年寄でも、面前で周防《すおう》とか壱岐《いき》とか伊賀《いが》とかいうことで、決して誰殿などとは言わぬことです。また如何《いか》に寒くも火鉢へあたり、手をかざすことなどは決して出来ぬことで、如何に永く御前にいても、喫煙することは出来ません。夏も如何に暑くも、扇づかいや汗をふき、鼻をかむ等のことは、御次へ立って行き、それをすませて出なければならぬとしてありました。それから言葉のききようも違いまして、あなたおまえというべきを自分といい、おのれのことはなるべく自分の名をいい、私とはいわぬものです。なぜなれば君公がわたくしと仰せられるからです。仰せ付けられたことはおしゃりつけといい、只のおはなしなぞは、御沙汰《さた》というような言葉で、そのほかいろいろ妙な語呂《ごろ》がありますが、一々申すとなかなか数うるに遑《いとま》ありません。然《しか》るに若年寄以下の人では、奥から出た人のほかは、そんなことを知らぬものだから、御前で鼻をかんだり汗をふいたり、御老中を呼ぶにも、誰公だの誰殿だの、あなただのといって、呼ばれた人が迷惑そうな顔をすることがありました。さすがは御老中にはそんなことはありませんでした。

## つらい御奏者番

それはどうかというと、若年寄は高も違い、御老中になるには、必ず御奏者番《そうじゃばん》を三日でも勤めてからでなくてはならぬとしてありました。御奏者番というものは、その部屋ではなかなかつらいもので、新規の人は余程ひどいめに逢《あ》わされたそうで、部屋で振舞をするに、自分から差出した殽《さかな》さえ、食うことは出来ないで、一同済んでしまってから、「私も御相伴を致します、有難う」と礼をいい、煙草などは勿論のまず、家来よりもひどく取扱われたそうです。御奏者番の筆頭から二、三名は、寺社奉行を兼勤していて、筆頭はまるで御前と同じようなものとしてあって、常に尊敬することは勿論です。そうして殿様御前風を直すのだそうです。それで御職《おしょく》の前で口をきくには、御前の通りにして、それよりも厳しく、少々誤りでもすぐ叱り付けられたものだそうです。その修行があるから、御老中は御前へ出ても、あまり失敬なことはありません。御職というとおかしく聞えますが、以前は女郎のみならず、筆頭上座の者を御職といいました。

御老中と若年寄の違いはこんなもので、甚しく目立って違うのは御大礼のときです。御老中はみな従四位以上ですから、束帯衣冠とも黒で、奴袴《さしぬき》は紫色藤紋です。また直《ひた》垂《たれ》を着ますが、若年寄は従五位朝散《ちょうさん》の大夫《だいぶ》、いわゆる只の諸大夫だから、束帯衣冠とも赤トンボで、直垂を着ることは出来ぬ。やはり大紋です。そこで奥高家《こうけ》は位ばかり良いから、束帯衣冠とも御老中と同じで、直垂も着ます。御大礼などのときは、若年寄よりも大威張りです。禁中でも殿上人《てんじょうびと》と同じお取扱いで、御参内《さんだい》のときは、御太刀御靴を上げるし、位はえらいけれども、場所高千五百石で、肝煎《きもいり》となると八百俵別にありましたくらいです。それでも諸大名よりも威張ったものでしたよ。

## 諸役人の班列順序

御老中と若年寄の様子は大概お話した。これから諸役人の班列順序をいいますと、御老中の次が京都所司代で、高は六万石以上十五万石ぐらいまでの御譜代大名でなければならぬのです。この御役はなかなかむずかしき御役としてあって、むかし板倉《いたくら》伊賀守勝重《かつしげ》はじめてこれを勤め、年老いてのち御免を願いしに、あとは誰がよかろうと御尋ねある。さらば君にも御書き遊ばされ、伊賀もしたためありとて袂《たもと》より出せしに、まことに御同按《どうあん》にて、倅《せがれ》周防守なりしという。この御役は高に拘《かかわ》らず、御役中一万石別に賜わるのです。その次は大坂城代で、所司代と同じく従四位です。それから尾紀水御三家の御付家老ですが、それはえらい勢いのもので、御老中と同じだというくらいで、尾《お》張《わり》で成瀬《なるせ》と竹腰《たけのこし》、紀伊で水野《みずの》と安藤《あんどう》、水戸《みと》で中山《なかやま》、この五家は余程重く取扱ったものです。むかし成瀬と安藤は、駿府《すんぷ》の御老中であったから、それで重く扱われたといいました。今はみな男爵にされてしまった。大きに気の毒のことです。

そのつぎは寺社奉行、御奏者番で、これからはみな従五位朝散の大夫です。二条《にじょう》御定番《じょうばん》、大坂御定番は、二、三万石が勤めて、御役料が高に構わず三千俵賜わる。その次が前申しました奥高家で、官位は殿上人同様だというくらいだからえらいけれども、千五百石で、肝煎になったところが八百俵ばかりだから、多く貧乏です。平の高家(平の高家は寄合《よりあい》と同じです)には僅《わず》かに元高三百俵の人もあった。それは班列には入りませんけれども、なにさま貧乏のもので、位があって貧乏だと、高家のようだといったものです。それから御側衆で五千石高、これは旗本の最官で、この上はない。御側衆と一と口にいいますが、例えば五人いると、二人は御用御取次といって日勤です。御あとの三人が平御側といって、一人ずつ御城に泊まります。そこで御用御取次を御用掛といって、奥向の総てを支配して、君公が仰せられても、悪しきと思うことは、決して相成りませんと一言でおやめです。常々御老中と君公の中間にいて、御老中に対しても、事柄によっては、左様なことは言上できませんとやります。御取次は致しませんから、おまえ様御直《おじき》に言上なさいましと、なかなかえらいものです。

## 殿中の先払いの声

それに殿中で御三家、御三卿は別もので、御老中と若年寄と御側衆だけは、坊主が先立ちをして、しィしィ制止をして(警蹕《けいひつ》の声なり)あるきます。そのほか越前《えちぜん》でも、大諸侯でも、溜《たまり》の間詰でも、咳《せき》払いをして坊主が後から附いてあるきますに、旗本でありながら、しィしィと制してあるくは、驚くくらいの権威なものです。以前平岡丹《ひらおかたん》波守《ばのかみ》といったお人は、大御番《おおごばん》から出てだんだん昇進して、御側となり、大名にお取立てになって、若年寄でいたが、御側から若年寄になったときは、恰もしくじったようでありましたと、老爺に話されたことがありました。そうして、おまえも御側までにはおなりなさいと言われたが、さてさて夢のようです。

御用掛の常の執務は、前申す通り君公と御老中の間にいて、枢密のことから何から承知していて、御老中より御役替でもなんでも、書付にして中上げることを受取り、左の手にこれを持ちて御前に出て、並のは広げて御目に懸ける。三、四通はいつもあります。その内に別して御手へ差上げて御覧になるものは、大事のことらしく、時としては「これは何々のことで、余程協議も致しましたようでござりますが、誰（自分の名なり）は箇様に存じます、御年寄どもの方では斯《か》く申します」自分の論も考えも中上げることが出来て、実に輔佐《ほさ》の臣です。しかしもしこの人が悪人ならば、ずいぶん御老中をしくじらせることも、また声色をつかうことも出来たろうと思います。何しろ御用御取次は大名にお取立てになって、若年寄になってもしくじったようだというくらいだから、その権その威というものはえらいものです。

泊まりをする平御側は、奥表の打合わせ等のことを扱って、ずいぶん御用多のものです。また夜の五ッ半時（今の午後九時）になると、坊主が手燭《てしょく》を各〻持ち、三人にて前後に立ち、奥と表の境、すなわち御白書院脇の御廊下にある御錠口《おじょうぐち》に至ると、御目付は表の方の御錠口前へ、表坊主を連れて控えています。すると御側もそこに坐《すわ》りまして手をつき、「御夜詰《およづめ》引けます」というと、「御目付　畏《かしこま》ります」と答え、それから坊主をして御杉戸を締めさせ、御錠をおろさせて部屋へ戻るのです（表の御夜詰引の様子は、御目付の部で申しましょう）。その有様は今考えますと、恰も演劇のようです。奥の御夜詰引は四ッ時（今の午後十時）で、それまではやはり肩衣をかけています。この御側衆は大名の取扱いをしたもので、御役御免になっても、大名席の菊の間縁頰《えんがわ》詰と仰せ付けられるものでした。

## 伏見通行の大名

そのつぎが駿府御城代、駿府は今の静岡で、東照宮のいらせられる処で、駿河《するが》大納言忠長《ただなが》卿の御居城となり、後ち御領となった所です。この御城代は旗本でも三千石以上の人でなければ勤めません。高に拘らず二千石賜わります。この御役はあまり骨は折れません。番頭から御側になることの出来ぬ人なぞが、多く仰せ付けられたようでした。そのつぎが伏見《ふしみ》奉行で、多く大名の一、二万石までの人がなります。御役料三千俵賜わる。これはなかなか骨が折れた御役で、過書《かしょ》だの高瀬《たかせ》だのも支配し、それに町奉行というものがないから、吟味もせんければならず、京都所司代、大坂御城代と協議し、西国筋と京都の関門ですから、なかなか容易でなかったといいます。西国大名の参覲《さんきん》交代のとき、必ず通行する所で、大諸侯でもここに三日以上、滞在はさせぬということになっていたといいます。なぜなれば京都へ入り込ませぬためだそうです。ところが御維新六、七年前から、参覲のため伏見を通行する大名は、ぜひ上京の上、天機を伺うべしとなったのです。もうその頃から天朝仰せ出されとなると、大そうな勢いで、幕府の勢力がなくなったですよ。

伏見を通行する大名の、必ず上京して天機を伺うことになりました初めは、文久元か二の年四月のことで、豊後《ぶんご》の岡《おか》の中川修理大夫《なかがわしゅりだいぶ》〔久昭《ひさあき》〕（七万四千石）が、参覲から帰国のときです。伏見に来て船都合で一日滞在して、翌日の午後になると、京都から浪士が五、六人来て、「上京して天機を伺え」とやった。すると中川の方では旧来の掟《おきて》を守って、「参覲交代のとき上京しません」と答えた。すると浪士はすぐ京都へかえって、御公家《くげ》の国事掛というへ訴えて、天機を伺わずに行くというは不埒《ふらち》だというので、直ぐと勅使が御出張になったけれども、関東へ伺い済みでなければならずという掟だから、御猶予を願って、伏見奉行からも中川からも、急に関東へ伺ったけれども、この時分は早追でも往復十二三日はかかるから、そのあいだ中川は伏見に滞在して、よろしいというので上京したところが、勅使があっても直ちに上京せんのは違勅だというので、参内は出来ずというので、旅宿で謹慎していて、いろいろお詫《わ》びをして金もつかったろう。滞在費も大変かかって、漸《ようや》く参内して天機を伺って済んだ。その頃のことというものは、長州《ちょうしゅう》が大勢力で、浪士というものは同藩同前で、その頭分が平野次郎《ひらのじろう》〔国臣《くにおみ》〕という福岡の脱藩で、かの大和五条《やまとごじょう》のさわぎ〔天誅組《てんちゅうぐみ》の変〕までは、こんなことで常に大反対をせしめられた。それからして伏見通行の大名は、必ず上京することになりました。

御留守居・大番頭・御書院番頭

その次が御留守居です。高は五千石で、これは大奥の御用をなし、専ら御台所様《みだいどころ》の御附、大奥総取締というような御役です。多く平御側衆などから転役する。いずれ五十以上の人です。そのつぎが大番頭で、多く大名で、旗本もなりますが、高のある人が多くなります。大御番は十二組あるから十二人です。これも五千石高、菊の間だから、大名取扱いです。一組の大御番が五十名あって、与力と同心がお預けになっていて、大坂城、二条城へ一箇年ずつ勤番して、江戸では明御殿、まず二ノ丸だとかいうようなものを順番した。そのつぎへ陸軍奉行と海軍奉行が出来たので、大番頭と同じで、多く大名だったのですが、海軍には奉行がなくて、若年寄のうちで海軍総裁というものがあったように記憶します。

それから御書院番頭《ばんがしら》で四千石高です。御書院番は十二組あるから、頭も十二人ある。これはなかなかえらい権式のものです。三代様〔家光〕までは御老中が兼勤したもので、兼勤どころではない、番頭御老中といって、番頭の方が却《かえ》って本役のようなものであったといいます。後は御老中が番頭をしていては、御政事向が繁劇だから、別に御老中の代りに、番頭というものが出来たのだというのですから、大権式なものだといいました。この御役はみな旗本で、大名はありません。御番衆《ごばんしゅう》五十人に、与力と同心をお預けになって、当番のときは御玄関前の御門、即ち御書院御門に、家来と与力同心とで泊まって、御番衆は御書院の即ち虎《とら》の間に詰めたものです。それゆえ御番衆は、全く営中に泊まるけれども、番頭は御門に泊まります。少しおかしなようですが、それがえらいので、当番のときは自分の紋附の幕を、御門脇の見張番所へ張ったものです。御役高は四千石でも、たいがい五千石以上の人が勤めました。

その次が御小姓組番頭で、御役高も同じですが、与力同心のお預りはなく、御小姓組も十二組あったから、やはり十二人です。同じ番頭でも、御書院の方が上です。旧幕府の権衡は、頭がよければその番衆組子《くみこ》というものは、下になるというように思われます。大番頭は大名だけれども、御番衆は二百石高というような訳で、御書院と御小姓組となると、同じ両御番といっても、御小姓組の方が上で、詰所は奥に近き紅葉《もみじ》の間です。故に番頭も営中へ泊まります。

その番頭のつぎが御三卿すなわち田安《たやす》、一橋、清水の三御館《おやかた》の御家老で、高に拘らず公儀より千俵、御屋形より千俵、都合二千俵ですから、三千石以上の人だとなかなか結構でした。それにあんまり骨の折れぬ、心配も少なそうです。もとこの御役は家老とはいわぬそうでした。何となれば田安家、一橋家なぞと、御家のあったものではなく、幕府御次男御三男が、分け前を貰《もら》って別居しているというような訳だから、御登城とはいいませんで、「御城へおはいりになる」といいました。それに大手から御玄関へは決しておはいりなく、平川口《ひらかわぐち》御門から御風呂屋口というへお上がりになって、全く奥へお通りになったんです。それに御三家と違って、御側へ坊主などは出ぬ事で、お供の者みなお附き申上げた上へ、御対顔のときは御小納戸がお附き申上げたから、奥では御三家より却って重きお取扱いであります。しかし御表へお出でになるのは、御謡初《ぞめ》のとき、御能のときだけで、ほかには表で御礼等はないことです。それに対して御家老というお付人のあるのは、ちとおかしいようで、奥では田安様の御守《おもり》、一橋様の御守といいました。田安や一橋の御屋形のできた享保《きょうほう》のむかしは、御家老とはいわなんだことは明かです。

「御城へおはいりになる」

そのつぎが大目付で、三千石高です。この役は国持《くにもち》諸侯より御譜代大名の監察で、大名に係ることは悉《ことごと》く支配するので、諸大名のお固めどころ、御邦内《ほうない》堤防の指揮、縁組から諸願届等一切を扱い、御老中、若年寄、寺社奉行、御奏者番でも、事柄によっては大目付に依頼することがあるのです。それに筆頭の人が道中奉行を兼ねていて、宿々問屋《といや》年寄本陣まで支配したのです。

諸侯の妻女は人質

また幕府では女の道中を取締ったもので、諸侯告げずして妻女を国へやることは厳禁したから、関所々々で女は道中奉行の証明がなければ、通行をさせなかった。それは諸大名の妻女は、常に江戸屋敷にあるべきものという掟で、即ち法律である。まず妻女は江戸幕府の人質となった。故に道中女を厳しく取締り、御関所というものがあって、国へは決してやれないことでした。

それに就いて、お話がちと脇道へはいるようですが、大諸侯は勿論、六、七万石以上となると、二人妻を持つような工合《ぐあい》で、江戸には正妻、同族より来た奥様を据えつけて、国にも妾《めかけ》ばかりでは取締りがつかぬから、御国御前《おくにごぜん》というて、旗本の娘をもらい、国へ只の女としてやって、御国の奥様すなわち御国御前という者があった。しかし表向きはどこまでも召使、妾であるから、子供ができても、正妻のなきうちは御届けもせず、正妻ができても、その妻に男子がなければ、養子にして嫡子にもなるけれども、もし男子出生すると、たとえ兄でも日蔭《ひかげ》者で、大藩なら家来にもなるが、中くらいの大名ではそうはいかぬから、三、四百石の旗本へ養子にやるのです。それは出来のいいので、悪くすると一生日蔭者でしまう人もありました。老爺の知る人で、小十人《こじゅうにん》のところへ養子に来た人もあった。小十人は旗本の最下の御番衆で、僅かに百俵十人扶持《ぶち》だ。それでも結構のうちだとその人がいいました。正妻に子がなくて、御国御前の子で、侯爵だの伯爵だのに今なっている人があります。それに幕府時代に、その実は兄きだが、弟になった為に、国で仙台騒動のようなことで、その君公の実の兄きがあって、君公の男子が出生すると、きっと死んでしまう。幾人できてもきっと死ぬんです。遂《つい》にその兄きの子が君公の養子になって、無事に済んだ事はある。西の方の大藩でもって、あんまりいうと、いわゆる天機をもらすからいいますまい。

それからその日蔭者でなく、妾腹《しょうふく》の男子の届けがあっても、正妻の子でないと、他から養子をしたり、また家来の取計らいで本家相続をさせたりして、それで同藩でありながら、国と江戸とは恰も敵《かたき》同士のような藩もあった。これは老爺が眼のあたり知っていることとです。旗本にはそんなことは憚《はばか》りながらないのです。妾を抱える馬鹿もあったが、寄合（三千石以上）なら同席内に肝煎というものがあり、小普請《こぶしん》（二千九百石より以下）なら支配というものがあって、取締りをしたから、妾だの家来だのに横領されてしまったというようなことはありませんでした。や、大きに横道のお話にして済みませんでした。

さて道中奉行は、御勘定奉行も一人兼ねていて二人だけれど、まず大目付が専らなので、まあ逓信《ていしん》大臣ですから、なかなか御用多であった。その次が町奉行で、三千石高、これは二人あって、南と北といった。伝馬町《てんまちょう》の獄屋敷は、寺社奉行支配でも、御勘定奉行支配でも、獄に入るものはみな町奉行支配へ引渡したもので、寺社奉行は寺社領の支配をし、御勘定奉行は御領、すなわち天領御代官所の裁判と、旗本の知行所《ちぎょうしょ》の公事、訴訟、罪人等の大きなことは裁判して、罪人はみな町奉行支配へ引渡して、磔《はりつけ》、火刑、梟首《きょうしゅ》、斬罪、流罪とも執行したものです。今でいうと司法大臣と、警視総監を併合したようなものです。大火になると与力同心を連れ、二本道具で取締りに出馬した。それから御救《おすくい》小屋というものを拵えて、焼け出されたものをそれに容《い》れて、業につかせたものです。

### 町入御能の時

町奉行のえらいのは、町入《まちいり》御能のときです。江戸中の家主五人組を、御舞台の脇の正面に青竹で囲いを拵え、茣蓙《ござ》を敷いて竹筒へ酒を入れ、折詰を一つずつ下されて、見物に出るのです。すると御老中が出ると、そのとき何事でも、何々のことはしっかり頼むぞだの、若年寄が御能触れに出ると、やァ色男だの、その人の領地の名を呼びて、じいさんとか若いのとかいって、騒がしきこと甚しいものでした。そうするうちに町奉行が御縁側へ出て、しィというと、どんなに騒いでいても、忽ち静かになるのです。一つは町奉行の威光を見せるためだそうですが、それは驚くくらいのものでした。また御能拝見に出るものは、ほんとうの家主五人組ではなくて、その名代に店子《たなこ》の大工の熊《くま》も出れば八《はち》も出る。妙な頭の結い方をしたりして出たもんです。しかしみな上下は着ていたが、縮《ちぢみ》のもあれば、紋のなき黒浅黄、勝手次第で、恰も杉酒屋《すぎさかや》の鱶七《ふかしち》（歌舞伎の妹脊山《いもせやま》）というなりのもあった。故に老爺の子供の時分、紋付熨斗目《のしめ》は着ても、下着が無垢《むく》でなくて、縮のものを着ていると、御能拝見だの、御能拝見溝浚《どぶさら》いなどと、悪口をいったものでした。それに各〻大黒傘を持っていて、もし雨が降ると、ずぶぬれだからさす為なのです。

## 評定所の誓詞

又々お話が脇道へはいりました。町奉行のつぎが御勘定奉行で、やはり三千石高で、御役金三百両、今では三百円なんでもないが、ちょうど今の十倍だから、三千円の値打があったのです。これは御勝手掛りと公事方掛りとあって、御勝手というのは、全く大蔵の事務で、会計を悉く整理し、公事方というのは、町奉行の如《ごと》く屋敷内に白洲《しらす》

（今の裁判所）があって、門前に腰掛けと唱える訴訟人、附添人、或いは罪人のたまりがあって、前にもお話した御領、すなわち代官所、万石以下の私領のことを吟味裁判して、斬流の罪人は町奉行支配へ引渡すのです。それに御勘定奉行のうちに、大目付と同じく、道中奉行を兼帯している人がありました。また寺社奉行、町奉行に御勘定奉行は、三奉行と唱えて、月に幾度と定日があって、評定所へ詰めて、御老中若年寄も出席し、大目付、御目付も立会って、時の大公事を評議決定して、言上して裁決を仰ぐ。

この評定所というのは、即《すなわ》ち東照宮、台徳公《たいとく》〔秀忠〕、大猷公《だいゆう》〔家光〕とで御設けになった、百ヶ条にある評定決断所ですから、なかなか重くしてあって、旗本拝謁以上の御役替には、翌日か翌々日ぐらいに、必ず評定所に出席して、御老中、若年寄、三奉行及び大目付、御目付列座の前で御誓詞とて、役々によって箇条は違うけれども、熊野《くまの》権現《ごんげん》の牛王《ごおう》の裏に、氏名諱《いみな》を自書して、血判をして御老中の前へ差出すのです。その箇条を読むのは、表御右筆の役で、御誓詞を受ける人よりも読む人がふるえるので、おかしくなることがある。営中でなくて誓詞を評定所でするのは、万一不埒なること、不届なること、奸策《かんさく》をなしたること、この御誓詞を犯したるものは、又ここで吟味調べをするぞという戒めなのです。而《しか》して百ヶ条は、御老中、若年寄、三奉行、大目付、御目付のほかは、拝見することはならぬという掟なのです。今日になって漸

く手に入りましたから、左に申しましょう。（百ヶ条省略）

目安箱

末文に譜代老臣のほか、みだりに他見を許すべからずとあり、即ち由らしむべし、知らしむべからずで、なお八代将軍有徳公《ゆうとく》（吉宗）の御条目があるそうですが、未《いま》だ手に入りません。殊に同公にこの評定所の門に、目安箱というものを設けられ、卑賤《ひせん》の者にても心附きたること、また役人達のあしきこと等を書附けて、この箱に入れよと仰せ出されて、月に二度ずつ誰の手も経ずに、二重箱になっている内箱を御前に出し、その鍵《かぎ》は御用側《ごようそば》が預かっていて、明けたものですが、一度は必ず御覧になるけれども、跡で御小姓が見たが、さて何にもろくなのはなかった。この目安箱を評定所から御城へ持って来る途中の勢いというものはまた格別で、御目付が附添って、御徒目付《おかち》、御小人《おこびと》目付が護衛し、なかなかおもしろかった。しかし御役人の善悪のことをいった書付の出たことはあったようでした。

御糺し中病死

それからこの評定所は、旗本以上のものの裁判所で、旗本たるものは反逆のほか、どんなことをしても、与力同心が召捕るなぞということは出来ぬ。もし猥《みだ》りに十手《じって》を振り揚げるときは切捨ててよし、切捨てずにその不礼を届けるときは、その与力でも同心でも、斬罪に処せられたものです。故《ゆえ》に旗本の者いよいよ罪人となると、その以前に悉く探索してあるから、間違いはないけれども、評定所から御老中の封書御尋ねということになる。それは頭、支配でも見ることは出来ぬもので、全く自分へ直《じ》きに来るのです。この封書御尋ねが来て申訳がなければ、直ぐ屠《と》腹《ふく》自殺すれば、単に病死とし、倅あらば跡式家督を願い、そのまま家は立てて下された。また申訳はなくも自殺することの出来ぬものは、御封書受書というへ、更に存知申さずとすると、明幾日何時評定所へ罷《まか》り出ずべしと召状が来て、麻上下着用で並の供立ちで出ると、御座敷へ通したるのち、三奉行と御目付立会いで、御糺《ただ》しの儀あるを以《もっ》て、帯刀懐中ものを御取上げに相成ますというちに、直ぐ刀も脇差も取上げ、評定所の白洲へ呼出し、むしろ引立てられて縁側へ坐らせ、而《しか》して吟味中言葉を改めると言うと、直ぐ縁より下へ突き落すそうです。

それから一応吟味をするも、一向存知申さずとやっても、悉く探索の上だから、御吟味御糺し中、揚り座敷へ差遣わさるという申渡しがある。斯くなるのは偸盗《どろぼう》、行劫《おいおとし》、追剝《おいはぎ》などをやった者です。そういう者は両三度吟味して、いずれ強情だからなかなか白状はしない。すると揚り座敷に於て御糺し中病死となるが、さてこの病死は多くは御薬頂戴《ちょうだい》で、これを称して一服といいました。故に罪人になる者はなかったから、町奉行何守《なんのかみ》宅へ出ろと達しがあって、同心が附添って行ったといいます。殊に揚り屋入りとて座敷ではないのだそうで、それに吟味をしつめて罪人にもしたのです。旗本はそうでなく病死にして、家族は浅草見附（今の浅草橋）外へ連れられて行って、父宜しからざる風聞有レ之《これあり》、御糺し中病死候に付、家断絶仰せつけられ、其方《そのほう》は逐放仰せ付けらるといって、帯刀大小を取上げて逐《お》い放つのだそうです。さてここに至ると、同じ旗本でも、三河《みかわ》以来の者で、先祖の功労のあった者は、百ケ条の第十にあるが故に、御糺し中病死するも、宜しからざる風聞有レ之を以て、半高召上げられ、家督相違なく其方に下さるとなる。盗賊を働かざるも、博奕《ばくち》をやり遊女屋へ行き、芝居を見物する等の者が表向きになると、家事不取締というので、甲府《こうふ》勝手小普請となり、一週日間内に甲州《こうしゅう》へやられました。

## 遊女揚代金滞り

みな旗本までの裁判は、評定所で施行した。それから御代々の御年回だの、又は停《ちょう》止《じ》の出るくらいの御方々の薨去《こうきょ》等のときは、流罪すなわち島流しになったものを、古いものから一列に名前をしたため、これを御老中から御用側へ出し、凡《およ》そ二尋《ひろ》ぐらいは披《ひら》きて御覧に入れ、御目の留りたる処まで、御赦免になるというのです。五百石以下の人で、つまり貧乏から悪しきことをするので、侍女腰元下女などに手を付けて、その宿から父とか兄とかが来て、談判にでも及ぶと、存意に叶《かな》ったから貰うといって、証書を取りかわし、後ち半月もすると、その女を他の出入りの商人にやったことにして、女郎に売ってしまう。先の親元から談判すると、貰うたが不用になったから、出入り商人の誰にやった、貰うた以上はこちらの勝手で、親元から論はなき筈《はず》、証文を見ろの一言で、なんとも仕方がない。

こんな人は女郎買もすれば博奕もうつ。いわゆる遊冶郎《ゆうやろう》で、その払いが出来ず、吉《よし》原《わら》の引手《ひきて》茶屋から、女郎揚代《あげだい》金滞りの訴えをすることがある。すると町奉行から、明幾日尋ねる儀があるから、家来を差出せと達しがあると、家来のあるものはよいけれども、ろくな家来のないものは、そんな人には相応の懇意、悪仲間があって、その次三男または厄介を頼み、家来として差出すと、貸借だから附合わせ吟味で、引手茶屋は白洲の小石の上、その家来は縁側にいて、奉行が吉原何町引手茶屋誰、小普請組何の誰、支配何の誰家来と呼んで、その方主人何の誰、遊女屋がよいを致し不埒のみならず、遊女揚代金滞りの訴えを、吉原何町誰より致した、相違なきかと言うと、私主人は身持宜しく、遊女屋がよいなどは決して致しません、私儀独身であるを以て、度々遊女屋へかよいましたを、主人と彼等存じ込みまして、右様なるお訴えを致しましたに違いありません、甚だ不都合の仕合わせ、主人へ対し相済まずと言うと、引手茶屋へ、主人と家来と取違え訴え出る段、甚だ不埒なることだ、また家来は速かに揚代金払い致し遣わせ、畏りましたと言うと、すぐ訴人へ対し、同心どもが立ちませい、それで帰って来る。なんでもないのです。それをよきことにして三、四度もやると、町奉行から評定所へ持出し、支配へ相談して、支配から禁足を申付けるに至り、それでも改心せねば、甲州へやられるという順だそうです。

強盗をはたらく旗本

それから御維新の十三年前で、老爺の子供の時分でしたが、旗本の倅で、親父は西丸御留守居をして立派な人であったが、行劫をやらかした旗本もあり、また倅あるいは次三男も仲間で、五人ばかり評定所へ呼ばれて、揚り座敷へはいった人がありました。その西丸御留守居の倅が発頭人《ほっとうにん》で、みな騎射人でしたが、それはなかなかひどいことをやった。多く諸藩の立派な侍を、針金ですっこけを拵えて、後よりかぶせてしばり、それから大小懐中物を奪うというやり方だった。それで藩邸を夜中出て歩くということも法度《はっと》だし、大小を奪われたりと言っては、侍にあるまじき不覚となるから、多く黙止して届けるものもなく、為に知れずにいたが、あるとき同じ旗本で、やはり騎射人をその伝でやったところが、いかに闇夜でも懇意の人の様子は知れるから、誰々によく似ていると思って、だんだん探索すると、果してその人だ。また西丸御留守居倅の侍女の親父が夜蕎麦《よそば》売で、悪事の行劫をするのを見ていて、娘の御奉公先の若殿様に、よく似ていると思って、娘の奉公屋敷へ出掛けて、娘に逢ってその話をすると、娘はなるほど昨夜は遅くお帰りになったと言うから心付けさせると、だんだんおかしな様子だというので、遂に発覚したということです。夜商人というものは、昔は多く手先、岡っ引と唱え、町方同心の手に付いていたものだから、だんだん知れたといいます。この連中はみな揚り座敷で病死でした。殊に倅や次三男が多かったから、家の断絶したのはないようでした。

御役料は四千四百二俵一斗

さて評定所のことから話がそれてしまった。御勘定奉行のつぎが御作事奉行で、二千石高、御普請奉行、小普請奉行という順で、みな二千石高です。同じようなものですが、この区別がなかなかあったのです。御作事奉行というと、全く新しき御普請と堀、石畳等のこと、御普請奉行は普通のことを引受け、小普請奉行は修繕手入で、御作事方、御普請方、小普請方と、みな分かれていた。御普請奉行は江戸は勿論、遠国奉行所から御役屋敷（今の官舎）御代官所に至るまで、悉く修繕を引受けて、随《したが》って御普請役という御家人が多く附属していて、中には人物もあったが、悪い者も多く、道中などで威張り、商人等より賄賂を取ったものもあったそうです。これらの輩《やから》が、旧幕府の評判を悪くしたのです。

それから甲府勤番支配で、持高三千石以下は、三千石高に御足《た》し高を下されて、別に御役知《おやくち》千石下された。甲州には御代官はあったが、他には町奉行もなければなんにもないから、与力同心はお預けもあったけれども、一切引受けなければならない。大御番と同じく甲府勤番を支配し、殊にかの甲府小普請というを支配し、前述べた甲府小普請という、なかなか悪がいたから、すこしのことがあると、針小棒大にいって、しくじりを拵えるという有様、殊に町奉行がないから吟味もして、御役宅に白洲を設け、甲州だけの刑罰をつかさどる人物でなければならぬ上、骨の折れた御役だけれども、他人は左程には思わなかった損な御役です。

つぎが長崎奉行で、三、四人いて、長崎へ交代しました。高は千石だけれど、御役料が四千四百二俵一斗という妙な勘定です。高のある旗本ならよいけれど、三、四百石の人がなると、今まで味噌《みそ》すり用人が、家老という名目になり、出入りの按摩《あんま》を手医者という名目にした。それはどういう訳かというと、名は長崎奉行だが、九州の御目代《もくだい》で、殊に外国に関することを執務し、御固め両家松平筑前守《ちくぜんのかみ》（黒田《くろだ》、筑前博多城主）松平肥前守《ひぜんのかみ》（鍋嶋《なべしま》、肥前佐賀の城主）を指揮するが故に、長崎往復の道中とも、十万石以上の格を保たなければならぬ。また長崎では貿易一切をつかさどり、唐船すなわち支那《しな》と和蘭《オランダ》とばかりではあるが、御国より貿易品に出すものは、悉く何国より何々の品、何国より何々の品と取極《とりき》めありて、不正品を取締り、かの国より輸入するものは、支那、和蘭のみなれども、第一薬品にして、虎彪《こひょう》等の革類、羅紗《ラシャ》その他雑貨にして、また極まりがあったといいます。

どうして極まりがあるかというと、唐船は幾艘、蘭船は黒船幾艘と、帆前船《ほまえせん》で極まってあるから、その荷物も凡そ知れてある。それに砂糖は日本でも、八代将軍が御奨励遊ばされた後《の》ち出来たけれども、なかなか足りない。唐船をあてにしたのです。横浜の開港以前は、長崎が外国品の専買市場、外国へは日本品の専売場ですから、なかなか豪家も多く、金持の巣窟《そうくつ》ともいうべきでした。有名な学者はその時分には、長崎で修行する者が多かった。それは書籍もあるし、蘭通辞《らんつうじ》という者があって、初めはみな和蘭学しかなかった。しかしその書物を輸入するときは大変で、書物中に耶蘇《やそ》のやの字があっても、輸入差止めで、奉行は常にそれにのみ目を注いだものです。年々長崎市中は勿論、近在の者まで、長崎奉行の白洲で踏画《ふみえ》と唱えて、耶蘇の絵を踏ませて、切支丹宗《キリシタン》でない証《あかし》としたのです。

### 太閤の切支丹禁制

耶蘇をなぜ切支丹宗といったかというと、はじめ葡萄牙《ポルトガル》人が来て、その宗旨の名を聞くと、クリシチャンといった。すると日本人はクリシチャンを切支丹と聴いてしまった。また馬天連《ばてれん》宗というけれども、その牧師の名で、どこそこに来たりし馬天連といったそうです。この宗旨を厳禁したのは、太閤《たいこう》の大坂築城後のことです。その頃は葡萄牙人が、専ら肥前の長崎、平戸《ひらど》等に来たり、貿易にて巨利を得たそうです。随ってその宗旨も流行して、太閤も信者になりかかったのだそうで、日本の縄張りでは面白くないから、馬天連を以て葡萄牙のコンマンタンを呼び寄せて、築城の縄張りを相談し、出来上がったから、コンマンタンと馬天連を城に呼んで御馳走《ごちそう》し、頻りに話をしたところが、コンマンタンは軍人だから、手柄話や、どこどこには領分がある、どこには属国があると大誇りであった故に、太閤が、乃公《おれ》は六十余州さえ、なかなか骨折りで治めたが、貴国は他人の国をどうしてそう領分だの属国だのに出来ると問うたそうです。するとコンマンタンは、それは訳はありません、まず馬天連をやって宗旨を拡めて、国人を帰依《きえ》せしめ、それからいろいろして軍《いくさ》を始めると、みな仏敵ということになるから、忽ち我が領分属国となりますと言った。太閤これを聞き、成程と言ったが、その目玉が恐ろしかったそうです。

コンマンタンは手柄話からとんだことを言ったが、敢て平気だったそうだが、馬天連の驚きは大変で早々帰った。すると太閤は直ぐに五大老五奉行を集めて、切支丹禁制ということにして、馬天連を逐い立てる。葡萄牙と貿易をするなと国中に触れを出し、信長の許した京都南蛮寺という寺をも破却してしまった。わが東照宮は、三河半国でいらっしゃる時分から、宗旨のかたまりには大いに懲りていらっしゃったから、なおさら厳禁さして、御条目の第一に、切支丹宗禁制之事と遊ばされた。それでも内々で帰依していた者もあるが、表向き改宗は出来ぬといって威張った高山《たかやま》という大名は、海外へ放逐された。遂に三代将軍のときまで、内々で帰依していて、島原《しまばら》騒動までは、恢復《かいふく》しようと思っていた者も多かったようです。また今になると耶蘇信者は、宗旨は国禁のあるべき道理のものでない、自己国人の意志に任せらるべきものを禁制したから、開化が遅れて、日本は野蛮時代が永かったと言うけれども、今の耶蘇宗とは大いに違うて、真に織田や豊臣時代の耶蘇宗は、国を奪うのに利用したろうと思う。殊に東洋は尚更《なおさら》で、他に干渉する国はなし、万国公法などはあったかないか、あったところが干渉する他国がなければ、強いもの勝ちだから、まことにけんのんで、老爺などは太閤の禁制にしたのを、尤《もっと》も至極と思います。

またお話が脇道へ入りましたが、長崎奉行は外国から来る善悪と、関門を奉行するのだから、なかなか重き御役で、道中は長崎まで卅日もかかったそうです。中国から九州路へ行くと、城下々々に宿泊して、大威張りのものだったといいます。そのつぎが京都町奉行と大坂町奉行で、千五百石高に、御役料が現米《げんまい》で六百石下された。これは江戸町奉行と同じ勤向きで、所司代の指揮、御城代《ごじょうだい》の指揮も受けた。そのつぎが駿府御定番千石高、御役料七百俵です。班列順はよいが、これは布衣《ほい》で諸大夫ではないのです。布衣というと布の着物を着るだけで、なんでもないが、幕府では叙任する初めは、従五位下朝散大夫で、従六位に叙任することはないが、布衣なるものは即ち従六位なのだそうです。それでこの御定番と書くのは、元は御城番であったが、御城代にまぎらわしくてよくないというので、御定番としたのだそうです。勤向きは御城代を輔翼《ほよく》して、至極気楽なようです。

### 禁裏御附・山田奉行・奈良奉行

　そのつぎが禁裏御附で千石高、持高三千石未満の者は、御役料千俵下された。与力同心もお預りして、御所の公卿門、御台所門等、直きの御門々は、所司代与力同心と共にお固めをして、二人ずつ京都住居で、所司代の指揮を受けて、禁裏の御用は何でも取り計らった。詰所は御所の武家玄関のところにあって、その下に御賄頭《おまかないがしら》というものも附属していました。禁裏附は何でも御用を仰せ付けられたこともあって、時と場合によっては、典侍《てんじ》の御人選までもしたことがあったそうです。すでに大久保越中《おおくぼえっちゅう》守《のかみ》、即ち一翁《いちおう》の禁裏附御役中に、恐れ多きことながら、今の中山《なかやま》一位の局《つぼね》〔孝明《こうめい》天皇の典侍で、明治《めいじ》天皇の生母〕は、禁中へ上がった典侍だそうです。

　そのつぎが山田《やまだ》奉行で千石高、御役料が千五百俵、与力同心もあって、伊勢《いせ》の山田に住し、第一御宮の事から、御代官もあるから御領のこと、及び寺社も兼ねていて、一般の訴訟吟味をして、なかなか骨の折れた奉行所だったといいます。それに紀伊殿御領と境をなしていて、常に境論があったといいます。正徳《しょうとく》年中に大岡忠右衛門《おおおかちゅうえもん》すなわち越前守が山田奉行のとき、紀州《きしゅう》御領と境論のとき、一歩も譲らず境界を吟味して、正しく裁判をした。そのころ紀州公は恰も八代将軍であって、御相続になったから、放逐でもされるものと覚悟したところ、八代将軍から却ってその正当なることをお悦《よろこ》びで、江戸奉行となり、だんだん御取立てで、遂に大名になったといいます。今では伊勢の山田と読んで字の如しだが、以前はようだといいました。そのつぎが日光奉行で二千石高、御役料五百俵下された。日光一円の奉行で、第一東照宮及び大猷院様御《ご》廟《びょう》の御取締りから、輪王寺宮《りんのうじのみや》〔寛永寺《かんえいじ》貫主〕の御用及び院坊の取締りから、日光町その他御領の訴訟事吟味もする。また毎年御祭礼のときと、例幣使社参のときは、なかなかむずかしいものだそうでした。しかし江戸近くでもあり、そう劇職ではなく、ほかほかの奉行よりも楽なようでした。

そのつぎが奈良奉行で千石高、御役料千五百石で、奈良一般の奉行で、寺社の支配をしているから、春日《かすが》神社は勿論で、多《と》武《う》の峯《みね》のことまで、御普請から何から取締りし、奈良町その他御領寺社領の訴訟公事を吟味していた。殊に面倒なのは、奈良では神鹿《しんろく》と唱えて、今でもいるが、御維新前は鹿がたくさんいて、市中では犬を飼う者なく、春日の境内は勿論、市中にたくさん出ていて、八百屋などはなかなか油断は出来ぬ。青物は何でも取って食うてしまう。それでもこれを打つことは出来ぬ。神鹿というので、鹿を殺すのは人を殺すの罪どころではない。生埋め、いわゆる石こづめの刑に行なうといってあった。しかし実際そんなことはなかったようだが、そのむかし十三とやらになるものが、誤って鹿を殺し、石こづめになった者があって、いま石地蔵だか観音だかが祀《まつ》ってある。奈良へ行った人は知っているだろう。それで奈良の早起きといって、もし自分の家の前に、鹿が死んでいると大変だから早く起きて見る癖が出来て、ついに習慣となったそうだ。今ではそんなことはなく、遅起きのようになった。

御維新の三、四年前であった。京都から奈良へ御遠乗があって、夜中から乗り出して、奈良へ朝お着になった。当時の奈良奉行は安藤飛騨守《あんどうひだのかみ》〔直裕《なおひろ》〕といったが、お出迎いに出て行く。奈良坂を越えてだんだんと奈良の市中におはいりになると、神鹿先生のいること、実に群をなして歩いている。それを御覧になって、お戯れではあったが、たくさん鹿がおるが二、三疋《びき》は取ってもよろしかろう、飛騨守に承れとおっしゃり付けた。お戯れであるが、飛騨守に上意の趣をいうと、これより直ぐに春日神社へ御社参に相成りますれば、恰も春日大明神にお逢いになりましょうから、大明神の神霊にお尋ねになるが、一番早くお分かりになります、いかに奉行でも、神霊は測られませんと言上した。つまらぬことだが、ちょっと奉行にして面白き話で、それに将軍様と御三家、御三卿は神様と同じで、直きにお話を遊ばすとまでいって、尊敬していたから、なお面白かった。

## ペルリ来航

そのつぎが駿府町奉行で千石高、御役料五百俵下された。与力同心等あって、地方《じかた》の者で御白洲も御役宅もあって、獄もあったが、諸大夫でなくて布衣であった。この駿府町奉行以下は、多く布衣で勤めたものです。その次が浦賀《うらが》奉行で千石高、御役知千石、ここはその昔は江戸の咽喉《のど》だといって、品川《しながわ》湾へ入る船は悉く寄港して船中を改められ、運上《うんじょう》を取り立てた。与力同心もお預りして、布衣場所ではあるが、任官した人が転役したから、諸大夫のようになった。横浜開港までの勢力は、なかなか盛んなものであって、下田《しもだ》奉行も兼ねて、人材をお選みになったといいます。嘉永《かえい》六丑年六月三日に、米国軍艦五艘同港に来たり、老爺は垂髫《すいちょう》の時であったけれども、その騒ぎというものは、言語道断で、三百年来の夢が一時に醒《さ》めたように、幕府のことをいうが、豈《あに》幕府のみならんやで、天下一般三百諸侯、みな悉く大狼狽《ろうばい》せざるはなし。大藩はそれだけ騒動で、浦賀から品川まで大諸侯の御固めで、浦賀は会津《あいづ》と熊本《くまもと》藩が御固めであったようでした。米人渡来までは、諸大名旗本とも、甲冑《かっちゅう》具足というものは正月十一日に飾り、六月暑中に虫干をするまでで、侍具足まで取揃えある人は、まずなかったといってよいくらいです。それだのに打払いとなると、直ぐ必要だというのだから騒ぎだ。また先祖伝来の甲冑はあっても、威糸《おどしいと》が切れたり、陣羽織はあっても、虫喰《く》いだらけというのだから、とても着ては出陣できぬから、江戸中の具足師武具馬具師は勿論、近国近在のその職人は、江戸へ出て来て、頻りと手入れやら新しい製作やら、大騒ぎであった。そのときの御老中上席は、阿部伊勢守《あべいせのかみ》殿であったそうですが、御譜代大名と旗本へ、今日の場合甲冑具足相調わず候わば、火事装束相用い申すべき旨触れられた。火事羽織のないものはないから、少しは穏かになったが、それでも大変で、旗本五千石以下へは、百石につき十両ずつ拝借金が出たということです。故に具足師の儲《もう》けたことは、大したことであったといいます。それで忽ち川柳が出来て、

「武具馬具師　亜米利加《アメリカ》様と　そっと云ひ」

　その頃とても大砲もあったが、車台などはなく、土俵で据えつけて、口火というものをさし、火縄で打つのだ。銃砲はみな火縄打ちで、百目筒《ひゃくめづつ》を打つというのは先生で、ほんとうに抱え打ちをするには、なかなか大変の修行でなくては、抱え打ちは出来ぬものなのだ。田付《たつけ》流に萩野〔荻野《おぎの》〕流などというのがあったが、旗本達はあまり稽古《けいこ》はせぬのです。御家人でも御先手《おさきて》鉄砲組、御持筒《おもちづつ》組、火消に鉄砲組、百人組にもあったが、旗本は即ち弓矢で、さなくば槍《やり》というので、もしそのとき戦争でもあったらどうだろう。実に大変であったろうと思う。しかしあとで攘夷《じょうい》だの鎖港だの開国だのという論はなくて、無茶々々にされて、却ってよかったかも知れぬ。その証拠には大砲

も出来れば、火縄打の小銃ではなくなり、台場も出来ていた鹿児島及び下ノ関《しものせき》の戦でも敗北した。しかしまた彼も今のようではない。軍艦五艘ではあるが、二艘しか蒸気はなく、それも外車で、三艘は帆前船の軍艦であったといいます。またその頃狂歌がある。これは茶名の上喜撰《じょうきせん》というにかけたのです。「おちゃにでも　うかされたのか蒸気船　たつた五はいで　夜もねられぬ」なぞとしゃれていた人もあった。幕府ではこのとき恰も折り悪しきときで、当時の公方《くぼう》様慎徳《しんとく》公〔徳川家慶《いえよし》〕御危篤でいらせられ、米艦渡来のことを言上したが、御指揮を伺うことも出来ず、御危篤ではあるが、この大事件を余程御心配遊ばさせられて、六月の極末についに薨去になった。この老爺は子供であったが、災害併せ至るということだろうと、今でも愁腸《しゅうちょう》を覚えているくらいだ。今ではその浦賀の久里浜《くりはま》へ、ペルリ〔ペリー〕が初めて上陸した所だといって、記念碑を建築して、近々日米の軍艦も来て、両国民が親睦《しんぼく》して祭りをするというのは、まことにおめでたいことであるが、四十九年前には、こんなことまでになるとは、英雄でも豪傑でも思わなかったろう。

## 奉行によって変わる金の産出量

浦賀奉行のことから、大きに横道へお話がはいりました。その頃の奉行は戸田《とだ》なんの守とかいった人であった。そのつぎが佐渡《さど》奉行千石高、御役料千五百俵と百人扶持、布衣です。佐渡一般の奉行で、殊に金鉱があって、その鉱夫は地の者もあるが、多く罪人いわゆる流刑の者であった。それで妙なことには、人物でよき奉行だと、金がたくさん産出したが、評判の悪い奉行のときは、いかにも産額が少なかったそうです。それはいやな奉行だと、鉱夫までが働かなかったからだそうです。百人扶持別に下されたのは、金鉱があるから、そのために罪人等に恵むようにしろというのだが、そういう事をする人は稀《まれ》であったそうです。それに幕末には海にまで掘り込んで、なかなか労費を償うことは出来なかったといいます。今ではどうなったか、この佐渡国に金山のある事を、東照宮へ申上げたのは、当時の観世大夫《かんぜだゆう》だといいます。自分だか先代の親だかが、修行に諸国をあるいて、金の沢山あることを確かめて、御治世の初めに建議したのだそうで、その頃の観世大夫は、余程才子であったと見えて、元結を拵えた元祖だそうです。それまではみな緒で髪を結うたが、大夫がはじめて小捻《より》へ葛《くず》のりを引いて、拵えてやったのです。それゆえ今でもかんじん捻《より》というが、ほんとうは観世捻だそうです。そのほかこの大夫のことにつきましては、いろいろ逸話があるが、別にお話することにしましょう。

佐渡奉行のつぎが新潟奉行で千石高、御役料千俵です。新潟にはやはり御役宅もあり、白洲があって、他の奉行と同じことですが、布衣でした。以上、小普請奉行を除くほかは、みな芙蓉《ふよう》の間席でした。そのつぎが西丸御留守居で二千石高、諸大夫で、中《なか》の間席です。この御役、多く老人か或いは諸奉行を勤めて、あまり役に立たぬか、又はちと不首尾人のなるところで、生きた親爺の捨てどころといいました。それだから詰番も一週日に一度とか、二度出勤すればよいので、楽なものでした。

委細差含みおる小普請支配

その次が百人組の頭で三千石高、布衣で、菊の間席で、大名取扱いだ。この頭は高のある人で、いずれ寄合以上の人が多く、火事場見廻《みまわ》りといって、寄合から出役するが、そんなのから百人組の頭になりました。百人ずつお預りをして、与力もあったが、御番は内大手の御書院御門外の御番所なんです。そのつぎが御旗奉行で、二千石高の布衣です。これも菊の間席です。与力同心お預りがあって、白の御旗が十五本あった。御旗は同心の屈強なる者の背に、受筒というものがあって、それへ建てて先後から緒をつけて、引合って歩行するのだ。なかなか今の戦では、とても用いられぬ。そのつぎが御槍奉行で、御旗奉行と同じです。その御槍は御長柄《おながえ》のことで、二間柄の段巻で、いざというと組々の同心にお貸し渡しになるので、いわゆる槍襖《やりぶすま》を作らせるのだそうです。やはり与力同心のお預りがあった。

そのつぎが小普請組支配で三千石高、布衣、中の間席です。この御役は無役の二千九百石までの小普請を支配し、御譜代の御家人の無役の者は、組といっても旗本も御家人も、幼少か老人か役に立たぬ者か、又は身持のよくない人だった。しかし中には人物もあったが、運悪く御番入《ごばんいり》も出来ず、一生暮してしまったという人もあった。この小普請支配という御役は、世話をすればいくらもすることはある。又よく世話をする人は忽《たちま》ち転役して、高のある人は直ぐ御小姓組番頭にもなり、そのほかの奉行になる人もあったが、多く高があればぐずの人なので、支配の逢対日《あいたいび》に逢って、心願のある者はその志願を話すと、委細差含みおるというだけで、武芸の定日にも出て来ぬ人が多かった。それで老爺が子供の時分であったが、五百石の人で小林某という、なかなかの人物であったが、かねがね支配へ志願筋を話して、逢対の度に頼むが、いつも差含んでおると言うから、あんまりぐずぐずしていて、いつも差含んでおるばかりだから、そう差含んでばかりいずに、時々は吐き出してはいかがですとやった。支配は勿論、組頭から取扱から列座の者ども、びっくりしたそうだ。ところが次の御番入には、御書院御番となって、そのくらいの事をいう人だから、半年ばかり勤めて、直ぐ小十人頭になったという話があります。小普請支配という御役は、前申す通り二千九百石までは支配するでもあるが、布衣でありながら、三千石高のは下これぱかりです。

火消屋敷のガエン

そのつぎが新御番《しんごばん》で二千石、布衣で中の間席です。この御番はまことに字の如く新御番で、寛永《かんえい》廿年にはじめて設けられたといいます。詰所は桔梗《ききよう》の間であったが、あまり奥近くで騒々しいから、桐《きり》の間へ詰所を替らせたといいます。番頭はあまり骨は折れない御役だと聞きました。そのつぎが御持弓、御持筒と別かれていた。頭は共に千五百石高、布衣、席はよくて菊の間です。与力同心がお預けになってある。その組々によって同心でも弓を射た。御持筒の組は小銃を修行して、組屋敷には角場《かくば》〔鉄砲の稽古所〕を設けてあった。これは全く御旗本備えの弓鉄砲の隊なのです。そのつぎが火消役で、四、五千石以上の人でなければ勤めなかった。それで高に構わずに三百人扶持、布衣で菊の間席です。これに火消与力、火消同心をお預けになって、十人あった。飯田町《いいだまち》鉄砲組、半蔵御門《はんぞうごもん》外鉄砲組、御茶《おちゃ》の水《みず》鉄砲組、赤坂御門外弓組、溜池《ためいけ》台弓組、駿河鉄砲組、八代洲河岸《やよすがし》鉄砲組、四ッ谷《よや》御門内鉄砲組、市ケ谷佐内坂《いちがやさないざか》弓組、小川町《おがわまち》鉄砲組で、火消ではあるが、鉄砲組七組と弓組三組あって、やはり御備内〔御府内〕のものなのです。一組与力十騎に、同心五十人組お預りをして、火消役とはいうが、火事のときはその近き御門々々を固めて、御郭内《くるわうち》に火がはいると火消しもしたのです。それに両山、上野と芝《しば》も固めた。火消役は銀かぶと三枚しころで床几《しょうぎ》にかかり、与力同心護衛し、なかなか立派なものでした。

その火消屋敷の中間《ちゅうげん》をガエンと唱え、一番部屋、二番部屋、三番部屋と、ひと屋敷に三つずつあって、一部屋百人ずつ、三百人あったものだそうです。故に江戸にはガエンが十箇所で三千人いたといいます。この一番部屋にいるガエンというのはえらいもので、屈強の者どもで、寒中でも法被《はっぴ》と股引《ももひき》一つで、身体は悉く文身《ほりもの》だ。火事というと素裸で飛び出すので、そのうちに火消役の馬印に、大まとい小まとい二つあって、大まといは如何に早く乗るも、馬の真先に立って、主人と一緒に行くのです。火がかりがあれば、裸のままでするというのだから、なかなか強い奴もあったが、また悪しき奴もあって、火消屋敷の近辺の町家は、困難したそうです。それで銭《ぜに》ざしを拵え、これを持って町家へ行き、軒毎に買ってくれろと言うので、もし沢山あれば、銭だけをやって断わるのだそうです。昔は手廻りとて、駕籠《かご》かき六尺といい、槍挟箱持等の総称で、それに中間いわゆる折助《おりすけ》というて、ずいぶん賤《いや》しい者としてあったが、その内から一歩進んで、ガエンといっては人の悪い者としてあって、箸《はし》のころんだのにも言いがかりを付けて、町家と見ると難題を持ちかけ、酒を買わせたのです。

公家衆の役得

火消役のつぎが御小姓頭取、御小姓で五百石高、御役料三百俵で、千石以上の者は御手当金卅両です。高は少ないが重いお取扱いで、みな諸大夫でした。本字は扈従《こしょう》で、小姓といつか書いたものでしょう。もと御小姓に頭取という御役名はなく、みな御小姓であって、頭取とは仰せ付けられなかった。御腰物掛を仰せ付けられれば、即ち頭取なのです。それにいろいろの掛りがあって、年末になると一と掛銀十五枚ずつ下され、御櫛《くし》番には百両下された。また御衣冠掛というと、御束帯御衣冠御直垂、なんでも御装束のときには、お召換えをして上げるので、その掛りとなると、高倉《たかくら》家に門入するのだ。その門入料というものはなかなか高かった。むかしは公家公卿《くぎょう》は内職のあったもので、束帯のほかは冠烏帽子《かんむりえぼし》を紫緒にするのに、その免許は飛鳥井《あすかい》家から出して、免許料を取るのだ。その免許は蹴鞠《けまり》の祖家だから、その許しなので、敢て官位にかかわることではないのだが、太元結《ふともつとい》で烏帽子をかぶるより、紫緒でかぶる方が、立派でもあるし品格もいいから、諸大名から諸大夫以上の旗本は、皆その許しを得たものので、なかなか少なからぬ歳収であったろうと思う。

公家衆はそんなことで内職があった。そのほか歌だの香だのといって、門入料だの免許だのといって取り立てた。その一番えらいのが吉田《よしだ》家であったといいます。なぜならば神社の位、神主の位、菓子屋の大掾《だいじょう》、浄瑠璃《じょうるり》語りの大掾等の許し、稲荷《いなり》の正一位は最も収入が多かったといいます。第二が土御門《つちみかど》家で、これは神主もあるが、九字を切るといって、いろいろなおまじないをする者は、みな許しを受けたのみならず、巫《みこ》、覡《かんなぎ》、降巫《いちこ》までも、許しを受けさせられたといいます。それで官金を京都へ出さねば、位を貰うことは出来ぬというのは、盲目のことばかりと思う人もあるが、そうでない。従四位百両、従五位は六十両差上げるのだ。大名ならば家格によって、金高の相違があるということだが、従五位下朝散大夫というのが、六十両差出すのは慥《たし》かだ。既にこの老爺もとられた。この金を差出すと、叙従五位下任朝散大夫という位記口宣《くぜん》すなわち辞令と、いろいろの内弁だの外記《げき》だの女官の何局《つぼね》だのという、六十両の受取が来るのです。御小姓は千石高未満だから、上から百両、諸大夫仰せ付けらると下された。高千石以上の人は、自分で官金を差出した。六十両官金に差上げると、あと六十両だそうでしたが、老爺の時分には足りなかった。極《ご》くむかしは百両あると沢山だそうだから、赤とんぼうという束帯衣冠を拵え、また武家にぜひ入用の大紋を拵え、そのうえ衛府《えふ》の太刀、糸巻《いとまき》の太刀を拵えねばならぬ。すると、とても足りないから、何とか工面して拵えて置いたものです。

### 御小姓勤めの模様

それから御小姓の勤めというものは、初めは甚だ心配なもので、昔の半時《とき》、今の一時間ずつ、御前に詰めていて、万般の御手許《てもと》の御用をするのだから、大変のようだが、遂になれて、御前に詰めている方が楽で、部屋でやかましく言われるよりもよかったが、しかしそれが又けんのんなので、余りお心易きに過ぎて、失礼をやることがあるから、余程心付けねばならなかった。隔日の泊まりで、四ツ時、今の午前十時が交代で、出勤して四ツ時になると、一統筆順に二三人ずつ御目見《おめみえ》をして、時詰の者は御前に残り、直ぐ詰めをなし、半詰の者は部屋へ戻り、同掛りの者より申送りを受け、譬《たと》えば昨日は何々を遊ばされて、今日は何々の御用があるかも知れぬ、御馬ならば何々を召した、御鉄砲なら御手筒の何々で、小鳥をお打ちになって、御筒のお掃除に下げてあるというような事である。そのうちに向う側の者は、御目見済み、みな退出してしまう。そのうちに四ッ半時、今の十一時になるから、御前に詰めに出るという訳です。

それから平常ならば、御老中若年寄の退出までは、御袴を召していらっしゃる。御退出が済むと直ぐ大奥へ御入りになるのは、凡そ午後の八ッ半時、今の三時ぐらいの頃です。それで小座敷に二人残りて部屋へ戻る。それから御三度目御膳、大奥のときもあれば、又は七ッ時、今の午後五時に、御表へ入らせられて、御膳をお上がりになる。奥の御夜詰引は四ッ時で、今の十時です。すると御次と御座所との御杉戸を閉じ、一統袴なしで御前へ出る。御前に寝る者二人、御入側《いりがわ》へ二人、御次と御杉戸の脇へ寝る者二人で、御次まで奥坊主に夜具を運ばせ置き、御寝《ぎょし》すなわち御床《おじょう》へ入らせられるまで、お話をするとか、又はお読物あらば自分々々の勝手な書籍を読んでいて差支えないのだ。この御床《しん》というものは畳二畳敷で、高さ六寸ばかりもある。絹べりの附きてある畳だが、真は真綿で突くもとおらず、鉄砲玉でも昔の丸玉ではとおらぬものです。それを御重ね布団の下に敷くのです。その御床御夜具の類《たぐい》を敷くのは、御小納戸の奥の番という、いずれも四十以上の人の掛りです。

御小納戸の夜の番

御小納戸でも頭取は勿論、御膳番、奥の番は御前詰といって、御前へ直ぐ出ていいので、御次詰というのは、全く平《ひら》の御小納戸です。そこでなかなかむつかしいのは御前寝のときで、大行燈《あんどん》の御《お》有明《ありあけ》というものがある。御寝になる時、その脇へ二人寝るが、直ぐに寝入ってしもうてはいかず、さりとて起きていては、お気がかりになるからいかぬというので、初めはつい寝こんでしまって、御小用にとしばしば仰せられても知らずにいるが、慣れるとお一と声で目が覚めるのです。すると一人は御三つ足と唱えた、ぼんぼり附きの燭台へおあかりをつけ、一人は御脇差を持ち、各〻枕元にある脇差を帯して、御用場へお供をするのです。御寝所から御用場までは、卅四五間ある。御入側へ寝るのが楽で、御次の御杉戸はやはり御錠口で、御寝になると締切りで御錠をかけるから、御次詰の御小納戸は、半夜交代の不寝をしていて、御次に詰めて、御錠口の御小姓は誰に誰と、かねて承知している。そこで火事があると、御城番の御使番が直ぐ登城して、火口番というのは火事場へ行き、引返して登城する。それで大火になるか、風烈の時は言上となる。表から奥坊主へ御使番誰登城、火事は何町何丁目何商、或いは何屋敷より出火という事を注進するから、それを御錠口の御小姓を起して、たしかに返事を聞いて、出火がある、何町何丁目何々と、御小納戸より聞きて、お目覚めの御容子《ようす》ならば言上する。もし遠くて風も烈しくなければ、御側寝の人に申し置いて、お目覚め次第に申上げて貰う。ところが御錠口寝の御小姓が寝坊であると、いくら起しても起きぬ。大変困ることがあるから、御錠口の外から内へ緒をつけて、その緒を腕へ結び付けて寝たこともあった。腕へ結び付けられては迷惑だといって、枕へ付けたところが、枕をはずしていたから、引張ると枕は忽ち御杉戸へまで引付けて、御当人は知らずに寝ていたという、大笑いの話があるが、この御錠口はまことに大切なところで、いわゆる気脈を通ずる処だから、御錠口へ寝る者は、なるべく目ざとき者を独り添えるという事になりました。

朝は六時お目覚めが御例であるから、それより遅くもなるが、六時のちょっと前に、時計の間の坊主より奥坊主へ申込み、奥坊主から御次詰の不寝の人へ申込むから、御錠口寝に申込むと、夜具を片付け、御入側寝、御前寝を起して、六ツ時になると部屋寝をした代りが来るから、御次の外へ夜具包みを出して、部屋へ戻るのです。それから支度をし直し、着替えをし、お台所が来ているから、朝飯を喫し、六ツ半になると御前へ詰めて、六ツ時に出る人と交代する。その頃お目覚めになるから、奥の番回りというとお目覚めのしるしで、御床をあげに御小納戸が出て来る。その間に御小座敷のお掃除が済んでいるから、御小座敷へ入らせられ、お嗽《うが》いを上げてそれが下がると、御次御小納戸がお嗽い下がりと、両部屋すなわち御小姓部屋、御小納戸部屋へ触れさせる。そして近く御膳所へも知らせる。すると御膳所では御膳の支度をして、御膳番が一人御前へ出て、一人が御膳所へ詰めて、お毒見をして一切改めて、御手長《おてなが》と唱える御小納戸がおかよいをして、御膳所から御小座敷まで持込み、お給仕の御小納戸に渡すと、御前へ据える。ですから、御小姓は御飯の御鉢を前へ置き、お附けかえをしてあげるのみです。御膳は朝は仰せ付けられずとも、お目覚め後すぐ差上げ、御昼と御三度目は、仰せ付けられてから差上げることとなっていました。朝御膳の御鉢下がりというと、御膳がお済みになった知らせだから、泊まりの御側衆が御目見に出て来るのです。平日にはまあこんなことで、正月と五節句、二日御成りの事までお話をすると、なかなか永くなるから、いずれ折り折りお話をすることにします。

## 禁制は多いが役得も多い

さて御小姓、御小納戸は、一と口に奥の衆といったもので、高も同じだが、お取扱いは大変な違いで、譬えていうと、まず我々で言えば、侍と中間ぐらいの違いがありました。上《かみ》のでも御足袋だの御草履は、御小納戸持で、御小姓は手をつけぬのです。しかし御束帯、御衣冠のときの御沓《くつ》は、四位以上でなければならぬのです。多く御参内のとき、紅葉山御参詣《さんけい》などの御沓は、高家が勤めた。それに御小姓は親戚《しんせき》でも、祖父母、父母、伯叔父母、兄弟姉妹、舅聟へは往復してもよいが、従弟となると、向うから来るはよきも、こちらから往くことはならぬとしてあった。それに自分の寺の仏参と、産土《うぶすな》神社参詣はお許しで、その他の寺社へは、猥りに行くことは御禁制でした。まことに今考えると、窮屈千万でした。況《いわ》んや表の御役人などへは、附合わぬようにしてあった。

高は御役料とも八百俵だけれども、一と掛銀十五枚は下されるし、半年ずつ皆勤御褒美といって、病気引込さえなければ、盆暮に時服と金一枚ずつ下されたのみならず、御召類を夏のものは冬、冬のものは夏というようなことで、御小納戸払いといって、一箇年間のものは何でも取払って下されたものでしたから、八百俵でも千石以上にはなった。そのつぎが中奥御小姓で、多く御小姓から表へ出されて、御足高《たしだか》の者はそのまま御足しを下されて、持高で勤めた。これは御式日または諸侯の天上元服とて、御一字御刀拝領のときなどに、御白書院なり大広間なりに出て、御前で給仕をしたりするのです。御成りのときには御供もあるが、平日は楽なことです。

## 典薬頭は下手の親玉

そのつぎが御広敷御用人で五百石高、御役料三百俵、布衣であったが、和宮《かずのみや》様すなわち静寛院宮《せいかんいんのみや》の御下向から、諸大夫になって、天璋院様御用人も、同じく諸大夫になりました。つぎが典薬頭《てんやくのかみ》で、今大路《いまおおじ》中務大輔《なかつかさたいふ》が千二百石、半井《なからい》刑部大輔《ぎょうぶのたいふ》千五百石、吉田意安《よしだいあん》七百石、竹田芭丸千石で、法印《ほういん》なので、昔は上手で京都へも屢〻《しばしば》召されたのだそうですが、遂に高があるから医業には骨を折らぬ。下手の親玉で、命がいらねば今大路か半井か、吉田、竹田にかかれといった。それで正月御礼などには、典薬頭だから大威張りだが、毎年屠蘇《とそ》を献上するだけであった。故に東照宮から、医者に効があったら、その身だけの名誉を与え、高を沢山やるな、子孫を下手にするぞと御遺訓があるそうです。つぎが奥医師で、持高凡そ二百俵で、御役料三百俵でした。それが法印となると、上をおん初め方々様の御匙《おさじ》というので、何の何々院と改名して院号となるのだ。これは大威張りの者で、御不例ででもなければ泊まり御免で、毎日伺候していました。唯の奥医師は法眼《ほうげん》で、内科外科とあって、泊まりを順番にして、常はおのれの腕次第、病家を持って差支えなしとしてあった。そのつぎが御絵師で、狩野《かのう》総本家で、木挽町《こびきちょう》に屋敷のあった狩野晴川院《せいせんいん》、高は二百石で、御扶持が廿人扶持だそうでした。しかし下手では法印になることは出来なかったといいます。つぎが御連歌師の北村季文《きたむらきぶん》で、五百石です。

その次が大坂御船手頭で、五千石以下の人へは、百人扶持下されで、布衣です。これは寄合で、持高の多き人がなりました。大坂にも御船手と唱える者が多数いた。その者達には豊臣氏の残りものもあって、藤堂《とうどう》、九鬼《くき》等の朝鮮の役に附属した子孫もあったといいます。そのつぎが御留守番で、千石高布衣です。これは与力同心をお預りして、中郭中の御門御門をお預りして、当番をした。その二、三の御門をいうなら、平川口内の上梅林御門、二丸喰違御門、塩見坂《しおみざか》御門、そのほかにもありました。そのつぎが御先手頭で、千五百石高、布衣です。これにも弓組、鉄砲組とあって、十二組だから十二人あって、与力同心お預りで、平日は内郭中の御門番をして、紅葉山へ当番があって詰めた。その御門の二、三をいうと、平川口御門、下梅林御門、坂下《さかした》御門、紅葉山下御門、蓮池《はすいけ》御門、そのほかにもあった。それで御先手頭のうちから、火附盗《ひつけとう》賊改《ぞくあらため》というものに出役する事がある。これを加役と唱えた。それが加役になると、与力同心も町方と同じく手先を使い、却って町方よりも敏捷《びんしょう》にして、強賊大盗を召捕えた例がいくらもあった。

御目付の定員は十人

そのつぎが御目付で千石高、御定員は十人であった。ところが後にはいくらも出来た。この役は人物をお選みになって、御採用になった御役で、旗本は勿論、御老若と雖《いえど》も、御条目控にそむく者、直《じ》きに言上できるという権力を与えられ、どんな事でも立会わざる事なし、即ち監察です。筆頭から三、四人は諸大夫を特に仰せ付けられて、一体布衣なのです。めったに直言《じきげん》上する人もなかったが、もし願う時は、御老中でも若年寄でも、何を言上すると問うことは出来ぬとしてあった。それで、御目付になると言葉も違って、誰でも御自分といい、拙者といいました。また間違ったから、それは間違いですと言うと、いいえ行違いですと言って、決して間違いだと言いません。真に間違いだとなると、然《しか》らば伺いましょうと言う。伺いましょうというのは自分の進退伺いで、即ち差控《さしひかえ》を伺うという事なのです。御番衆から直ぐなる人もあったが、多く御使番または御小納戸からなりましたが、懇意であった人がなると、いつもからかって、間違いましたと言うと、いいえ行違いですと強情を張って面白かったが、その実戯言《たわむれ》などを言ってはならん御役なので、支配向きの居る処だの、御座敷では、真面目でなければならぬ筈です。

それに書附類を決して懐中しないで、左の手に持つこととしてあったそうで、懐中へ入れて、もし失念したときは、相済まぬとしてあった。御目付の当番のときは大変な勢いで、また大威張りなものでした。第一、大手御門へ来て下馬をすると、拍子木を打って御門番の藩士が膝《ひざ》直しという事をする。足軽すなわち下座《げざ》見と唱える者が、制止声とてヘオーヘオーヘオーと言いて、大手御門から百人御書院御門まで、ヘオーヘオーと耳も聾《ろう》せんばかりです。すると当番御目付は、決して脇見をしてはならぬ。極《ご》く真っすぐに歩き、曲り角は全く四角に歩き、御玄関前へ行くと、御玄関番という御家人が、ヤアーヤアーヤアーと言います。すると御徒《おかち》目付が詰所から出て来て、その日の屋敷町、市中その他届出書を持って、お出迎いの如く来ると、左の手で受取り、帯刀のままで御玄関をあがり、表坊主が附きて、部屋まで広縁を脇見もせずに歩いて行くのです。その時は如何なる人に逢うも、決して挨拶などはしないのだ。部屋では変りはないが、当番席にいて、その日の御城中の事は、この人の指図なのです。

それに式日の内、八朔《はっさく》に出仕の者、みな白帷子《かたびら》だけれども、御目付一人は染帷子を着、九月九日重陽には花色小袖《こそで》だが、やはり御目付のみは服紗《ふくさ》小袖を着るときまっていた。何故なれば、もし出仕したくも、白帷子あるいは花色小袖のなき者は、構わずいつもの着類で出仕して差支えなく、もしも咎《とが》めたら、御目付さえ着ていると言っていいようにしてあるのだ。常に御用多の人は御老中に呼ばれる。若年寄にも同じで、大目付とは常に打合わせ相談をする。御徒目付組頭は勿論、御徒目付に指図する。なかなか繁劇の御場所です。

演劇のような御夜詰引

それから恰も演劇のようなものは、御側衆の時に話した御夜詰引の時で、時計の間坊主から、五ツ半時前に知らせて来るから、御徒目付と坊主を連れて、御表御錠口の前へ出ていると、御側衆は奥の方から坊主を多勢連れて出て、両方坐して、「御夜詰引けました」と言うと、「畏りました」と答えると、直ぐ御杉戸をしめて錠をおろすから、こちらも直ぐに立って部屋へ戻り、羽織袴を取り大小を差し、坊主と御徒目付に御提灯《ちょうちん》を持たせ、坊主がエヘンエヘンと言いながら、大広間から御座敷広縁を歩き、御書院番の寝ている虎の間、小十人番所から御徒士番所、御玄関へ下りると、御徒目付、御小人目付、御玄関番が挨拶平伏している。御徒目付が「御別条ございません、御使の者何人、御小人何人、黒鍬《くろくわ》何人出ております」と言うと、黙諾してそのまま戻って、帰りにまた通行筋の御座敷を見て部屋へ戻るのです。そこで御玄関で御徒目付が「御別条ございません」と言うばかりのときは、大声に「御門」とやるのです。すると御玄関番がヤアーィと大声を出すと、御書院御門から大手御門、その他御門々々でヤアーイと異口同音、恰も犬の遠吠《とおぼ》えの如しだ。同時に内郭の御門々々の錠をおろすのです。

ところが、いつでも「御門」とやるのだと思うと大変で、御徒目付が「御別条ござりません、御使の者何人、御小人何人」と言っているうちに、「御門」とやると、仕方がないから、御玄関番がヤアーイと言うと、前申した通り、御門残らず錠をかけ、明日朝六ツ時まで決して開けることは出来ぬ。すると使に出ている御使の者でも、御小人、黒鍬も、御門外に立往生をせねばならぬのです。ずいぶん新規のうちには、「御門」という事だと思っているものだから、御別条ございませんと聞くと、まだ御使の者と言うか言わぬに、「御門」ときめて、やりそこなった人が多くあったという事です。火事の時、登城の御使番は別ですが、その他は決して通行出来ぬという掟です。それで大手御門へ出るときに、御使の者、御小人、黒鍬等、断わりが御徒目付から出ているので、その人数だけが帰って来ると通して、済むと御錠をかけるそうです。なにさま御目付という御役は勢いのいい役でした。老爺は勤めた事がないから、くわしい事は知りませんが、老爺の大兄は勤めて、その時分には弟へ対しても、自分がと、弟だからおの字をよしてやり、やはり拙者がと、営中でなくても話をされた事があります。

### 円く振り廻す腰差提灯

そのつぎが御使番で、千石高、布衣です。随分三千石以上の人で、志願してなったが、正月十一日の御用初めには、御使番を少なくとも三、四人はきっと仰せ付けられたものです。まず御書院御小姓組の御番衆がなるのです。御使番は関ケ原《せきがはら》、両大坂御陣の頃は、軍目付《いくさめつけ》だからなかなか御人選になって、大功労の人でなければならぬ事で、それだから五奉行の一つで、五奉行というのは、大目付、御作事奉行、御目付、御使番の五役で、差物に五の文字の印をお許しになった。ですから軍となると大威張りでした。

御進発のとき、諸家へ遣わされた御使番すなわち軍目付には、みな先祖の名のえらいのであった。熊本藩へは長坂血槍九郎《ながさかちやりくろう》、長州の隣りの石州津和野《せきしゅうつわの》へは、長谷川久之丞などという名で、三河後風土記《みかわごふどき》ではえらいが、さてその実地の人物は、当時困ったものだといった。中に石州浜田《はまだ》へ軍目付に往ったのは、三枝刑部《さえぐさぎょうぶ》であったが、立派に討死した。平生の勤めはやはり詰番があって、順に泊まりもあったが、御城番、火口見、早出と順があって、火事というと直ぐ御城番は登城する。火口番は火元を見届けて、直ぐ登城をして、火事の様子を言上するのだが、いつも奥口へ来て申込むだけで、御前へ出て言上することはなかった。

夜御門締りの後《の》ち、御城番、火口番が登城するのは、大下馬《おおげば》まで乗附けて、大手御門に向って、御使番の印のある腰差提灯を、円く振り廻すのです。すると足軽が御門番の藩士に告げて、藩士が御錠をはずして、こぐり御門を明けて待っているそうです。馬の口附または侍など、馬が早いので後れて供の続かない時は、酒井の辻《つじ》番人へ言うと、口取りがいつでも出るそうです。西丸ならば大手先の番所があるから、それに言うと、やはり馬の口取りが出るという事です。しかし御使番の別当なぞは、馬より早いものがあったから、めったに番人を頼むような事はないそうでした。夜中御門を明けさせるのは、御使番に限ったものです。古参になると大火事にならねば出掛けない。出ても見附などへ上がり込んで、町火消なんぞに差図しているのです。

後は御使番から多数御目付助《すけ》というものが出来た。それは御目付が益〻繁劇になったからです。それに大坂御目付とて、御使番から一人、御書院または御小姓組より一人、百日目付とて常に交代して、二人ずつ出たものでした。

## 与頭の見舞

そのつぎが御書院番与頭《よがしら》、御小姓組与頭で、十二人ずつ廿四人あって、千石高、布衣でした。御小姓組の方は番頭が営中に泊まるが、御書院御番は頭は御門に泊まるから、与頭が御番衆の指揮をして、近世にはないが、むかしは与頭から直ぐ番頭にも仰せ付けられたものだそうです。それでこの与頭という御役は、その組より御人選になるので、殊に組内にて古参の御番衆は、御帳というものになるので、御帳というのは組の御番衆の勤惰調べで、皆勤あるいは病気引等を調べるのです。何も訳のないものだが、御番衆中では大威張りなので、その内から与頭が明き次第なるが、とかく順番にはいかぬのです。順番だと筆頭の御職はいずれ老耄親爺《おいぼれ》だから、御帳の御職となったら大変です。それだから頭もなるべく若い人を選ぶと、つい御職を踏む事になる。踏むというのは踏み越えるという事から来た略言です。気がきいている者は、御徒頭か小十人頭か御使番になるのです。ところが与頭が少し不快で引くと、御帳が頻りと見舞に行くそうだ。今日はいかがいかがと言う。それで追いおい快癒すると言うと、それはそれはで、実は追いおい様子よろしくない、むつかしいと言うと大満足で、死んだら乃公《おれ》がなるという考えなのだそうです。与頭で不快の時よく見舞ってくれる人は、親切だと思うと大違いで、全く反対の考えを持っている人だそうだ。

そのつぎは駿府勤番組頭で、五百石高御役料三百俵、布衣です。御番城になった時は、御小姓組御書院御番が交代して勤めた。全く駿府に永住して、駿河勤番というものになってから、同地に永住の人になったのです。つぎが御鉄砲方で、持高で御役料二百俵、田付主計と井上左太夫という人が勤めていた。各〻七八百石の人で、代々役のようになっていました。そのつぎが西丸御裏御門番頭で、七百石高、布衣です。これは御裏御門の番で、同心があった。

## 無紋黒縮緬の御羽織

つぎが御徒頭で、千石高、御本丸が十五組、西丸が八組、都合廿三組あったから、廿三人頭があった。御徒士《おかち》というものは、なかなか家柄の人もあって、三河または甲州出で、立派な御譜代の家柄だのに、御抱入《おかかえいれ》といって、御家人中で余りよくないのだが、御徒士の御譜代でないのは、大いに御趣意のある事だといいました。何故《なぜ》なら、屈強な者なら、浪人でも藩士でも御抱になって、御役に立つ者はそれぞれお取立てになったから、御徒士から出世した人が多かった。毎年大川端《おおかわばた》（隅田《すみだ》川の両国《りょうごく》橋から新大橋までの右岸、いまの浜町《はまちょう》公園のあたり」に水泳稽古場があって、頭が見分し、御徒士の水泳のみは上覧があった。

御家人でも威張ったもので、御番所は全く御玄関で、熨斗目もお許しになり、当番と御成りの時は、黒の無紋の縮緬《ちりめん》の羽織です。御成りのとき御挟箱へは、無紋黒縮緬の御羽織が必ずはいったので、何か子細があると頭を召して、御徒士のうちに御入りになって、還御《かんぎょ》遊ばすといった。然《しか》るに後にはその趣意のあることも知らず、一と口に黒羽織といって、御小人目付でも御小人でも、ひとつらに言われたが、御徒士の羽織は縮緬で、毎年一つずつ頂戴した。他の黒羽織は羽二重の絹です。

そのつぎが小十人頭で、やはり千石高、御本丸西丸で十三組あったから、頭も十三人あった。御番士は旗本であったが、頭は御徒士より次ぎです。この小十人組という御番士は、全く御親兵の御先手で、悉く弓組であって、強い者をお選びになって、次三男厄介でも、新規に召出されたものだそうです。故に百俵十人扶持で、甲冑は拝借で、悉く赤塗り赤おどしで、恰も井伊家の備えと同じです。これは甲州備えは赤具足であったのを、お取りになったので、井伊家はまた甲州の兵をお預りしてから、強くなったといいます。なにさま甲州の備えに習って、赤隊になったのだそうです。しかし赤くて強ければいいが、彦根《ひこね》の長州先鋒《せんぽう》の時のように、弱くて逃げるには都合が悪い。

そのつぎが御小納戸頭取で、千五百石、諸大夫です。御小姓は表の御役人と引合わせぬから、御小納戸頭取が百般の応対をなして、表と奥の打合わせをしました。御側衆の下働きですから、なかなか権力もあった。その内に御膳頭取と奥之番頭取の別があって、御膳番の方は、召上がりものから御馬その他御兵具の事を扱い、奥之番の方は、御衣類一切の事、御手道具の事を扱うものでした。御膳番の方は勢いはよいが、奥之番のように頂戴物は少ないといいました。何故ならば、盆暮に取払い物御召類、御道具類もたくさん戴《いただ》くからで、御膳番は、召上がりもの御手附けの品の御下《おした》と唱えるものは、退出のとき悉く戴いて帰るくらいで、御召物には及ばなかった。それに頭取は奥坊主、奥六尺、御庭方等を支配するような者だから、坊主などは一言もないのです。

## 坊っちゃん殿様を正す

つぎが御小納戸で、五百石高三百俵の御役料で、御小姓と高は同じです。やはり御膳番と奥之番があって、それになると御前詰といって、御次へは詰をしなかった。そのうちに肝煎《きもいり》という者があって、部屋内の威張りというものはえらいものでした。その掛りは別に仰せ付けられるのではないが、頭取たちが協議して、御側、御用御取次から、肝煎ということを達してなるのだそうです。新規の人でも人物だと肝煎になるのですが、肝煎となると古参の人を越して、筆順の古参と同列になるのです。それで部屋内の取締をして、勤向きの監督だから大威張り、新規の人のお給仕の稽古だというと、上《かみ》のお代りで真似をして、その人へ対して平伏する。また常は手をついてから話をせねばならぬ。恰も御前へ出ると同じだ。御前では直ぐ叱り付けられる事はないが、部屋の御前は直ぐ叱り付けられるから、新規のうちはなかなかこわいのです。それで御小姓になる人でも、一度はぜひ御小納戸になって、三日でも勤めなければならぬとしてあった。何故なら、御小納戸で、坊っちゃん殿様という風を悉く打破してからでなくては、御前詰にせぬのです。ここで口のききようから、御前の御様子を覚え込ませるので、三千石以上の者で、若殿様から殿様でみな家来だから、御無理ごもっともで威張り散らしている者が随分あった。それを直す為なのだそうです。

御小納戸を仰せ付けられると、表から奥口で御側衆へ引渡され、直ぐに頭取に渡されて、部屋へ入れられると、かねがね伝達番というものが即ち師匠、その人に挨拶して、その人の尻《しり》に附きて頭取部屋へ連れられ、挨拶が済むと、今度は部屋の肝煎をはじめ、一々平身低頭して挨拶をする。なにさま御小納戸は五十人以上いるから、片側でまあ廿五六、殆んど卅足らずの挨拶をするのだから閉口する。それから部屋の片隅に「まあこの辺にお出でなさい」と言われ、上下素足で手をつきて坐っている。いかに暑くも扇などを使うことは出来ず、いかに寒くも人は火鉢にあたるが、自分は手を火にかざすことも出来ず、煙草はもとより喫煙することは出来ぬ。

それから側衆の御前に出るついでに、頭取が附添って御目見に出る。その時が一番気ぜんで、何にも言わぬけれども、只々平伏低頭しておればいいのだが、いつも上《かみ》はどんな声だか、馬鹿だか、ちっとは脈がなるかというお考えか、或いはお慰みかで、きっと年齢はいくつになるとお尋ねがある。そのとき何歳に罷り成りますと、余り立派にやると、御前へ詰めている人が一同笑い出す。故にいくつでござりますと、平常の通り申上げる方がよいのだが、つい固くなって、又は何とも言わずに、ぐずぐずしてしまう者もある。それから部屋へ戻って、時詰なり半詰なりに、伝達者に附いて御次へ詰め、一番下席に手をついていると、伝達番が御用場を教え、御手洗の御湯桶《ゆおけ》、御たらい、御手拭《てふき》等を示すのです。

その日は半時詰をして退出を許され、帰りに御老中、若年寄、御側衆を回勤御礼をして、翌朝早く登城して、三日間は泊まりをしないで退出し、そのうちに一番側《がわ》とか二番側とか側がきまり、宿直《とのい》三つというものは、上下を着て部屋でも手をついていて、それはもう実に窮屈なものです。その泊まり三つのうちに、御座所廻りから御前の御様子、時半を言上する事から、老若登城を申上げる事から、およそ伝達番から教えて貰うのです。伝達番が明きがあれば、肝煎にでもなろうというくらいの勢いの人だと余程よいが、もしぐずで老人ででもあると、伝達を受ける者まで迷惑でした。

左手の指に書き付けた文字を見る

部屋には一間ずつの戸棚を下されてあって、それに置附きの箪笥《たんす》、硯《すずり》の附属してある小箪笥一切、部屋附きの六尺という者が拵えてくれます。代価は二両二分すなわち七疋だと思う。その六尺という者は、やはり御家人だが、よく世話をしてくれる者で、その代り袴でも御紋付の着類等のものは猶更《なおさら》、帯一切のものに白の小切れを附けて、名を書いて置かぬと持って行ってしまうのです。同じものがいくらもあるから、取違えた時には困る。それからして名なきものは、六尺が貰う事にいつきめたか、そういう事になっていました。しかしまことによく世話をして、手早く働くもので、深切《しんせつ》な者でした。御成りなどの時、還御の時、多勢着替えをするに、少しも差閊《さしつか》えがなかった。それには内職どこではない。本職の仕立師もおれば、呉服物小道具なんでもあって、別に家来というまでもなく、何でも六尺に言うと直ぐ出来るが、その代り忽ち借財が出来て、ずいぶん困る人もあった。

御側向きの事は御小姓がするから、その下働きで御膳番、奥之番にならねば、御前詰ではなく御次詰とて、時詰半詰とて御小姓と同じです。そして時半を申上ぐるに、坊主が御次へ来て、「何時でござります」と言うから、直ぐに立って御小座敷の御縁に平伏して、上へ対して何時を打ちました。また半の時は何時半になりましたと申上げるのです。御夜詰引のちは、九ツ時まで寝ず、番順があって、つまり九ツ時から翌朝六ツ時までの半夜代りに、寝ずを御次でした。それから朝四ツ時過ぎると、御用部屋坊主が奥口坊主へ申込み、奥口坊主から奥坊主へ通して、御老中誰殿々々誰殿お上がり、若年寄は何の誰殿何の誰殿お上がりと言って来ます。古くなると覚えているが、新規のうちは左手の指の横へ、名の頭字を書き付けて、御前へ出て平伏して、指の横を見ながら、「何の守、何の誰何の誰、登城致しました」と申上げるのです。時によると今一度申せと仰せられる事がある。御老中は氏《うじ》を言わずに、例えば松平周防守なら周防守と名ばかりでいいので、若年寄は稲葉兵部、松平豊前と、守も少輔も付けずに、氏名を申上げるのです。

お払いお払い

御次詰にもいろいろ掛りがあるが、御掃除掛りというのは、大奥御寝の時はよいが、表の御寝の時は余程すきを見て、御小座敷の掃除をしなくばならぬ。さりとて騒がしくしてはならぬので、それも古くなると、御小姓が余りやかましくも言わぬが、新しい人だとなかなか小言をいう。恰も女のようで、面倒だと思うとなかなかやりきれない。今の若い人達を半日もやらせて見たいと思う。それに毎朝のお嗽い下がりや御鉢下がり等を奥坊主に達して触れさせる。それを忘れると大変だ。諸方から小言で、第

一、御側衆から小言が来る。

それから御成りの時に、お召換えを遊ばしていらっしゃる時、頭取も指図するが、御箱を出させるのです。それは奥之番から御挟箱を御次に出してあるから、奥坊主を呼んで「御箱」と言うと、表の御錠口まで、一つの御箱に二人ずつで持って行き、それに附添って御目付へ渡すと、誰だか「御箱」と大声で言います。するとだんだん「御箱々々御箱」と御玄関まで言うと、御玄関番が「ヤアーイ」と大声をあげると、大手御門まで声をあげます。それを合図に表の御供が残らず、御駕籠台へ列をして、大目付も御目付も列してから「払い」といいます。すると御小人目付が駈《か》けながら「お払い〳〵お払い」と言いながら、百人番所ぐらいまで行くと、また同じく「お払い〳〵お払い」と言って、大手までぐらい行く。御成り道筋悉くその通りで、御道筋の人払いで、横町辻々に番人が出て、縄を引張って通行を止めるのです。

それから今度は上《かみ》が御脇差を遊ばしながら、御自分で御召物と仰せられるから、御召物と坊主に言うと、坊主が「御召物でござい御召物でござい」と触れて歩くから、その声を聞いて、奥御供若年寄、御側御小姓、御小納戸一同、駕籠台の御庭に下りているのです。そのうち奥では御側がお先立ちで、その先に御老中、その先に同朋《どうぼう》衆、その先に御目付という順で、御駕籠台へ入らせられる。すると御側が駕籠の戸を開けるから、御小姓が御先へ駈けぬけて、御駕籠の中へ御刀を入れ、脇へ寄ると、直ぐ御駕籠へおはいりになるようになるのです。御老中がおうちあげとて、御駕籠の屋根を上げる。それから戸を閉じるを合図に、御老中が「御駕籠」と言うと、それまではうしろ向いて御縁の下にいた御駕籠衆が、むっくと起きて御駕籠に肩を入れるという順です。だから御成りの時、御箱を余り早く出すと、お払いが早くなるから、通行人一統の迷惑になるし、遅ければ場に合わぬことが出来る。なかなかむつかしいのです。

曇りの日にはゆっくり歩く

それから上野、芝の御参詣のときの御成りにはそうでないが、還御の時はまるで御駕籠は駈けて行く。それで若年寄が御供頭だから、静かに静かにといくら言っても、御駕籠は少しもきかぬ。御目付が静かに静かにと言うと、二、三間は静かだが、じきに駈けはじめるから、御供はみな駈けるのです。それからもし曇っている天気だと、それはそれはぐずぐずと歩いて、なかなか急がない。なぜかというと、御駕籠衆は雨具笠というものを用いない。それに黒羽二重の衣類に、帯は茶色の博多、黒羽二重の羽織ですが、一と粒でも雨が降ると、御供の十五人は残らず、この黒羽二重裏表、帯まで新しく下されたから、何でも雨が降れ降れと祈っているが、天気だとその楽しみがないから、やたらに駈けるのだそうです。なにさま御駕籠をかついでいるから、叱り付ける事も出来ず、仕方がないものでした。

それから御挟箱も御槍も、みな上《じょう》のは一行《ぎょう》で、人は見ていず、甚しき時は手拭《てぬぐい》で頬冠《かぶ》りをし、くわえ煙管で、煙草を喫して歩いた事があったそうです。御道具を持つ者は、御小人中より人選して、屈強な者であるが、さてこの御小人道具というものの、人の悪いこと何とも致し方のないもので、御目付などは何とも思っていない。時とすると御道具筋で、話をしかける者があったそうでした。

## 新人は苦しい

御小納戸の勤向きの事で、御成りの話にまでなりましたが、御小納戸は心配なさそうに思う人もあったが、なかなか気骨の折れる勤めでした。それに御槍でも御剣術、御馬は勿論、御小姓と同じくお相手をして、御馬の時は一番やかましき、むつかしき御馬をあてがわれ、御打毬《だきゅう》などの時にも、古顔はよき御馬に乗るが、新しきうちはいやな御馬に乗せられ、御成りの時も御先番だと、それはなかなか骨が折れたものです。御小姓も一緒に行くが、少しも表の掛合いなどはしないし、それでこごとを言うから閉口するのです。それで新規に仰せ付けられてから、宿直三つ済むと、伝達番から、人の余りいない時には、「煙草を用いなさい」と許しを受けると、肝煎はじめへ一々「煙草を御許し下され有難く」と礼を言うのです。ところが、坊っちゃんで宿直三つが出来ずに、病気引をすると、いつまでも新参で、だんだん同僚に嘲弄《ちょうろう》されるし、六尺にまで馬鹿にされるから、勤めがいやになる。すると益〻いやな事をやらされる。それで病気引をやると、いよいよ同僚中円滑ならずだ。少々理がよくも向うは多勢、殊に古参というのだから、議論すればきっと敗北する、いや気になるという順で、また病気引をする。いつまでも新参だ。これを鯱病というなぜなら見附の鯱《しゃちほこ》を見ると、直ぐいじめられる事を思い、いやになるからです。さもなくも半年一年で、全くの病気で引籠《ひきこも》って、のち出勤すると、上おん初め誰鯱病が発したかと仰せられる事があったくらいで、新規のうちは苦しいものという事は、誰でも知っていたのですから、古い人がちと心を用いればいいのに、やはり嫁が姑《しゅうとめ》で、我輩の新規の時分には、もっと苦しかったと威張るのです。

御用品を管理する

そのつぎが御船手頭で千石高、布衣で、本庄〔本所〕に屋敷があって、向井将監《むかいしょうげん》という人が、代々役のようになっていた。御船蔵から「御かこ」と唱えた水主を残らず支配した。後に海軍奉行の支配となった。そのつぎが二ノ丸御留守居で、七百石高、この御役は殊に楽な御役で、多くしくじり親爺がなるところです。

そのつぎが御納戸頭で、七百石高、この御役はなかなか骨が折れた。奥の御用品は残らず御用をなして、御納戸御番という御番士を指揮監督して、組頭もあるが、後藤呉服そのほか御用達を支配していた。近頃の事であったが、新見蠖蔵という人が頭の時、なかなかやかましい人で、倹約々々で以て、あるとき武鑑を御用になるから差出せと言ったところが、前々上げてあるのがあるから、それを返せという。武鑑なぞ、めったに御覧になる事もないから、いつか頭取部屋か何かでなくなってしまったので、今見当らないから、とにかく三部上げろと言うが、なかなか承知しない。上げてあるのをお返しなくば、上げることは出来ぬという。この議論で三、四日かかったので、面倒だから六尺に言って、御小姓が買上げ、それで事は済んだが、それを例にして、いつまでも新規に上げずにしまった。なぜ返せというのかと思うと、古いのを下にやって、そうして新規のを買上げたのだそうだ。なかなかいかぬ人であったが、倹約は上手な者で、小栗上野介《おぐりこうずけのすけ》〔忠順《ただまさ》〕が御勘定奉行で、抜抽した人だそうでした。

そのつぎが御腰物奉行で七百石高、これは御刀御脇差のお拵えは勿論、その職工を支配し、また諸大名へ下されになる御刀御脇差献上品共、一切の奉行で、御納戸の如く御腰物方という者があった。御小姓頭取より仰せ付けられた御用筋は承りて、お好み通りにお拵え等を申付けた。

そのつぎが御鷹匠頭《おたかじょう》で、千石高で三人ばかりいたようでした。御鷹匠は両御番格、大御番格、小十人格とあって、御鷹匠同心というものも支配して、なかなか大威張りのものでした。代々役で、戸田五助という人があったが、その人は歩兵奉行になって、大隅守《おおすみのかみ》と任官した。そのつぎが御勘定吟味役、五百石高、御役料三百俵で布衣です。御勘定奉行の下働き、兼ねてその御目付というような御役です。

## 頼みをされる奥御右筆

つぎが奥御右筆組頭、四百石、御役料二百俵で、二、三人あって、奥御右筆を指揮し、御老中から万事相談を受け、御触れから御書付、仰せ出され、そのほか枢密の事に関し、なかなか権力のあったものでした。その上諸侯は皆頼みといって、種々の差図を依頼して、諸藩の留守居などは、日々出掛けていろいろな事を頼み、表立つ事は大目付だが、大概の願いは奥御右筆で済むのだそうです。老爺の親戚も勤めた事があったが、それは盛んなもので、御老中、若年寄からでさえ、盆暮に遣い物があって、使者が来るくらいだから、他の諸侯は何のためだか、頻りと御機嫌をとるのです。その様子はなかなか三千石以上の御役人でも及ぶものでない。前申しましたが、今の法制局長官と内閣書記官長どこではないのでした。

つぎが姫君様方御用人で、三百石高、御役料三百俵で、御守殿または御住居の御附御用人です。

そのつぎが御浜奉行で、四百石高、代々役で、木村又助といった。御浜御殿（現在の浜離宮庭園）一切の事を支配していたが、安政年中から海軍の事に注意したから、海軍になって、初めて亜米利加合衆国へ御使、今の使節の行くとき、海軍頭で行った。木村摂津守となって、勝〔海舟《かいしゅう》〕伯でも福沢〔諭吉〕先生でも、みな木村氏は先輩で、福沢などは初め木村氏の家来で米国へ行った。これが木村芥舟《かいしゅう》先生です。最早《もはや》八旬〔八十歳〕になるだろうが、矍鑠《かくしゃく》として今現におられます。

そのつぎが吹上《ふきあげ》奉行で、三百石高、これも代々役で、河合次郎右衛門という人でした。吹上御苑《ぎょえん》一切の事を支配して、御庭方、御庭之者という小御家人、いわゆる植木屋、鳥屋などを支配した。

成島柳北の講書ぶり

そのつぎが奥詰儒者で、三百石高、御役料二百俵、これも代々役で、成島甲子太郎《なるしまこしたろう》、後に大隅守となり、かの柳北《りゅうほく》先生です。これは今の侍読で、毎月六日ぐらい詰番があって、いつも貞観政要《じょうがんせいよう》、論語などを講じたが、日本外史までも講ぜられたところが、当時の甲子太郎先生若くもあったが、御老中、若年寄、そのほか要路の御役人を悪くいう事がえらい。折りおり狂詩を拵えて、いろいろの悪口を言い、御小姓、御小納戸に講釈をするのに、めったに本当の講釈をしない。出御《しゅつぎょ》〔将軍のお出まし〕まで話をしましょうといって、いろいろな面白い話をした。するとその内に出御になる。急に本を取り上げて、何枚目の裏とか表とかいって、太公侍臣にいって曰《いわ》くと、それは上手なもので、上には一度も顕《あら》われずにしまった。実に才子でした。

それから狂詩ぐらいならよかったが、日本外史となる頃から、上へ対して講ずるにも、昔から大名は馬鹿な者でござりますといい、また大名というものは、常々高を多く下さってありますから、いざというと死ぬのがいやさに、必ず不忠を致します。決して御役に立つものではござりませんなどと、平気で講釈をした。その時にはひどい事をいうと思ったが、維新のとき柳北先生の先見に驚いた。それを御老中や若年寄が聞き込んで、不埒な者だというので、忽ち御役御免慎み罷り在るべくとやられた。それで謹慎閉門していたところが、横浜で仏国士官をお雇いになって、歩兵、砲兵、騎兵の伝習が始まった。成島の不平も外国人嫌いからの事だのに、騎兵伝習にやられたから妙だ。それで伝習を受け外国の話を聞くと、さすがに先生、極《ご》くよくわかった。それから騎兵頭並となり、騎兵頭となって大隅守になった。御一新のとき、会計総裁となったのです。奥儒者から武役になるなどは、実に異数でした。当時三幅対《さんぷくつい》といったのは、御鷹匠頭戸田の歩兵奉行、浜奉行の木村の海軍頭、奥儒者成島の騎兵頭で、代々役でのお役替えを人々驚いたのです。

そのつぎが御馬預りで二百石高、御褒美がある。布衣以下で御馬預りもあるが、西ノ丸下の御廏《おうまや》に来ると布衣になるので、御召御馬をお預りだから、そのほか神田《かんだ》橋雉《き》子《じ》橋とで三御廏といい、西《にし》の久保《くぼ》は病気廏といった。つぎが京郷御代官で、これも代々役で小堀数馬、六百石高、御役料千俵でした。それから西国、美濃、飛騨の御郡代、四百石高、それと大津《おおつ》御代官です。それから御勘定組頭、古く勤め、布衣を仰せ付けられる人もあった。これを布衣以上の御役人といったので、以下は拝謁以上といって、新御番与頭から御同朋までで、これを一々お話すると、長くばかりなってつまりませぬから、これで終りとします。

# 時の御太鼓

桂園

焼失した御天守

「城中天守閣に於ける時の御太鼓《おたいこ》は、明治維新に至るまで、これを撃ちたり」と、土舘氏の言われたのは誤りである。幕末には、すでに御天守は焼失して、建物はなくなってしまっていた。そこで御本丸では、御切手《おきって》門内に御太鼓櫓《やぐら》があって、ここで時を打ち、西ノ丸では、御台所《おだいどころ》前あたりに御櫓があって、時の太鼓を打ったものだ。

この御太鼓櫓は、いずれも大奥の御庭口に近いから、御表から、御坊主が掛りで、時を打ちに行く。これを御太鼓坊主と称《とな》え、御坊主中で、羽振りの悪い者が廻《まわ》されるのだが、同僚中から醵金《きょきん》して、一日に六匁《もんめ》ずつ、日当をやることにしてあったので、実入りは却《かえ》ってよく、またこの六匁は決して取りはぐれがなかった。というのは、御《お》蔵米《くらまい》で、坊主の取りまえの中から、差引いて置いたからである。

### 抹香で時をはかる

御太鼓の直径《さしわたし》は、およそ三尺、打チ棒の長さが、およそ二尺もあって、棒の頭が、赤子の頭《つむり》ぐらいもあって、ずいぶん大きくって重みがあった。この棒を振り上げて、酒井《さかい》（芝居の酒井の太鼓）よろしくという見得《みえ》で、時を打つのだが、このまた時の計り方が面白い。昔の細長い時辰儀《じしんぎ》（時計）が懸けてあって、カラカラカラカチンとでもいって、時を打つのを見てから、御太鼓櫓へ出かけでもしそうに思われるが、ところが左様でない。まず或《あ》る箱へ抹香を詰めたものだ。そうして紐《ひも》のついた鈴をこの中へ通し、高い所へつるしておいて、抹香へ火をつける。抹香の火が次第に熾《さか》ンになって、ちょうど一刻《いっとき》になる頃、例の紐を焼き切って、鈴が落ちる。ガラガラと転げる。この音で、深夜居眠っていても飛び起きて、御櫓へ駈《か》け登るという趣向なのだ。当番は、半夜替りに二人で勤め、夕七ッ（午后《ごご》四時）の御太鼓には、櫓の上で気を付けながら、小一時間もドーンドーンドーンと打ちつづけ、外出の者共が御門を入り切ったと見届けて、打ちとめたものだから、御末《おすえ》（大奥で炊事のことをしたり、またはお上《かみ》の御駕籠《おかご》を舁《かつ》いたりする女中）の歌に、こういうのがあった。

〽見上げェれば御本丸、見おろせェば御菜《ごさい》部屋、打ゥてェばドンドと駈け出す。
ナァイヨエェ。

御太鼓で締まる御門

この御太鼓で、御城の御門々々が締まり、常盤《ときわ》橋などの外郭《そとぐるわ》の御門も締まるので、御城勤めの役人共は急ぎ足で、御太鼓の打ちやまないうちに、外郭を出ようとする。これは外郭の御門は、この御太鼓から後は、無提灯《ちょうちん》の者は通さない掟《おきて》であったからなので、それで万一遅れて出そこなった時は、あとへ引返したところで、御城へはいれるわけでもなしするから、外郭の御門でいろいろと事情を陳弁して、出してもらったものだ。

御太鼓櫓は、誰も立ち入るべき所ではないが、正月十六日と四月十六日とに限っては、特に御殿女中に拝見を許されてあって、この日にはぞろぞろと見物が来る。先に見た者も、まだ見ない者を連れて来るというふうで、必ず連れ立って来て、一人では来なかった。御櫓内は、御坊主どもがわざわざ春画の張り壁などを拵《こしら》えておいてからかったもので、女中は顔を赤くして、登り得ないのが多かった。

附記。西丸御太鼓櫓の下に、太田道灌《おおたどうかん》が陣鐘に使ったと言い伝えの大釣鐘が、竜《りゅう》頭《ず》も何も整然《ちゃん》としていながら、伏せてあって、御維新まであった。また御太鼓櫓の跡は、今日も存在している。

会誌二十一号に記せし「時の御太鼓」に付き質疑を寄せられたるあり。また教示せられたるあり、因《よ》りて前号の記事を補足し、随《したが》って臼碾歌《うすひきうた》より、御奥の概況を説き、女中の動静をも附記すべし。説くところ密ならざるは、閑文字《かんもじ》なるが故に除きたるにあらずして、這般《しゃはん》の消息を知れるもの甚だ稀に、聞く事の甚だ多からざるがためのみ。

御殿女中に、御本丸御太鼓櫓の拝見を許されたのを、正月と四月との十六日と前号に記したが、四月は七月の誤記である。また御切手門より外へは、通券が無ければ出入りが出来ぬ筈《はず》で、御太鼓櫓は御切手門外であろうと言われた人があったが、やはり御櫓は御門内であった故、通券はなくて済むのであった。

また臼碾歌を御末が謡うように書いたは誤りで、御末は上《かみ》の御駕籠を舁いたり、召上がり物の水仕《みずし》業《わざ》などするから、卑賤《ひせん》の身分のように思われるが、しかし御直参の下班であって、今なら宮内省の判任官である。官給の室に住み、相当の禄を食《は》み、五菜《ごさい》といわれる下男を使い、また御部屋者、一にたもんと称する女中をも使っている万更でもない身分。されば幾分の品位も保っていなければならずするので、臼碾歌は御部屋者が謡うので、御末は謡わぬそうである。

## 御錠口開閉の時刻

そもそも旧幕の御殿には御本丸と西ノ丸とがあって、おのおのにまた御表と大奥との別があり、御表は将軍の政事《まつりごと》を執られる所で、大奥は御台所《みだいどころ》の御住居ならびにお上《かみ》の御休息所である。臣下としては、御表には男子のみで一人の女子なく、また大奥には女中ばかりで一人の男子もない。それで将軍家の大奥へ御成り、御休憩の時には、御表からは大奥の境界、すなわち御鈴廊下《おすずろうか》までしか、男子は扈従《こしょう》しない。

大奥にはちょうど御表に男子がそれぞれの職務を執っている如く、婦人を以《もっ》てそれぞれの職を充《み》たして何御用にも差支えなく、随《したが》って猥《みだ》りに男子の立入るを許さないが、もし公用あって貴賤となく、大奥へ立入らねばならぬことがあれば、またここに、これを按検《あんけん》する役がある。それは男子が勤めるので、その役所は御広敷《おひろしき》と称える所に設けてある。

御広敷は大奥に続き、御錠口という両締り口で堺《さかい》していて、この御錠口の内は大奥で女中の管するところ、外は御広敷で男子の管するところである（御広敷から大奥へはこの通路のみ、御表へは口がない）。

御錠口の開閉は、毎朝六ッ（六時）の御太鼓で内外の錠をはずし、明けて用を足し、暮れ六ツの御太鼓で閉める。開閉には、大奥の方は表使《おもてづかい》、使番の女中、御錠口内に出座し、外《そと》は御広敷番の頭《かしら》、添番《そえばん》、伊賀者が列座し、立会いの上《うえ》締切り、内外共に錠前を卸す。しかれば公用等の場合、臨時に開く必要ある時も前同様で、用済み閉鎖の時もまた同様で、すなわち定期には御太鼓を合図に開閉し、臨時には内外より呼応して開閉するのである。

この如く表奥その他の設備より役々に至るまで、御本丸も西ノ丸も殆《ほと》んど同様であって、別に二ノ丸、三ノ丸という、御子様方などの御住居になるべき予備邸がある。

御維新前に御本丸が炎上（焼失のことを当時は斯《か》くいった）して、西ノ丸が御座所であったので、江戸城引渡しというのも即《すなわ》ちこの西ノ丸を引渡したので、薩州勢が踏込んだのも、この西ノ丸であった。

当時、天璋院様（十三代将軍家定《いえさだ》の御台所）が、どうしてもお立退きをがえんぜられず、結局は三日間だけお引払いを願えばよろしいとおン賺《すか》し申上げて、一橋《ひとつばし》邸へお立退きを願ったので、ホンの当座のお手廻り物だけを、少々持たせられたままで、数多《あまた》の財宝はそっくりこの西ノ丸に残されて、ついに所在不明に帰したと、さる老人の愚痴話を聞いたことがある。明治の今日、世界に赫々《かっかく》たるところの威名を輝かす今上陛《きんじょう》下の御所も、また昔の西ノ丸の位置である。

## 七ツ口と長局

さて御本丸の表の方へは大手が近いが、大奥へは平川口が近い。尤《もっと》も登城の役々によっては、どこより通るという規定された御門もあって、あながち遠近を論ずること

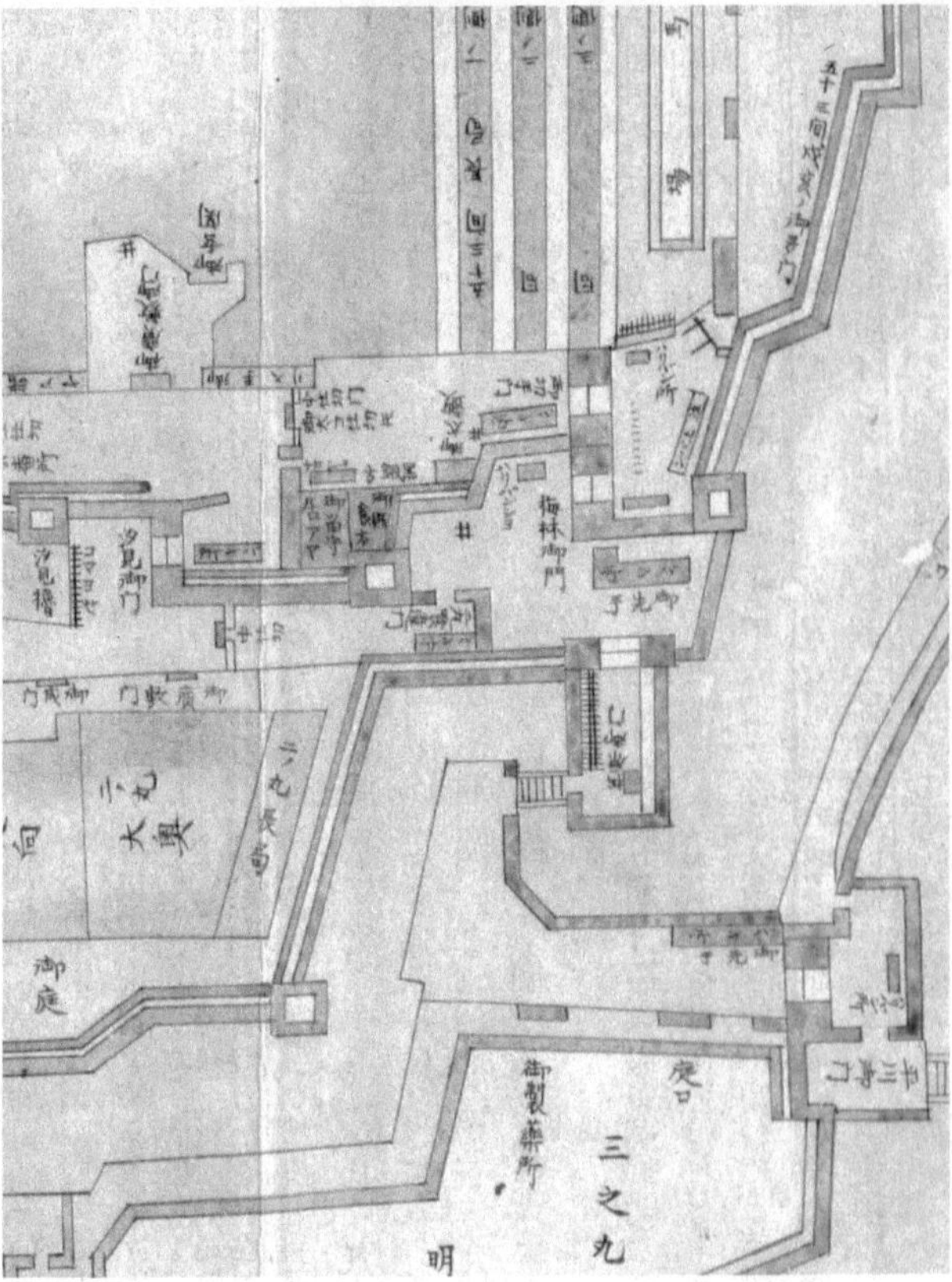


江戸城図（部分）（国立国会図書館蔵）

は出来ないが、まず平川口から通るとすると、平川口というのは、今の文部省〔現在のパレスサイドビル周辺〕と一橋御門との前面にある御門〔平川門〕で、これを入って左へ下梅林、上梅林〔今も梅林の面影があろうか。主馬寮《しゆめりよう》の馬場などがある〕を通り、なお左へ行くと御切手門に達する。これより内は通券がなければ通行できぬ。

この御門内、左に倚《よ》って、御太鼓櫓がある。御切手門は右の方が、長局《ながつぼね》の三ノ側と四ノ側の横手に当り、路《みち》を跨《また》いで建っている梘白木造りの御門で、御切手門番の頭《かしら》ならびに同心が詰めている。この御門脇より長局に沿って、一町ばかりの間、高さ四尺ばかりの角材で、大きな格子を作った駒寄《こまよ》せがある。通路はたたきになっている。この脇を通り、左に塩見御門という二ノ丸への通用門、これが銅門で右に赤門が見える。朱塗りの長屋門であって、これがすなわち御広敷門で、御広敷および大奥へ出入りする御門である。

御門内右の方、左寄りに御玄関がある。この御玄関は、大奥の御玄関なり御広敷の玄関なりで、御台所《みだいどころ》、御簾中《ごれんちゆう》、姫君のほかは、女中の通行はないけれども、御広敷諸役人は昇降する。この玄関に沿って下広敷と称うる出入り口があって、諸般の通用口で、外来の公事を受付け、或いは人足などを呼び寄せ諸事を命じ、また重き女中は乗《じよう》輿《よ》のまま此処《ここ》から通行し、それからまた御賄所《おまかないしよ》から廻して来る青物魚類なども、ここから運び入れる。この入口の混雑はなかなかのものである。

なお七ツ口というのは、御玄関前から、御広敷番衆の詰所の前を過ぎた処にあって、長局へ出入りする者の昇降口で、朝四ッ時（十時）に明けて、夕七ッ時（四時）に締まるより、七ッ口と称するので、ここを上がればすべて板敷きで、長局の廊下へ通じる。この角に御末の部屋がある（俗に角部屋《かどべや》という。御末は雑居である）。

さて前から折り折り引合いに出る長局というのは、御年寄、上﨟《じょうろう》、中﨟《ちゅうろう》を初め、奥向女中はみな御長屋を頂戴《ちょうだい》して住んでいて、この御長屋を長つぼねと称するので、四棟建てになっていて、第一の棟を一ノ側《かわ》といい、十数の部屋に区別して、ここにはよい役柄の女中が部屋々々に住んでいる。一つ部屋といっても一室の意味ではない。客座敷から居間、仏間、化粧間、召使いの部屋、ほかに台所、湯殿、雪隠《せっちん》まで付いた立派な構えで、間口三間、奥行き七間の二階建てである。どの部屋もこの通りで、第二の棟を二ノ側と称え、三ノ側、四ノ側となって、順次下役の部屋になり、随って広狭の差がある。女中たちがこの如く各自御部屋を頂いているに就いては、それぞれの監督の要あって役々もあるが、最も厳しいのが火の元で、夜の四ッ（十時）になると、御火の番は拍子木を打って廻る。このとき部屋には螢火《ほたるび》も置けない。八ッ時（二時）の廻りはオサガシといって、御寝所をも見ぬくらいにまで立入って部屋々々を検分し、火の気を改め、そのほか一時半毎《いっときはんごと》に見廻る。もし少しの埋《うず》み火でもあったら、主人は差扣《さしひかえ》を伺うのである。燈火《とうか》は御廊下の所々に、四足の網行燈《あんどん》が影うすく灯《とも》っているだけ。行けども行けども見果てなき広い寂寞《せきばく》とした場所を、影暗きこの網行燈を処々に見ながら廻る役人は、心寂《うらさび》しく感じたことであろう。

また長廊下は、御下男《おしもおとこ》が雑巾《ぞうきん》掛けはするものの、往来する女中の中には、下《げ》駄《た》穿《ば》きのままで歩く者もあるから、縁は汚れている。だから部屋に出入りするには、身分にもよるが、御部屋者と称えた召使いを、二人位つれて歩く。これは草履取なので、御縁を歩く草履と、御廊下を歩く草履を替えるためである。御末の如きでさえも御部屋者を一人は連れる。草履は京草履で五枚重ね、天鵞絨《びろうど》の二本鼻緒《はなお》のものである。

役柄について一言すれば、大奥の女中には、上臈、御年寄、御客応答《あしらい》、中年寄、御中臈、御小姓、御錠口詰、表使、御次、御右筆、御錠口、御切手、呉服の間、御広座敷詰等が御《お》目《め》見《みえ》以上で、御《お》三《さん》の間、御中居、御火の番、御使番、御末等は御目見以下である。

御三の間というのは、御居間向きを掃除し、毎朝湯水から火鉢、煙草盆などを扱い、御中居は献立および御料理一切のことを扱い、御火の番は文字の通りにて、前にも述べた通り火の元を取締り、御使番は表使の下役の如く、男子に接し表使の御用を弁ずる幅のきいた役。別に御《お》犬子《いぬこ》供《ども》というのがある。今日の給仕のようなもので、御錠口詰以下御三の間までの雑用を足す役であるが、私用人に過ぎないもので、もともと表立った役人ではない。ほぼ右のような順序で、御三の間でもたもんすなわち御部屋者を三人、へや、おつぼね、相の間と、こう三人使う。御《お》末《すえ》も一人のたもんは使う。

## 御風呂用の水

御《お》末《すえ》の役向きは前に記したが、なおくわしく言えば、御膳所用の水汲《く》みをもするのではあるものの、同僚が五十人もあるから、さまで労もない。御風呂《ふろ》用の水は、御上の分だけは、平川口外御《お》春屋《つきや》にある名水を、毎朝黒鍬《くろくわ》の者が御広敷まで荷《にな》い来て御下男に渡し、それを大奥へ運び入れるのである。このほかには御代参に随行し、御台所を初め姫君、または諸家御簾中が御登城御入りの節、御広敷から御三の間まで御乗物を舁《かつ》き入れる。平常は大奥に出勤し、水仕業、煮物、小料理はもちろん、所々の点燈、または重い女中の命に応じ、庶務に従事する。尤《もっと》も女手に出来ないことがある時は、御広敷に願い出、御下男を手伝わせる。その時は御広敷番衆が立会い監督する。

銘々の部屋は前にも言った如く、長局の中ではあるけれども、一、二、三、四ノ側以外に、角部屋と称えるところに雑居していて、御《お》宛行《あてがい》高は御《お》切米《きりまい》四石、御合力金二両、一人扶持、薪、炭、湯の木油、五菜銀《ごさいぎん》〔銀で支給された手当〕等をいただく。

御部屋とは、御部屋に召使われるというところから出た名で、御部屋とは部屋持という儀でもあろうか。一にたもんと称し、また少女は御小僧、或いは子供と呼ばれ、木《も》綿縞《めんじま》物を着ている。一ノ側から四ノ側までの各部屋にいて、用を便じる召使いである。奉公人の見習いの如きもので、公命を以て勤仕するのではない。知縁の推薦に依《よ》れるもので、臨時宿泊人の如き姿になって、御奉公人の食を分与されている故に、お犬の称もある。

日常の物は、御広敷御門外駒寄せのそとに、三間間口《さんげんまぐち》くらいの店を出している免許商人のところへ買いに行くのである。

御下男というのは、御広敷の用を足すのを本務としているが、便利上、御末の下を働く。これでも一季半季の奉公人ではなく、士族に編入せられている。水汲みをする黒鍬、これも士族になっている。御目付支配、すなわち御留守居の管轄以外であるのに、大奥で働くのはどういうわけであろうか。

五菜《ごさい》は各自勝手の羽織を着て、着流しで、御留守居から渡った厚サ一寸、大きさ半紙四ッ切くらいの鑑札を、革袋に入れて下げている。称呼は「誰々の五菜」と、主人たる女中の名を冠して呼ぶ。御末などは一人の五菜を、二人共同で抱えていたのもあったらしい。七ッ口より内へは通れない。つまり外廻りの小使で、内廻りの小使は御部屋者である。

臼で碾いた洗い粉

臼碾歌は、一ノ側から四ノ側までの御部屋者が集まって臼を碾《ひ》くので、御団子の粉も碾こうし、柏餅《かしわもち》の粉も碾こうが、最も多くは洗い粉を碾いたもので、今は玉子糠とか団十郎とかいうような、いろいろの洗い粉が小間物屋に売られているが、昔はこんな売品がなかったので、常に小豆《あずき》を碾いて、これに糠を交ぜて、女中が入浴の際に用いる。多くの女中が悉《ことごと》く使うのだから、大抵のことではなかった。今日は二ノ側の臼碾きだとか、明晩は一ノ側の臼碾きだとかいって、洗い粉製造がせわしなかった。この臼碾きに歌を謡いながら、多勢のたもんたちが寄って、粉を碾きつつ戯れ勇んで、一快事としていたのは、田舎の臼碾きそっくりで、お里をあらわしている。お犬子供などが「あなた様（自分の主人をいう）がお下がりにならないから、今晩はけし（子供の名）さん、臼碾きを見にいらっしゃいナ」などと言って、誘い合い見物に行ったものだ。御部屋者でも源氏名を呼んでいた。

臼碾歌には随分ずばぬけた文句のものもあったそうだが、人に話して先《ま》ず不都合のなさそうなものを一つだけ挙げれば、

〽遠くはなれて逢《あ》いたい時は、アイ、ナゼナァ、月が鏡になればよい。マダマダ、

ヨイ、ヤーレ、ヨイサ、よい粉が出来たぞぇ。

それで、前号に掲げた

〽見上げれば御本丸、見下ろせば五菜部屋。打てばドンドと駈け出す。ナァイヨエ。

とある歌の意は読めているが、これは多分御部屋者が御切手門まで出掛けて、里から

来た人に面会し、親のこと親類のこと、さては髪飾り着物のことなど、ベチャクチャ話しているうちに、門限の御太鼓が鳴るので、残り惜しい別れをして、御広敷御門へ駈け込む途中の光景をいったものであろう。

入るのは「御断り」、出るのは「御切手」

もっとも御部屋者だからといって、自分の部屋まで面会人を呼び入れて、面会の出来ないのではないが、部屋まで上がる日には土産などもいり、また来る人の風体も自然飾らなければ、傍輩《ほうばい》共の口の端もうるさいというような関係から、御切手門の外に待っていて、通りがかりの五菜などへ「誰さんの御部屋の何という者へ、面会人が来ているからと伝えてくれ」などと頼むのである。そうすると面会人が御門内へ通らずとすむし、随って通券はいらず、至極軽便に運ぶが、公然と御切手門を出るなり入るなりしようとするには、御切手門で通券の検査を受けなければならない。それでこの通券のことを、上がるには、すなわち外から内へ入るには「御断《ことわ》り」といい、下がるには、すなわち城内より城外に出るには「御切手」といったもので、ひっきょう上下共に御切手を要するのであって、名が違うだけで性質が違うというのではない。けれどもその御切手は、出女《でおんな》に対して最も厳重で、いやしくも御黒印の据わった書付であるから、これを得るには主人より御切手(役名)へ貰《もら》いにやり、誰部屋の者何人出るという書付を請求したものだ。そしてこの書付は黒塗の箱に入れ、大切にこれを携えて七ッ口に至り、詰合いの御広敷役人に渡し、役人は検閲の上、御広敷番の頭の検印を受けて来て、出女の本人に渡し、本人はこれを受取って御切手門へ差出して通行する。それで、この御黒印の書付は、毎夕七ッ時後、御切手門より御広敷役人が受取り、枚数を調べ、大奥御切手書の女中へ返戻するのである。入り女に至っては、御黒印の手数もなく、たとえば御部屋の者なりとも、面会人を自分の部屋へ通そうとする場合には、誰部屋の者何人と認めた御断り書を、使番（役名）に差出し、使番は御広敷役人に差出して、それから御切手門へ廻すのであるが、五、七枚たまらなければ廻さないことがある。そうかと思うと、小春日和などには、退屈しのぎに一枚の御断りでも、わざわざ御切手門の掛り役人へ持参することもある。御門では御断りが来ると「何の部屋の者通れ」と呶鳴《どな》るから、呼ばれた者はようやくはいって行く。これが御断りの廻り方が遅いからなどといって、御門番にそれとなく尋ねてでも見ようものなら、下がれッの一喝で取り合うてくれない故に、御切手門では随分長く待たされたものだそうだ。

聞き噛《かじ》りの講釈も、あらあらこれで尽きたので擱筆《かくひつ》する。

# 高家の話

大沢基輔

大沢基寿。高家旗本の大沢家に生まれ、皇女和宮降嫁の付添役、徳川慶喜の大政奉還上奏文の使者役を果たした。

## 将軍家のお流れ頂戴

私は戊辰瓦壊《ぼしんがかい》の節には右京大夫《うきょうだいぶ》と申しまして幕府に勤めておりました。大沢《おおさわ》と申す家は持明院《じみょういん》の末流で高家《こうけ》の始めでございます。旧記は散逸いたして何もございませんが、徳川家の初めにあたり当時の二条《にじょう》関白某公と計り、足利《あしかが》時代の諸礼式を調べ、式部の一職を設けんとて大沢、吉良《きら》の両家を挙げて高家と称し、諸礼式を司《つかさど》らしましたが起原でございます。その後高家と称《とな》えまする家もだんだんに増加いたしましたが、今川《いまがわ》氏の末か織田《おだ》氏の後で位階を高くし、ことごとく有職《ゆうそく》を以《もっ》て世襲の役と致しました。武鑑で高家をお読みになれば分かりますが、六角《ろっかく》と申すは烏丸《からすま》の末、或《ある》いは新田《にった》の流れの由良《ゆら》などもございました。

大沢家は遠州《えんしゅう》の堀江、堀河の二ヶ所の城を持ち今川に属したが、家康公のときに徳川氏に従いました。高家のうちで高禄なのは畠山《はたけやま》の五千石を第一とし、小禄なのは品川の三百石でした。私の家は三千五百石でした。高家の知行はみな地方《じかた》でした。高家の役高は千五百石と定めてありました。王政維新まで公武の間のことは高家の役と定まっておりました。幕末には御所と二条城の間の往復は高家が致しておりました故、大政奉還の時には私がその辞表を御所へ持って参りました。またその時の私の官位は従四位下の侍従で昇殿の出来るわけでした。……私の旧宅は飯田町 俎《まないた》橋の向うで、小出《こいで》の隣邸でございました。

高家と申す家柄は諸儀式のほかの文武官には任じません。もしも他の役に就きますれば、高家はやめて寄合《よりあい》席に入りましたものです。高家の役目は種々ございました。一番に大切なのは毎年正月元日二日と将軍家のお流れを賜わる式です。高家のいたしまするは御三家、御三卿《ごさんきょう》、国持大名、四品《ほん》以上で、その以下は御中小姓の役でございました。その式はなかなか面倒でございますゆえ、暮の廿日《はつか》からお給仕の稽古《けいこ》をいたしたものでございます。着服は直垂《ひたたれ》でした。元日二日は焚火《たきび》の間にて炉を切り火を焚きますゆえ、手をあぶりて御用をいたします。この元日二日の儀式のほかは、伝奏《てんそう》の下られまする時が大事でございます。

平常の詰所は雁《かり》の間です。日々高家と雁の間詰の御奏者番一人ずつにて閣老の登城退出に送迎し、閣老のお廻《まわ》りのときに御機嫌を伺いました。平常の服は継上下《つぎじょうげ》でした。また往来の途中で御三家に逢《あ》いましても、駕籠《かご》のままで下りませんでした。もし高家が駕籠から下りますと、御三家も下ります規則でしたゆえ、向うの便利からこちらで下りなかったのです。

## 肝煎の役得

肝煎《きもいり》となりますと、役得というものがあったそうです。前に申しました元日二日のお流れ頂戴《ちょうだい》の式は、御三家には三方《さんぽう》へ御盃をのせて出しますが、このほかの方には長柄の口へ御盃をのせて出し——盃はカワラケです——つぎますときに戴《いただ》く人が盃を取り落すことなどがあっては失礼ですから、前から高家へ問い合わせ、来年のお酌は誰様と聞きおき、国産の品などをその高家の家老用人などに贈って歓心を求めましたそうです。それですから、吉良上野介《こうずけのすけ》をやればやれたのでしょう。あの元禄《げんろく》の浅野の前年の玄猪《げんちょ》は、私の家の当時基恒《もとつね》と申す者と例の上野介と何か衝突いたし、殿中にて争論がありまして「大沢吉良問答録」という書がございます。大沢も吉良も高家の肝煎であったそうです。私の家の基恒はその年に死去いたしましたから、浅野のときには吉良上野介一人が古株でした。それに元禄の時代には高家の数も少なかったそうです。

伝奏の公家に相談

高家には表と奥の二つがあり、奥高家は抜擢《ばってき》せられた者です。私は幼年の頃から奉職いたしましたゆえ、親子勤めでございました。十四歳のときから勤めました。高家は役に出ますると杖《つえ》を許されました。正月の二日には台付きの御時服を頂戴いたし、一年中には正月に伊勢へ御名代、正五九月は日光御名代、京都へ一度でございます。公武の間の事は何でも伝奏の公家《くげ》に照会《といあ》いしました。京都には上使屋敷または高家屋敷と申すがございました。

大政奉還の御書附は飛鳥井《あすかい》中納言へ渡したと思います。口宣案《くぜんあん》も位記も……淳和《じゅんな》奨学《しょうがく》両院の別当も……。しかし位記は返上するなということでした。

御所の中には鶴の間が高家の詰所です。毎年高家が上方《かみがた》へ参りますときに、武家補《ぶ》任《にん》を一トかためにして、年始のついでに京都へ申したものです。この他は上野の宮様〔寛永寺貫主〕への御使者、御法事のときの御使者などもあります。道中をいたす時には、伝馬《てんま》の御朱印と申す四角な印を押したものがありまして、人足八人としたためてありますが、数を限ったものではございません。この御朱印があると、道中奉行に申しまして人足も出させましたものでございます。

禁裏より御太刀を将軍家へ進ぜらるることがありますが……仙洞《せんとう》よりも……。頂戴の御太刀は御床の間へ置き、後に御納戸《おなんど》へおさめます。また公方《くぼう》とは京都では決して申しません。幕府の臣下より申したものです。

高家の着しました直垂はその時分に弐拾両ぐらい、衣冠は参拾両ぐらいかと思います。京都へ参りましても、お公家とは交際は致しません。つまり高家の方が金をつかって損となります。道中へ参る前には将軍家から羽織一枚を頂戴いたします。その色は黒とお納戸で、地は縮緬《ちりめん》です。御時服は三枚です。羽織の色はお納戸坊主へ金壱分贈って頼むと、黒でもお納戸でも好みのが頂戴されました。御時服の地は亀綾《かめあや》か、ちぢらか、板か綸子《りんず》、紗綾《さや》、羽二重《はぶたえ》等でした。しかしちぢらは四位以上、板は四位以下などと定めがありました。

## 顔を上げられぬ新役

官位は高家になると、即時に従五位下侍従となります。また前に申しました日光その他へ御名代に参ります時は、必ず将軍家へ拝謁し、帰りますと登城を致し、着服は熨斗目《のしめ》麻上下にて、閣老の案内にて脱剣《だっけん》はしますが、御座の間の御上段にあがって復命を致します。伊勢の大廟《たいびょう》と日光の宮へ参りました時には、将軍家も御口上を申上げる間は御平伏になります。全く大廟と御宮を御尊崇の理でござりましょう。その口上は、何日何時何々天気よく滞りなく相済む、と申す事だけです。脱剣は御廊下で致し、閣老も御前へは脱剣でござります。伊勢と日光のほかは閣老が御披露を致します。将軍家は御脇差だけでござります。

前に申しました元日二日は、将軍家は御直垂、侍従以上も直垂ですが、四品《しほん》以上は狩衣《かりぎぬ》、その他は大紋《だいもんす》素袍《おう》、布衣《ほい》あるいは長上下などを用います。御盃を賜わるもの多人数のことゆえ、ほかを御覧になりなどする時は、高家が捨土器《すてかわらけ》を取りて膝行《しっこう》して来るところの大名に渡し、酌をすることなどもござります。冠の紐《ひも》は例の紫の紐緒を用います。これは飛鳥井《あすかい》家の鞠《まり》の許しを受けなければなりませんが、立派ゆえ許しを受けて紐緒を紫に致します。

新役と申して初めて詰所へ出《い》でます時は、三日の間は手を畳へ置き肱《ひじ》を突いたきりで、みだりに顔を上げることが出来ません。詰所には茶盆と火鉢がございますが、火鉢に火はなく、煙草をのむ時はカチカチと燧石《ひうち》でやるのです。新役はまた古参の弁当の給仕をしなければなりません。自分の弁当は早く食って跡片付けをするのです。煙草も師匠番から許されてからのむことが出来るのでして、役を勤めまするには別に深いことはなく、手留《てどめ》と称しまする慣例の控帳があり、慣例の通りにすればよいのですから、有職などと申す故典などを知らないですみます。

王政維新の時はちょうど京都の革堂《かわどう》におりました。京都の御大工頭の中井の火消が伏見に火事があると申して、例の京都の仕事師がゴリガンチャキチャキで出掛けて行って、やっと戦争ということを知ったほどでした。しかし前年の十二月九日に御所の九門は薩長《さつちょう》に渡し、京都の見廻りなどは愈〻《いよいよ》始まったと申していますと、会桑《かいそう》の藩士などは小具足で抜身の槍《やり》を持ち二条の御城へ参りました。日没になってから高家だけは御所へ参ることも差支えがあるまいと申して参りましたが通しません。勅使が来ると申しますから、迎えに参らなければならんと申しますと、板倉さんが勅使は勅使だが尾州公だから関係せんでもよろしいと言いながら、手箱の中から白木綿の二尺ばかりあるのをくれまして、尾州公とは御本末の間なれど、次第によれば斬るかも知れない、夜分ゆえ白の鉢巻とせよと言われました。

それから方々を気を付けますと、衝立《ついたて》の蔭《かげ》も縁の下も人が大勢隠れていました。しかし尾州公は穏かに御談話にてお帰りになり、何事もございませんでしたが、その前後の軍評定《いくさ》と申すものは実に盛んなことで、大久保主膳正《おおくぼしゅぜんのかみ》〔忠恕《ただざと》〕、高力直三郎《こうりき》、近藤勇《こんどういさみ》などは激論を致し、松平隠岐守《おきのかみ》〔勝成《かつしげ》〕の嫡子の伊予守《いよのかみ》〔定昭《さだあき》〕などは主戦論で戦うべし、しかし一方の口を開きおけば天子様はお避けになる故、薩長はやってしまえと申され、慶喜公の御寝所へ参りお起し申し、御出座がなければ本末の関係も今日限りとまで論じられましたが、慶喜公には少しもお聞き入れがございませんでした。

その夜が明けましたから、私は肩衣《かたぎぬ》で御所へ出ました。家来は僅《わず》かばかり連れましたが、御門は大砲で固めていますから、その由を申しましたら非蔵人《ひくらんど》に取り次ぎ、非蔵人がこの人は通してもよいと申しましたら、一人ではいれと申すゆえ、御台所門から入って見ますと、御門内は八人十人と組々に分かれ、鉄砲を以て巡邏《じゅんら》を致しております。勘使《かんづかい》の口へ参りて見ますと、禁裏附の武家の大久保と岡部が御用箱は投げ出して一人もおらず、これは何事かと呆《あき》れておりますと、表使の女中が参り、どうなることです、御附の武家はおらずと泣き出しそうですから、私は申しました。決して朝廷に対し何事もありはしません、武家同士のことでござりますと慰めました。もう少しおれとの事で、御馳走《ごちそう》など頂戴いたしましたが、昨日までの大納言も中納言も伝奏も一人もおらず、実に大変な事でした。

私は御用箱を持って二条へ帰りましたが、禁裏附は廃せられました。そのとき女中よりは私に毎日出勤せよとの御沙汰《さた》がありました。さて二条城では鼎《かなえ》の沸くような騒動で、慶喜公は一刀斎を召され御刀を賜わり、汝《なんじ》は此処《ここ》に在りて鎮撫《ちんぶ》せよとの御意でしたが、御玄関は会津が抜剣にて固めておりましたゆえ、御庭の門より出御になり、御跡には御目付の梅沢孫太郎《うめざわまごたろう》、山陵《さんりょう》奉行の戸田《とだ》と私と三人が残って、散乱しておる物など片付けました。やがて御所より所司代はじめ町奉行の役宅も差上げろと申すことになり、岩倉と橋本は大坂へ下るということで、私は役宅召上げのことを戸田と梅沢に話すと、梅沢は承知しません。耕雲斎《こううんさい》の時〔天狗《てんぐ》党の乱〕に死に損なったから此処で死ぬと申しおりましたが、勢いが既に御存じの有様ですゆえ、戸田も梅沢も大坂へ下りました。私も温恭院《おんきょういん》様〔徳川家定〕の御贈位か何かで江戸へ帰りました時は、下に〳〵と申させて威張りました事もござりました。

# 御船手の話

向井秋村

向井正義《まさよし》。徳川水軍を率いた向井将監家の末代。御船手、軍艦操練所頭取、歩兵奉行などを務め、維新後は徳川家に従い静岡へ移住。その後下田《しもだ》に移り、明治三十九年没。

日限と御道筋の達し

私は御鷹野《おたかの》と申しました大川筋、或《ある》いは亀有《かめあり》筋（堀切のさき）小松《こまつ》川筋の御成りに御供を致しました。……一トロに大川御成、亀有御成などと申しました。

私の先代までは天地《てんち》丸《まる》などを特別に出しまして、慎徳院様（家慶公）は御乗船にもなりましたが、温恭院様（家定公）となりましては、天地丸は一度も出したことはございません。いつも大川御座船を出しまして御乗船になりました。

御成りの順序すなわち手続きを申しますならば、第一に日限と御道筋の達しがござります。……何月何日、何々筋を成らせらるるに就き、辰《たつ》の口《くち》とか一石橋《いちこく》とか、又は両国よりとかより御乗船に相成り云々《うんぬん》、還御は千住《せんじゅ》、逆井《さかい》、乃至《ないし》吾妻《あづま》橋までとか、又は辰の口までとかの御道筋の達しが御目付より出ます。そうしますと、御成りに就きての相談を新部屋で致します。新部屋と申しますは、御用部屋の次に時計の間がござりますが、その脇に小さい間があります。その間が新部屋で、御成りの相談は必ずその間で開いたものです。御成りに関係の者はみんな出席いたし、一切の打合わせ……口達《こうたつ》を御小納戸頭取より受けました。尤《もっと》も頭取の中に御場掛りが両人ございます。

会議の順序は御場掛りが出席いたしますと、次に御目付と御船手頭の私が出席いたし、それから御徒士《おかち》頭、御鳥見《おとりみ》組頭と打ち揃い、御場掛りよりの達しを御目付が承りて順序を定め、表面の相談はこれで決定いたし、その順序等を諸向き向きへ通達し、支配々々にて受持を定めます。しかし私は別に当日の事を奥の新部屋へ参りまして、御場掛りへ引き合いまして、御乗船に関し達しを受けて、全く御成りの相談をおわるのです。御船手頭だけが特別に相談を致すのです。旧幕府の御船手頭は五人ございますが、すべて私より——私の家より差図を致したもので、勝手な話ですが、私方の水主《かこ》同心に不足がありますと、他の同役の同心を用うる権を有したものです。

（嘉永武鑑によれば
　向井将監。二千四百石。水主八十四人。

屋敷本所石原《ほんじょいしわら》（明治以後は華族吉井家の邸なりしが、今は道路と変ぜし所多し）
御番所霊岸嶋《れいがんじま》、御役屋敷同所。
野尻九大夫。百俵。水主四十九人。御番所永代橋《えいたいばし》、御役屋敷新堀《しんぼり》川口。
藤沢弥兵衛。百五十石。水主四十九人。御役屋敷永代橋向かき店。
大塚孫左衛門。百俵。水主四十五人。御役屋敷深川万年橋《ふかがわまんねんばし》。
桜井藤四郎。百石。水主四十五人。御番所浜御殿《はまごてん》大手向、御役屋敷同所。）

さて御船をお召し場へ廻《まわ》し、私は御船と共に参ります。服装ですか、上下みな股引《ももひき》半纏《はんてん》です。股引の地は木綿で浅黄の小紋、半纏も木綿地で多くは縞《しま》です。刀は野差しと称し一ッ本さしたもので、大の方はヒキハダに入れ船宿《ふなやど》に置きました。船宿に川船御用達《ごようたし》がありまして、御成りの時には御用船何艘《そう》と定めて申し付けます。障子つきの屋根船……この船に乗る人は奥の衆、御場掛りなどがお上がり場所より帰るための用に備えたものでございます。私なども時によると乗りましたこともありますが、多くはチョロと申す小船……端艇に乗りました。私の役と申すは、上様が御船へ召す時に御船を押さえているので、もちろん桟橋から御召船の間はヒラタと申す船が置いてあります。御船へは御供方、御道具も乗ります。御先船と申すは小十人、両御番などが乗り、お駕船、永寿丸（船名）とともに三艘、御成りの場所へお先へ参るのです。

### 鯨船二艘で引く

大川御座（御召船）は紀州より廻りました鯨船二艘で引き舟に致します。御座船にも櫓《ろ》はたてますが、全く鯨船二艘で引くのでございます。御座船の艫《とも》に若年寄一人と御側《おそば》衆一人とがおります。その背後に私がいるのです。前に申しました如く上下とも半纏股引の野装束でございますゆえ、上様は御自由に御着座ですが、私どもは股引でチャンと坐《すわ》るのですゆえ窮屈なことであります。前の若年寄と御側衆は艫の橈《かじ》のある一段高い所へ腰を懸けています。召上がり物は御座船のあとへ御菓子船と称し、料理方が御供を致し、汁粉、雑煮、御酒、なんでもお好みに応じて差上げました。例の御船歌もお好みが出ました。

御船歌またはお上がりの品は御小納戸より命を伝えられ、御老中などは御供をいたす事はありませんでした（御供を仰せ付けらるるは特別なわけです）。御船歌は御出《おいで》の時には鳥を驚かすといって唱《うた》わぬが例でありましたが、温恭院様は船歌がお好きで御出の時より唱いました。私に歌のお尋ねがあり、困ったことがございます。私の父の頃には川猟にもあったそうで、御酒《ごしゅ》などを御船でも御休憩所でもくだされ、ずいぶん閉口いたしたこともあったそうです。

御乗船は今の午前八時、或いは八時前にお召しの場所へ廻しました。還御は遅くても点燈《てんとう》頃でした。尤も出御も還御も内々御場掛りより汐時《しおどき》の打合わせがありましてから、場所も時日も定まりて表向きに達しを出したのです。

遠嶋は春秋の二回

私の家は御成りなどのほかに、遠嶋者《えんとうもの》を扱う役でした。前に申しました五家で代るがわるに扱いましたが、遠嶋は春秋両度ありまして、嶋は新嶋《にいじま》と三宅嶋《みやけじま》です。八丈《はちじょう》は前の両嶋の年寄へ托《たく》して扱わせたものです。年寄は日和《ひより》を見はからって八丈へ送ったそうです。春秋両度の流人《るにん》は町奉行よりしてその数の達しがあり、いつ頃出帆せしむるやとの問合わせがあります。すると私方より品川に碇泊《ていはく》の伊豆《いず》地方の廻船《かいせん》を調べ、船を吟味いたし、御用船と定まると出帆を差止め、町奉行へ流人をいつお引渡しを願うと申し出し、船を定むるとその事を申し立てて、船中へ仮牢《かりろう》を作らせました。船の方では御用船になるのを嫌ったものです。それから組の者を三人ずつ選んで命じます。組の同心には右筆、目付役、船頭役がありますが、その中より選みます。この遠嶋の船へ乗り込むのは誰も好みません。因果番でした。止むを得ずくじを引き水盃で別かれました。春はまア平らですが秋は危うく、今のような船ではありませんから危険なものでした。それに手当の極めて薄いものでしたゆえ、頭《かしら》より別に手当を致しました。

町奉行より流人の姓名書が廻って来ます――誰殿より仰せ渡し云々の書付――。いよいよ出帆の日になると、町奉行所の同心が流罪人を連れて参りますゆえ、前の書付に照して受取りますと、その後は一切私どもの負担となるのです。三宅ですか、二タ月は海上にかかります。三宅から八丈に行く流罪人は三宅で裸にされたそうです。こういう手続で嶋の役人へ流人を渡してしまえば、私どもの肩はぬけるのです。

船番所と申すのは浜御殿と霊岸嶋と新堀の入口の三箇所にありますが、いずれも別段に調べるのではございません。船中の人の冠《かぶ》り物を取らせるのと、障子船の障子を開けさせ、簾《すだれ》をあげさせる——簾は船にかけてあるので——くらいのものです。

### 廻船調べ

私の家では一箇年に一度、品川へはいった諸国の廻船の惣数を調べて、その筋へ出すのが役です。もちろん廻船問屋と申すものがありますから、問屋さえ調べれば直《じ》きに分かりますゆえ、私の方で調べると申すは表面の話です。この廻船調べと申すことが私の家の役となりましたのは、たぶん先祖が相州《そうしゅう》の三浦《みうら》におりました時分からの慣例が続いたものと思います。

御船手頭と申す役は、前に申しました如く私の家ばかりではございませんが、同役より特別な事は廻船調べと川御成に同役を指揮いたすことです。ほかには水主《かこ》同心を家来同様につかいますことです。水主同心は属官、下役で、私の家禄を以《もっ》て養う者ではございません。

## 水泳の稽古

水泳ですか、八代将軍の頃よりはじまったそうですが、奥の衆が浜御殿の前で稽古を致し、奥の衆に水泳肝煎《きもいり》と申す役がありました。毎日私どもが教授に参るか、又は御船上乗役《うわのり》という者が参りました。年々六月から八月頃まででした。この水泳の稽古は御船手を廃せらるるまで続きました。

御船手が廃せられましてから、水主同心は御軍艦奉行支配となりましたが、その前より軍艦操練所へ参って稽古を致しておりました。水主同心の家より世に出ております者はなかなかございます。海軍の三浦、荒井の両少将、勅任検事の石渡、郵便会社で名をあらわした福井などです。

私が御船手の頃は江原、久保、庄田、別所の四家と私の家を合わせて五家となります。世襲の御船手頭も私方ばかりでございました。この五人が一人ずつ毎日登城を致しました。席は躑躅《つつじ》の間ですが、何にも御用はございません。紅葉山、上野の御成りに御供をするくらいのことでした。登城の時の私の家の供は、侍二人、槍持一人、草履取一人、長柄一人、別当一人、挟箱一人、合羽笊《かっぱざる》四ッ供と申し、もちろん主人は馬でございます。私の家では二代目に一人任官いたし、左近将監《さこんしょうげん》と申しました者がございましたが、その後は代々向井将監と申し、布衣《ほい》でございました。

お話はゴタゴタしますが、向井の家は甲州の武田の家臣で、川中嶋《かわなかじま》の戦に謙信に手を負わせ、反り感状と刀を貰《もら》ったという事が世には伝説がございますが、家の記録には見ませんでした。家に伝えましたことは、駿州用宗《すんしゅうもちむね》の城を守りて勝頼《かつより》より感状を貰い、先祖の父子はこの城にて死去いたし、次男が残りて武田家没落の後に勢州田丸《せいしゅうたまる》へ移り住み、本多作左衛門《ほんださくざえもん》の手につきて権現様《ごんげん》に御奉公を致しました。この人が向井兵庫頭正綱《ひょうごのかみまさつな》と申し、木像が相州の三崎《みさき》に只今《ただいま》もあるそうです。この正綱の子が左近将監忠勝《ただかつ》で、人物であったようです。六千石を領し大坂陣にも働いております。深く天海《てんかい》を信じ、自分は上野に葬らせました。しかし寺は陽岳寺《ようがくじ》と申し、深川閻魔堂《えんまどう》橋にありますが、忠勝の開基寺でござります。

御軍艦操練所頭取

私は御船手廃止のときに御軍艦操練所頭取となりました。私の次に海舟さんも頭取となられました。御船手頭と申すところから操練所の頭取になったので、勝さんは船に乗れますゆえ、軍艦役同様に命ぜられ、私は水主同心を前の如く引継ぎましたので、旧の如くその取締を命ぜられたのです。それ故に船の方が万事整理しまして後、私は御使番になり、歩兵頭に転じ、豊前守に任官いたし、慶喜様の御附となって一大隊を率いておりました。その後免ぜられまして、横須賀《よこすか》製造所奉行並を三日間仰せ付けられ、慶応三年の二月でしたか三月でしたか、歩兵奉行となりました。

戊辰のときは浅野伊賀守《あさのいがのかみ》と仏人シャノアンのほかに三名の仏人を連れて江戸を出立し、正月二日に大坂へ着しますと、伏見は敗軍の騒ぎです。その翌晩、天保山《てんぽうざん》へ参り紀州へ落ち、和歌《わか》の浦《うら》から由良へ出まして、そこから朝陽丸《ちょうようまる》へ乗って帰りました。シャノアンは仏国領事へ托しました。しかし私どもの役目は戦争には全く関係はございません。陸軍伝習のためでした。戊辰の四月に歩兵奉行を辞職しました。小栗（上野介）などは横浜警衛を名として一大隊引率し、函根《はこね》〔箱根〕へゆけなど申した事もありましたっけ。

# 御朱印道中・御目付

桂園

## 宇都宮藩主の駕籠と衝突

旧幕時代に公務を帯びて旅行する旗本の士は、必ず御朱印をいただいたもので、「折り焚《た》く柴《しば》の記」などに「道中人馬の御朱印を下さる」と諸所に見えている。あれがそれで、御朱印を携えているという点から、また御直参《ごじきさん》という点からして、えらい権力のあったもので、だから道中で万石以上の参覲《さんきん》交代などに行き逢《あ》っても、道を譲ることをしない。却《かえ》って先方で出ッくわさないように注意して、こちらの休憩中に行き過ぎるとか、または横路へ避けるとかいう状況であった。

私が監察の時、奥州《おうしゅう》からの帰途に、雀《すずめ》の宮《みや》（下野《しもつけ》）あたりかと思うたが、原の中で宇都宮《うつのみや》の戸田《とだ》に出逢うた。しまったと思うたが、原野の中の一筋道だから互いによけようもない。見ると戸田の同勢はすさまじい権幕で、帯刀の士分のみでも百余人、もみにもんでやって来る。

それもその筈《はず》なので、ちょうど元治《げんじ》元年の四月頃ででもあったろうか。常陸《ひたち》太平山〔下野《しもつけ》の大平山《おおひらさん》〕に立てこもった激徒の田丸稲之右衛門《たまるいなのえもん》〔天狗党総帥〕とかいえるものが、その党四、五百人を引率して宇都宮の城下に乗込んで来たといって、注進櫛《くし》の歯をひくようなので、戸田の君侯は気が気でなく、臨時の御暇を賜わり、夜を日に継ぎ火急に帰国するので、時宜に依《よ》らば干戈《かんか》をも動かさんず有様なれば、随従の人々はみな十二分の殺気を含んでいて、なかなか道を譲るどころではない。またわが従者はというと、士分、小者迄《まで》をすぐって二十余人、帯刀している者は僅《わず》かに五、六名に過ぎない。けれども、御用道中の権を保持しているから少しも譲らない。

駕籠《かご》の中から指図をするわけにもゆかず、さてさて困ったものだわいと思っているうちに、たちまち衝突して、戸田侯の駕籠と私の駕籠とが、ガリガリと軋《きし》れた。向うは七万石の大名だから、しっかりとした駕籠であったらしいが、こちらは書生あがりの小身者が工面した駕籠だからたまらない。引戸を一尺ばかりも押し破られ、右の屋根、その他所々を痛められて、要でもないことをしたが、その時はそれでもまずよかったと思った。今の世には殊更に目下の者に、御前呼《ごぜん》ばわりをさせたりなどして、威張りたがる人もあるそうだが、そういう人を一日でも御直参にして、こういう旅行をさせたら、さぞ胸のすくことであろう。

## 床に飾る御朱印箱

御朱印は大高檀紙《おおたかだんし》の竪物《たてもの》に捺《お》してあるので、文句は忘れたが、何ンでも「人足何人、馬何疋《びき》、江戸より何処其処《どこそこ》まで可差立者也」としてあって、紙の隅の方に、小さく「右宿中」とあったかと覚えている。御朱印は受取った後、桐の印籠蓋《いんろうぶた》の箱に納め、黒天鵞絨《くろびろうど》の袋に入れ、両端へ太い打紐《うちひも》を付けてある。これを首に掛けて歩けば、金毘羅《こんぴ》羅詣《らまい》りと一般おかしい風躰《ふうてい》であるが、当時はなかなか以《もっ》ておかしくなかったので、これが御目見《おめみえ》以下になると、御朱印の代りに御証書と称して、老中の印を捺した書付を用いる。用紙の小さいところから、箱も袋も御朱印箱と作りは同じだが、形は小さく、八、九寸の長さで、幅が二、三寸もあったろうか。これなら頃合いだから、首に掛けられる。むかし首に掛けて、箱の左を懐中に入れ、右の端を出して、ちょうど上使が申渡書を懐中しているような体であったが、御朱印箱は長さが一尺五、六寸もあって、幅も従って大きいから、首には掛けられない。

私共が、奥州のような遠方へ行くには、金十枚、時服二つ、羽織（綿入）一つを頂戴する。それで御用旅には、どんな小禄の者でも、長棒の駕籠で、槍を立てなければならない。千石ぐらいの身分なら、まず用人、給人、各一人。三ピン中小姓《ちゅうごしょう》といって、士分の格で、これが四、五人。徒士《かち》が二、三人。槍が二本、即ち副《そえ》槍というを持たせるから、槍持が二人。草履取が一人。長柄の傘持が一人。陸尺《ろくしゃく》が四人、乃至《ないし》六人。それに押衛《おさえ》が一人。これは旅行に馴《な》れた者が、何某《なにがし》家来として雇い上げられて供に立つ。また小指といって、押衛同様の者が雇われる。これは荷物、及び人馬の進退を掌《つかさど》るためで、道中に顔が売れていなければ、宿々等で敏活なはたらきが出来ない。それからこのほかに総供につく小者が両人、この一人は用人の供をするので、総勢二十人ぐらい。人によると倹約して、十五六人で済ますことも出来るが、それは陸尺を減ずるので、陸尺は供の中で最も給金の高いものゆえ、この役を人足に兼ねさせる。

さてこの行列で押出すと、宿場では宿役人が出迎えに出る。袴《はかま》をねじって穿《は》いたやつや何かが、ワイワイいって来る。きたない乞食《こじき》のようなやつが、先払いと称して、両人左右に分かれ、棒を持って「下にィ下にィ」と言って、駕籠を送る。大名の領分では、町奉行などの役人が出迎え、先払いで通る。その取扱いに軽重の差はありますが、概して奥羽《おうう》が鄭重《ていちょう》で、奥羽でも南部《なんぶ》が殊に手厚い。西国では長州だと申すことで、この藩ほど厚遇する処は全国にあるまいと、評判する人もあったくらいで、御小休みと称して、わざわざ休憩所を準備したものだそうである。尤《もっと》もこれは太平の時代をいったものではあるが。それからまた仙台、南部あたりは、領内に五、六千石以上の者が幾人もいるところから、そこへ行くと本藩の士のほかに、またこの家々の人が附くために、送迎の人数が殊のほかに殖える。

それで旅宿へ着くと、かねて自分の侍を先へ遣わしておくものであるから、この侍が三方《さんぼう》を持って、駕籠脇へ迎えに出る。それへ御朱印箱を載せて、守護して座敷へ通る。御朱印箱は三方に載せたまま床の間に飾って置く。間もなく大名から使者が来る。一間隔てて逢う。これは御朱印に対して敬礼をいたし、将軍家御機嫌を伺うので、一個人の自分に向って挨拶《あいさつ》するのではない。然《しか》るに喜連川《きつれがわ》〔足利家〕ばかりは旧家という格で、使者が対等の挨拶をしたいといって、他の大名の家来のように、敷居を隔てて辞誼《じぎ》をするのを肯《がえん》じない。こちらはまた他家の例に依《よ》って扱おうとするから折合わない。機嫌ききに来ながら、使者が怒って帰ってしまうことになるから、てんで始めから逢わないようにするが上策です。そこで使者の挨拶が済むと、それから御馳走《ごちそう》をするところもあるが、大抵はお疲れであろうといって、菓子折りぐらいを持って来る。ところが南部あたりは、国産の鉄瓶なゝど高価な物を寄越す。かつて、強《し》いてこれを辞退したことがあったが、使者の言うには「主命ゆえ御受納下さらねば、拙者は腹を切らなければならない」と申したことで、まさか切腹もしまいが、マアそんな有様であった。

宿賃ですか、それは木銭《きせん》、米代、三十二文ぐらいであったと覚えている。宿屋は、大名の方から、粗略のないようにと命ぜられているから、ずいぶん膳部《ぜんぶ》も整っていて、今から考えたら、割に合わなかったであろうが、無勘定が持ち前の武士だから、そんな気も付かないで払いをし、茶代は二分《ぶ》も遣わしたろうと思う。調度はいろいろ持参する。大小も道中指《ざ》しのほかに、二腰三腰は用意して行く。礼服も持参するが、宿屋で使者に逢うのなどは、野服のままで差支えないのです。

尾州の御朱印拝見

御朱印は三方に載せて置くだけで、人には示しませぬが、尾州では御朱印拝見と称して、検査官が来る。他の大名にはないことですが、名古屋では前かた贋《にせ》をつかわれた者があったとかで、そのため拝見に来る。しかし御朱印のことだから、サア御覧《ごろう》じろといって、箱ごと出して見せるわけにはいかないから、双方威儀を正して、こちらは恭しく御朱印を向うへ向けて、即ち表を出して、両手でおのれの頭より高く捧《ささ》げて示す。

ここに一つおかしな話がある。ある旗本の小吏が、やはり御用道中で名古屋に一泊した時、前例の通り御朱印拝見にあたって、双方大真面目の間に、フト馬鹿々々しいという観念が起ったと見え、思わずプッと吹き出すと、今しも頭をもたげた尾州の御使者が、これもたまらず吹き出したということでした。

エ、宿駅の本陣へ、客がカチ合った時ですか。サアこれがむずかしい。じたい宿割りの日取りをきめるのが面倒で、昔は泊まりを取ると、宿屋の左右へ、自分の紋を染めた幕を張り、私なら江連加賀守御泊などと、筆太に認《したた》めた木札を立てたもので、大きな大名などだと家来が多いから、小さい宿《しゅく》なら宿屋《やどや》総借り切りというようになる。こうなると他の大名などははいれない。また一宿に二、三大名が泊まり合わすこともあるが、とかく面倒が起るもので、私が江戸を立って千住へ泊まる日取りの時に、ちょうど仙台侯も江戸発程、千住泊まりということになったので、千住から宿役人が交渉に参ったから、私は僅かの人数だから譲って、脇本陣へ泊まってもいい、仙台侯に本陣をお使いなさいと答えたが、とうとう仙台侯は一日延ばして、翌日千住泊まりにした。全体こちらは公用だから我儘《わがまま》を言うことも出来る。だから用人の悪い者などはわざと理窟《りくつ》をつけて、袖《そで》の下をむさぼる計画をするなど、不都合な奴もあったそうです。

### 目付の威勢

昔は御目付といえば、誰知らないもののない幅のきいた職務で、行政上と来たら何事へでも口出しが出来る。そこへ持ってきて式部に関係したこと、また警察及び裁判等にたずさわる権があるからして、自然勢力というものが出て来る。だから壮年の士が望みを嘱するも無理のないことで、ずいぶん羨《うらや》まれたものであった代り、馬鹿では勤まらない。故《ゆえ》に目付にでもしようという人物は、多くの旗本から抜擢《ばってき》されて任じたもので、福沢先生を属僚に連れてアメリカへ行った木村摂津守、今の芥舟。それから天則博士と呼ばれた文学博士加藤弘之《かとうひろゆき》氏なんぞも監察をやったので、君の昵懇《じっこん》な江連老人なども、この目付から外国奉行へ抜けたと聞いている。マア一つこの親爺が大ざっぱに、目付の威勢について話して見ようか。

目付でも勤める者は、どっちかといえば若手が多かったからして、おもに馬で登城する。一般に幕末には乗切りと称して、単騎で馬丁《ばてい》だけを連れて走ることになったものだが、これは畢竟《ひっきょう》国家倥偬《こうそう》の際であるから、太平の時代のように悠々緩行していては、時機を失するというわけなのであったろう。

そこで馬は別として、目付が普通の供連れ（千石以上の身分であれば、両侍といって、二人の侍が袴の股《もも》を高く取って、両刀を指して供に立ち、槍、挟み箱、草履取、長柄持などが付く）で、まず四谷とか浅草とかいう外郭《そとぐるわ》へかかる。すると番士が詰所の板縁に出て平伏したものだ。これは老中、若年寄、御側衆、大目付、目付に限ったもので、その他は奉行のような顕職のものが通行しても構わない。それでこの番士は、どうしてこう会釈すべき人と、そでない人とを見分けるかというに、これにはまた一つの役を設けて、御門外へ下座見《げざみ》という者を出して置いて、通行人の誰彼を見分けさせる。これが薩州とか、加州とか、仙台とかいう大諸侯なれば、誰にでも分かりやすいが、五人か十人の供をつれて、小さな槍をおッ立てて来る小ッ旗本を、遠目にチラと睨《にら》んで、何の誰と鑑定するのだから、よほど熟練しなければむずかしい。それでこれが会釈すべき者だと見れば、拍子木を打って門番へ通知する。番士はこれを聞いて板縁に出て待っているという順になるのである。

門番の制止声

今度は目付が内郭へかかる。目付の中には日々順に当番が立ててあって、ここにはその当番のことを話をするので、その当番の供に連れている両侍が、主人からは五、六間はなれて従って行く。まるで目付は供を連れずに歩いているように見える。これは当番の目付が、御門々々より御城内を検察しながら歩く故なのである。それから今一つ変っているのは、その歩き方なので、馬車馬が行くように真っ直ぐに歩いて、四角に曲がったものだ。御門々々の曲がり角を斜形《はす》には折れない。ズッと行ってクルリと体を向け替える。これも当番の目付が内郭へかかってからこうするので、北の方から登城する人は大手門から、南の方から来る者は桔梗門からはいる。桔梗御門のわきに会津の屋敷があって、そこにある辻《つじ》番所の番士が、敷台に出て平伏するのを横目に睨んで、番所の角を真四角に折り曲がる有様などは、広い場所だけに目に立ちて、不思議に見える。それから当番の目付が、大手なり桔梗なり、御内郭へかかると、門番が制止声《せいしごえ》と唱えて、エーオー、エーオーと一種変てこな調子で、目付の通り切るまで怒鳴っている。ここへ折りあしく大名などが登城するとて来合わした場合に、どうするかといえば、制止声を聞くと、しばらく差控えて、制止声が済んでから行かなければならない。これは目付が職務執行中なるが故に、幕府を憚《はばか》りてかくするのであろう。これでもって目付が四角四面に歩くのも、職務上だということが分かる。尤《もっと》も登城の時刻にきまりがあるから、大諸侯などがこの場合に衝突することは万々ない。

大小帯刀のまま玄関へ

元来、殿中では大小刀を差させないのが普通で、老若（老中、若年寄）より御番士以下に至るまで、小刀を差して、大は提《さ》げて御玄関上は通るものなのに、目付は大小帯刀のまま御玄関へ上がる。御玄関上には御徒士《おかち》の番所、それから席までの間に、御書院番が詰め、その上に小十人、御小姓組番所などとあるが、番所々々の前を通る時は、当番の目付自身に咳払《せき》いをしたもので、エヘンといって、自分の来たのを知らせる。すると膝《ひざ》でも崩していた者は坐《すわ》り直すとか、笑談でもいっていた者は黙るとか、皆々気を付けるようにしたもので、こうやって遂《つい》に御目付部屋にはいる。御目付部屋には当番は一人しかいないが、別に加泊《かどまり》といって、御使番が一人、助ケ《す》に泊まることになっている。全体は目付がしたものであったろうが、御用繁多のため斯様《かよう》になったらしい。

そこで当番の目付は、その日の出来事は何事によらず処理裁決して、夜の引けとなると、御小姓組番頭、同組頭、御書院番頭、同組頭と御白書院に相会する。会してどうするかというに、目付から「御夜詰引けました」ということを告げるので、これを聞き取って以上の番頭などは部屋へ引取り、目付はこれから見廻《みまわ》りに出かける。

御夜詰が引けましたとは、将軍家が最早《もはや》御寝なるべき間近になったがために、肩衣《かたぎぬ》を脱がれ、安居せられるということで、奥坊主が宿直の御側衆より命ぜられて、この趣きを目付へ通達に来るのであるが、御夜詰が引けるので、当番の目付は、それから火の元や何か見廻りに出かける。大抵は時間で定まっていた。即ち夜の四ッ（十時）の太皷《たいこ》が鳴ると、御夜詰が引けるのであるが、大抵は時間で定まっていた。肩衣に袴は取ってしまって、綸子《りんず》か何かの紋付に献上博多の挟み帯で、大小を指して突き袖で出る。どうしても芝居がかりだ。差詰め権十郎《ごんじゆうろう》（市川《いちかわ》権十郎、明治三十七年歿《ぼつ》）のやる役柄で、いかにも鷹揚《おうよう》で凜々《りり》しい。丈《たけ》のある色白な肉付いた人などと来ては、最も見だてがある。

見だてといえば、話はちがうが、幕末に度々江戸町奉行を勤めた池田《いけだ》播磨守《はりまのかみ》というがあったが、市民に対して頗《すこぶ》る人望のあった人で、池田が町奉行になると、町方が喜んだというくらい。それで旧幕の頃には、何ぞ祝賀のあった時には、町人にも御能拝見というお許しが出る。すると朝まだきから諸町人が、押しかけ詰めかけ、御城へ御能拝見に出かける。時刻到来して、いよいよ将軍家御着座となり、御能これより始まるという時、町奉行が長袴をはいて、しずしずと大広間の板縁へ立出《たちい》で、高声に「御能、始めませい」という。また休憩になると、前のごとく立出で「町人共、御酒肴《しゅこう》を池田は下さる」と呼ばわるのが例なのだが、誰もテレて言いにくいことであったが、池田は柄のある立派な男の上に、場なれているかして、この言い方がまことに上手で、当時評判の一つであった。

## 御目付の見廻り

さて御目付は前に申したような凝《こ》った服装《なり》をして見廻りに出かける。それへ御坊主が箱提灯《ちょうちん》を提げて先に立ち、御徒士目付も肩衣袴を脱して随《したが》い、さらに御小人《おこびと》目付は無紋黒絹の役羽織で袴をはき（何々掛りとなれば着流しなり）、いずれも一本指しで随伴して、まず第一に御玄関へ出る。大広間の二、三間も幅のある板縁を通り掛ける。

この時、御徒士目付が、トコトントンと足拍子を打つ。かように足音を高くひびかせるのは、御玄関番、中の口番などは御目付支配の者であるし、かたがた粗忽《そこつ》のないように足音で知らせるので、いよいよ御目付が玄関へ出て立つと、御門番が「御使何人出て未《いま》だ帰らず、その他御別条これなし」など言うやいなや、御目付は「御門々々、念を入れさっせい」と大声に呼ばわる。

これを聞くと、第一の御門（御玄関前御門と唱える）は、門番がかねて扉に倚《よ》って待っているから、「オー」と応《こた》えて、ガラガラビシーンと締め切る。次の御門が御書院御門、それから百人御門、大手御門、みな伝え伝えて、前の通りにする。大手などは大名持ちだけに、人が多いので、ワーワーと騒がしい。玄関前の御門は御書院与力同心の持ちになっている。御書院番頭、御小姓組番頭は、身分に軽重はないが、御書院番頭は与力同心を支配し、門番をつかさどるが故に、玄関脇の御多門という所に泊まり、そして御書院番士は虎の間に泊まり、小姓組番士は紅葉の間に泊まる。御小姓組と御書院番は両番と称し、将軍家守護の任務がある。こういう工合《ぐあい》で、毎夜城中の締まりが付く。

それから目付は引返して、殿中を見廻る。部屋部屋には、いずれも宿直があって、この宿直が室外、即ち御廊下に出て、目付の巡廻《じゅんかい》を待っている。案内の御坊主は、咳払いをして、目付の来たことを知らせると、部屋部屋の宿直は、名刺を御徒士目付に差出し、「御別条ございません」と申立てて辞儀をする。尤も夕刻になると、各役の宿直より当番書というものを出すから、別に名刺は出さない例もある。で、目付は例の突き袖で、ツーツーと御廊下を隈《くま》なく通る。いかにも唯我独尊《ゆいがどくそん》という有様。

まず当番の目付については、大略こんなものであるが、目付つきの坊主とちがって、ぎすついた理窟っぽいやつで、その代り法令に通じていたものだから、駈《か》け出しの徒士目付などは頭を押えられて、すれ合うことが多かった。かように余瀝《よれき》をすくって話していては際限がないから、ここらで市が栄えたとしましょう。

# 御徒士物語

鈍我羅漢

御徒士は若年寄支配

江戸幕府の制度では、直轄の士を御旗本と御家人との二つに分け、いずれも文武の職を奉じたもので、御旗本とは禄《ろく》百石以上九千九百石以下の徳川家直参《じきさん》の士、御家人とは百俵もしくは百石以下の士を総称したのである。今日の制度でいえば御旗本はまず将校、御家人は兵卒に当るけれど、そうかといって御家人は、家格こそ御旗本の下に在るものの、御旗本に隷属しているのではない。その職に応じて御老中、若年寄、御勘定奉行、御目付などの管下に在って、御旗本と共に支配されておった。

御徒士《おかち》は即《すなわ》ちこの御家人の中の若年寄支配で、家格は御目見《おめみえ》以下御抱席《おかかえ》というのである。しかし一般御抱席の者は熨斗目《のしめ》の着用は禁じられていたが、御徒士に限って熨斗目を用いることを許されてあった。かくの如き特別の待遇があるのは、余程由緒のあることなのだ。

## 将軍の影武者

元来御徒士という職は武官で、明治の制度では適当な例が無いけれど、まあ近衛《このえ》歩兵とでもいうようなものであろう。身分こそ低いが、将軍家御成りの折りなどには、必ず親しく随従して警衛の任を務めたものである。殊に特例ともいうべきは、人物に応じて御目見以上に登用される道が開いてあった。而して役羽織と称して、黒縮緬《くろちりめん》の羽織を一枚ずつ下げ渡されて、職務上外出する折りには屹度《きっと》それを着用した。将軍も鷹御成《たかおなり》などにはこれと同様の羽織を召され、平常とてもお手近かに一枚は必ず御用意があったものだ。つまり不慮の変があった場合には、随従している御徒士の中に御身を忍ばせられて、危害を避けられるためなので、それであるから御徒士は将軍家の影身に附添って、その任を竭《つく》すべきために、例えば城中御能お催しの如き時分でも、縁下に数名黒羽織を着用して、厳重に控えておったくらいだ。またこれが一朝戦争でも始まった暁には、一様の鎧《よろい》陣羽織を着ける筈《はず》になっておった。この二品もやはり将軍用のと外形は異なるところはない。

尤《もっと》も平日は本人へ渡してはないが、その準備はしてあって、一年に一度ぐらいずつ内覧を許された。この陣羽織の如きは猩々緋《しょうじょうひ》の地で、背に韋革《なめしがわ》を截《き》り抜いて拵《こしら》えた軍《ぐん》配団扇《ばいうちわ》の形を縫い付けて、それに金箔《きんぱく》がおいてある。ずいぶん立派なもので、これらを着けて、まず将軍の影武者になるのである。

## 御徒町の由来

御徒士には組々があって、総体で廿《にじゅう》組に分かたれている。一組を卅《さんじゅう》人と定め、そのうち二人を組頭に任じて取締をさせた。総廿組のうち五組は本丸附、五組は西丸附という割合だが、西丸様が無い時には召し放されるかというと、よくしたもので御《お》住居《すまい》様などの方に御入用というので割付けられるから、いつもこれだけの組数はあったものと見える。

それで一組毎に邸地を賜わって、これを組屋敷と呼んで、江戸市中各所に設けられて、何番の組屋敷、何番の組屋敷といったものだ。深川元町《もとちょう》に在ったのは十五番、本所錦糸《きんし》堀の組屋敷は西丸附五番組であったが、後に西丸の方が不用になったので、これを本丸附のと一つにして、廿番と称《とな》えることに改められた。

下谷《したや》には組屋敷が幾つも設けられてあったが、その場所は上野最寄《もよ》りで、御徒士町《おかちまち》と呼ばれて人のよく知っている処だ。この町名はこういうところから出来たのであるを、維新後間もなく、旧幕府の官職の名を町名に冠《かぶ》らせて置くのは、不倫の嫌いがあるという説に従って、文字を改めて岡地町としたが、随分おかしな話で、御徒士と岡地とでは仮名が違っているのみではない、下谷の極《ご》く卑湿な土地を岡地とは名実相反している訳である。しかし少し時が過ぎてから、ここへ心付いたかして元の通りに復したが、その折りに御の字を取上げられてしまった。徒士町となって今日に至ったのである。しかし今日でも江戸ッ児《こ》は旧来の呼び癖があると見えて御徒士町といっている。

### 深川元町の組屋敷

さて、これから組屋敷並びに御徒士方生活の状態を述べようと思うが、どこの組屋敷も大した差異はないものであるから、深川元町の組屋敷の様子をくわしく記したらば、他をも類推することが出来るであろう。

深川元町の組屋敷の位置は高橋《たかばし》ぎわで、南は小名木《おなぎ》川の流れに沿い、東どなりは田安邸、西は掛川《かけがわ》の城主太田備中守《おおたびっちゅうのかみ》の屋敷に接し、北に二箇の総門を設け一郭をなしておった。その門をはいると三間幅ほどの道敷があって、左右に御徒士の家がある。宅地は一戸につき百卅坪ずつ賜わって、その中へ自費でもって家屋を建築して居住しておった。その家屋はたいてい玄関三畳、次が八畳と六畳、それに台所、雪隠《せっちん》等である。が、しかし裕《ゆた》かな者はこのほかに、一ト間二間の座敷と土蔵、土蔵などは、この組屋敷中で二、三人ほどしか持っておる者はなかった。これらはまず稀《まれ》で、であるから、まず建坪は廿坪から卅坪に過ぎない。その建築とてもいようであった。

資産のある者は比較的に上等の木口などを使ったが、身分相当ということがあるので、いずれもさほどの懸隔はなく、粗造の方であった。

そこでこの百卅坪の地所へもって来て、二三十坪の建家であるから、随《したが》って不用の空地が幾何《いくばく》ずつかあるので、中には畑にして茄子《なす》や胡瓜《きゅうり》を作って、台所の需要に供したるものもあるが、また余分の地所は若干の地代を取って貸付けたものが多かった。その賃借料は安政《あんせい》のころ借り受けた或《あ》る人の話に、百卅坪で一箇年三両三分であったということである。この元町の組屋敷では一戸にあてがわれる地所が百卅坪であるが、下谷あたりでは漸《ようや》く百坪ぐらいに過ぎない。本所錦糸堀では、ずっと大きくって二百坪もあったようである。

## 家禄七十俵五人扶持

御徒士の世禄《せいろく》は七十俵五人扶持《ぶち》と定まっている。一人扶持は玄米一日五合の割であるから、五人扶持は一箇月七斗五升、一箇年ならば九石に当る。これを俵に改算すると、一俵は三斗五升入りゆえ、一箇年分は廿五俵と二斗五升という勘定になる。それでお切米《きりまい》の七十俵は、毎年二月、五月、十月の三期に分かって浅草の米廩《べいりん》から下げ渡される。その数量の割合は十月に七十俵の半分、即ち卅五俵、ほかの二度は残りの卅五俵の二分一を受取るのだ。が、これは悉皆《しっかい》正米で自宅へ担ぎ込むのではない。米廩の近くに札差《ふださし》という、いわゆる御用商人がおって、毎期下賜の三分二を御張紙相場に拠《よ》って計算をして現金と引換えた。即ち一米《こめ》二金《かね》の割合で札差から受取って来たのである。そもそもこの御張紙相場というものは、禄米を下げ渡される折りにその幾分を金に引換えるから、相場を立てて置く必要があるので、御勘定所に於いて期毎に百俵につき金何十両と定めて書付として、御城の出入口数箇所へ張出して公告する。そこで御張紙相場と称えるのである。

さて御勘定所でこの相場を定めらるる基本はどういうところに拠ったかというと、昔は三河相場というものを参酌して定めたが、松平楽翁《らくおう》公〔松平定信《さだのぶ》〕以来は諸国の相場を平均して定められたということで、まず公平の処置であろう。然《しか》るに後世に至っては相場の立て方も紊《みだ》れて来て、真の時の相場ではなく、一種の御張紙相場というものが出来てしまったのである。

要するに享保年間頃までは、御張紙相場は常に市価より幾分か高くしてあって、薄給の者は助かったものであったが、その後市価の方は漸次騰貴して行っても、御張紙相場の方は依然として旧の如く変更されないために、市価と御張紙相場との開きは尠《すく》なからぬことになった。嘉永安政頃では御張紙相場は百俵卅両くらいであったが、市価でポンと百俵売ると四十両ほどにはなったもので、小禄の者の懐中は実に御張紙値段の高下に依《よ》って非常の影響を及ぼすのである。

もと札差という者は現米取りの御旗本や御家人が、官米を受領しても金に換えなければ日用の支途に充《あ》てることが出来ず、売らんとしても武士の事だから不便だというので、この禄米の取扱いを御旗本御家人より依嘱した商人なのであるから、もし御張紙相場が安ければ、札差の手へ渡さないで自分で始末した方が大変利益なようであるが、さて実際札差が三分の二を引取るというのは名ばかりで、官から札差の手を経て一米二金で下げ渡される制度に自然改まってしまったのであるから、そう都合の宜《よ》いことは行なわれないのである。

### お玉落と大玉

この現米並びに現金を下げ渡される三期の日をお玉落《たまおち》と称え、十月は年俸の半額を下げ渡されるので、受取日を特に大玉《おおだま》といった。来たる幾日が貴家のお玉落でござると、あらかじめ書面を以《もっ》てそれぞれ華主先《とくいさき》へ札差から通知をして来るので、その日を待ち受けて蔵宿すなわち札差の店へ出掛けて往くのである。

さて御旗本の中にも蔵前取《くらまえ》りはあったが、それは別として、御家人の中で札差から俸禄の全部を受取り得る者はまず少ない。というのは、たいてい札差に前借があるために、玉落のたびに差引かれるからである。札差の利益というものには蔵米を取扱う手数料があるけれど、これはさしたる事ではない。その重な部分は俸禄抵当に貸付ける金利にあるので、その額は非常のものだということだ。されば蔵前の旦那《だんな》というと、いずれも奢侈《しゃし》を極めたもので、すばらしい資産家のみであった。で、札差も貸付金を悦《よろこ》んだものだが、そうかといって無暗《むやみ》に危険を冒してはやらない。たいがい持高の倍ぐらいまでを見当として貸出したものである。

担ぎ込んだ棺桶

しかし御家人の中でも小普請《こぶしん》とか小人《こびと》とかいうような薄給の者に至ると、武士とはいいながら往々無頼の徒があって、強談をして持高不相当の借金をしている者がある。或る時ひどく困窮している或る御家人が出入りの札差の店へ金を借りにやって来た。然《しか》るにこの御家人へは既に不相当の貸出しをしておるのみならず、いつでも母親《おふくろ》が大病で薬を飲ませたいからとか、また母親が死んだからとか、目に見えた嘘をいってねだるのが癖で、この店の鼻つまみであるところへ、その日もまた母親が死んだが葬式が出せないから、是非いくらか貸してくれという頼みだ。

番頭《ばんとう》は度々この手を食っているので、また例のお袋さんが始まったなと思ったから、「そう度々御袋様がお亡くなりでは、さぞお困りでございましょう。私どもも何とか致しとうございますが、貴方には手いっぱい御用立て申しておりますから、この上はどうも致し方がございません。が、しかし然るべき御抵当がございまするならば……

では、こう致しましょう、お亡くなりなさった御袋様をお預り申して、御用弁を致すことに取計らいましょう」と、でたらめを言って逐《お》っ返し、塩花を撒《ま》いておった。すると間もなく御家人先生、母親の遺骸《いがい》を入れた棺桶《かんおけ》を店先へ担ぎ込んで来たという話がある。この事実の有無はとにかく、札差の手代どもは相手が武士というので、ずいぶん貸借の応接には手古摺《てこず》ったことが度々あるということである。

御徒士も札差に債務のあることはこの例に漏れない。お玉落の日に差引して二分なり三分なり懐ろにして帰って来られる者は、まず一組中で二、三人もあるかないかである。御徒士の中でも出役《しゅつやく》をしておる者などは、足高《たしだか》も賜給せらるることであるから、一般の御徒士よりは家計も裕かであるが、それでさえお玉落の時に札差からよこす勘定書に、差引御不足金何両などとあるのは決して珍らしくない。かようの有様であるから、下女下男などを召仕《めしつか》っている家は、組屋敷中にはないと言って宜いくらいだ。子供でも多い所では已《や》むを得ず、小女の一人も置くのがせいぜいである。それだからお玉落の日だからといって、やたらに一つ百文（天保《てんぽう》銭一枚）もする鰻《うなぎ》の丼など食えたものではなかった。ではあるが、小普請、黒鍬《くろくわ》、その他小人などのように、一家全力を挙げて内職に傘を張ったり、玩弄品《おもちゃ》を拵えたりする事はなかった。というのは、御徒士は公務が随分いそがしいので、主人には閑暇がないからである。尤《もっと》も家計の不如意な所では、家内が手内職をするくらいは、まるでないという訳ではない。

## 芋なりの俵

さて扶持米の方は、毎月末に蔵宿から正米を受取るのである。まず組屋敷では同組中より後任の御徒士とか、又は他の相当な同僚を一人選んで、受取方の総代を委任して蔵宿へ出張させ、それぞれ定めの高と引合わせた上、さて誰某《だれそれ》は御扶持米のうち若干を売りたいからというと、それだけを市価を以て蔵宿の方へ引取って代金を渡す。そこですべての正米を舟に搭載して、総代先生の上乗りで組屋敷まで運んで来て一同へ分配する。この米が日用の飯米になるのである。かように舟で運ぶのは深川のような川沿いの組屋敷にもちろん限る訳で、舟着きでない処は荷車に積んだ上、エンサカホイで引ッ込んだものである。川柳に「芋なりの　俵持込む　組屋敷」とあるが、まことにその通りで、三斗五升俵の中から、一斗なり一斗五升なり金にしてしまうから、満足な形をした俵はまず殆《ほと》んどない。なんと「芋なりの俵」とは適切な譬喩《ひゆ》ではあるまいか。

御扶持米はもとより玄米で出るから、搗《つ》いて精《しら》げる必要がある。そこでその需要に応ずるために舂屋《つきや》という者があって、時々大道臼《うす》を転がし、杵《きね》と篩《ふるい》とを携えて用聞きにやって来るので、大概の所ではそれに托《たく》して、裏の空地かなにかで日用の分を搗賃《つきちん》を与えて舂《つ》かせる。が、稀《まれ》には然るべき所へ蹈臼《ふみうす》を常設して置いて、旦那とか御新造とかが自身飯米だけを舂いた者もある。

## 悪臭のある下米

三期の玉落に渡るお切米は、鼠の小便のような臭気のある実にひどい米であった。元来浅草の米廩に貯蔵してある現米は、諸国に散在している御料地の産で、米質の良否はもとより、産出の年も一定しておらぬから、御蔵役人は手加減でもって、極上等の分は世に時めく顕職の人にあてがい、御家人の方などへは、下等の古米を配った仕儀なのである。しかしそれでも四座の能役者だとかいうような者にあてがった分は、なお一層下等であったというが、さてどんな米であったろう。御扶持米もずいぶん悪臭のある下米《げまい》ではあったが、お切米と比べては大分善いので、これを飯米に用いたのだが、非常の節倹家は引取り価が好《よ》いというので、御扶持米を売ってお切米のポンポチ米を食べたものである。

## 御徒士の株の売買

御徒士の株の売買価格は、時世に依って少しの相違はあるけれども、まず五百両が相場であった。御家人の中で他の例を挙げれば、与力は蔵前取り八十石の高だが金千両、同心は卅俵二人扶持で凡《およ》そ二百両ということだ。何にしろ御徒士には立身出世の道があるから、禄高の割合よりは株の価は比較的不廉《ふれん》であるといって宜かろう。さて一と口に五百両というものの、なかなか容易なものではない。今日の四五千円にも匹敵する程の金高である。それをとにかく出すくらいな者であるから、株を買って新たにはいって来た御徒士には、おのずから資産のある者もあった訳である。

さて御徒士が支配勘定出役とか、御普請方出役とかいうことになると、別に株が空《あ》いたのではないが、そこに欠員が生じる。すると同組中故参の徒士から順番を以て、長男を御徒見習に願って出すことが出来る。而《しか》して勤めているうちに前役の即ち出役した人が或る職へ栄転すると、全く空株が生ずるので、それを見習が貰《もら》って御徒士となる。これを取り株と称えて皆ねらっていたものだが、順番というのであるから、運が好くなくってはそう旨《うま》くはいかなかった。拍子よくいった者は同組中へ取り株で、一、二戸の分家をさせたのがある。であるから、もし出役した人がその職を罷《や》められでもすると、見習はがっかりしたような風が見えた。

前にも言ったが、御徒士の黒羽織と称えて官より支給される制服に、黒縮緬無紋の一重羽織がある。これは三年に一枚ぐらい御納戸あたりから下賜されるのであるが、大概の御徒士は新しいのは売ってしまって、五年も六年も一枚の羽織を着ておった。中には十年以上も用いて、羊羹《ようかん》色になったのも疾《と》ッくの昔と言いたいような肩が抜けたやつを、平気で引ッ掛けている者が往々あった。この羽織の売り値段は一枚一分であったが、地の良いのに染めも上等と来ているから割が非常に廉《やす》い。それ故、親戚《しんせき》知己などから、譲ってくれ譲ってくれといって、御役羽織の下がるのを待っているくらいであった。

### 小人と同視されて迷惑

御家人中で小人《こびと》は位置の低い者であるが、やはり黒の役羽織を着ているために、世間では黒ッ羽織と諢名《あだな》して、見世物師、茶店とかいうような商人は、蛇蝎《だかつ》の如く忌み嫌っておった。それというのは、小人などには役威を肩に着て、内済金をせしむる目的で、理不尽なことを言い掛けるような、ずいぶん無頼な者が多かったからである。然《しか》るに御徒士も黒の役羽織を着用するので、ちょっとその区別が付かなかったと見えて、黒ッ羽織の諢名のもとに小人と同視されておった。が、これは御徒士にとっては甚だ迷惑な話であるが、御徒士の羽織は縮緬地《ちりめんじ》で、紐《ひも》は赤味の加わった黄色の丸打だ。小人のは地が絹で黒色の丸打紐が附けてある。

かく染色こそ同じ黒だが、劃然《かくぜん》その別はあったのみならず、小人などとは違って御徒士には人才登用の門戸が開いてあるので、多くは青雲の志を抱いておったから、さすがに他の御家人とは品行に於いては雲泥の相違があったものである。御徒士から御目見以上に登用されて、遂《つい》に顕職に進んだ人物も代々少なくはない。川路左衛門尉《かわじさえもんのじょう》、井上信濃守《いのうえしなののかみ》、それから維新間際ではあるが、榎本〔武揚〕子などは三味線堀《しやみせんぼり》の御徒士から出たので、赤松〔則良〕男も御徒士であったということである。

# 勤番者

内藤鳴雪《ないとうめいせつ》

弘化《こうか》四年江戸生まれ。伊予松山藩士。京都へ遊学し、漢詩を習う。藩主嗣子定昭《さだあき》の小姓として第二次長州征伐に参加。維新後、文部省に勤めた後、松山出身者向けの寄宿舎・常盤《ときわ》会の監督を務める。寄宿生だった正岡子規に俳句を学んだ。著書に『鳴雪句集』『鳴雪自叙伝』など。大正十五年没。



## 江戸詰と国好き

私のお話するのは松山藩のことで、それも主として士分以上の者についてお話を致しまする。私は自分で勤番をしたことはないのであるが、十一歳まで定府《じょうふ》でいて、勤番小屋へ遊びに行った時のことを幼な心に覚えており、また私の父は御目付であったから、勤番者が外出の時分、御門鑑を取りに来たり戻したりしたことを記憶しており、且《か》つまた年長してのち伝聞したことなどもいくらかありますから、それらを取り纏《まと》めて概略お話し致しまする。

維新前は幕府の方からいうと人質として、大名の方からいうと二心なきを表するために、大名の家族はみな江戸へ置いて、大名自身も一年交代で丸一年は江戸に、次の一年は国におるという有様で、大名の住居は国より江戸の方が整うていたくらいである。従って平常、江戸詰の家来が必要である。その江戸詰の家来に二種あって、一を定府といい、一を勤番といっていた。定府というのは家族を連れている者で、その年限には定めがないが、その内におのずからまた二種類がある。その一は江戸を好む者で、内々要路の役人に意を通じて江戸詰たるを願い、中には代々定府の者がある。その二は国好きの者で、これもまた要路の役人に意を通じ、三年、七年、十年ぐらいにて帰る者がある。私の親は国好きの方で、私の幼い時分十二年いて帰りました。

勤番というものは家族を連れず、単身で江戸へ来る者で、身分によって家来は一人以上数人連れる。これはたいがい一年交代であるが、中には三年詰というのもある。尤《もっと》もそれも足かけ三年であるから、まるまる二年である。定府の者は一軒の長屋を借りて住んでいるが、勤番になると大概一つの小屋に合宿している。尤もよほど大身《たいしん》になると、一軒の小屋を領している。その合宿中にも身分によって相違があって、平士ならば数人一室に、頭分は一室一人ずついることになる。勤番の興味のあるのは一室に沢山いる平士《ひら》分であろうと思う。

## 勤番の成規

勤番については通じて一つの成規がある。いずれの勤番にせよ、婦人は一切宿所に足を踏みこむことは出来ん。たとい親兄弟でも女分では宿所にははいれん。まして女商人などは尚更《なおさら》のことである。尤も勤番自身が親族へ行くのは差支えない。

勤番者が御門を出て外へ行くのを他行《たぎょう》という。その他行にも成規がある。他行は月に四回ほか出来ぬので、その四回も、うち二回は朝の六ッ時から暮の六ッ時までで、他の二回は午後の八ッ時から暮の六ッ時までである。

六ッ時といっても八ッ時といっても、今の人にはわかるまいから、昔の時の割り方をお話しましょう。昼夜を十二時《とき》に分かつのであるが、その分かち方は極めて不規則である。昼を六ッ、夜を六ッに分かつのであるから、日の長短によって一時にも長短ができて来る。日の長いときは昼間の一時の間が長く、夜中の一時の間が短く、夜の長いときは昼間の一時の間が短く、夜中の一時の間が長くなる。

さて其《そ》の時の分かちようは次の如くである。

夜明　　　　　　正午　　　日暮
昼（六ッ　五ッ　四ッ　九ッ　八ッ　七ッ　六ッ）
日暮　　　　　　夜半　　　夜明
夜（六ッ　五ッ　四ッ　九ッ　八ッ　七ッ　六ッ）

また此《こ》の時の分かち方も昼間は平均ではない。五ッから七ッまでの間は平均に割ってあるが、朝の六ッから五ッまでの間は殆《ほと》んど他の時の二倍ぐらい、暮の七ッから六ッまでの間は殆んど他の時の三倍ぐらいの長さにしてある。その理由は、すべての役人はみな五ッ時に出勤するのであるから、それを遅くして憐愍《れんびん》が加えてあるので、また御用を済ませて帰宅するのは七ッ時であるから、それを早くして置くのも同理である。

即《すなわ》ち一と月中に唯《ただ》四回しか外出が出来ないので、殊にその二回は午後の八ッ時から六ッ時までであるから、つづめて見ると、まるまる三日にも足らぬ外出時間であって、その他はお屋敷中にいなければならぬ。尤も何日と極《き》まってはいないので、ただ月に四回と定まっているばかりであるから、役目に差支えさえなければいつ外出してもかまわないのである。また御用で外出する分にはいつでも出来る。しかし御用がすめば直ぐ帰らねばならん。買物ぐらいは其のついでに弁じて帰る者もある。

下屋敷は大名の私有

お屋敷には通例、上《かみ》屋敷、中《なか》屋敷、下《しも》屋敷の三つがある。上屋敷、中屋敷の二つは幕府から賜わるので、お城の周囲に接近してあったもので、中屋敷より上屋敷の方が更にお城に接している。上屋敷、中屋敷は共に一つずつであるが、下屋敷は大名によってはたくさん持っていて、相対で売買などもして、大名自身の所有であった。下屋敷は火災などがあった時分に立退いたり、季節に従って遊びなどする所で、たいがい郊外か、市中でも場末にあったのである。

上屋敷は大名の当主の住居で、中屋敷には世子すなわち若殿が住んでいて、且つそれに属する家族も別かれて住まっていた。そうして、それに附属している家来は都合によって上、中の両屋敷に打ちまじって住んでいるので、日々上より中、中より上へ通うて勤めていた。

例えば松山藩の上屋敷は芝の愛宕下《あたごした》で、中屋敷は三田《みた》の一丁目であった。その間半道ばかりの間を毎日往来していたのである。しかしこれも両屋敷間の往来のみで、その他の事はちっとも出来んのである。

恐れた御門切れと御憐愍

平士の勤番者が（役人方も同例であったろう）例の月に四回の外出のときには、当番の御目付に必ず報告する。それは出がけに御目付の所へ行って小さな札を受取って、出るときは御門の門番に渡して置き、帰ったときに門番から受取り、御目付に返す。そこでもし遅刻でもした時には、何某《なにがし》は帰って来ん、遅れたということが門番にも御目付にもわかる。いよいよ遅刻して（六ッ過ぎて）帰った時には、それは非常な落度で、厳罰を蒙《こうむ》って松山へ追い帰され、その上謹慎等をさせられる。故《ゆえ》に「御門切れ」と称《とな》えて勤番者は非常に恐れたものである。

かように厳重なる法度《はっと》ではあるが、なるべく過ち無からしめるための保護は与えてある。前にも言った通り、七ッから六ッまでの間は他の時より三倍も長くしてあるので、七ッの時の早いのが役人のために便宜であると同時に、六ッ時の遅いのは他出した勤番者のためには非常な便宜であって、実際六ッ時を打つのは日が暮れてから通常の一時ぐらいはたった後であった。且つその時分の事であるから、時計というものは君侯の御殿及び役所にあるのみであって、お屋敷中の小屋へは拍子木で触れ廻《まわ》ったのである。ちょうど今の火の番のように。

その触れ廻りようは先《ま》ず役所から打ち出して、小屋中を廻って、廻りじまいに門番に報知する。拍子木を打ち出すときが正六ッ時であるから、門番に報知するのは六ッ時よりも遥《はる》かに時間がおくれている。そのような有様であるから、少々六ッ時におくれて帰って来ても「御門切れ」に逢《あ》う者はない。かくの如く、今日の法治国とは違い、法は法、徳は徳として御憐愍が加えてあった。

二度目三度目の勤番者はだんだん横着になって、六ッ時の拍子木が鳴っているのにまだ帰らんようなことがある。そういう時には同じ小屋にいる他の同列が非常に心配して、時廻りを途中で抱き止め、いささかの賄賂《わいろ》をつかって暫《しばら》く廻らさずに置く。その内やっと帰って来るようなことがある。

## 芝居見物の時

しかし普通の人は夕刻になれば大急ぎで帰るのであるが、中にもはずれこしに大急ぎで帰るのは芝居見物の時である。天保の水野《みずの》侯の改革以来、芝居は猿若町《さるわかまち》にかたまって三座あるばかりであった（中村《なかむら》座、市村《いちむら》座、森田《もりた》座又河原崎《かわらさき》座）。その猿若町まで愛宕下の屋敷からは二里、三田の屋敷からは二里半もあるのであるから、大切りの所作事まで見て帰るときには、非常に切迫した刻限になる。それ故たいがい一幕見残して帰るのであるが、それも度かさなると横着になって、無理にも大切りまで見物すると、さあ終るや否や走って帰って来なければならぬ。息が切れる。ついには穿《は》いておった雪駄《せった》を脱ぎ棄てて、その雪駄を拾う間もなく、大小は肩へかたぎ、股立《ももだ》ちを取って、跣足《はだし》で駈《か》けつける。その頃の絵本によくこんな絵があった。実際また左様の事をよくやったのである。

ついでに穿《は》き物の事をいって置くが、その頃は駒下駄《こまげた》などは決して穿かぬ。自分の用で他行するときは雪駄で、君侯の御供や、そのほか御用で表向きに出るときは藁《わら》草履を穿いたのである。

その頃は急いだというても人力車は無い。今の人力車の代りに辻駕《つじかご》というものがあって、あちこちに辻待ちをして客にすすめていた。しかし人力車のようにたやすく乗れるものではなく、なかなか高値なものであったから、僅《わず》かの雑用《ぞうよう》を持っている勤番者などは、なかなか乗ることは出来ぬ。しかしながらのっぴきならぬ場合には大散財をして乗る者もあった。

或《あ》る初江戸の人が、地理不案内のため、お屋敷に二、三町の間際になって、まだ余程あると思うて駕に乗ったので、駕舁《かごかき》もかなりの駕代を取って、お屋敷を三遍廻ってのち御門におろしたという笑話もある。

退屈に堪えぬ日常

勤番者の雑用は不自由なものであった。旅費はもとより旅中の雑用も別に官から出るのではない。松山にいる時より多少余分に貰《もら》えはするものの、いわば後に渡る禄《ろく》の内を前借りするに過ぎぬのである。だから勤番は家計にとっては甚だ迷惑なことであるが、若い者は江戸が見たさに、それらのことには頓着《とんちゃく》なく、争うて好んでいた。中には在番中贅沢《ぜいたく》をして借財積り、帰国後一家内が数年間貧乏したという話もある。

勤番者は毎日出勤するのでないから無聊《ぶりよう》に堪えぬのである。その部屋の有様は、朝起きても布団を敷き流しで、夏は昼寝、肌脱ぎ、裸、思い思いで、もと同列の者であるから少しも容赦なく、碁将棋などを戦わしている。また人情本や浄瑠璃《じようるり》本などを風《ふ》呂《ろ》敷《しき》包みにして、背高く背負うて得意々々の勤番部屋へはいりこむ貸本屋があって、その貸本屋をからかいながら書物を借りて読んだり、中には春画を借りてそれを見たりするのが一番興味のあることであった。

また中には何某が料理屋の女にかかり合ったのをひやかしたり、また女郎買をして失策した笑い話を始めたり、惚気《のろけ》を並べたり、嘲弄《ちようろう》をしたりして一日暮すのである。貸本屋をはじめとして呉服屋その他いろいろの需要品を持って来る商人は、それらの中に交ってお太鼓《たいこ》をうっている。その内には不必要なものもいいつけ、買わんでもすむものも買うようになって、中には拳《こぶし》をうつ者もあり、腕押しをする者もあってお伽《とぎ》になっている。大きな声はもとより、騒がしいことは一切出来ぬのであるが、上戸《じようご》は酒を飲んで朝から酔うている者もあった。

勤番小屋は二階建てになっているので、二階には僕《しもべ》が住まって、下に主人が住まっていた。同列同士の僕はまた分相応な遊びをして、惚気を戦わしなどするのであるが、内職には多く草履を作っていた。前にも言った通り、士分も表向きの用事のときは藁草履を用い、下等の者は一切藁草履を穿いたので、当時は需要が多かった。その藁草履を作って町へ売るのが給金外の収入で、それで安女郎を買ったりして遊ぶのであった。

### 飯を焚くのは下僕

食事は藩から玄米を貰うので、その玄米をお舂屋《つきや》――今の米屋の如きものがお屋敷中に設けてあるので、そこで米を舂いてくれるのである。そこで舂いて貰って、そうして其の米や菜の煮たきはみな僕がしたのである。その頃は飯を焚《た》くのはみな男がしたので、当時でも下女があるに拘《かかわ》らず、飯を焚くのは僕であった。

僕はたいがい国からついて来るので、百姓や町人が若いうちに一度は江戸が見物したいというので、手蔓《てづる》をもとめて勤番者について江戸へ出る。そうして一年ばかり勤めるうちに諸所を見物して帰るのであるが、中には夜鷹《よたか》を買ったり、場末の安女郎にひっかかったりして、なお続けて江戸に居残りをする者もある。それらは前について来た旦那《だんな》は已《すで》に国に帰ったのであるから、新しく来た旦那にまた使って貰うことになる。かくの如くして二年三年とつづけて江戸にいる内に、不行状が重なり鼻柱も崩れるというようになると、だんだんずるくなって、ついに旦那に愛想をつかされ、そこを出奔し、しまいには悪者の仲間へはいる者もある。

或る大身の勤番者があって、僕もたくさん使い、馬も飼うていたが、苛酷《かこく》な人で平生とかくやかましかったので、或るとき僕が皆いい合わせ、その復讐《ふくしゅう》とて什具《じゅうぐ》等を悉《ことごと》く壊し、且つ馬を二階へ上げて、そのまま出奔したことがあった。馬を二階へ上げるのはたやすいが、下ろすのには非常に骨が折れるのである。かようないたずらをする僕はずいぶん劫《こう》を経た方であるが、これらの話でも勤番者の状態が想像されるであろう。

隠岐さんの赤とんぼ

その出奔などしたあばずれ者を、また諸所の屋敷へ口入れする親方があって、諸所の大名や旗本の屋敷では、その親方の保証のもとにそれらの者を傭《やと》い入れる。国から来た中間と区別するために、それを江戸中間と称えていて、非常な賤役《せんえき》を勤めるものであった。これらはなかなか乱暴者で、僅かの給金を悉く飲んでしまうために、乞食《こじき》同様の穢《きたな》い風をして、それぞれ屋敷から仕着せのかんばんを着ていた。松山のかんばんは赤い地に丸の輪抜きの染抜きで、そのかんばんを着て寒中でもそれ一枚で慄《ふる》えながら、はき溜《だめ》から釘《くぎ》の折れを拾い出して、それを売ったりする者もあった。屋敷内にいるとやかましい制裁があるために、外へ出ると大いに威張るので、特に松山の赤法被《はっぴ》はよくいばるという評判で、「隠岐（守）さんの赤とんぼ」というと名高いものであった。例えば、居酒屋へ行ってどぶろくでも飲むのに、燗《かん》がぬるいと忽《たちま》ち悪口をつき、もし其の上不親切に扱われると益〻業《ごう》を煮やし、屋敷へ帰って大勢の同勢を引き連れて、乱暴をしに行くようなことも時々あった。

芝三田の松山の屋敷のとなりは有馬《ありま》侯の屋敷であったが、そこの江戸中間の一組が赤羽橋《あかばねばし》の橋裾《すそ》に出来た、よほど立派であった蕎麦《そば》屋へ押しかけ器物を壊し、果ては屋根に登って瓦《かわら》をはぎ、ついに其の家をぶち壊してしまったことがあった。これは私の十二の時分に実見したところである。

勤番小屋の病人

勤番小屋で病気にかかった時は非常に可哀そうなもので、定府でいる親しい者や、その他同列なぞが僕ともども介抱をしはするものの、男ばかりのことであるから随分没義道《もぎどう》なこと多く、入相《いりあい》〔日暮れ〕の鐘が鳴ると襖《ふすま》のこちらで、「芝居などでも人の死ぬ時分には、よくああいう鐘が鳴るものじゃ」などと呟《つぶや》いたりする者もあったという事であった。

或る松山の家中で、その息子が勤番で江戸詰になっていた留守宅の戸を、夜中にトントンと叩《たた》く者があるので、門番が戸を開けると若旦那が立っている。「今お帰りなさったのですか」と聞くと、「今帰った」と言って其のまま姿がなくなったが、それから数十日たって飛脚が江戸から着いて、ちょうど同日の同時刻に若旦那は江戸の勤番小屋で病死をしたことがわかった、などという話もある。

初江戸の失敗談

初江戸と称する初めての勤番者には、種々の失策話がある中に、次の如きは甚しいものである。かの大御所様と称して贅沢を極めた家斉将軍の時であった。その愛妾《あいしょう》の親の何某という者が娘のために非常な権力で、その人に賄賂をつかう者が出世をし、その気に逆らった者は忽ち貶《おと》されるので、当時その人の機嫌を窺《うかが》わぬ者はないような有様であった。その人は向嶋《むこうじま》に住家を構えて立派な庭を作っていた。

さて或るとき松山の藩士中、初江戸の勤番者二人が向嶋の散歩に出かけた。初江戸の者は地理をはじめ一切の事情に暗いから、他出する時分には大概先輩に引き纏《まと》うて貰うのが普通であるのに、この二人は左様なこともなく出かけた。百花園《ひゃっかえん》や其の他諸所を見物して帰りがけに、ふと見ると表の戸が開き棄ててあるままで、非常な立派な庭があるので、何心なく其の中にはいって、あちらこちらと歩き、これは余程結構な庭であるから一杯やろうじゃないか、と両人で相談し縁に腰をかけ、手をたたいて呼ぶと男が一人出て来て、何御用と尋ねた。一杯やるから酒と肴《さかな》を持って来いと命じた。男は承知して奥へはいって忽ち酒と肴とを出して来た。

そこで両人して酒を飲み、帰る時になって勘定と言うと、男は奥へはいって暫くして出て来て言うには、御勘定はいりませぬからお名札を頂戴《ちょうだい》します、との事である。さて妙な所もあればあるものだと思いながらも、その通りにして両人とも名刺を出してそこを立ち出《い》で、勤番小屋に帰り、さすがは江戸だ、今日は珍らしい所を見たとて、しかじかの話を同列の者にすると、同列の者は不審がり、よくよく問いただして見ると、サア大変、それは威権赫々《かくかく》たる何某の住居である。これは此《こ》のままでほっては置けん、君侯の御身の上にも関わる大事じゃという騒ぎになって、両人は真蒼《まっさお》になってしまった。急いで御目付に注進する。御目付も顔色を変える。その頃の外交官であった御留守居に話す。御留守居も大いに驚いて、中にも外交官として手腕のあった人が何程かの金を包みて向嶋へ飛ばし、用人に遇《あ》い低頭平身して詫《わ》びを述べ金の包みを出した。取次は奥へはいって、暫くして出て来て、別に御心配に及ばん、主人も今日は却《かえ》って興に入って慰んだ、との挨拶《あいさつ》にようやく胸を撫《な》で下ろして、その旨御目付に通じ、御目付はじめ両人も大いに安堵《あんど》したという話がある。これと同じ話が依田百川《よだひゃくせん》の「譚海《たんかい》」にも出ていて、それは西国の武士としてあるが、或いは松山藩を誤り伝えたものか、もしまた同様の手段で頻《しき》りに賄賂を貪《むさぼ》ったものかも知れぬ。

以上は勤番者の半面のお話をしたのであるが、わが松山藩の勤番者は皆かように惰弱なものであったと解せられては甚だ困る。屋敷の中には道場が設けてあって、そこで武芸を練り、洋式の砲術が伝わってからは、その稽古《けいこ》に行くためには御屋敷を出ることをも許されるようになって、武芸には殊に励んだものである。以上述べたことは多少趣味のあることばかりを抽《ぬ》き出して言ったので、勤番者に就《つい》ては唯《ただ》一面の観察に過ぎぬのであります。

# 御伽役の話

伊藤景直

小倉《こくら》藩士。十代藩主・小笠原忠忱《おがさわらただのぶ》（文久《ぶんきゅう》二年生まれ）の御伽役《おとぎやく》を務めた。

## 若殿様が実は殿様

私が君側に出たときの事、と申しましたところで、若殿様の御伽勤仰付という、つまり若殿様の遊び友達をしたに過ぎません。その時の若殿様が今日の伯爵の御先代で、今はっきりおぼえませんが、御年五つか六つぐらいだったと思います。表向きに喪は発表されていなかったが、殿様はおかくれになって、いらっしゃらない。若殿様が実は殿様なのだけれども、すべて若殿様のお扱いだったから、殿様の方の事は全く存じません。若殿様の方にしましても、格別これということもない。私ども御伽勤めの仲間は六人で、私が十一歳、あとの五人は十三歳でした。十三歳の方の人なら、もう少し何かわかるだろうと思いますが、これはみな死んでしまって、現在では私一人しか残っておりません。それが毎日出て、まあ遊ぶので、勤めといぅたら、食事を召上がる時に、お給仕をするくらいのことです。若殿様は御奥——普通に「御北」と申しておりましたが、その方に寝食しておられたので、昼のうち吾々《われわれ》の出ている表の方へお出《い》でになり、何時間か遊んでまた奥へ帰られる、ということが毎日のおきまりだったように思います。

御城というものは、御承知でもございましょうが、大別しますと、三つに分かれておりまして、一般の政事《まつりごと》、役所向きのところと、殿様に属するところと、前申す「御北」と称《とな》えた御奥——殿様の寝食せられるところで、奥方や女中もここにおられる——との三つになる。表は二段に分かれておって、政事をする方が一段高く、低い方に君公が出ておられた。吾々側近奉仕者のいるところは「下の段」と称えておりました。上の段は或《あ》るいは本丸といったかも知れません。私の藩は御譜代で旧幕の制度に似ている、というように聞いておりますが、その方を調べたわけでもないから、はっきりは申せません。

側近奉仕者の中では、御用人が一番位置が上だったらしい。その次が御側役《おそばやく》で、その下に御膳《ごぜん》番、御小姓などがいる。御奥へはいれるのは、御用人、御側役だけで、ほかの者ははいることが出来なかった。殿様が表へ来られる時は、御鈴口と称えまして、老女が鈴を引くらしい。そうすると表の鈴が鳴るので、それに応じて、表の御側の者が出て行く。お帰りにはこちらから鈴を引くと、向うから出迎えに来る、ということになっていたようです。表と奥とは棟が続いているので、長い廊下がある。誰がお迎えに行ったか、はっきり記憶にないが、御小姓とか、御膳番とかいう者が出たんでしょう。そうして御鈴の間で、殿様の受取り渡しをする。それから御居間へ御供して、御奥へお帰りになるまで、始終そこにおいでになったようです。

御庭で凧揚げ

御居間には別に遊ぶようなところもありませんが、少し離れたところに広い間もあり、御庭もあるので、鬼ごっこをしたり凧《たこ》を揚げたり、或いは若殿様が若い者を馬にして、それに乗ってあちこちする、という風にして遊んだものです。凧の大きさも何も今はおぼえませんが、絵ブカというのは――凧のことをブカというのです――絵だけを江戸土産に貰《もら》って、小倉《こくら》でそれに骨をつけさせたように思う。普通の凧は竜の字が、墨だったか、青色がかった色だったか、とにかく一色で書いてあった。無論これは吾々どもが揚げて、殿様はそれを御覧になるのです。糸を木に縛りつけたような記憶もあるから、これは大きな凧だったのでしょうが、その代り子供には揚げられないから、御小姓あたりの仕業でしたろう。殿様なしの若殿様だけでしたから、御小姓も遊ばせるのが職務のようになっていた。

その凧をしまって置くところは、御居間のいくつか先の方に、平生使わない部屋があった。そこへ持って行ったかと思う。一定の場所があったわけではないが、明いているから、そこへ持って行ったんでしょう。凧のほかには玩具は無かったようです。吾々が御相手をしたほかに、或る御医者が来て、絵を画いてお見せ申すというようなことがあった。妙な兵隊の調練の絵を画いたのが、大変お気に入りだったことを、一つ記憶しています。が、拝診の方は記憶がありません。恐らくどこかお悪い時だけで、毎日きまっているようなことはありませんでしたろう。御間《あい》の物を差上げることも、御奥にはありましたろうが、表にはありませんでした。

そんな事のほかに吾々がきまってしなければならんことは、日記がありまして、十一や十三の者がやはり日記をつける。これは御小姓みたいなものが案を作って、こういう風に書け、とでも言ったんだろうと思う。何もおぼえがありません。殿様がおいでにならん時、書物を持って来ていて、御小姓とか、御膳番とかが、書物を教えてくれたようです。その時分のことですから、「論語」とか何とかいうような書物の素読で、そういうものを今の奥《おく》〔保鞏《やすかた》〕元帥から教わったように思います。

表御居間と平日御居間

食事を召上がる時になると――尤《もつと》も表で召上がるのは午《ひる》だけですが、平日御居間というところで差上げる。表御居間と平日御居間と二つありまして、平日御居間の方は始終使われる。仮りに殿様の御生活を公私に分かつとすれば、平日御居間の方は、公《おおや》けのうちの私的生活ということになるのでしょう。一二、私の承った例を申しますと、若殿様でない前の殿様の時、御親戚《しんせき》の小笠原壱岐守《いきのかみ》(長行《ながみち》)様がおいでになるとか、のちの長岡護美《ながおかもりよし》さんが来られたとかいう場合には、表の平日御居間でお会いになる。細川《ほそかわ》家の家来が来たという時には、表御居間でお会いになる。まずこういったような区別があったようです。

その平日御居間で食事を召上がる時のことも、今ではもうはっきり申上げられませんが、御側に坐《すわ》っているのは御膳番だったか、御小姓だったか、多分その時の便宜で、二つの職務の人のどちらかが坐っていたんだろうと思います。そうして御伽の者がお給仕をする。これは次の間の敷居の外に、御櫃《おひつ》を持って控えている。何しろ五つか六つの殿様のことですから、側にいる者が吸物の蓋《ふた》を取るとか何とかいうような、お世話をしておったようです。お代りをなさるのは飯だけで、ほかのものは無い。

私の記憶で申すと、そのとき御櫃を持って御膳の前に出る。そうすると御側の者が茶碗《ちゃわん》を出してくれるから、それに飯をつぐ。御櫃は塗物だったように思います。角い膳の上に御櫃が載せてあって、その脇に杓子《しゃもじ》が置いてある。それを御膳に斜めに置いて、蓋を取って、茶碗を受取って、糸底《いとぞこ》のところをこう持って、御櫃のところへこういう風にして、ついだかのような記憶があります。ついでしまうと今度は杓子を入れたまま、御櫃の蓋をして次の間へ下がったようです。お代りの時には、何か御側の者から合図があったかどうか、こちらでも次の間にちゃんと坐って見ているんですから、様子はわかることはわかるわけですが、おおかた何か信号ぐらいありましたろう。

殿様の召上がるものは、表の台所で料理して持って行くので、御膳番がそれを別室でお毒味してから差上げる。配膳は外の間から受取って、御居間へ持って行って据える。お済みになった時も、御櫃を先に下げて、それから御膳を下げる。私の記憶では、あまり御馳走《ごちそう》はなかったようです。もし二の膳、三の膳というようなものがあれば、お給仕のときに多少邪魔になるわけですが、どうもそういったおぼえがない。御幼少のことですから、そうたくさん召上がらなかったせいもありましょう。尤も平生の御生活は「御北」においでになるわけですから、その方ではどんな工合《ぐあい》だったかわかりませんが、表の方では先《ま》ず右のようなお扱いだったのです。

殿様のお服装《なり》は、御袴《はかま》はあったのでしょうが、よくおぼえません。御頭《おつむり》は上に一、二寸の髪を結っておいでになったと思う。刀は御承知の通り、内では脇差をさしていらっしゃるだけですから、御居間に置いてあったのでしょう。お出ましの時は、私どもが御刀を持っておった。よそへ遊び半分に行かれる時も、御刀を持って行きました。

長州征伐の時、小笠原家は佐幕で一所懸命働いたのですが、その出兵の時、兵隊の大将以下、或る階級まで城内の広いところに集められて、下の方は場所が無かったか、或いは階級制度のやかましい時代だった為か、御庭に置いてあった。それに若殿様がお会いになる。御用人が脇に坐っており、私も紫の袱紗《ふくさ》で、こう刀を持って、御沙汰《さた》のある間、うしろに坐っておった。殿様と私との間はあまり遠い距離ではなかったように思います。私の記憶によると、そのとき若殿様が一と言「大儀」と仰《おっ》しゃる。なにぶん御幼少のことですから、脇についている御用人が、小さい声で「大儀」と言う。それを聞かれてから御声がかかる。最初はお声が低くって徹底しなかったので、もう一度「大儀」と仰しゃった。今度はお声が高かったので、それで済んだようです。のちに何かこの時の事を書いたものを読んだら、御用人が軍令状を読んだとある。どっちが先だったのか、その辺は全く記憶にありません。

そういう時の自分の服装は、これもはっきりしませんが、羽織無しではなかったろうかと思う。御維新前は一体に羽織袴を常に用いて、君側の者もそうでしたが、御小姓は羽織は着なかった。況《いわ》んや御伽のことですから、着る筈《はず》はありません。が、そういう儀式の時はどうであったか、記憶に無いのです。羽織の紋は自分の紋でした。御羽織拝領ということはあって、実は私も拝領したことがあります。殿様のはどうであったかおぼえませんが、拝領の御羽織は葡萄《えび》色の御紋付でした。すでに御羽織を頂戴《ちょうだい》することがあるくらいだから、儀式の時にそれを着せられたのかも知れません。式日その他の御召物のこともおぼえていない。年始の時は、資格によって違うらしいが、上下《かみしも》だったろうと思います。それから大目付は、毎日出勤の時、肩衣《かたぎぬ》で出たそうです。その他は家老と雖《いえど》も羽織袴だった。御家老の肩衣は朔日《さくじつ》、十五日だったと聞いています。これは君公に御目通りするためじゃないかと思うが、はっきりわかりません。

御変動前後

御伽役というものがいつ頃まであったか、制度としては知りませんから、私の遭遇したことで申しますが――その前に当時の藩の事情を申上げた方が、よくおわかりになるでしょうから、それをちょっとお話して置きます。私の国では、例の長州征伐の時、城を自焼して小倉を去りました時の事を、「御変動」と称えて、何事も御変動前、御変動後と区別してある。天下の御維新のほかに、私の国だけに御変動というものがあるのです。

この城の自焼が八月の一日で、その御変動前までは、すべての儀式が普通に行なわれていたのですが、私はそれまで半年ばかりしか勤めませんから、そういうことをよく知らない。御変動の時は、前に殿様方を要害の地にお移し申して、それから城を焼いたのですが、何しろ咄嗟《とっさ》の間にきまったわけでありまして、総指揮者でおられた小笠原壱岐守様が、川べりの御旅館の裏から、船に乗ってどこかへ行ってしまわれて、藩の役人が行っても、御用繁多ということで会われない。いくら押しかけても会われないから、その夜俄《にわ》かに大会議を致しまして、御家老が藩の軍艦——というのもおかしいが、そう言っておった小さい船に乗って追駈《おいか》けて見たが、もうどこへ行かれたか、全くわからない。已《や》むを得ず引返して来て、松平左金吾とか、平山謙治郎〔敬忠《よしただ》〕とかいう連中が残っていたので、それを引張って来て話をして見たが、結局まあ勝手にしろ、ということになってしまった。

いよいよ戦争ということになると、小倉は要害の地でないから、奥向の人達を要害の地にやることにして、伝来の家宝とか、記録とかを持出し、或るとき機を見て城を焼こうということになった。私どもは御伽勤めだから、若殿様について行かなけりゃならんのですが、十一や十二の子供では、行ったところで邪魔になるばかりで仕方がないから、私どもには沙汰なしに置いて行ってしまわれた。そこで勤めも中絶して、私も母に連れられて、方々逃げ廻《まわ》りました。御側について行ったのは、十三歳になる御伽役の首席で、これがわけは知らないが、若殿様について行った。あとの者は、若殿様はじめ肥後《ひご》の細川家へ預けられることになって、肥後へ行かれてから、御伽の者もぽつぽつ其《そ》の方へ行ったのです。

そのうちに長州との談判がだんだんむずかしくなって、何しろ戦勝国が戦敗国に対する要求ですから、いろいろ無理をいう。第一に若殿様を人質によこせという。若殿様といったところで、実は殿様なのだから、そんなことは出来ない。それでは分家の近江守《おうみのかみ》様、のちの千束《ちづか》藩の藩主で、若殿様の後見をしておられた方をよこせという。それも拒絶する。藩の方では、イチかバチかやってしまおうということになって、まず家族の女子供や老人――これを従類と称えた――を肥後へ預けた。私もそれで肥後に参りました。八月一日に自焼して出て、その年の十二月に肥後へ預けられるようになって、無論あるいて行ったのです。肥後の山鹿《やまが》というところに着くと、ちゃんと割りふって宿所が拵《こしら》えてあった。その前に殿様は、〔肥後の〕隈府《わいふ》というところへ行っておられましたが、それから熊本へ来られた。隈府におられます間に、御伽の者が二人ほど御側に行っておりました。これは従類が預けられる以前です。従類が預けられてから、三人が熊本に行った。これで六人の御伽役が全部熊本に揃ったわけです。

三四箇月を肥後で

熊本では町家の広い家が――明いていたのか、特に明けさせたのか――あったので、奥方はじめ皆一つ家に住んでおられた。この時分のことで二、三おぼえているのは、御小姓と一緒に袋竹刀《ふくろしない》を持ちまして、御小姓は鉢巻をして立っている。それを吾々がかかって鉢巻を取ろうとする。鉢巻を取れば吾々の方が勝なので、袋竹刀で打合いもする。海軍兵学校でやる棒倒しみたいなものですが、奥元帥などはやっぱり強かった。

殿様はただこれを見ておられるだけですが、たまには袋竹刀を持って吾々を追っ駈けなさる。追い着かれると吾々が打たれる、というくらいのことはありました。ここでは殿様のおいでになるところは、極めて狭かったが、生母の御方の住んでおられた方は、御屋敷の広いのがあって、その方の御庭で鬼ごっこなどをしたことがある。吾々子供が行っても、奥の方では直ぐ障子を締める。縁にも出られなかったものです。

そうしておりますうちに、私は病気を致しまして、頭に腫物《はれもの》が出来たものだから、子供のことでありますし、先伯爵の生母である御側室が腫物の始末をしてくれたりした。一面には長州との談判が済みまして、従類がもとへ帰ることになった。それが翌年の三月で、足かけ三箇月か四箇月肥後にいたのです。この間費用は全部先方で負担されたのでもありますまいが、とにかく大変厄介になった。このとき私の父は藩の命を受けて、従類を国へ帰すことの事務を持って、肥後に行ったようです。父が参ったついでに、私は父について国へ帰された。四月の末に帰ったように思います。

父が参ってすべての手順が立ち、帰るべきものは帰ったが、御奥のお帰りはおくれました。いつ頃帰られたか、記憶にありませんが、私はそれっきり御伽勤めをやめになりまして、御免の辞令もいつ出たかおぼえません。御伽勤めは後まであったので、現に私の弟も御伽に出ておりました。御伽から御小姓になった者もあるが、そのとき御伽は皆やめたのかどうか、それはわからない。私の弟は御伽だけでやめになったが、殿様の御年齢によって、御伽がやめになるのかどうか、それははっきり申上げられません。ついでに申上げますが、六人の御伽のうち、三人が当主で、私とほか二人が部屋住でした。従って表向きの御沙汰はみな父へある。御免になった時も、父へ御沙汰があったのでしょう。御伽の時ばかりではない。明治三年に文学修業として鹿児嶋へ差遣されるという時でも、やはり父への御沙汰でした。前申した拝領の御羽織なども、どうもお手ずから下さったおぼえがありませんから、父へ賜わったんじゃないかと思う。そのくらいですから、むろん御手当のことなどは存じません。

御墓参という意味のことがあったかどうかわかりませんが、御菩提寺《ぼだいじ》は、はじめて小倉藩主になった小笠原忠真《ただざね》という御方の開基で、即非《そくひ》和尚の開山になっている。尤もここへ納骨されているのは、その御方から三代くらいまでですが、そのお寺へ御供して行ったことはあります。経車といいますか、お経の一杯詰まっているものを、押して遊んだ記憶はありますが、御墓参であったか、お遊びであったか明瞭《めいりょう》でない。そのほか延命寺というところへ遊びに行かれたことがあって、私も御供しましたが、その道中は多分御駕籠《かご》でありましたろう。或いは御馬にお乗せ申して、誰かがうしろからお押さえ申して行ったのかとも思う。御駕籠にしても、お附きが一緒に乗るようなことはなかったようです。小笠原家は武道——殊に弓馬のやかましい家柄ですから、たとい御幼少でも、そんな点は存外きびしかったろうと思います。

## 香春に藩の政府

この前は私自身の経験した御伽役に就いて申上げましたが、その後私よりも後に御伽役を勤めていた者のあることを思い出しましたので、そこへ行っていろいろ話を聞いて参りました。その話のうちから、前の私の話を補う意味のことを、申上げて置きたいと思います。私の経験は主として御変動以前のことでしたが、これは御変動以後の話です。

前申上げたように小倉の城を自焼されまして、君公はじめ奥向の方々が肥後に行かれたのは、寅《とら》の年（慶応二年）の八月でしたが、辰《たつ》の年の三月に再び御国へ帰って来られました。そうして領内の田川《たがわ》郡の赤村《あかむら》というに、正福寺《しょうふくじ》という寺を借りて住まっておられた。赤村は地図で御覧になるとよくおわかりになりますが、彦山《ひこさん》の近くで、彦山はもう領分の境のところですから、だいぶ奥の方です。

田舎としては非常に大きな寺を選んだのですが、なにぶん山奥の寺のことなので、大きいと申しましても、殿様が寝起きせられるところと、それに附属した側近奉伺者の詰所から何から総体こめて、間数が十もあったか、或いは十より少ないくらいでしたろう。政府の人々はそこから二里三里ばかり離れた、香春と書いてカハラと読んでおりますが、そこに藩の政府があって、すべての政事は香春で致しておった。家老とか何とか、政治にあずかる者は香春町へ来て、赤村の殿様の方には、御用人、御側役、御膳番、御小姓、御小納戸、それから御伽役というようなものが、そこに奉仕している。勿論《もちろん》そこに奉仕しております者は男子ばかりで、女子は全く附いておりません。

夜は御小姓と御伽とが二人ずつ宿直《とのい》をする。毎日の仕事は、殿様の御身の廻りとか、寝起きのお世話とかいうものを御小姓がする。御結髪も御小姓の役目です。御服装は御小納戸が担当して差上げる。毎朝お目ざめになって、洗面などの事は御伽がお世話しておりまして、御顔をお洗いになるには、漆塗の盥《たらい》、湯桶《ゆおけ》を用いておられました。御寝になるのは、御居間で御一人で御寝になって、御小姓と御伽が次の間に寝よったそうです。

御居間は二間あって、毎日、今で申せば午前十時頃に、御側の医者が診察しよった。御側の医者も宿直の筈になっていましたが、実際はしなかったそうです。お食事はやはり御膳番が毒味して、御伽が給仕する。先日御飯のお代りはどうして知るかというお尋ねがありましたが、あれからあとで考えて見ますと、御飯の終りを知ることはありました。まだ召上がられる時には、箸《はし》をこう膳のふちへかけて置かれるのを、おしまいの時は箸を膳の上へ落される。一般にやるのと同じことですが、それでわかったようです。

お八ツを召上がるのは、午後一度ぎりであったそうで、たいがい御伽の方で、何がお好みかということを伺って、御膳番にそう言うと、御膳番がそれをととのえて差上げることになっておった。御茶は欲しいと仰しゃる時に、お茶方坊主という者がありまして、御茶を持って来る。それを御伽が差上げたのだそうです。

## 若殿様の赤村での日常

平常のお召物は御略装で、羽織袴は着用されず、お会いの時などには着用された。羽織袴でいらっしゃらん時は唐桟《とうざん》で裏は木綿地、絹物じゃありません。帯ははっきりしません。尤も私の聞いた男が、当時十三ですから、そんなことは気付かんのでしょう。御承知の通り、小倉は小倉織が名産で、吾々どもの用いますものにも、小倉織の袴、小倉織の帯が多かったから、帯は小倉じゃないか、と言って聞いたのですが、小倉じゃなかったようだ、と申しておりました。帯の結び方は、へいぜい袴を着用されぬ時は貝の口、袴を着用される時は箱結びだったそうです。その男の話には、殿様から拝領したものだといって、他の人から貰ったものに小倉の袴がある。それを娘が分けて帯にしたそうですが、殿様が平生召さるるものや否やはわからんけれども、拝領の袴に小倉があったというまでは申上げられます。尤も今の東京でいう小倉とは違って、なかなか高いもので、今では彼地へ行っても、織る者がないようです。

御刀はやはり御伽が始終持っておって、歩かれる時には、刀の柄《つか》の頭が――御伽は申すまでもなく後に従っているのですが――お召しの紋所を三寸ばかり離れて行くように、こう横にして持って行ったそうです。坐られる時には、凡《およ》そ一尺くらい離れたところに、立てて持っている。もし時間が長くなる時には、右の膝《ひざ》の上に左手を置いて、その掌《てのひら》の上に刀の小尻《こじり》を当てて立てているのだそうです。御駕籠に乗られる時は、駕籠の中に立てかけて持っている。

玩具は――これは殿様の御年齢が七つから八つへ亘《わた》られた時の事ですが、サンギというものがある。承ったところによると、これは山鹿流の兵法によって、軍《いくさ》の真似をして遊ばれるのだそうです。その他の主なるものは、撃剣道具、法螺《ほら》貝、調練太鼓《だいこ》、カルタは詩ガルタ、そのほかにもいろいろあった。馬場も設けてありました。調練は主に御伽がしておったので、時には殿様も加わられることもあった。はっきりおぼえませんが、多分英式だったろうと思います。乗馬は三日目に一度で、お召しの馬が二頭きまってあったそうです。

習字は毎日二時間ぐらい、習字のお師匠さんは牧野《まきの》桂叟《けいそう》という者がおりました。これは菱湖《りょうこ》の弟子で、董其昌《とうきしょう》をやったり、欧陽詢《おうようじゅん》をやったり、いろいろやっておったが、菱湖風をよく書いた。この父親を鉅野先生といって、赤羽で先生をしておりまして、その墓は泉岳寺《せんがくじ》にあります。その子供なので、藩士ではないが、特に書家として選ばれたわけです。もとは江戸におり、京都にもおったらしい。御変動前に小倉へ来ておったのです。読書は毎日あったように思うが、断言出来ぬと言うておりました。たぶん藩士のうちの者が、御教授申上げたのでしょう。書物は経書でありました。
御生母——時の殿様は御妾腹《しょうふく》だったのですが、この方《かた》は一緒にはおられなかった。奥向の御方と一緒に、四里ばかり離れた田川郡の金田《かなだ》というところにおられて、一と月に一度ずつ御機嫌伺いに見えた。その時は二時間ぐらい、お二人だけでお話があったそうです。そうして帰られるので、御生母と雖《いえど》も、泊まられるということは絶対になかった。

　外へ出かけられることは、赤村のうちで半道ばかり離れた、神幸河原と称えるところがある。そこへ三、四日毎に散歩においでになった。その時の御供は、御小姓、御伽二名ずつ、ほかには御供頭が一人ついて行った。それから御馬廻りが四人、御馬廻りは警衛のためにお寺についているのですが、お寺は御上方《おかみがた》の住まっておられるのが庫裏《くり》の方で、警衛の人々はお堂の方にいた。この神幸河原へおいでの時は、御茶弁当が参りまして、お茶とお菓子ぐらい持って行きよった。それには御茶方がついておって、御茶弁当に関する用事を弁じていた。右のほかに上赤神事河原という方へも行かれましたが、これは近くだから、御供も省略され、御茶弁当も行かなかったそうです。

　嫡母に当られる御方、当時御後室と称えておりましたが、貞順院《ていじゅんいん》様という御方です。

それから御姫様、前申した御生母、そういう方々が金田村の大庄屋、六角《ろっかく》某という者の家にお住いになっておられました。ここへ毎日一度、御機嫌伺いになるのがきまりで、その時は四里余の道を御乗馬でおいでになった。駕籠も参ることは参ったそうですが、多くはついて行くだけのことで、滅多にお乗りにならず、御自身も御馬がお好きだったようです。この時の御供は御側役、御膳番各一名、御小姓二名、御伽四名、御供頭一名、御馬廻り六名、御小姓組御書院番合わせて四名、御茶弁当御茶方一人、御草履取一名、このほかに黄羽織というのが一名ある。これは羽織の色から来る俗称で、本職名は何というか不明です。このほかにもまだいるかも知れないが、それは重要なものではありません。

御馬に乗られる時は履物を用いられないで、お下りになる時、随従の御草履取から差上げるようになっていました。下馬なさる時は、御小姓が抱いてお下ろし申す。これは御幼少のためです。無論お乗りの時もお手助けをするわけです。

まず御平常の事と申しますれば、それくらいのもので、ああいう状態におられた時の御生活ですから、他の事もこれから類推して、難儀をなさったことはわかります。まだ御幼少で政事にはあずかられませんでしたが、時には政府の方から参ることもあった。前にも申上げたかと思いますが、分家の小笠原近江守様に御後見を頼んで、監督して貰うことになっていたので、大抵はそれで済んだのです。ただ近江守様がいつごろ御後見をやめられたか、それはわかりません。藩の政府の方へは、殿様は絶対に行かれないかというと、必ずしもそうではない。今はっきり申上げられるのは、長州征伐から軍隊が帰って来た時、殿様が香春まで出かけられて、御酒《ごしゅ》下されがあったそうです。そんな表立った時には出かけて行かれたのでしょう。

# 廻り方の話

今泉《いまいずみ》　雄作《ゆうさく》

嘉永三年、江戸の町奉行組同心の家に生まれ、昌平坂《しょうへいざか》学問所で学ぶ。維新後、フランスに留学した後、文部省学務局に勤め、岡倉天心《おかくらてんしん》らと東京美術学校創立に尽力した。その後も京都美術工芸学校長、帝室博物館美術部長、大倉集古館長などを務めた。昭和六年没。

## 手先の商売

俗に「岡っ引」と称するものは、役人の方では手先といった。この手先なるものは皆いろいろな商売を持っている。料理茶屋といっても、大きなものは金が無いから出来なかった点もあろうが、多くは小料理屋などをやっていた。つまりいろいろな内証の事を聞きつけられるような商売を主にしていたのである。それがために、他人が殆《ほと》んど知らないようなことまで嗅《か》ぎ出す。例えば贋金《にせがね》遣いとか、チョックラ持――これは今日の言葉でいえば詐欺取財だ——とか、すべて下等社会に起るいろいろな事を取調べて行く。それにはこういう下等な商売をしていると、聞き出す便宜が多かったので、従って今日の刑事が聞き出すことなどより、よほどこまかい、くわしい事がわかったのである。

## 定廻りと臨時廻り

この手先はどういう所に属しているかというと、廻《まわ》り方と称《とな》える者があった。これは今で言えばちょうど警部みたようなもので、自分自身に賊を捕えるなどということはないが、或《ある》いはそういう手先を引連れて、賊を捕える時に行かなければならない。この廻り方に定廻《じょうまわ》りと臨時廻りとあって、臨時廻りの方は、本来定廻りでは手が足らぬために出来たものではあるけれども、臨時廻りの方が定廻りより少し格が上に置いてあった。定廻りは若い壮健な人がなる、と言ってもあんまり若くはない。たいてい四十五六から五十がらみの人がなることになっていたが、臨時廻りの方はもっと年を取った人がなる。もと定廻りを勤めたような人から引上げて臨時廻りにする。何故かというと、この廻り方なるものは、半年や一年やったからってなかなかなれやしない。いろいろ江戸の町内のこまかい事が複雑して来ているから、よほど慣れた人でなければむずかしいのである。

例えば賊なら賊がつかまったという場合に、定廻りの手が足らぬからといって、臨時廻りの者を使っても、経験が無くては役に立たない。そこで一遍定廻りをした者を使う。臨時廻りは補助役だから、格が悪そうなものであるが、事実は臨時廻りの方が権力もあり、又すべての威勢もあったのである。

## 手先を優待する

それから、このほかに本所深川廻りというのがあった。本所深川といっても本所が主だが、これは隠居役であまり勢力が無かった。ただ本所深川の事はこの人達が取扱っていたので、その方面に対しては多少勢力があった。けれども、これは賊を捕えたりすることはあまりやらぬので、その方は定廻りがやる。この定廻り及び臨時廻りに、前いった手先が属すことになっているが、習慣の久しきところから、こちらに厚くそちらに薄いというようになって、自然きまって出入りする者が出来るようになる。定廻り、臨時廻りの盛んな家には、始終手先が来ているので、台所には酒樽《さかだる》が置いてあって酒を飲ませる、御馳走《ごちそう》に肴《さかな》を食わせるというような状態であった。

豆庄などという人はこの頭《かしら》になるのだけれど、こういうところに出入りする子分になると、内の者はともかくも、主人だけはこれを呼び棄てにしていたものである。が、これに旨《うま》いものを食わせたり、酒を飲ませたり、或いは物をやったりしなければ、十分に動かない。定廻りや臨時廻りの手柄というものは、下ッ端の手先が働いてくれなければ仕方が無いのだから、おのずから優待するということになる。だからただ御馳走するばかりではない。仕着せと称えて時々の着物もやるし、表向きではないが金をやったりもしたのである。

## いろいろな紋の羽織

なぜ同じ同心でありながら、定廻りの者はこれだけの事が出来たかというと、何しろその人が有名でなければいけない。江戸の町中の信用が無ければいけない。そこで江戸の金持は、みな廻りの家に附届けと称えて金を持って行ったものである。これも初めは秘密だったかも知れないが、盆暮とか、五節句とかいう時に、その附届けを持って行って、もし家に何か出来事があった場合に、それを軽く済まして貰《もら》うようにする。表向きにすると金が要るし、その他にもいろいろな事情があって、お出入りが願いたいというので金を持って来る。賄賂《わいろ》というでもない。今日からいうと随分おかしな話だが、事実そういう状態であった。

私の家は廻りではなかったが、年寄と称えて少し格があったものだから、そのために皆やって来る。附届けといって、水引《みずひき》をかけ、熨斗《のし》をつけてきまったものを持って来る。貰う方でも格別怪しまずに、どうも有難う、相変らずというような調子ですましていた。そういうものが定廻りは沢山ある。それにまた大名が頼んだ。大名でも時に町方を頼まなければならないことがある。そこで定廻りを出入りにするというので、留守居がやって来て、宜《よろ》しく扶持《ふち》をやるようにする。扶持ということも今の人には説明を要するかも知れないが、一人扶持が日に五合、十人扶持というと日に五升の米が来る。これが一年三百六十日ある上に、人望があると、三箇所からも四箇所からも来るから、相当な高になるのである。

　これにはまた面白い話があって、出入りの大名から羽織をくれる。何箇所も出入り先があると、いろいろな紋の羽織が出来ることになる。ところで、その家に行く場合には、貰った紋の羽織を着て行かなければならぬ。まあ今の職人の印半纏《しるしばんてん》みたいなものである。羽織は毎年貰うので、だんだん溜《た》まって来る。私の家の紋も元来は横木瓜《もっこう》だったのを、祖父の時に丸をつけたので、現に祖父の建てた石塔にはその紋のついたのが残っているが、それもこのわけで――次の羽織が来ると、前のは自分の家の定紋に直す。その場合、丸がついている方が直すのに工合《ぐあい》がいい。それで横木瓜に丸がついていたが、私の代になってから、もとの丸のないのに返してしまった。

## 半纏股引

八丁堀《はっちょうぼり》の同心は、定服として黒の紋付の羽織を着ていなければならぬ。が、妙なことには士でありながら、御成先《おなりさき》着流し御免ということになっていた。即《すなわ》ち袴《はかま》を穿《は》かない。これが士の中ではちょっと異っている。与力の方は袴を穿くけれども、同心に限って穿かない。これはどういうわけだか、はっきりわかってはいないが、私の考えでは、こういう為ではないかと思う。

私の曾祖父《そうそふ》の時代――天明《てんめい》あたりには、手先というものがごく少なかったので、自分で賊を捕えなければならなかった。曾祖父は馬も上手だったし、剣術も柔術もかなり出来たらしいが、その時分にちょうど「突き」ということがはやった。これは旗本の悪い奴が槍《やり》を以《もっ》て乞食《こじき》を突いて歩いたので、それを捕えろということになって、曾祖父は下に着ごみを着て、乞食のなりをして千住の大橋に寝ていた。果して悪者がやって来て、槍で突かれた時に身を引いたので、着ごみにずうっと疵《きず》のついたのが私の家に残っていたが、とにかくそいつを手捕えにした。これは武術が出来なければいかんことは勿論《もちろん》だけれども、こういう場合には普通の着物ではいけない。むかし士の着る半纏股引《ももひき》というものがあって、上は筒っぽで、下へ股引を穿いた。半纏股引というと、今あるのは職人のやつだけだが、昔のは股引の膝《ひざ》のところと踝《くるぶし》のところを紐《ひも》で結ぶようになっていて、いわば洋服のさらに便利なものだ。これを着てやったに違いないと思う。

御一新前まで、鷹匠《たかじょう》がひまな時は郊外をぶらぶら歩く。鷹匠というものは、道で逢《あ》った時「お鷹でござる」と言えば、馬上していた者も下りなければならぬ。大久保彦左衛門《おおくぼひこざえもん》の話になっているが、「お鷹でござる」と言われた時に、こちらは「お人でござる」と言って、そのまま乗打ちにしたという話がある。これは落し咄《ばなし》でもあろうが、こう声をかけたことは事実で、その鷹匠の歩く時には、やはり半纏股引のなりであった。

### 遠足の場合

それから遠足の場合、これは御家人であれば、遠足をするといえば一日暇を貰えたもので、この時も半纏股引に大小をさしていた。遠足には一種の規則があって、私今日遠足仕《つかまつ》ります、といって届けたのである。どういうところへ行くかというと、例えば鎌倉《かまくら》の八幡《はちまん》様、あすこへ行くには片道が十六里、往復卅二里《さんじゅうにり》歩くことになる。八幡の方でも知っていて、お参りして「遠足」というとお札《ふだ》をくれる。遠足のお札というものが別にあった。それを受取って、こちらからは名刺を差出して帰って来る。

私の叔父《おじ》などは身長が六尺もあったが、剣術が得意で、よく三尺二寸の大兼光《おおかねみつ》の刀をさしては遠足に出かけた。草鞋《わらじ》で歩くのでは何でもないというので、雨の日に足駄《あしだ》を穿いて傘をさして出かけたことがある。この時はまだよかったが、その次には何も穿かずに跣足《はだし》で行った。ところが帰り道に品川あたりまで来ると、もう足の裏が腫《は》れている。

て歩けなくなってしまった。馬鹿なことはするもんじゃないと言っていたのをおぼえている。

私も遠足には出かけたもので、その着る半纏は木綿に藍《あい》返しや鼠返しの小紋が置いてある。せっせと歩くから冬でもそう寒いことはない。不断から心がけて、歩けるように足を慣らしてはいたが、吾々《われわれ》は普通一日に十五里ぐらいしか歩けなかった。

話が少し横道へそれてしまったが、そういうわけで賊を手捕えにする必要から、今のようななりをしていたのが、だんだん時代がたつに従って、或る場合には角袖《かくそで》の巡査みたいに、ただの着物を着る必要も起って来る。手先もあればある方が便利だから、だんだんその数が殖えて来る。そのために自身が半纏股引で歩くことはなくなったが、その習慣で着流し御免ということになったのではないかと思う。尤《もっと》もこれは私の考えただけで言うのだから、そのことは繰返して断わって置く。

十手が警察官のしるし

それから同心は着流しばかりでなく、御成り先でも十手をさして歩いたものである。つまり十手が今で言えば警察官のしるしみたいになっていたので、長さは長尺が二尺一寸、並尺が九寸、房は緋房《ひぶさ》に限っていた。私なども多少稽古《けいこ》はしたが、たいてい袋に入れて、それをまた懐ろに入れていた。

大体そんなような風習であって、定廻りの家にはおのずから前に言った出入りというものがある。出入りの手先が何かいいものを持って来れば、褒美もやれば仕着せもやる、酒を飲ませもするという風で、まあ子分みたいなことになっている。どうしてこういう関係がつくかというと、これにはまた親方があって、廻りの方で手先が入用だと、親方のところへ「役に立つ者はいないか」といって行く。「何々という者があるから、お使いになって戴《いただ》きたい」というので、その者をよこす。こういうことを始終やっていたので、豆庄などというのもその親方の一人であった。

豆庄は自分では料理茶屋をやっていたが、こういう親方は豆庄ばかりではない、いくらもあった。その結果として――例えば干し物を盗《と》られたとか、着物を一枚盗られたとかいう事件でも、商売を一日休んで役所へ出なければならない。どうも着物一枚ぐらいには替えられないというような時には、仕方がないから豆庄なら豆庄の家へ行って、そういう手先の親方に、無論いくらか持って行って「抜いてやれ」ということを頼む。その賊がつかまって、どこで盗んだということがあっても、それは抜いてしまう。

今日の巡査や警部でも、つまらん事で大勢引合いに出すのは下手なので、昔はなるべく事のひろがらないようにする。賊は一番罪の多いのに刑を与えればいいので、つまらん事は抜いてしまって差支えない。その方が刑も軽くなるし、関係者もつまらん事で一々引出されなくても済む。廻りの者と手先乃至《ないし》手先の親方との関係には、こういうこともあったので、弊害といえば弊害であるが、私は存外弊害は少なかったように思う。

## 自身番と番太郎

昔は一町一町に自身番《じしんばん》というものがあった。読んで字の如く自身で番をするので、その最初は誰が番をしたかというと、町内の地面持である。それが順番にやったものだけれど、これは随分弱ることが多い。夜中に火事があれば弁当を拵《こしら》えて出さなければならぬ。その他いろいろな点から、金持の旦那《だんな》の手には合わないので、そこで奉公人を置くようになった。

このごろ自身番と番太郎と間違えている人があって驚いたが、一と口に言えば自身番は今いったような地面持で、番太郎は自身番の奉公人である。昔は一町一町の這入《はい》り口に町木戸というものがあったので、その木戸のきわへ番太郎を置いて、門番を兼務させる。この給金は町内から出るのだから、門番を兼務させればそれも安くて済む。番太郎は居所は無料だし、そこで商売が出来る。冬は焼芋とか、夏になれば白玉とか、或いは草鞋だとか、角力取膏薬《すもうとりこうやく》だとかいうものを売っている。尤もこれは嚊《かかあ》の商売で、亭主は夜番しているから、昼間はたいがい寝ているのである。

## 大番屋で取り調べ

ところで、自身番の方も皆が出るのは大儀だから、寄り合って、然《しか》るべき者を家主として置く。家主というのは家を持ち地面を持っている人の代理人で、それも一人では大変だから、何人かが言い合わせて、疲れないように番している。つまり家持の旦那様は家で寝ている。自身番は家主が引受けるということになるのである。——この自身番は昼夜とも必ずあいていて、賊を捕えると縄で縛ってここへ連れて行く。自身番の柱には鐶《かなわ》があって、それに縛ったやつを結わえる。

それから突棒《つくぼう》、さす叉《また》、袖がらみ、実はあんなものは使やしない。ただ大番屋《おおばんや》、これは今の茅場町《かやばちょう》から霊岸橋の方へ行く通りの真中にあった。廻り方が調べるのも大番屋であったし、それに八丁堀の組にも近かったから、特別な番屋になっていた。面積も広く特別に拵えてあったので、突棒、さす叉、袖がらみもここには置いてあった。賊のちょっとした奴は、この番屋で白状させて、廻り方が指図をして処置してしまう。むろん廻すことは白洲《しらす》へ廻すけれども、それまでに大体の種はわかっていたのである。

# 雲助

宮崎三昧《みやざきさんまい》

宮崎璋蔵《しょうぞう》。安政六年江戸生まれ。東京師範学校卒。大阪朝日新聞などに勤務し、その傍ら小説を執筆。のちに東京朝日新聞に入社し『塙《ばん》団右衛門』などを連載する。晩年は雨月物語などの江戸文学の翻刻に従事した。大正八年没。

## 問屋場が明く

世は旅行季節となりたる今日に当りて、幕政時代に於ける五十三次の状況を語るも、また多少の興味なきにあらざるべし。されど僕、古物なりと雖《いえど》も、天保にあらざれば、五十年の昔を目撃したるにあらず。我が年頃召仕へる老僕長吉は、壮年の頃、道中人足廻《まわ》しといふ事を勤めたるものなり。今その語るところによりて、僅《わず》かにその一斑《いっぱん》を記するのみ。長吉在焉《ここにあり》。幕政時代五十三次の状況、僅かに伝ふべし。渠《かれ》も亦或《またある》意味に於て徴《しる》すべき文献なる哉《かな》。いでや今の華族の祖先たる所謂《いわゆる》お大名様なる一種族が其の満幅の光彩を放ちて、五十三次を旅行したる有様、はた又、一本有《レバ》ニ竹杖一千里可《ベシ》ニ横行一《ス》と自称したる雲助《すけ》の生涯など、甚だ意外にして亦いかに滑稽《こっけい》なるかを見よ。

江戸へ参覲《さんきん》交代の下《くだ》り上《のぼ》りに、大名が多人数をつれて道中するについては、荷物も沢山なるのであるから、従って荷物の人足が沢山要る。そこで宿駅には此《こ》の人足の事を扱う役所がある。これを問屋場《といやば》という。すなわちこの問屋場で馬でも駕籠《かご》でもみな扱うのだ。ところが昔の専制時代であるから、馬を出させても、駕籠を出させても、賃銭を満足にはくれない。御帳面といって、一種切詰めな相場しか払わないのだ。乗唐尻といえば馬に人が一人乗るのである。これが文久慶応の頃、小田原から箱根を越して三嶋《みしま》まで、普通一貫五百文ぐらいの相場であるのに拘《かかわ》らず、御帳面では七百文である。しかのみならず宿屋へ泊まっても、やはり其の割合にしか旅籠銭《はたごせん》をくれぬのであるから、勢い多大の足しまえをしなければならない。

従って宿駅ばかりでは到底負担に堪えない。そこで宿駅には、必ず助郷《すけごう》という者が附属されてある。すなわち近在の郷村だ。助郷に三種ある。「定助場」「加助場」「カスミ場」だ。定助というのは宿駅に極く密接した郷村、加助場はこれより稍〻《やや》遠き郷村、カスミというは、カスンで見えないという意味から付けたものであるから、五里十里の遠き、時としては十五里に及ぶことがある。」三助郷から宿駅を助けて馬人足も出せば、入費の不足をも継ぎ足して、御無理御尤《ごもっと》もの御大名様を滞りなく通行させる。されば昔の道中筋町村たるものは随分困難なものであった。

問屋場には宿役人をはじめ、助郷から賄役というものがそれぞれ出張して詰めている。それで円滑に人足を廻すのであるから、時によっては人足が足りない。ところへ川づかえでもあって、不時に幾頭《いくかしら》もお通りが落合うと、サアどうしても人足が引張り足りない。足りないからといって、出さなければ先方は大名であるから承知をしない。自然大々名を先にして小大名をば後廻しにするのであるが、小大名だからといって、人足を出さないでは承知するものではない。といって宿に人足は一人もいない。どうにもこうにも納まりがつかないから、こういう場合には、問屋場の役人総逃げに逃げるのだ。これを「問屋場が明く」という。

問屋場の床は非常に高い。大抵普通の人の胸以上あったものだ。これは侍が怒って来ても、容易に上がられないために拵《こしら》えたものだ。それでも早業《はやわざ》に達した侍は、飛び上がって来て抜刀などして困らせるのがある。嚇《おど》かしばかりなら子細はないが、何と《もっ》してても慮外者斬棄ての時代だから、ほんとうに斬らないともいわれぬ。なかなか以て危険であるから、問屋場によっては、床下が芝居の奈落《ならく》のように拵えてあって、危険の場合には、宿役人がスッポンで消えるなどというもあった。この仕掛けには随分おどろかされた侍も多かろう。

人足を監督する「明荷賄い」

宿役人の中に、明荷賄い《あけにまかない》という掛りがある。これは荷物について、人足の監督をする役である。ナゼこういう役が必要であるかというに、人足が途中で逃げることがある。賃銭を受取ると、直ぐに二割丁半という賭博《とばく》ができる。賭博というやつが、きっと勝つときまっておれば甚だ都合がよいが、大抵は負けるに極《き》まっている。そこで負けたやつは、そこを逃げてまたほかへ行って賃銭を受取る。こういう風に二箇所からも三箇所からも賃銭を受取って、すでに取られてしまった後で、体はたった一つであるから、どうにもこうにも納まりがつかない。そこで焼けっ腹半分、どこかへ逃げて行ってしまう。これすなわち明荷だ。その尻拭《しりぬぐ》いをするがすなわち明荷賄いの任である。

しかしなんぼ無責任の雲助だといって、明荷をしたやつを打っ棄《ちゃ》っておいては、取締りがつかない。そこで、こういうやつを見つけ出すと、棒縛りという事にして、これを罰する。これは十字架形の棒へ素裸にして犢鼻褌《ふんどし》まで取って縛り付け、宿《しゅく》中を引廻しにして、最後に宿はずれで、片鬢《かたびん》そいで追放するのだ。しかし雲助等は、このくらいの事をば何とも思わぬ。彼等は先天的に素裸で、長持を担いでいる奴等だから、何とも思わないのも道理《もっとも》だ。雲助が賭博に負けて、取られるものが無くなると犢鼻褌をかける。この犢鼻褌がずいぶん非常な価に評価されてあって、その借りを償うまでは、犢鼻褌をしめることが出来ない規約だそうだ。

シクジリ役人

明荷賄いのほかに又「シクジリ役人」というものがある。これは名の如く、シクジリのあった時に詫《わ》びをするのが職掌だ。或いは荷物に間違いがあったとか、宿屋で麁相《そそう》をしたとかが、皆このシクジリ役人の引受けである。甲の宿でシクジリがあると、乙の宿まで附いて行って詫びをする。乙の宿ですまなければ、丙《へい》の宿まで附いて行く。かくの如く、二日でも三日でも、詫びのすむまでは附いて行くのであるから、頗《すこぶ》る嫌な役でありそうなものだが、役得があって頗る旨《うま》い役なのだ。なぜなれば、大名に附いて行く間は、幾日でも日当を取って、おまけにこういう事で入費が掛かったの、どういう事で金を費《つか》ったのと、嘘八百を書きだして、宿《しゅく》から銭を取る。だからこの役人はシクジリが無いと飯が食えぬ。落語家は浮世のあらで飯を食うというが、シクジリ役人は宿場のシクジリで飯を食うと言うべしだ。

シクジリ役人の最大得意は公家衆《くげ》である。御公家様のお通り程シクジリの多いのはないが、また御公家様ほど解りのよい者はない。日光礼拝使を始め、御公家様の道中は、すべて宿屋から人足までみな無代《ただ》だ。それで長持を二十棹《さお》も三十棹も持って来る。みなカラ長持である。公家のカラ長持といって有名なものだ。凡《およ》そ長持をかつぐには、五貫目に付いて人足一人という定めであるが、カラ長持の事だから、五貫目も三貫目もあったものではない。人足が二人ありさえすれば、かつげるのであるのに、この軽い長持へ五人持十人持などと札をつけて来る。なぜそんな札をつけるかというに、実際かつぐ二人のほかは、みな代金で納めさせるのだ。

すべて宿駅をいじめ、宿屋をいじめ、茶屋をいじめ、飯へ塵芥《ごみ》が入ったなどと有らぬことを言いかけては、シクジリをさせ、アヤマリに行くと銭を出させる。ひどくやかましいことを言うけれど、銭さえやれば直ぐにすむ。宿駅の方でも先刻承知のことであるから、この長持は十人持だなどというと、それは旦那《だんな》あんまりひどい、五人にまけて下さい。いやそうは負けられない、八人出せ、八人がぎりぎりのところだ。そんならようございます、正人足で上げましょう、問屋場に人足が余っております、などとこちらからも掛引きをいう。

すると向うからグット下手《したて》に出て、マアそう怒ってくれては困る、ではおれの方でももう少し負けるから、貴様の方でももう少し我慢してくれ、などというのだ。

それから江戸へ下る。宿屋へは宿らせない。新たに家を建てて入れる。すると御用相済んでイザお上りという時には、その家に附属した家財什器《じゅうき》残らず、例のカラ長持へつめて持って帰る。何でも沢庵《たくあん》の押石まで入れて行くということだ。そこで帰りには、長持が殊のほか重たくなる。ソラまた人足の論がむずかしい。

こういう風であるから、公家は一度江戸へ下ると、一と身代出来るという事だ。そこでその供に来る人間も、賃銭をもらうのではなくて、若干ずつかの株金を納めて来るので、それがまた競争で、私はいくら出します、いやこちらではいくら出しますから、何卒《なにとぞ》お召連れ下さい、などとせり上げて、高金を納めるということである。

出立前のカケマエ

以上は道中の人足を雇って通る者の話であるが、ほかにまた「足ツキ」というのがある。これは大々名または有福の大名が、江戸から国許《もと》まで、雇いきりで人足を連れて行くのである。これはまた強勢《ごうせい》なものだ。江戸の町人に人入れの元締というがあって、いずれも出入り大名から扶持をもらっている。芝の政田屋、三河町《みかわちょう》の相政《あいまさ》などというのがそれだ。この元締が請負って、何百人でも人足を入れるのであるが、これがすべて本相場で賃銭が下がるので、その入用は莫大《ばくだい》なものである。しかのみならず出立前に、江戸屋敷に於いて「カケマエ」ということがある。これは長持の貫目を計ることだ。

ところが、その長持が滅法重い。「お金のタテ」「御薬のタテ」「御畳のタテ」などというのは、なかんづく重い。ついでながら大名は「二畳台」といって、畳を二畳持って旅行したものだそうだ。これは宿駅で本陣へ宿った時、座敷の畳の上へその二畳を重ねて敷いて寝る。その畳たるや、堅くて堅くて、万一悪者があって、床下から槍《やり》などで突いても、とうてい突き通すことの出来ないようにこしらえてある。こんな堅い畳の入れてある長持だから、重いのも道理だ。その重い長持を尚更《なおさら》に重くかける。どうして重くかけるかというに、「カケマエ」の棒といって、別製の棒がある。

棒の中心をくり抜いて、中へ鉛がつぎこんである。こういう棒でかけるのだから、五十貫目の長持が百貫目もかかる。時としては、袂越《たもと》しに長持の横腹へ錐《きり》を通して、容易に上がらぬように巧んだものだそうだ。これみな賃銭を多くせしめるためだ。しかしながらいくら実質より重くかけても、見分の役人が、それはあんまり重過ぎるとは言わない。それは加古川本蔵《かこがわほんぞう》的に伴内《ばんない》殿の袂の内へ一品通わせてあるからである。凡そ九匁のシィノミ玉（鉄砲玉）三千で、一長持と決まっている。九匁を三千だから、三九二十七貫目とは小学校の子供の算術でも分かっている計算であるのに、これを百貫目とかけるのが定めだ。こういう風であるから、いわゆる元締なるものの利益は莫大なものだ。

殊に道中へ出ても、夜に入って何里歩かせたとか、朝早立ちだとかいうと、「夜増し」「朝増し」といって提灯《ちょうちん》をつけた時間だけ増しを取る。そのほか「山増し」「川増し」何につけ彼につけブッタクルのであるから、随分もうかる。そこでこの元締の暮しというものは、非常に贅沢《ぜいたく》を極めていたものだ。

## シタ馬と小差

元締は「シタ馬」と「小差《しょうさ》」という二種の雇人を使用している。この二人がすなわち道中人足の宰領に出るのだ。「シタ馬」の職掌は人足の世話焼きである。長持をかつぐ人足は、一里ごとに飯を食う。今も道中の人力車の、立場《たてば》さえあれば飯を食うと同じことだ。ところが百人も二百人も食うのであるから、長持が来てから飯を盛るようでは、とうてい間にあわない。もちろん立っていて食うのだ。そこでこの「シタ馬」が先へ駈《か》けぬけて行って、人数だけ飯を盛らせる。盛りしまうか盛りしまわぬ内に長持が来る。直ぐ長持を下ろす世話をして、食わせるという順序だ。

飯を盛らせるに茶屋も宿々に二軒か三軒定見世《じょうみせ》があって、普通の茶屋では、長持の飯は盛らない。長持茶屋のことを貫目《かんめ》立場《たてば》という。どの宿《しゅく》の貫目立場はどこだということを知らぬようなことでは、シタ馬は勤まらない。また長持の上げ下ろしを差図するのも、実際棒を肩にあてた者でなければ、忽《たちま》ち人足共から侮りを受けるから、シタ馬は人足から上がるのである。

むずかしい銭クレ

小差は一名「銭クレ」という。これがまたむずかしい役だ。古渡唐桟《こわたりとうざん》の着附、脚絆《きゃはん》、草鞋《わらじ》、一本差という、ちょっと幡随院長兵衛《ばんずいいんちょうべえ》のようなこしらえで、人足に附いて歩き、町場（元締）から金を受け取って、宿の払いから、髪結銭、落し紙まで、人足に関することは一切賄いをするのである。凡そ人足というものは、雲助である。みんな裸で来るのであるから、何から何まで賄ってやらなければならない。宿へ着く、飯がすんで湯に入れる、と、直ぐに髪結をよんで何人ずつか髪を結わせる。一人に一枚ずつ落し紙を渡してやる、というわけだ。

ずいぶん世話の焼けたものだ。髪を結うといっても、大勢であるから、一と晩や二晩では結い切らない。順番を定めて、毎晩の泊まりで結わせるのであるから、一と晩でも髪結をよばない晩はない。

しかし江戸から連れて来た人足を廻すのは、いわば手人《てした》であるから、面倒なだけで別にむずかしい事はないが、道中の人足に酒手《さかて》をくれて歩くのがむずかしい。手人足を連れているのであるから、何も道中人足に酒手をくれる必要はないようなものであるが、そういかない。手人足を連れて来て、道中の人足を遣わない代り、いわゆる渡り銭を払うのだ。これが即《すなわ》ち「銭クレ」の本職で、甚だむずかしい仕事だ。

道中人足に「地人」「宿人足」「出馬」の三種があって、それぞれ酒手の高がちがう。地人というのは助郷から出る百姓だ。出馬というのは、朝ブラリと馬を引いて出て来るやつで、これには百姓もあれば、宿の者もある。宿人足というのは即ち雲助で、こいつが甚だ難物だ。しかのみならず宿の状況、町場の遠近によって酒手の高がちがう。宿の状況とは如何《いか》なることかと問えば、甲の宿の町場には山があるとか、乙の宿の町場には川があるとか、すべて難場のある処には、顔の好《よ》い雲助がいるのであるから、酒手が高い。たとえば、箱根山の如き難場に住む雲助は、東海道《とうかいどう》中第一の顔であるから、至って酒手が高い。この町場の難易と次の宿までの遠近、雲助の顔の好しあしを見分けるのが甚だ困難な仕事だ。

しかしながらこの団体へくれる惣花《そうばな》はまだまださのみ困難ではない。すでに団体でもらった上に、また個人でブラリともらいに来るやつが難中の至難物だ。親方どうぞ一升ぶりやっておくんなさい、と言って来るやつがある。一升ぶりといえば二百文だ。こいつは何もむずかしい事はない。黙ってもらいに来たやつが甚だいけない。そいつの顔を見分けてくれてやらないと、小差でも元締でも、忽ち頭へ拳固《げんこ》がお見舞い申すのであるから、どうでも道中を度々して、木曾《きそ》でも東海道でも、有ると有るほどの雲助の顔を熟知しているものでなければ、満足にゼニクレの役は勤まらない。

# 東海道の厄介者

曾《かつ》て京橋《きょうばし》の丸久という元締の子分小定という小差が、手人《てした》を引連れて三嶋の宿にかかった時、「備前シゲ」という雲助がもらいに来た。この備前シゲは、東海道の蜘蛛《くも》の巣とよばれて、上り下りの元締、小差、一人としてこの蜘蛛の巣に悩まされざるはないという非常の雲助だ。そこで小定もシゲの顔を見て、五貫くれた。その頃の五貫は、今の十円ぐらいだ。一人一升ぶり二百文で済むところを、十円くれたのである。ただ一個の雲助、一介の裸坊、十円貰《もら》ったらよもや満足するだろうと思いのほか、シゲ公なかなか満足しない。おれの臉《つら》が見えねえかと言って、いきなり五貫の銭を定の臉へなげ付けた。こうなっては、小定も黙ってはおられない。ムッとなって脇差の柄《つか》へ手をかけると、この野郎、おれを斬る気か、斬れるなら斬って見ろ、腰抜けめが、というもので、毛だらけな胸をたたいて差し付けた。定もどうでも斬らねばならぬ破目になって、抜く手も見せず其の片腕を斬り落すと、斬りゃがったな、どうせ斬るなら、もう片っ方斬りゃがれッと差し付けるので、また一本斬り落した。元来は三嶋泊まりの筈《はず》であったのが、この間違いのために、御供をして来たお大名のお通りに、故障が出来てはと、急に宿割りをかえて、夜越しに箱根宿まで打越した。すると備前シゲは、両腕を失いながら、小定の咽喉《のど》笛に食い付いて殺すといって、後を慕って、三町ばかり追って来たが、さすがに弱ったと見えて、道端の民家へ入って、水を一杯くれろと言ったが、そのまま倒れて、水も飲まずに遂《つい》に死んだという話がある。そのころ東海道の蜘蛛の巣がとれたといって、有名な話だそうだ。

### 酒手の出どころ

この酒手にくれる銭は、どこから出るのだというに、この大名には、一街道五十両酒手があるとか、百両あるとかいって、大名によってそれぞれ酒手の極まりがあって、もちろん屋敷から出るのであるが、なかなかそんな事では引足りない。そこで小差の腕が必要になる。凡そ手人の賄料一日百六十文ぐらい、宿泊料二百文、都合三百六十文ぐらいで済むのであるが、顔のいい小差だと、元締から八百文ぐらい受け取る。三百文そこそこですむところを、八百文受け取るのであるから、半分以上あまる。それが二百人前も三百人前も受け取るのであるから、その余銭が非常な高だ。

そこでその内から酒手を出して、その残りが小差のもうけになる。だからうまく酒手を払うと、小差のもうけもそれ程あるのである。もちろん酒手は多くくれ過ぎても馬鹿にされる。沢山やりさえすれば顔がよくなるという訳には行かぬものだそうだ。

一足飛びに小差

かくの如き次第であるから、下流のものではあるが、小差たるものは、頗る器量を要し、大いに胆力を要することである。そこで元締が小差を選抜するには、頗る奇抜な方法を用いたものだ。その一例を挙ぐれば、久保町《くぼちょう》の元締「万伝」が「箱根の三」という裸雲助を、一足飛びに小差に引上げた話がおもしろい。元締はみな絹布ぐるみで、鈴ヶ森《すずがもり》の長兵衛もどきに輿《こし》にのって道中する例であったが、或るとき万伝が箱根山へ差しかかると、前の宿で酒手のくれ方が少なかったといって、「三」が追っかけて来て、万伝を引きずり出してなぐった。小差ならばいざ知らず、雲助が元締をなぐるというは、容易な胆ッ玉《きも》では出来ないことだから、万伝はなぐられながら、つくづく三の器量を見定めて、この野郎ならあっぱれ小差が出来ると見込んで、その場で小差に引上げた。

果せるかなこの野郎、末には両海道切っての小差となって、一時非常に雄飛したが、働けるやつほど疵《きず》が多く、根が雲助であるから、賭博が飯より好きというので、元締から受け取った賄い料をたびたび玉なしにしてしまう。すると腕のきくままに、道中元締の雲助を込めて、五人持の長持を三人でかつがせたり、或いはわざと麁相をさせて、賃銭をやらなかったりして、自分の穴の埋合わせをする。それやこれやで、木曾街道で非常に憎まれて、或るとき「三」が某大名に附いて木曾を上るという沙汰《さた》を聞くと、垂井《たるい》の宿へ三百人も雲助が集合して、「三」が来たら是非とも殺してしまおうとひしめいていた。この噂が江戸まで聞えたので、万伝が心配して、「三」をこの度の供にはやるまいと言ったが、「三」はなかなか聞き入れない。そんな沙汰を聞いては、なおさら行きたいと強て《たつ》望んで出かけて行ったが、垂井の前の泊まりで、連れて行った人足等に酒を飲ませ、あしたはおれが殺される日だが、貴様等は手出しをしてくれるな、後で骨さえ拾ってくれれば、それで満足だから、必ず加勢をしてくれるな、と言ったが、誰れ一人、はい左様なら指をくわえて見ていましょうという者がない。兄貴が死ぬなら、おいらも死にましょう、という者ばかりなので、そんならばと、翌日は「三」が真っ先に立って抜身を引提げて、悠々と垂井の宿へかかったが、雲霞《うんか》の如き雲助が怒濤《どとう》の如く押寄せて来ると思いのほか、満駅寂として誰れ一人手出しをする者もない。全く「三」の胆ッ玉に辟易《へきえき》したものだ。すると「三」はその晩の泊まりに、ここの荷持を一人なしによべ、と言って、三百人余りの雲助を残らずその旅宿におよび上げて、酒樽《さかだる》のかがみを打抜いて、またも一と御馳走《ごちそう》をやらかした。何がさて、訳のわからぬ奴等ばかりゆえ、この胆略に忽ち《たちま》我を折って、翌朝は宿中揃って送りに出る。その後、「三」の勢力は、木曾では飛ぶ鳥をも落すようになったということだ。

長吉が小差に引上げられた時の話もおもしろい。長吉は道中師の生涯に江戸から伏見まで十六遍往来したそうだが、その初めはやはり人足であった。但し雲助ではない。

元は小田原の生まれで、同地の「米五」という元締の子分であったが、或るとき伏見から帰って、小田原の小料理屋で、傍輩の人足共と酒を飲んでいたが、今上方《かみがた》から帰りたてのことであるから、酒間の高話は自然、上方の噂で持ち切っていた。その中でも長吉の話振りに、どこか見どころがあったものと見える。となり座敷に酒を飲んでいた男が、御免なさいまし、と言って、間の襖紙《からかみ》を明けて入って来た。これは万伝の小差の「海」という男であった。何か御用でございますか、と聞くと、わッちゃァ江戸の久保町の云々《これこれ》の者でございますが、このたび西の久保の仙石様《せんごく》（仙石讃岐守《さぬきのかみ》、五万石）の御立ちに人が足りないので、ここまで探しに来たのでございますが、只今《ただいま》お話の御様子を蔭《かげ》で伺いましたところ、皆さんが上方の様子をくわしく御存じの塩梅《あんばい》だし、その中でもお前さんが頭立っておいでなさるようだから、見かけてお頼み申しますが、ナント友人衆《ともだち》を連れて来ては下さらないか、承知して下さるなら、直ぐと元締に引合わせて、服装も脇差も早速拵えさせます。長吉も、どうしてわッちがような者がと一応辞退はしたが、きのうまで長持をかついでいた身が、一足飛びに木刀の一本も差す身分になるのだから、万更《まんざら》わるくはない。そばにいた仲間も、行きねえ行きねえ、お前が行くならおれ達も一緒に行こう、と且つ恐れ、且つ喜ぶ長吉をそやし立て、否応《いやおう》なしに承知させると、海は直ぐに元締を連れて来て引合わせる。元締はまた大した者だ。名前も聞かずに、雑費だといって五十両、ほかに飲代《のみしろ》だといって二両、長吉の膳《ぜん》の隅に置いて、フイと帰ってしまった。

サアもうこうなっては、逃げるわけにはいかない。しかしおれに出来るかしら、と長吉は当惑した。すると表を荷持の頭の勘次が負けて裸で通った。これ幸いとよび込んで、云々の次第だが、一緒に行かねえか、と言うと、よろしい、兄貴が行くなら、おれが幾人でも人をこしらいて一緒に行くべえ、しかしおらあ裸だから、というので、そんなら直ぐに着物を受けて来い、と銭をほうり出してやる。早速勘次も着物を着て、こいつがシタ馬で、そこらを廻って、五十人ほど人足をこしらえる。寛永通宝（仙石家の定紋）の紋の付いた法被が五十枚下るというわけで、意気揚々と江戸へ乗り込んで、どうやらこうやら、銭クレになりすましたという事だ。

長門のカネ棒、紀州のお中抜

道中人足廻しの状況は、概略こんなものだが、大名が持って歩く荷物に就いても、また面白い話がある。まず有名な道具といえば、「長門《ながと》のカネ棒」「郡山《こおりやま》の八の字」「紀州のお中抜」などというのだ。長門のカネ棒というのは、鉄の棒の長持が三本、中は石地蔵だという事だ。

馬鹿々々しいものを持って歩いたものだが、これは何かの過怠に幕府から命ぜられたものの由だ。いかにも昔は下らない事をしたようなものの、又おもしろい所もある。

ところで鉄の棒に石地蔵という重い長持だから、通例四人でかついでいるが、箱根山へ来ると、二人でかつがせる。平地を四人でかつがせて、街道一の難所を二人にかつがせるのは、これまた頗る馬鹿々々しいが、これは往昔《そのむかし》いつの頃にだか、箱根に強い雲助があって、みずから望んで二人でかついだのが例になって、その後はいつも二人でかつがせる。また雲助の方でも、必ず二人でかつぐ例《ため》しになったので、この長持をかつぐと、その雲助の名誉が道中に広がって顔がよくなるのだそうだ。

郡山の「八の字」というのは、「向い鳩」の紋の附いた長持だ。これも何が入っているか、相当に重い長持だ。そこでこの長持を担ぐのも、やはり人足共の名誉になっていたが、長吉等の朋友《ほうゆう》で、唄半という小田原在の百姓が、これを上手に担いで宰領役に登用された。この男は長持唄が至極の名人で、この男が唄を唄うと、長持が軽く上がる。或るとき、八の字をかついで、郡山入部の御供をしたが、「郡山とはたが名をつけた山じゃないもの里だもの」という唄を唄った。これが君公の御耳に入って、直ちに宰領役に引上げられ、維新の後は士族と肩書の付く身分になったそうだ。

紀州のお中抜というのは台所道具だ。これは別段重い長持ではないが、早く担がなければならないのだ。そこで「八テン」でかつぐ。なぜ早く担がなければならないかというに、あさ殿様が飯を食ってお立ちになる。直ぐ其の後の台所道具を片付けて、大急ぎで殿様を駈け抜けて、御昼食の宿へ駈付けて支度をしなければならぬ。だによって、草鞋が脱げても穿き直すこともできぬ。この長持が後から来ると、殿様が脇へよけて通すのが極りだそうだ。供廻りの中を抜いて通るという意味でお中抜だ。ほかの大名は、みな二通りずつ台所道具を持って通るから、こんな事はないが、紀州ばかりは斯《か》くの通り。これも何ぞ謂《い》われのある事であろう。

それからまた越前から幕府へ献上する寒鱈《かんだら》が面白い。この鱈をかつぐ人足は「ヨイタラオタラヂャ」「ヨイタラオタラヂャ」という掛声をして担ぐのだ。或る時ふざけた人足があって、「ヨイタラオタラヂャ、ナンタラコトヂャ」というと、忽ち宰領の耳に止まって、大いに叱責《しっせき》を受けた。

長吉語ること、上の如し。

# 幕末の話

## 一

梶　金八

平岡和泉守準。旗本。歩兵頭、外国奉行、大坂の西町奉行などを務めた。

### パークスを斬らんとす

私が外国奉行の事に関しましたのは京都からでござります。私は元来赤髯《ひげ》が大嫌いでございましたが、慶喜様の御代となってから、拝謁の以上以下にかかわらず、政治上の意見を述べろと申す事がありましたので、平生の考えを包み隠さずに申し出しましたところが、これなら外国人に交際しても心酔惑溺《わくでき》するような事はあるまいというところから、外国奉行を申し付けられました。

サア奉行となりましたが、第一に話がわかりません。第二に書面が読めません。西洋人に対するたびに腋《わき》の下に冷汗が出ました。或《あ》るとき壱岐殿（小笠原（長行《ながみち》））の役宅へパークスとサトーが参り、壱岐殿に京都の様子を聞きたしと頻《しき》りに迫りました――その実京都の様子は知っているらしいのです。壱岐殿は少しも知らぬと答えらるに、聞き入れずして頻りに様子を聴かせろと申すのです。そのとき平山《ひらやま》（図書頭《ずしよのかみ》（敬忠《よしただ》））、塚原《つかはら》（但馬守《たじまのかみ》（昌義《まさよし》））、山口《やまぐち》（駿河守《するがのかみ》（直毅《なおたけ》））、朝比奈《あさひな》（甲斐守《かいのかみ》（昌広《まさひろ》））、菊池《きくち》（伊予守《いよのかみ》（隆吉《たかよし》））なども列座いたし、私も末席におりましたが、余りに無礼な申しようでございますから、末席の私が口を出す場合ではありませんが、壱岐殿でも知らぬことは知りませんと申しますと、例のパークスですから腹を立てた様子で、今日は奉行と応接は致しません、助言は断わりますとサトーが通弁を致しましたから、私も立腹し、奉行は応接に関係します、あなたの方でもサトーさんが助言するではございませんかと言いますと、パークスは例の如く大立腹で、沓《くつ》でドンドン席を蹴立《けた》てましたので、朝比奈が私に注意いたしましたから、私は席を退きました。

パークスの帰ります時に、玄関の鏡板まで送りは致しましたが、腹が立ってたまりません。壱岐殿の家老や公用方とは懇意ですから、パークスを斬ろうと思ったが、御家を大事と思って堪忍をしたと言いましたら、壱岐殿の家来も御尤《ごもつと》もでございますと同感でありました。しかし五日ほどたつと御用召しがありました。役替えの話が耳に入りました時に、朝比奈と山口が大広間で私に相談を始めました。パークスを斬らんと申しました事がどうも都合あしく、壱岐殿も心配され、使番《つかいばん》上席取締に役替えを命ずるとの事でして、私は芙蓉《ふよう》の間へ替るのは心外です、むしろ御役御免を願いますと申しますと、両人がこのたびのことは京都から御沙汰で、壱岐殿も一旦申し付けて直ぐ他へ転じさせるとの御内意であると申しますゆえ、御親切は忘れません、宜しく願いますと申しました。その日の夕方奉書が来まして、内意の如く使番に転じました。

それから十二月廿三日のことでしたが、二ノ丸御炎上の時、不快ではありましたが押して出勤して、平川口から入りますと、御徒士《かち》組頭の松本が御多門が危いと申し、人数を繰り込み御多門だけは助けました。するとその翌日、御目付助《すけ》を命ぜられましたので、前に申しました山口、朝比奈などが閣老に前約の違いし理窟《りくつ》を申したことがございます。

## 鎮憮として水戸へ

私は幕末には水戸の事に多く関係を致しました。武田伊賀守《たけだいがのかみ》〔耕雲斎《こううんさい》〕の子の金次郎が、京都から綸旨《りんじ》を以《もっ》て水戸へ下るということになりました。御承知の如き水藩でございますから、内乱の起るのは必定ですゆえ、鎮撫《ちんぶ》として参ることとなりました。もとより表向きではございません。水戸へ赴きましたらば、まず慶喜様の御母様へ申し上げ――えらい御方でした――市川三左衛門《いちかわさんざえもん》（弘美）を説諭いたして動乱のないようにとの命でありました。私は御目付本役で同役の岡田斧五郎と二人で下り、弘道館《こうどうかん》を宿と定めましたが、なかなか大変な騒ぎでして、館の前へ駕籠《かご》を置いて困りました。弘道館へ入りましても、誰一人茶煙草を出そうというでもなく、書生は武田が来るといって人気が立ちて大変な騒動でござります。

しかしやっと役人を呼び出し、程もなく中納言（徳川慶篤《よしあつ》）様も御帰国になり、特に副将軍の御家にて御宗家の大事にあたり騒乱を起してはならぬと申し、鎮撫いたし置きまして、老女の扱いで桂芳院様（慶喜公の御母）へ拝顔いたし、老女のほかは御人払いで書生（藤田小四郎《ふじたこしろう》派）と天狗《てんぐ》（武田耕雲斎派）の関係を申上げ、種々おねんごろのお話を伺い弘道館へ帰りますと、御目付の警衛をすると申し、草鞋《わらじ》穿きで抜身《し》の者が多勢おりました。そのうちに水戸殿の御側《おそば》用人の大森主殿が撃ち殺され、その死骸《がい》を取りに行くと直ぐに斬られるという始末ゆえ、大手に一夜棄ててありました。市川三左衛門を呼びて説諭しましたが、なかなかに聞き入れません。私も立腹しましたから、市川に私を斬れ、宗家の目付は刀は抜かぬと申したくらいでしたが、二、三日たつと市川も太田も脱走しました。武器も兵粮《ひょうろう》も手当り次第に持って行きました。

私は登城して中山《なかやま》以下に逢《あ》いまして、市川等の挙動はいかにも不都合ゆえ、このままに捨て置くべからず、会津へ合するかも知れぬ、追討の兵を向けようと申しましたが、前に申すごとく武器も弾薬も兵粮も金銭もなんにも城中にはございません。止むを得ず討手を止めました。——中山ですか、御承知の如く家老職でした。しかし天狗党でも書生党でもなく、柳派と称せられたのです。

私は近方の大名に達し、領内を通行し手に余れば討てと命じましたが、太田などは妾《めかけ》までも連れ金銀をも持って行く程で、じきに分かってしまい、武田党が追っ駈《か》けて残らず搦《から》め取り、なぶり殺しにしてしまいました。女でも子供でもみんな殺したので、それから中納言様も御入国になりましたが、脚気《かっけ》症で三日目に御逝去になり、引続き慶喜様が御謹慎のために水戸へお出《い》でになったのです。その時分でも水戸では杉の荒板に、黒人にまぎらわしき者領内に入る可《べ》からずと、領分界に立ててあったくらいでした。

商人も二派に分かれる

私はその以前の筑波《つくば》の戦争〔天狗党の乱〕の時にも参りました。神保と一緒でした。市川は人の言うことなどは聞かぬ者でした。あの戦争の前には家は大きな家でしたが——星の見える所もある程の大破した家でしたが、あれから五年後には檜《ひのき》作りの結構な家におりましたから、私が申したことがあります。君は武田のことを賊々といい、君は御加増で結構ではあろうが、同藩の同士討ちも、副将軍の御家が二タ手に分かれるのも恥かしい事だから、武田の跡を弔うてはどうだと話しましたが、なかなかそれどころではありません。武田方の従類を絶つ見込みで、五百五十人の者を牢《ろう》へ入れて焼き殺すつもりであったのに、戸田五助が兵隊を率いて水戸へ来たので殺さなかったくらいです。百姓まで二タ手に分かれ、卅五万石はメチャメチャに荒され、今も官員になっている人は、当時には柳とかコンニャクとか悪く言われた者です。商人にさえ武田派と市川派があったのです。

芋畑に引き入れた砲車

何でも大敗軍の時でしたが、味方は惣《そう》掛りと申すことでして、大手は御書院組、搦手は鳥居、後詰《ごづめ》は小姓組でございます。所は部田野《へたの》です。並木のあるところで一同兵粮を遣いはじめ、私の同役四人順番に食をやっていますと、宇都宮の人数は急に太鼓を叩《たた》く、槍を以て突いてかかる、刀を抜くという騒ぎになりました。それは天狗の方の者が人数の中に混じておって、裏切りを始めたのです。

後陣の方に通じて来ましたが、何が何やら敵も味方もわからなくなり、大砲や弾薬を運搬していますが人足も敵方となってしまいましたので、一同歩行《かち》となり、頭だけに馬を貸し退きますと大砲の音がします。どこかと思いますと百姓家の裏手から撃ちます。道は屈曲した路ですから、打ち払えと組頭の差図で、脇の薩摩芋畑へ味方の大砲を引き込み撃とうと存じましたが、芋畑の中へ重い砲車を引き込んだのですから、ボート（野戦砲）二台を持てあまし、とうとう打棄て勝手次第に逃げることとなりました。

　しかしそのうちに備えを立て直し人数を調べて見ますと、御使番の酒井鉱吉が帰らない。たぶん討死はしますまいが行くえが分からぬ。間宮虎之助の家来が二人と人足が三人討死したのみで他は一同無事でした。戦がすんでから組頭の永井隼之助が大砲方でしたゆえ、大変に苦情を言いました。このとき丹羽の兵もメチャメチャでした。鳥居の軍師に山本五郎兵衛という白髪の人がいました。大評判でしたっけ。私は刀の鍔《つば》を撃たれ目貫《めぬき》がゆるみ、陣羽織に玉が二つ当りました。

　館山《たてやま》を乗り取った時は面白うございました。多賀外記が一番に、神保山城守が二番でした。あの人の馬印持が金の糸巻二間柄をもっていました。神保は六千石、多賀は三百石取っていました。田沼は実に味噌《みそ》を付けました。或る日、本陣で御旗本が振わぬという叱りでしたから、組々を呼んで口達《こうたつ》いたしますと、組々の者が私どもが弱いか強いか、玄蕃《げんば》殿の御采を願うというようなことでした。――玄蕃さんですか、この時は弘道館に松平太郎、設楽《しだら》弾正の二人と滞在でした。

　戦争も初めのうちは可笑《おか》しい事ばかりです。九月八日に水戸の小《お》川町《がわまち》に繰り込み、耳を貫く銃声にソレと飛び出して見ました時は、眼がくらんで道が見えませんでした。

もとより地理は分からず、物見に行くのに道を聞き聞き行くのですから、馬は砲声におびえて歩きはしません。天幕《てんと》も玉が来るからと申して張りませんでした。館山の方（浪士の屯集する所）も見えませんでしたが、だんだん気分が落ち付き、胸壁だと思っていたのが簞笥《たんす》や蚊屋でした。

## 二

飯島半十郎

江戸生まれ。騎兵差図役並などを勤め、戊辰戦争では五稜郭《ごりょうかく》の戦いにも参加した。維新後は文部省で教科書編集に従事した。『葛飾北斎伝』など、浮世絵師の評伝も著している。明治三十四年没。

割腹した陣屋預り

函根《はこね》の戦争の事をお話いたしましょう。あの時の初めは伊庭《いば》八郎《はちろう》さんが上総《かずさ》の木更《きさら》津《づ》から上陸して、摩利谷《まりやつ》〔真里谷〕の禅寺に屯《たむろ》していた福田八郎右衛門と一緒になろうとしたのです。このとき福田は江戸を脱走し、歩兵一大隊を率いておりました。伊庭は六十人ばかりの同勢でした。上総の富津《ふっつ》には私の友人佐藤桃太郎《さとうももたろう》と申すと、私の弟の黒沢正助と申す二人がおりました。ここの名主で頗《すこぶ》る人望のある織元嘉右衛門（徳輔）と申す朝川善庵《あさかわぜんあん》の弟子がおりましたが、この人は川越《かわごえ》藩にも保科《ほしな》家にも抱えられた儒者です。この織元とも前から約束がありました。富津から前の弟と友人も木更津へ参り、諸藩の兵を集めて事を起さんと思いましたが、伊庭と福田の説が合わず、福田の兵は木更津へ引上げました。

しかし我々は一向恐れませず、独立して事を起さんと、士兵を募り金穀を集め、信《しん》州《しゅう》松本《まつもと》へ行こうと決しました。大鳥も古屋も越後口の方だと聞きましたゆえ、ともかくも連絡を致そうと計り、まず当国の林《はやし》家を説きましたところが、非常な勇気で速かに同意され、軍装などは随分古風もまざりましたが、小高い処にある陣屋をも焼き、我々と押し出されました。

飯野《いいの》から富津へ参りましたが、飯野の保科家では廿五六人の兵を出して応援せられ、富津の川越の陣屋からも廿人出しましたが、ここでは陣屋預りの小河原三弥〔政徳《まさのり》〕という士が切腹しました。実に気の毒でした。私どもが兵器を貸せ、人数を貸せと談判を致しました時、主人よりの命がなければ御返事致し難しとの答えでしたから、我々の挙兵に応ずるは幕府の命令と同じだと申しましても、断じて応じません。そこで我々も激昂《げきこう》し、もし応ぜざれば最後の手段を取らん、老若の男女に対し如何《いか》にも気の毒に思うなり、士の覚悟あらんと説きましたらば、次の間へ立ちて割腹しましたのです。

それから佐貫《さぬき》の黒田〔久留里《くるり》藩〕からも人数を貸し、房州の館山《たてやま》稲葉兵部少輔のところでは廿人の兵を出し馬を貰《もら》い、ついに同勢およそ二百人となりました。人気も立ち百姓などの随行を請う者も多く、諭して返しましても強《し》いて請います者は、止むを得ず引率いたしました。その中に浦賀の日蓮宗の坊主で撃剣家の桜間某と申しました者などもおりました。

豆州《ずしゅう》へ渡ろうと思い、まず相州の真鶴《まなづる》へ船で渡ることになり、たしか蟠竜《ばんりゅう》か千代田で船を引かせました。私は殿《しんが》りになり、一番おくれて渡ろうと致しておりますと、上総の姉川で敗軍しました福田の手の者が、鉄砲だの大小だのを背に負いて逃げて参りました。その人々と合わせて五人猟船に乗りましたところが、暴風雨になり三崎《みさき》へ吹き流され、油坪《あぶらつぼ》〔油壺〕と申すところへ逃げ込み、それから天気を見て真鶴へさして乗りましたが、東へ東へとまぎってとうとう網代《あじろ》へはいりました。ここには仙台藩の廻航《かいこう》見張り役所がありまして、その時より前に私どもの味方から浦触れを致し、難船があると通知いたしましたゆえ、万事都合がよろしうございました。

福田の手の四人の内で二人は江戸に帰り、残り二人を連れて伊庭の手と一つになり熱海《あたみ》へ進軍しました。韮山《にらやま》の江川《えがわ》の手代の仁科新太郎が参り、同人の案内にて韮山へ行きましたが、柏木惣蔵《かしわぎそうぞう》氏は主人の供を致して上京し、留守は兵食に乏しいと申し、ゲベルの錆《さ》びたのと金穀を出しました。兵士は腹を立てて、江川の陣屋の門で発砲を致そうなど申しましたが、種々に諭し無事に韮山を出立し、三島《みしま》へかかり御殿場《ごてんば》へ出ました。

そうすると山岡鉄太郎《やまおかてつたろう》〔鉄舟《てつしゅう》〕さんが江戸からやって来て説諭を致し、全体なにをする気かとの問いですから、私どもは君家のために戦争するのだと申しますと、山岡はそれでは慶喜公の御恭順の趣意に反すと申し、趣意書を出せということになり、岡田斧吉、伊庭八郎、私などで趣意書をしたためました。その大意は駿遠参を徳川家に賜わるべし、賊名を除くべしとで、また譜代大名の朝廷に対し諫《いさ》めざるを責めました。山岡はその趣意書を総督府へも徳川家へも出すから暫《しばら》く待て、決して戦争などをしてはならぬと申しましたので、遊撃隊の連中だのは山岡を斬ってしまおうと言います故、一里あまり兵を付けて送らせました。

### 元修験者の博徒の頭

山岡が帰京の後は一同謹慎しておりました中に、甲州の黒駒《くろこま》の様子を見に参りました。黒駒は甲府まで一日路です。動静を窺《うかが》いましたのに頗る有望の地と存じました。この甲府に七八百人の博徒の頭で山本仙之助《やまもとせんのすけ》という者がおりました。私はその博徒と懇意でござりました。博徒と懇意と申すも変な次第ですが、この山本と申す者は以前は修験者で、祐天《ゆうてん》と申しましたが、或るとき駿府で甲府の博徒と喧嘩《けんか》を致し、その博徒を殺し、本人は死する覚悟で寺社奉行の手に廻《まわ》りました。そのころ私の叔父《おじ》に飯島辰五郎と申す者がございましたが、評定所留役を勤めており、山本の裁判に関係し、その終りに無罪放免を申し渡しまして、辰五郎が厚く説諭いたした事がござりました。その後は山本が叔父の恩に服しましたので、私も懇意になった次第です。

この山本が瓦壊《がかい》の頃に子分の百人余も引き連れ、小手、腰当、草鞋などを長持に入れて、甲州街道から新宿まで参り、叔父のところに来まして、江戸市中の護衛をさせてくれと願いました。しかし採り用いる筋でもございませぬゆえ、その志は嘉《よみ》して帰国せよと申しましても、決心して江戸に出でしゆえ帰ることは出来ぬ、当分幕府に御厄介はかけぬと言い、私を当てにして新徴組《しんちょうぐみ》へ参りました。この山本という男は卅六七歳で甲府の柳町《やなぎまち》に住し、学問はございませんが、胆力は非常なものでした。

その後頼みまして新徴組に入り、隊長の荒木が小頭を命じました。二箇月三箇月もたちましたが、駿府で殺しました博徒の子が敵討に参り、ちょうど山本が小塚原《こつかっぱら》の女郎屋で遊んでいるところに参りましたので、山本がおれの首が欲しいのだろう、待て、やろうと申し、子分の止めるのも聞かず、小塚原に出て行き、サア斬れと申して首をやりました。今日から見れば驚くよりほかはございません。この山本仙之助の子分が甲府に多くおりましたから、私が一封の書を藤屋とか何とか申す家へ送り置きましたので、四五百人の兵は出来ると信じましたのです。

その他、黒駒でも猟師などは沢山に参って、従軍させてくれと申しました。その中に勘太郎といえる猟師がありまして、いかに止めても聞き入れず、その母と参りまして達《たっ》て従軍を願いますから、なぜそんなに申すかと尋ねましたらば、先祖は士の家で、もし戦争が起ったら必ず出ろという代々の言い伝えがあって、軍用金に二朱金、一分の甲州金など二十ばかり遣わずに蓄えてあるそうで、母も涙を揮《ふる》って従軍を請い、その質朴なること驚くべき次第でした。

## 上野の戦争の風聞

それから甲府に入ろうと致しておりますと、桑名《くわな》藩の水沢主水と石坂周造の二人が来たり、山岡の伝言だ、ぜひ引揚げろと説得しますが、なかなか我々の隊士は承知いたしません。ついに二人を斬ってしまえなどと激論になりました。沼津《ぬまづ》の水野《みずの》からも服部金平、丸山勘太郎などと申す人が参り、この人々も頻りに説諭されました。藩主も心配いたすから沼津へ帰れと懇々申しました。そこで一同評議を致し、時も未《いま》だ来たらず、折角沼津からも申すゆえ、不平ではあるが一トまず沼津へ引き揚げようと決し、沼津の或る寺へ宿泊いたしました。

水野でも十分に手当をされ、四月の廿日過ぎから滞陣いたしました。岡崎本多《おかざきほんだ》の人数も参り、小柳津要《おやいづかなめ》人氏もこのとき参られました。五月の十七日になると、上野の戦争の話が沼津へ聞え、初めは伊庭、私などの両三人だけでしたが、十八日には隊中ことごとくに知れわたり、応援しろということになり、人気一時に騒ぎ立ち、最早《もはや》止めても止まらず、ついに開戦と決しました。

狩野《かの》川を渡ろうと致しましたが船がございません。沼津から一里ほどの上手《かみて》の砥倉〔徳倉〕の渡しをわたりました。この渡しには向うからこちらへ縄が引いてあって、その縄に環を通して、それを牽《ひ》きて渡るようにしてありました。しかし沼津を引き払う時には、山の上から空砲を放し、沼津藩に抵抗したように致しましたが、これは藩老の水野伊織と申す人と相談の上です。かく烏合《うごう》の兵ではございましたが、別に軍令もありませんのに、頗る謹慎して会計等も綺麗《きれい》に払いました。

さて函根〔箱根〕に着し、山中を本陣と致し、先鋒《せんぽう》が人見勝太郎《ひとみかったろう》〔寧《やすし》〕、次が遊撃隊、後陣が林昌之助、伊庭八郎、私もおりました。函根宿へは入りましたが、上野の戦争の様子は知れず、旅宿に二、三日送り、関所にかかりました。関所には小田原の大久保の兵と因州《いんしゅう》の兵隊が一小隊おって大小砲を撃ち、こちらからは南方の山にあがりて追撃しました。前に申しました猟師の勘太郎は戸板で筏《いかだ》をこしらえ、湖水をわたり関所の裏から撃ちかけ、ついに関所の兵を撃ち払い、進んで畑より小田原へ通り敵を撃ちかけました。

私は山中におりましたが、兵気は益〻激し、他を押えるどころでなく、私も追撃いたしたくはありましたが、兵粮がいかにも手薄く心配ゆえ、伊庭と相談いたし、沼津、韮山へ兵粮を募りに使を遣わそうとしましても、使に行く者がありません。私の考えに、ここは一撃して引き揚げ、豆州の大島《おおしま》へ行き、榎本に相談して船に乗るがよいと申しましたが、伊庭が言うには、みんな死士ゆえ聞き入れまじ、軍《いくさ》も初陣にしては手際がよし、畳を以て楯《たて》となすところなどは感心なりと申しました。

私は畑まで参りますと、人見さんが紫の鉢巻をして本陣の畑右衛門に陣を取り、私を見て肴《さかな》があるが一盃やらんかと言いながら、生首を三つばかり置き、血臭いところがうまいなどという有様です。みんなの眼は釣りあがり大変な勢いで、もし下手な事を勧めたらば斬られそうでした。二、三盃飲んでいますと、敵の士を一人引張って来ました。土州《どしゅう》の者で松下嘉兵衛の家来だということでした。すると阿部四郎五郎が立ち上がり、この度はおれの番だと大刀を抜いて待っています。傍からは阿部おくれたか、早く斬れと言うて、その士の背後からスポンと首を斬ってしまいました。

## 箱根から江戸へ

何分このような勢いゆえ、伊庭に逢って、とうてい引き揚ぐることは出来まじ、遅るるかも知れないが、江戸へ帰って歩兵の一小隊でも半小隊でも応援を頼み、金も持って来よう、伊庭は踏み止まって戦うと決しました。私は申しました。江戸の方は間に合わないかも知れない、なるべく引き揚げてくれといって江戸へ行くと定めました。伊庭は日金《ひがね》を越して熱海へ出て網代へ行けと申し、私は林にも説き出立しようとすると、宿屋の亭主が姫路の藩士が一人困っているから、連れて行ってくれとの願いでして、同行して出かけました。駕籠舁《か》きと六人で函根を出で、翌日熱海へ出で船を頼みました。仙台の出張所へも頼みなどし、猟船で日本橋へ着し、姫路藩の人は同藩出入りの肴問屋へ頼み、私は上陸しましたが、和泉《いずみ》橋より先へは誰も行くことが出来ず、弁慶《べんけい》橋にて一泊し翌日帰宅しました。私の家は小日向《こびなた》の鷹匠町《たかじょうまち》でした。

江戸は大変にやかましくて、山岡に逢い金と兵隊の事を頼みましたが、世話は出来ぬと断わられ、止むを得ず此処《ここ》かしこに潜伏し、兵と金の工夫を致しました。その折りに桑名の藩士の水沢主水に面会し、また仙台の太田誠、米沢《よねざわ》の宮沢熊三〔宮島誠一郎〕などの人々にも逢い奥州同盟を計り、大野賢二郎〔誠〕〔越後新発田《しばた》藩士〕も来会し、やっと兵隊と金との工夫が付きますと、函根は敗れて林も伊庭も落ちて来たということを聞き、開陽丸《かいようまる》を尋ねますと、朝日丸にいると申しますゆえ、朝日丸へ参りますと、伊庭八郎が青い顔をして、やりそくなった、手がこういうようになった、と言いました。本山小太郎《もとやまこたろう》がその側にいて、小声に仕方がないと申しましたら、伊庭が片手では力が入らぬが、鉄砲もあり元込銃《もとごめ》もあると申し、瓶《びん》などつるして撃ち当てなどし、勇気は盛んなる事でした。これからどうすると尋ねましたら、榎本（武揚）の指図にまかせると申しますゆえ、私も死生は共にしようが、今この船にはおられんから、出帆の日を通知してくれと申して別れました。

## 三

### 江原素六《えばらそろく》

天保十三年江戸生まれ。講武所《こうぶしょ》で洋式調練を学んだ後、講武所砲術教授を務めた。戊辰戦争に幕府側として参加した後、沼津へ潜行。その後、静岡藩少参事《しょうさんじ》となり、沼津兵学校の設立に尽力した。その後、沼津中学校、静岡師範学校、東京で麻布《あざぶ》中学校の初代校長となる。衆院議員、勅選貴族院議員も務めた。大正十一年没。

#### 江戸城引渡しの五日前

大城引渡しの五日前でした。撤兵《さんぺい》の連中が城中に集まり、和戦の議論もなかなか盛んでありましたが、私の考えには、今日は和戦などの議論をなす日でなく、ただ戦うのみと思いましたゆえ、投票用紙に戦の一字を大きく書きました。しかし到底収拾すべからざる勢いとなりましたから、私は憤慨して死を決しました。

それから非常に世話を受けました深津摂津守《せっつのかみ》の所へ参り、心では訣別《けつべつ》のつもりでした。摂州《せっしゅう》も私の様子を見て、決して失望するなと諫《いさ》めてくれました。それからまた親友の鳥羽《とば》藩士の近藤誠一郎、後に真琴《まこと》と申しました、近藤の宅を尋ねましたが不在でしたゆえ、巻紙へ「慷慨就死易、従容従道難」と大字をしたためて帰り、両親にも訣別の心で話など致し、日暮から菩提《ぼだい》所へ参り自殺しようと思っていますと、近藤が飛んで来て、懇々自殺の益なきを諭してくれました。菩提所ですが、青山熊野《くまの》横町の持法寺と申す寺です。

西ノ丸の屯所

そちこちしていますうちに、会津藩の林三郎が熊本藩の当時官軍の参謀を致しておりました増田という人を同道して来て、世変を論じ私に一方面に当ってくれという依頼です。その事は熊本藩は官軍ですゆえ、江戸市中特に徳川兵の乱妨《らんぼう》を鎮撫すべき任を受けているので、撤兵隊の乱妨を非常に心配しておるので、まことにその鎮撫を依頼するのです。撤兵隊は五大隊ありまして、一大隊が四百人です。旗本の子弟を集めて編制せしもので、官軍もこの撤兵には余程重きを置き、手強《てごわ》き者と見ていましたので、当時私は撤兵頭並《かしらなみ》、今の少佐相当でありましたから、増田が申すには、弊藩は撤兵隊の兵器その他を取上げる役に当っていますが、君が鎮撫せらるるならば一切をお任せ申します、兵器もそのままでよろしい、屯所を引き払わずともよろしいから、どうぞ一緒に屯所まで同道してくれと、手を取らぬばかりに申しますので、どうも自殺するという次第にもならず、三人して西ノ丸の屯所へ出掛けました。林ですか、林は麴町《こうじまち》の善国寺谷《ぜんこくじ》にあった麴渓塾の塾頭でした。麴渓塾は松平金次郎〔謹次郎〕といった人の漢学塾です。

西ノ丸の屯所は今の宮城《きゅうじょう》前の広っ原でした。さて屯所へ参りますと、屯所では兵器引渡しにつき、盛んに議論をしている時で、私が参りましたので隊の者も安心し、増田は前の如く一切私に任せてこれで安心したということでした。私はどうせ死を決した身だからと覚悟して、増田に対し責任を持ち引受けました。増田も喜んで穏かに帰りました。

## 上総へ脱走

それから大城引渡しの形勢など考えていますと、引渡しの二日前に五大隊の撤兵は脱走しました。私は第一大隊を預かっていました。隊の者は頭よりの命令がなければ動かぬと申していましたが、江原は脱走したと欺かれて脱走したのだそうです。私は前に申した如く責任を持っていますゆえ、死を決して脱走兵をまとめようと思い、上総の木更津へ参りました。この時の撤兵頭は福田八郎右衛門、第一大隊長は江原鋳三郎《いさぶろう》（私の事）、第二大隊長は堀岩太郎、第三大隊長は増田直八郎、第四大隊長は戸田掃部《かもん》、第五大隊長は真野鉉吉《げんきち》でした。

今の陸軍少将の古川宣誉《ふるかわのぶよし》さんは差図役並で、私の隊におられました。古川は一兵卒でしたが、或るとき建言書を出した事がありまして、その書を読みその人となりを知りましたゆえ、実は私が抜擢《ばってき》しました。当時は上官へ建言書を多く出したもので、多くは読まずに捨てたくらいのものです。私は脱走前後ともに熊本藩の増田とは交際しました。

さて木更津へ参りまして、四月十七日はちょうど権現様のお祭日ゆえ、一同でお祭りを致し、福田八郎右衛門がまず作戦計画を致しました。全体上総へ脱走しましたのは、江戸では何事も出来ず、一大勢力を作るには上総に屯集して、或いは宇都宮地方の官軍の背後を襲うか、或いは江戸へ逆さまに入るかというような方法を取らんと計ったのです。

板垣《いたがき》（退助《たいすけ》）さんの話にも、そのころ官軍の恐れたのは背後より襲わるる事でしたそうです。こういう次第で、ついに計画は決し、木更津は不都合ゆえ、鴻之台《こうのだい》（国府台《こうのだい》）地方へ押出しておらんと、海岸を沿うて船橋《ふなばし》へ参りました。御承知の伊庭（八郎）さんの連中は福田の意見に反対し、函根で食い止むる計画らしくありました。船橋へ押出しましてから、第一大隊は八幡《やわた》の法華経寺《ほけきょうじ》、第二は船橋、第三は姉ケ崎《あねがさき》に屯集しましたが、第四第五は上総の万里谷〔真里谷〕に滞陣し、戦争は急に終る様子もございませんでした。

官軍でこの方面の鎮撫に当りましたのは、須本《すもと》藩の人で林轍之丞という人で、この人とも私は懇意でした。例の足利尊氏の木像の首を斬った仲間です。この林と申す人は市川《いちかわ》におりましたが、官軍の内命に脱兵を寛大に扱えということでしたゆえ、前の如く一切を私に委任されておりました。しかし油断は少しも致しませんで、番兵を配置し哨兵《しょうへい》線をしきて十分に警戒しておりました。鎮城府日誌を御覧になれば詳細に書いてござります。

稲村の蔭から狙撃

こういう様子でしたが、戦争の起りましたのは全く次のような取扱いから衝突を致しましたのです。そのとき田安《たやす》殿の家来で松波権之丞《まつなみごんのじょう》という人が来まして、謹慎の実を表するためには兵器を出すべしとの談判でしたが、私どもはなかなか聞き入れは致しません。こちらにも見識があるからお帰りなさいと言って帰しましたが、松波は前説を主張し、我が隊の増田と激論を致しましたので、ついに斬り捨ててしまいました。次に田安殿の家来で長田兵庫と申すが参り、この人も林轍之丞に諂《へつら》い、撤兵を寛大に扱うべからず、ここの撤兵隊を寛大に扱わるると江戸にいる若い者を鎮むるに困ると言い、林と両人で私のところへ談判に参りました。私は申しました。今になって兵器を渡せと仰《おっ》しゃっても、初めに僕は君に受合い暴動はさせぬ、その故に隊の者にも官軍は寛大だから安心しろと説諭して置きましたのですと言い、いろいろ談判しましたが、ついに不調となりしからは、止むを得ず弾丸の中にて御目にかからんと申して別れました。

その翌朝官軍より発砲いたし、船橋へ火をかけ、増田の隊も敗れましたから、第一大隊を率いて援兵に参りました。その時に稲村の蔭《かげ》に隠れて狙撃《そげき》する者がありまして、その時に死傷が多く出来ました。久留米《くるめ》藩の人でした。私は元来兵卒から身を起し、一夜に少佐相当の地位に進みました者ですから、兵士を呼び付けて以後相当の敬礼をなすべしと命じては置きましたが、実地に勇を振って威を示さねばならぬと思いましたから、前の稲村の蔭の勇士を殺そうと存じまして、今考えると無鉄砲ですが、稲村の方へ刀をさしたままで駈けて行きました。その以前に私の刀の刃が欠けましたので、北山鉄之助の刀を借りてさしておりましたが、長刀でしたゆえ抜きそこなってはいけないと思い、敵に組み付きました。ところが敵の方が私よりは余程強いので組み伏せられ、私の腹の上へ乗って押え付けてしまいました。私は下から敵の短刀を押えて抜かぬように争っていますと、古川が飛んで来てホーフド——英語のヘッドで頭の義です——怪我はしませんかと言いましたから、撃つとあぶないから擲《なぐ》れと申しましたら、古川が鉄砲で敵の背中を力一杯になぐったので、私は敵の股《また》ぐらから匍《は》い出した。味方の兵士が集まって来て、鈍刀《なまくら》で気絶した奴をチョッチョッと斬ったもんですから、気絶したやつが気が付き、自殺しようとしましたが、もう自殺する力がないので、気の毒ゆえ古川が介錯してやりました。敵ながら立派な武士です。船橋に墓がありますゆえ、先年古川と二人で墓参をしました。

さてその日の戦争は味方の勝利で、隊を揃え列を組み静々と引揚げ、東金《とうがね》まで参りましたらば、堀の隊、増田の隊、万里谷の隊も来ることと考えて引揚げて参りますと、その途中で再び江戸方面より官軍の新手が参り砲撃を始めました。私は左の股《もも》と向う臑《すね》へ銃丸があたり、立つことが出来ぬようになりました。古川を呼びまして、堀にも増田にも関係せず、水戸へ行けと命じ、島村という騎兵差図役を官軍の参謀の増田へやり、同氏の周旋で余の兵士は隊伍《たいご》を組んで、江戸へ引揚ぐることとなりました。

三枚駕籠で自宅へ

私はもう歩行が出来ませんから、戸板へ乗って船橋辺の百姓家へ隠れていました。官軍が骨を折って探したそうですが、一週間隠れてしまいました。しかし疵口《きずぐち》の手当をすることが出来ず、手拭《てぬぐい》で巻いたままでした。ほどいて見ますと臭いこと臭いこと、甚しくなっていました。手拭をほぐして綿撒糸《めんざんし》をこしらえ、膿汁《のうじゅう》を絞り出そうと思い、金盥《かなだらい》を探しましたがございませんから、皿の中で洗い、膿《うみ》がドクドク出ますので、百姓は恐れて近寄りません。痛くって堪まりませんが手療治ですませ、杖《つえ》を突いて歩きました。歩行せずにいるとかがまってしまいますから、不具にならぬよう勉強して歩行しました。少しよくなりました故、肥料船で新川《しんかわ》へ戻り、猪牙船《ちょきぶね》を雇い牛込《うしごめ》の揚場《あげば》へ上がり——上野の戦争の十二三日も前でしたろう。新宿に遊びに行くようにして三枚駕籠を雇い、金をやりまして四谷菱屋《ひしや》横町（今の愛住町《あいすみちょう》）の宅へ帰りました。

宅で療治をしましたが、何ぶん狭い家で六畳一ト間きりの縁側もない程ですのに、評判では官軍が見付け次第に家族までも斬ってしまうということです。この狭いところに両親と妹一人弟一人おりました。後に石井新八という友人の家に移りました。これは永田町《ながたちょう》で、今の大蔵大臣官邸の近くでした。石井は勿論《もちろん》その家族も親切な人でしたゆえ、潜伏して十分に治療しました。全快しましてからその家を出て上野の戦争の計画にかかり、官軍が総攻めをなすに相違ないから、軍艦では空砲を撃って声援し、市中の主なるところへ放火し、上野の隊とまとめて奥州に行こうと謀りましたが、あんな工合《ぐあい》になってしまいました。

## 少参事になる

開陽丸の品川を脱走した時分には、米国の風帆船のミヤコに乗って、豆州下田へ参ろうとして暴風雨に逢い下田へ上陸しましたが、危いのでアラレ〔安良里《あらり》〕港へ逃げ込みました。官軍の知らない港です。この時の連中は阿部潜さんと私と二人で、阿部さんは高禄《こうろく》の人でしたゆえ、五百両でこの船を駿州の清水《しみず》まで雇うたのです。しかし今申すような事になりましたので、アラレ港よりは押送り船で清水へ行きました。アラレは松崎《まつざき》とヘタ〔戸田〕の間です。それから藤枝《ふじえだ》へ行き、小野三介と偽称していますと、沼津から知らせて来ましたのは、官軍から厳令が出て、江原鋳三郎は小野三介と偽称して藤枝にいるから、捕縛して出せということだから早く逃げろとの密告ですから、夜のうちに藤枝を逃げて三島在に隠れ、竹原《たけはら》村の用右衛門という者の宅におりました。姓名は水野水泡《あわ》三郎と変じ、表へは出ませんが、田圃《たんぼ》道などは公然として往来しますので、或る者が静岡からの内命だが余り公然と出てはいけないと知らせてくれました。

貧乏でした。江戸から来る時にタッタ十四両持つのみで、道中するには困りましたが、今と違って武士の時代ですからすんだのです。隠れていますと明治二年でした。突然に静岡藩より来いという命令ですゆえ、県庁へ出ますと、立派な大高檀紙へ太政《だじょう》官《かん》の印があって少参事に任じました。これらのことは蔭で大久保一翁さん、勝さん、阿部潜さんなどの周旋であったのです。当時静岡藩の大参事は大久保一翁、浅野次郎八、織田、戸川で、少参事は藤沢次謙《ふじさわつぐよし》、服部綏雄、私などでした。沼津の兵学校ですか、あれは阿部さんの見識で、静岡の隊はゴタゴタしたところでは議論ばかり多くって何にもならないから、沼津でやれと申し、学校の事は阿部さんと私に一切委任されました。この学校に赤松（則良）さんや西《にし》（周《あまね》）さんなどの名士が集まって来て盛んになりました。私は少参事をやめてから海外へ漫遊に出かけましたのです。阿部さんは人物でしたが、韜晦《とうかい》して居られたのです。

# 四

## 柴《しば》　太《た》一郎《いちろう》

天保十年生まれ。会津藩士。藩主松平容保《かたもり》に従い京都へ。鳥羽・伏見の戦いに参加後、長岡、会津へと転戦した。大正十二年没。

### 大政奉還の前後

私は別に調べた事はございません。お尋ね下されば承知しておることは申上げます。私は主人の守護職中には京都におりました。本年は六十二（明治卅三年）でございますゆえ、何でも廿四五でもございましたろうか。その頃は同藩士に大森春三、有馬七兵衛、秋月（悌次郎《ていじろう》）、山川（大蔵《おおくら》、浩《ひろし》）などもおりましたが、みんな故人になってしまいました。王政維新の際も世間では会津は佐幕だと申していますが、左様ではござりません。……とうとう伏見へ出兵することになりまして、伏見の後より大坂落城となってからは騎虎《きこ》の勢いでござりましょう。

朝敵と申すことにつき、その前後の事をお話いたしますれば、マアかようでございます。政権返上の前に土州から相談があったのです。後藤《ごとう》（象二郎《しょうじろう》）さんから種々の話もあって、私の藩でも今日の内外の勢いでは、政権奉還のほかはござるまい、賛成すると申し、間もなく後藤さんが容堂《ようどう》公の代りにて慶喜公へ申上げ、早速お聞届けになり、御承知の如くに大政奉還となった次第です。

京都守護職という役は、もともと幕府より申し付けられた職でございますゆえ、大政奉還と共に自然に消滅する次第です。それゆえ会津藩から朝廷に伺いましたところが、幕府の政権奉還は御採用になったが、諸事諸侯を御招集の上にて決せらるる故に、まずそれまでは従前の如くに心得て守護職を勤めよとの事でした。

## 薩摩撃つべし

かれこれ致しておりますと、その月の九日に突然に大改革の仰せ出されがございまして、薩、土、尾、芸、越の五藩が御所を警衛いたし、御門を閉じてしまうと申す事になりました。サア左様な事になりましたから、徳川家の陸軍でも、会津藩でも大議論がありました。政権奉還は公平の道である、衆諸侯の御招集というも至当であるが、それに関せず、先帝の御親任ありし中川宮《なかがわのみや》様やら二条《にじよう》関白様などを斥《しりぞ》け、恐れ多い次第だが、御幼年の天子様を薩長がさしはさむというは不都合だという事になり、御承知の如くに伏見で破裂したのです。成敗の跡より評しますれば朝敵でもございましょうが、実は若い者が薩長へ突き当った鞘当《さやあて》から起ったのです。

あの当時は随分ゴタゴタ致しました。慶喜公は鎮撫を名として御下坂《げはん》になる。旧主人も僅《わず》かの供を連れまして大坂へ参ります。幕府の陸海軍ともに非常の勇気でございます。春嶽《しゆんがく》公は大坂へお出でになり、慶喜公へ版籍返上の沙汰があります。会津桑名は国へ帰れなど荏苒《じんぜん》日数を重ねますうちに、年末も押迫り、江戸より急飛脚にて、江戸強盗多し、荘内《しようない》藩の屯所へも鉄砲を撃ち込んだ、だんだん調べると全く薩藩の士だから、屋敷を焼討ちにしたという事を知らせて参りました。

サア大変です。恰《あたか》も油へ火をつけたようなもので、それ見ろ、薩摩は全く私心を抱くのだ、関東に於いてさえ斯《か》くの如し、今は寸刻も延ばし難し、君側の悪を掃《はら》うべし、薩摩を撃つべしと講武所遊撃隊等の激論は沸騰し、とても抑え切れるものではございません。軽装にて御上京ということになりましたが、その実は薩藩を討てと申すことにて、陸海部署を定め、各藩も同意いたして、東寺《とうじ》より、大仏より、二条より洛中《らくちゆう》へ打ち入り、伏見、大坂、兵庫等の薩邸を焼き払い、広く天下にその罪を鳴らさんと、その書面は滝川播磨守《たきがわはりまのかみ》が持参し、明治元年正月の何日でしたか、淀《よど》川を船で上るもあり、陸を進むもあり、船は例の三十石に帆をかけたもありましたが、伏見へ上陸し、大津の口の方と示し合わせ、淀よりは二タ手に別かれて撃ち込む手筈《てはず》でした。しかし幕軍の手配りは頗《すこぶ》る混雑いたしたようでした。京都の方でも知っていますから、伏見の口も東寺の口も一ト足も先へは進ませませぬ。こちらも初めは頗る謹慎でしたが、ついに破裂しまして、同志の各藩へも通じましたが、その通知は遅くなり、翌日の明け方に処々へ達したというようなことで、混雑する、敗走する、淀でも食い止められぬ、山崎《やまさき》でも敗れる、というようなことになってしまったのです。

ついに大坂退去

幕軍の総督は松平縫殿頭《ぬいどののかみ》（大河内正質《おおこうちまさただ》）、参謀は老中格の竹中丹後守《たけなかたんごのかみ》（重固《しげかた》）でしたが、軍令は行き届かず、軍略も混乱いたし、ついに大敗軍となって敗報は大坂へ達したのです。肥後守《ひごのかみ》（会津侯）は慶喜公と江戸へ下りまして、家来も主人の行くえを知らぬ程でして、やっと朝になって、ゆうべ主人は落ちてしまったという事が知れたのです。一時は会津の者は大坂城に踏み止《とど》まり、回復の策でしたが、肝腎《かんじん》の大将がおらぬので、籠城《ろうじょう》という説もありましたが、ついに退去と決し、泉州《せんしゅう》から紀州へ落ちて行くのもあり、外国船を雇うて帰らせたのもあり、陸路を下ったのもあり、和船に乗ったのは延行して三河路から上陸したのもあり、様々になって江戸へ帰りました。私は若松《わかまつ》の開城前に負傷しました。なにぶん若松城も大砲のない時分の築城でございますから、長くは籠城が出来なかったのです。私は開城の頃は卅歳ばかりでした。三条公《さんじょう》が勅使など遊ばして御奔走の頃は私は廿三でしたが、京都の三本木《さんぼんぎ》におりまして、旧藩の公用局の周旋方を勤め、秋月と同居いたしておりました。その後、北海道へ参りましたが、維新の前年に上京いたしました。

## 五

立花種恭《たちばなたねゆき》

天保七年生まれ。陸奥下手渡《しもてど》藩主となり、若年寄、外国奉行、会計総裁などを務めた。後に学習院初代院長となる。明治三十八年没。

### 瓦壊の年

私は文久の初年に大番頭《おおばんがしら》となりましたが、一箇月ばかり勤めまして若年寄となったのです。柳の間席より参政となりましたのは、当時におきましては抜擢された次第で、たしか年齢は廿七歳でございましたっけ。慶応丑《うし》歳（元年）の御進発の御供も致し、たしか慶応四年（明治元年）老中格となり、その時は松平周防守、板倉伊賀守、稲葉美濃守、小笠原壱岐守などが閣老で、平岡丹波守、堀内蔵頭《ほりくらのかみ》、京極主膳正《きょうごくしゅぜんのかみ》、川勝備後守《かわかつびんごのかみ》、浅野美作守《みまさかのかみ》、平山図書頭などが若年寄……参政でした。

瓦壊の歳ですか、正月の何日でしたか、初夜《よい》のうちでまだ床に入りませぬ時、大砲の音が聞えました。開陽艦の大砲らしいが、只事《ただごと》ではあるまいと存じながら寝《ふせ》りました。すると翌日の未明に松平周防から急使が参り、大至急に面会したいから即刻登城しろとの事でした。それから登城して聞くと、昨夜会津、桑名と板倉とが独歩で屋敷に来たが、門番が怪しんで入れなかったが、どうでも面会すると論判して、やっと通したような始末で、聞くと上様（慶喜公）にはお帰りになったとの事で、京都の大変、伏見へかかると関門から発砲し御先供を撃つ、とうとう戦争となり、こちらには準備なけれど、長州勢を会津が後方から襲うつもりであったが、長州の前に藤堂《とうどう》が備えていて、後方からぐずぐずすると撃ちかけるという勢いで、藤堂は困り切り筒口を高く上げて発砲し――当らぬように――その砲丸がちょうど山を隠れて行く会津兵に当り、長州の後方を襲うことが出来ぬ、残念だが引揚げて再度盛り返そうとしたが、錦旗《きんき》には発砲してはならないで、一同引揚げて帰って来たとの話であったと聞き、実に驚歎《きょうたん》しました。

それから会津、桑名、山口駿河〔直毅《なおたけ》〕の談なども聞きました。それから上様還御の手続きですが、お忍びで還御か、堂々と還御か、どちらかという相談であったが、御戎服《じゅうふく》――当時の風――で表向き還御ということになった。拝謁をすると上様は微笑していらせられた。驚き入りました次第と申上ぐると、アハアハとお笑いになり、その御寛量に驚きました。

サアその後は大変な騒ぎで、城中の議論は鼎沸《ていふつ》し、四分五裂、開戦論も盛んでした。私も開戦論者でしたから、上様に対し大激論を致しました。尺蠖《せきかく》の屈するは伸びるために屈するので、無暗《むやみ》に屈することは出来ぬと思い、いろいろと御議論を致し、板倉も同論であった。ついにはお怒りにて御腰の物へおん手のかかる程であったが、私は首を伸ばして、お斬りになるならお斬り遊ばせ、縛り首におなり遊ばすを見るよりは、おん手にかかる方が遥《はる》かに有難いと心の中で決しておった。

そうすると上様は御顔色をお直しになり、その方どもは左様申すが、今日の旗本の様子はどうだ、と御意になったので、私も黙して退きました。その後は登城しましたが、激論も致しませんでした。朝から夕まで君側に出で、殆《ほと》んど食事の暇《いとま》もございませんでした。

――蛤《はまぐり》門の戦争ですか、あれは会津が正義です。勅命に従ったのです。その会津が家来をそっくり跡へ残して帰ったのですから、家来も残念に思いましたろうが、致し方もない次第です。

榎本、矢田堀と泣く

上様が大坂からお帰りの時に安治《あじ》川口の船番所では困ったから、山口駿河守ほか支配向き何人と番人に言ったそうです。会津が上様の御供で帰ったのも無理はありませぬ。昭徳院《しょうとくいん》様（家茂公）の頃に一度御辞職お帰りといった時分に、会津の藩士は伏見にてお帰りをお止め申した事があるから、主人が帰ると聞いては死力を出して諫める事でしたろう。

さて愈〻《いよいよ》御恭順と決し諸向《しょむき》へ達すと、満城の士が泣き出すもあり、落胆するもあり、それはそれは大変な事でした。榎本（武揚）は満座の中へ突っ立ち上がり、将軍様は腰が抜けたか、恭順するとはと叫び、大久保一翁は榎本は感心な男だと大層に賞美しましたが、しかしこの中で睾丸《こうがん》の据わっているのは勝安房《あわ》（海舟）一人だと言いました。この大久保に論じられて、坂本竜馬《さかもとりょうま》でさえ勝の弟子になったのです。

神奈川の定番隊は英式で、窪田備前《くぼたびぜん》もこの隊でしたが、伏見で討死しました。殺したのは敵の間者《かんじゃ》だそうでした。神奈川奉行の水野《みずの》などは、この定番隊を率いて戦争《やる》つもりで思召《おぼしめ》しを伺い、御説諭に従ったのです。実に当時は私も毎日毎日登城するときに、母の機嫌を聞きに顔を見ては出勤しましたが、暇乞《いとまご》いの心持でありました。

或る夜真っ暗な松の廊下を駈けて行きますと、大男が両人で左右からつかまえました。刺客かと思いまして誰だと申しましたら、出雲《いずも》殿ですか、和泉《いずみ》（榎本）と讃岐《さぬき》（矢田堀《やたぼり》）ですと答え、上様の思召しはと尋ねますから、上《かみ》には御謹慎のほかなしと隠さず申しましたら、両人とも、エエ有難うございますと突っ伏して、神祖の千辛万苦してお立てになったこの家を、どう遊ばすのです、と言い泣き出したので、私も泣き出し、三人で泣きました。藤沢志摩、榎本、津田真道《つだまみち》、矢田堀など揃って御側へ出て、上様は御食事ながらお逢いになった事もありました。関口《せきぐち》（隆吉《たかよし》）や山岡（鉄太郎）は講武所の出身ゆえ、いまだ君側へ出るような事はございません。

堀内蔵頭ですか、堀は開戦論者でしたと思います。自殺せしは若年寄の便所でした。奥医を呼び、平山が上から押え縫いかけると、パタリと呼吸が止まりました。下部屋の供頭を呼びて見せましたら、いかが致しましょうかと私へ尋ねますゆえ、途中万一の事あらば舎弟を以て跡目相続を願い出せと申しました。大目付の戸川《とがわ》（伊豆守《いずのかみ》（安《やす》愛《ちか》））もそこにおりて同意いたしました。死骸は蓆《むしろ》に包み駕籠へ入れて帰しました。

山内《やまうち》（摂津守（豊福《とよよし》））ですか、あの人は両方（官と幕）に従うことが出来ぬと言い、奥方と一緒に死にました。たいそう立派な死にようだそうでした。

## 六　竹斎

### 溺死した箕作圭吾

箕作圭吾《みつくりけいご》は菊池大麓《きくちだいろく》の兄で、南校《なんこう》〔東京大学の前身の一つ〕の教授であった。出来のよかった男だから、今日までいたら、定めて立派な者になったであろうに、惜しいことをした。大槻《おおつき》修二が徳利〔泳げない者〕の圭吾を連れて、永久《えいきゅう》橋へ泳ぎに行って、初めのうちは気を付けて居たっけが、だんだん調子が付いて来ると、つい忘れて抜手か何か切って先へ行ってから、気が付いて振り返って見ると圭吾がいない。さすがの修二も蒼白《まっさお》になって騒いだが後《あと》の祭りで、圭吾は土左衛門《どざえもん》になってしまった。腹を切って詫《わ》びると言ったが、死人が蘇生《いきか》えるわけではなしというのでその儘《まま》さ。

その圭吾が性質といったら、いかにも無邪気な洒落《しゃれ》極まる人で、屢〻《しばしば》親友などに迷惑をかけたが、或る人に借金が嵩《かさ》んで公事《くじ》沙汰になるという羽目で、圭吾も弱り切って親友の山本淑儀のところへ出掛けて行って、おりゃ当分身を隠すから、死んだとか何んとかいって、金貸しに言い訳をしてくれと頼んだ。山本は渋々金貸しを尋ねて行って話し込んだ。圭吾も大病で、私共友人が寄合って世話をしているが、生死の程も気づかわれる、殊にあの放埒者が、こちらに借りのある事を苦にして、私共に取計らいを頼むので、私共もあの男がそんな弱い音《ね》を吐くようではと、実は心配しています。時に拝借金の一条ですが、何と只今ここにこれだけ持って参りましたが、これで証文を捲《ま》いては下さるまいか、この金でお聞き済み下さらば、証文を見せて安心させてやりたし、もし御承引下さらないとならば、この金は戴《いただ》いて参って葬式料にする覚悟であると説いたので、向うも算盤珠《そろばんだま》さ、早速証文を返してくれたから、山本はきまり悪気に匆々《そうそう》辞して帰って来ると、圭吾先生、様子いかにと途中で待ちくたびれていたが、計略命中と来たので大恐悦、早速祝盃を挙げて騒いだが、これで当分気を付けるという口の下から、翌日はもう大手を振って遊びに出かける。先の金貸しに逢っても避けようともしない。面目を失って独り胸を痛めたのは、可哀そうに山本であった。

圭吾の弟の菊池大麓、これもなかなか変り者であった。静岡の学校で教授方をしていたが、時間が来ると課業を止めて、すぐ跣足《はだし》になって尻端折《しりはしょ》りで、メダカを掬《すく》いに出る。生徒が見ていようと平気さ。どうかすると生徒に手伝わせる。それで板木《ばんぎ》が鳴ると匆々足を洗って、教場にはいれば、$x$はエクオール何だなんて、すましたものだ。

## 浦賀の与力

今でこそ海軍には諸国の人があるが、明治の初めには旧幕の者でなければ、人らしい人がなかった。おかしい話じゃないか、函館《はこだて》から脱走の人が送られて来るのに、肝腎の送って来る人には船が動かせないから、よんどころなく捕われの脱走降参人に頼んで、船を運転してもらった。官軍は惘然《もうぜん》と乗込んで江戸へやって来た。当時では海軍の事を知った者は、佐賀の増田虎之助くらいのものだった。明治になって此《こ》の人が、本山漸《もとやまぜん》だの近藤真琴だのを採用して、それから今日の下地を拵《こしら》えにかかったのだ。

脱走人の中でも、古田（古川）節蔵は奇骨のあった人で、榎本（武揚）と相下らなかった。脱走するにも榎本の配下にいるのを嫌って、自身に長崎丸を率いて脱走したが、風のために本望を果せなかった。この人は本姓を岡本といって、緒方《おがた》（洪庵《こうあん》）の門人で、福沢諭吉と親しかった。明治になってから兵学校に出たが、程なく止めて著述に従事し、加藤弘之、津田真道、西周等の輩《やから》と明六社《めいろくしゃ》を立てて、明六雑誌に書いていた。

浦賀の話がボツボツ出るが、あすこの与力には人物が少なくなかった。中島三郎助《なかじまさぶろうすけ》のような偉人は別としても、合原《ごうはら》、日高なども人に謡われたえら物で、日高は温厚、合原は性急であった。浜口という同心があって、これは大力無双で、吸い付いて出ない船を、一人で引出した位であった。

あの頃のことは愚にも付かないことが多い。房州布良《めら》へ外国船が見えたというので、鮪《まぐろ》縄を張っていた漁師が、縄を捨てて置いて三崎へ注進し、それから浦賀へ漕《こ》ぎ抜いて注意したので、それといって当方からも、天領持の船が二杯、大名持が二杯、布良へ漕ぎ出して行ったが、風が強く、いかにしても船が出なかった。すると浜口であったろうか、船を引けというので陸へ引き上げて、山を越して向うへ下りて見たが、外国船の影も見えなかったということであった。この注進した漁師は青緡《あおざし》三貫文を褒美に貰うた。

三崎の向ケ崎《むこうがさき》という所に、頼朝《よりとも》の椿の御所というのがある。頼朝の妾亀菊が尼になって此処《ここ》に住み、後に大椿寺《だいちんじ》といって今もあるが、この山の上に会津の士の墓が数本ある。それに「洋虜窺隙何とかして此に死んで、長護国家。文政庚辰十一月云々」の銘がある。この墓の主というは、洋虜が船に乗って三崎を通過した時、押送りか何かへ乗って、オォイオォイと追掛けたが及ばず、責任を空しうして相済まんに因ってかくの通りと、腹を切った者であったそうな。正直な武士というべきであろうか。

## 面倒な昔の姓名

昔の姓名は面倒なものであった。何の何左衛門源ノ何などという法性寺《ほっしょうじ》流であったために、往々間違いも生じた。君等も知っている宮内広だ。あれは林洞海《はやしどうかい》の弟子になって、初め陶亭といい、後に洞亭と改めた。維新後に陸軍から宮内省の侍医に移るとき、急の御召で名刺が間に合わなかった。間に合わないといってその頃のことだからに、印刷ではない。直筆で奉書か何かへ書くのだが、俄《にわ》かの入用なのでそれも拵えずに、石川桜所《いしかわおうしょ》、石黒忠悳《いしぐろただのり》などと連れ立って宮内省へ出頭し、そこで宮内洞亭平広胤と書いて出したところが、下った辞令を見ると宮内平広とあった。それでは違うからと改めて貰うと、今度は宮内広となって来た。本人は又もや訂正を願うつもりであったが、時機を失して、遂《つい》にそれが名になってしまったのだそうだ。辞令書きも粗忽《そそっ》かしいが、畢竟長《ひっきょう》ったらしく書くから、こんな違いも出来たのだ。

然《しか》し短くても次郎などは困る。有名な矢野二郎《やのじろう》なども、門札には次郎と出ているが、当人の話に、札を書かしたらこう書いたから、それで出しておくのだ。ドゥ書いたって面型を替えなけりゃ替りっこはねえのさ。次郎と書こうが二郎と書こうが、人さまの思召し次第、どっちでもこの御面相に替りっこはねえんです。然《しか》し自分だけは二郎と書いていますよ。アッハッハッ。

お香々の裁判

矢野の兄の富永冬樹、これがまた変り者さ。弟のようにベラベラしゃべらないが、意外な言葉を発して人を驚かせることがある。彼が大審院の判事をしていた時であったろうか、公判廷で煮豆屋の出る幕があった時、厳粛な法廷で「おいしくもないが、これからお香々《こうこう》の裁判に係ります」といったそうだ。

また川村純義《かわむらすみよし》であったろうか、海軍卿《きょう》を呼び出した時があったが、普通人と同一の扱いをして、そうして呼び捨てにしたといって、川村が怒ったそうだ。彼は子供の時、他家へ行っても、坐《ざ》して礼をするなどということには構わないで、飯櫃《めしびつ》でも机でも窓でも、突然行って腰をかけるという風で、すべてが変っていた。

講武所勤番組頭に水野熊之助という畸人《きじん》があった。ふだん家にいるに、風呂敷《ふろしき》の補綴《ほぎ》合わせたものを着、ぼろぼろの袴《はかま》を穿《は》き、聖人の書を読んでいる。この人の説に、衣は寒暑を凌《しの》げば足りる。吾《われ》は武人であって見れば、刀剣こそ選ぶべきであるといって、武具は良い物を心懸けて持っていた。この人の処へ客が来ても、飯時になっても膳《ぜん》も出さなければ、雨が降っても傘も貸さない。むろん提灯《ちょうちん》など貸す筈もない。その説に、食事の時間が来ても客が帰らなければ、吾は空腹を忍んで面晤《めんご》〔面会〕している。これが既に客への饗応《きょうおう》である。この上、飯を振舞う理由があろうか。また降りそうな時に傘を持参せぬが悪い。弓矢の中を往来すべき武士が、雨を恐れてなるものか。吾は唯《ただ》武士たるの道を学べるのみ、という気焰《きえん》であった。

## 七　六十匁道人

御坊主の子供

親父が二十年以上御坊主を勤めた者の子供は、御坊主の見習いに出て御扶持《ふち》がいただける。

子供は何の御用に立つかというに、人の呼出しなどに使われる。御老中が御勘定奉行など呼ぶときに、まず御同朋頭《どうぼう》に命ぜられ、それから子供が御使に行く。御坊主の詰所は、中の口の二階の奥にあるが、子供は新御番の詰所の傍に五人ずつ詰めている。

子供は黒縮緬《ちりめん》か羽二重の羽織を着て、着流しで、衿《えり》を揃えて、白足袋《たび》(十日位に新しくする)をはいている。大名などから到来物なれば、どんな美しきものを用いても差支えない。

お坊主の名には随分おかしなのがある。浜松《はままつ》御陣の時などに頂戴《ちょうだい》した名だといって、子々孫々に伝えるのがある。つまり家の古いものは名も数代続くというような次第で、ゲンコなどいう名もある。

御役人御役替の時などは、親父に従って御悦《およろこ》びに行き、頂戴物をするのは親父と同じことで、御使番とか何とかいうような、ちょっとした御役替なら、並は二分《ぶ》もらえる。尤《もっと》も馴染《なじみ》とか、またその人によっては、衣類金銀などをいただく。懇意になると、玄関へ断わり、奥通りと称して奥へ通る。ずいぶん譜代のようになって、代々出入りすることである。

お辞誼の稽古に三日ぐらい

御乗り出しと称して、大名の家督する時などには、若殿に進退の振合いを教授に出る。お辞誼《じぎ》の稽古《けいこ》だけに、三日位かかることがある。足の運びかたから始めて、畳何枚へだてて、どこへ手をつき、どのように礼をして、帰りは後じさりして、どのくらいの処で向き直り、真直ぐに下がるなどと、なかなか面倒のことである。さて右の稽古が済んで御前へ出る。老中、御奏者番《そうじゃばん》、高家等がならんでいて、御奏者番が「何の誰これへと上意」というので進む。また御奏者番が「御取次」という。これは上《かみ》にも御挨拶《あいさつ》があったということで、これで引下がるのである。

右の場合等には、大名は肩衣《かたぎぬ》に長袴《なが》を穿《は》いて出る。御坊主は八丈の下着など着れど、多くは黒の上着で、平素は縞《しま》物を用いることもある。羽織は前に申した通りである。

# 八

相陽道人

## 御家人の傘張り

青山に住居した御家人の内に、貧しい者は手内職をしましたが、その内職がまず二つに分けられましょう。甲賀組の春慶塗《しゅんけいぬり》と、青山からかけて麻布辺までの傘細工《かさざいく》でございます。両方を比較しましたら、傘八分の塗もの二分でしたろう。甲賀《こうか》百人というのは、近江国甲賀郡から、神祖（家康）に御供して参った者で、百人と申すは、全体四組あって、この甲賀組と、伊賀組（青山に住んだ）と、根来《ねごろ》組（牛込弁天町《べんてんちょう》）と、大久保《おおくぼ》組（躑躅《つつじ》の名所）とでありまして、四組順番に、大手内の下乗橋を固めたものです。

この甲賀組が、青山に落付いて、春慶塗を始めました。江戸で出来る春慶塗は此処だけで、木地も拵えれば、塗りもしたものです。甲賀百人のいた所は、むかしは甲賀町と申しまして、今の練兵場の西南の片隅に当ります。甲賀はこうかと清《す》んで読みます。

さて傘張りのお話ですが、これは下工師《したぐし》と張師《はりし》とに、職人が分かれていまして、仲買仲間が青山だけに二十五軒もございまして、この中に士族もまじっていました。今でも十軒位は残っていましょう。

下《くだ》り傘と申すと、美濃、紀州、駿河、遠江《とおとうみ》の浜松等の産で、中にも美濃、紀州が多うございます。この下り傘に押されて、地の傘、すなわち青山製は売行きがあしく、今日では、からもう出来ません。

下工師は骨削りをいたし、張師は仕上げも、塗りも、色付けもするので、たいがい仲買から、骨や紙などを持って来て張り上げるのです。しかし士族は公然売買は仕兼ねますから、張り上げると、番太に頼んで、問屋へ持たしてやったものです。

士族で以て、大仰に職人を入れてやった人もありましたが、大概は小体《こてい》に、家内だけでやったものです。居職《いじょく》でもって人の悪いのは、傘職人の上を越すものはありませんから、なまやさしいことでは、職人は使いこなせません。

一貫六百が一分の頃（即ち金一両が銭六貫四百文の相場。大体に於いて文化《ぶんか》より安政頃まで。編者註《ちゅう》）で、奴傘《やっこがさ》十二本、すなわち一把の張り賃は二貫ぐらいでした。糸と、へりの紙と、蕨糊《わらびのり》とは、張師の持ちでございました。俗に一寸というのは二尺一寸のことで、当時この傘が二朱（八百文）くらいに売れました。

裃《かみしも》ざしは二尺三寸あったもので、元は白張りが流行《はや》りました。蛇《じゃ》の目と申す傘は、この頃は流行りませんでした。

西の内〔強靭な和紙〕を二つに切り、これを中にして、上下の黒を入れたのが蛇の目です。深蛇《ふか》の目を一枚立ちと申します。さむらいは蛇の目をさすことはまことに少なかったもので、御徒目付《おかち》だけは指しますが、その他は白張りに限っていました。白張りは申すまでもなく真っ白です。頭が丸くて長いのを、長柄頭《ながえがしら》と申します。今のように紙で頭を包んだのは、昔は職人などの指料《さしりよう》であったものです。長柄にも蛇の目がありましたが、ごく稀《まれ》でした。

芙蓉の間の役人、御側御留守居、その他諸頭など、布衣《ほい》以上の者は、長柄持《ながえもち》と申して、傘を中間《ちゆうげん》がさしかけ、それで桐のあと歯の下駄《げた》を穿《は》いたものです。

晴天には福草履

布衣以下になると、晴天《てんき》の時は福草履を穿き、雨天には、中皮《ちゆうかわ》といって、竹の皮の間に革を挟んだ草履を穿いたものです。雨が降っても、これで歩けるように、道がなっていました。尤《もつと》も申すまでもありませんが、履物のことは下乗内のことです。中皮の鼻緒は、竹の皮で作った太いものです。福草履の鼻緒くらいの太さがありましたろう。福草履を昔はよく穿いたもので、この上等を中抜《ちゆうぬき》といいました。わらの中の肉のよいのを用いたのです。

むかし、傘を張った士族の多く住んでいた処は、今日練兵場になってしまって、どこが何処とちょっと申上げられません。
因《ちなみ》に記す。御鹿狩等の節、役人衆の指料に用意した傘は、大黒傘の粗末なものであって、ただ少しく異っていたのは、轆轤《ろくろ》の上の骨を通した糸が、馬の毛を用いてあったことである。これには何か仔細《いわれ》のあったことであろうと、或る老人より聞いた。

## 九

松本蘭疇《まつもとらんちゅう》

松本良順《りようじゆん》。天保三年江戸生まれ。幕医の養子となる。安政四年より長崎に留学し、蘭医ポンペに学ぶ。その後西洋医学所頭取を務め、維新後は陸軍軍医総監、貴族院議員を務めた。明治四十年没。

ポンペと角力取りの写真

日本の写真術は長崎から開けたので、私が長崎に在って、常に蘭医ポンペの所に往来している時、ポンペのところに一カ所暗い室があって、覗《のぞ》いて見たら器械類が入れてあったから、始めは外科器械かと思っておったが、或る日ポンペに尋ねたところ、それは写真器械で、銀板にとることは知っておるが、この頃ようやく発明になった紙写しの法は、未《いま》だ試みたことがないことゆえ、やって見てはどうかと勧めた。その後ポンペは諸外国の書を読みて、これなら出来ぬことはないと言うた。

或る日尋ねたところ、門が閉ざしてあるゆえ叩《たた》いたところ、ボーイが今日は誰が来ても断わるとの主人の命令だから、明けぬという。そのうち二階から洋妾が首を出して、松本さんなら入れぬと後で叱られると、ボーイに言って門を開けさせた。そこでポンペの部屋にはいって見ると、今ちょうど写真を写す、よい時に来たと言うて写真を撮り、暗室にはいってその現像するのを見たが、ただ人の輪郭がボンヤリ現われたばかりであった。その後、ポンペは度々やって見たが、先より少しは明瞭《はっきり》にはなったが、うまく行かぬ。

時に英国の軍艦が入港して来た。その乗組の士官が写真の法を知っておるとのことで、ポンペと共にやったが、これもうまく行かぬで、そのままになった。その後、私が大坂から来た角力《すもう》を見に行ったらば、桟敷《さじき》に写真器械を据えて、土俵の勝負を写そうとする外国人があるから、傍に行って、そのとき通弁をしていた横山又三郎に尋ねたら、英国の写真師だということだ。そこで横山の通弁で、この桟敷からでは、うまく写るものではない。それより私がこの角力たちを出島《でじま》へ連れて行くから、そこで写したら良い写真が出来るだろうと言ったところ、それは費用が大変かかることだろうとのことゆえ、なに、私が連れて行くから金は入らぬといって、出島で写すことになった。この時の大関は熊川という男であった。この角力取りたちに、出島に行って写真を撮り、それをお前たちにもやり、西洋料理も食わしてやるが行く気はないかと尋ねたら、俺も行く、我も行くって、多人数になったから、化粧廻しを持っている者ばかり連れて行くことにした。

さて、この角力取りたちを連れて、かの英人に、取組み、土俵入りなどのところを写させてやり、こちらも御馳走《ごちそう》になって帰った。その英人が市中その他を写したいとのことゆえ、時の奉行岡部駿河守《おかべするがのかみ》に会って話をしたら、こんなことの好きな人ゆえ、保護のため役人を付けさせようとのことで、二人の役人を付き添わした。英人はそれをつれて長崎市中諸所を写し撮った。この英人が帰国する時、写真をやるなら普通医療につかう薬品でやっては、うまく行くものではない。上海のこれこれという所に註文してやれ、手紙も添えて置くとのことであった。それからポンペも、ようやく写真がうまく行くようになった。

そのころ医学生で、長崎に来ておった前田玄造《まえだげんぞう》という人が、面白いことに思うて、他の外人に写真術を習うた。この人は後に帰国してしまった。

## 幼少の内田九一を引き取る

日本で紙写しを盛んにやり出して、今でも人の知ってる内田九一《うちだくいち》という男は長崎の者で、親父がコレラで亡くなった時は、九一が十三、妹が八歳で、財産はあったが親類で世話をするものが無くって、途方に暮れていたのを見兼ねて、私は九一を引取り、吉雄圭斎《よしおけいさい》は妹を引取って養育した。私は九一を練習所の小使に使っておったが、十六の時、金子三十両をやって、その使い途《みち》を見たが、蘭人の競売で、一と抱えもありそうな箱を二つ買って来た。開けて見たら、薬品が一杯はいっておって、これはみな写真の薬であった。これがそもそも九一が写真術に志す端緒である。

それから九一は、その後来た英国人について写真術を修めた。同じ頃、或いはこれより少し前かに、長崎で代々時計遠目鏡の鑑定《めきき》御用を勤むる上野新之丞という者があって、これも写真術を習うた。その後たしか九一と二人で、長崎で開業したと思う。

それから私が長崎を去った後、長州征伐で将軍家の御供をして京都に逗留《とうりゅう》しておった時、或る日丸山《まるやま》に行く道の料理屋で飲んでおると、突然九一がやって来たから、どうして来たと聞いたら、このたび先生は御供で京都にお出でということゆえ、はるばる長崎から来た。途中は写真を写し写し上《のぼ》って来たとのこと。紙写しをする写真師のこれこれいう者が、今度長崎から来たと、松前《まつまえ》御老中に話したら、この人も大層こういうことの好きな人ゆえ、幕府に抱えようとのことで、その旨《むね》を九一に伝えたところ、一生三十人扶持ぐらいで縛られるのは嫌《いや》だということだ。そこで私が大坂で開業したらよいだろうと言って、大坂の石町《こくまち》で写真の店を始め、たいそう流行した。その後九一は東京に出て、浅草の代地に開業し、紙写しをしきりにやって、内田九一の名は今も人の口に残るようになった。これが紙写しの沿革である。

ちょっと面白い話は、前に話した英国の写真師が来た時、種々の写真を写したが、その時、私が戯れに鎧《よろい》を着て、鉢巻をして写してもらったことがあったが、その後ロンドンから手紙が来て、先生には久しぶりで当地でお目にかかった。先生の鎧を着たところは大層よいが、足袋に駒下駄はおかしいと言ってよこした。たしかにこれは五代才助からだと思う。

弾左衛門宅を訪問

私の門弟に、弾左衛門《だんざえもん》（関東とその周辺の穢多《えた》などと呼ばれ差別された人々を統轄した）の家に出入りする者があったが、或る日の話に、このごろ薩摩屋敷における浪人共が、弾左衛門の所に来て言うには、島津《しまづ》侯も汝《なんじ》の家も、共に頼朝公から出た一家であるから、共に相呼応して幕府を倒すに助力せよとのことで、弾左衛門一家では非常に迷惑をしているということを耳にした。

当時はこの浪士たちが市中を横行して、民家の物を掠《かす》めなどして、諸人が難儀をしたが、酒井左衛門尉《さかいさえもんのじょう》が厳しく取締りをしたため、一時しずかになったが、また乱暴をはじめた頃である。

私はこのことを聞いて、これは大変だ、弾左衛門一族は全国ではなかなかの数である。これらが蜂起《ほうき》しては非常の大事だ、今のうちによく説得して置かねばと心に思うて、その門弟に、私が話に行きたいが、何かよい口実はないかと言うと、ちょうど弾左衛門の隠居に、ユズル（文字不詳）という者があって、これがなかなか見識のある男だが、このせつ下痢をして、痢病になりはせまいかと、一同心配しているとのことだ。それはちょうどよい、その者を診察に行こうと言うと、先生は奥医師であるから、なかなか穢多〔封建的身分制度の中で、職業や居住地を強制・固定化されるなどの差別を受けた〕の家に来られるものではないと言う。なに、それは弾左衛門附の医師から願書を出せばいいと言ったら、大いに喜んで、弾左衛門出入りの医師から願書を出した。穢多といえば畜生同様に思うたその頃のことだから、門前から竿《さお》に願書を挟んで出したくらいだ。これこれこういう訳で、私は弾左衛門の所へ行くからと、御老中の末席にある立花（種恭《たねゆき》）侯に話したら、よろしく頼む、もし穢多のところへ行ったことがやかましくなった時は、私が口を利こうとのことであった。そこで、病人を見る風をして、毎晩、出雲橋の赤石屋から船に乗って、山谷《さんや》堀で上がって、弾左衛門の家に行って、いろいろ話をした。

そのおり系図などを見たが、元はなかなかの家柄であるので、今まで畜生同様に見なされて、人間の扱いをされなかったお前たちを、私が尽力して世の中へ出してやるが、その代りには、今まで除地になっていた土地も年貢を納めねばならず、随《したが》って今までよりは実入りも少なくなるは承知かと言うと、日の光を見るようになれば、どんなことでもいいとの答えゆえ、それでは全国にあるお前たちの手下は、年に一両ずつの人頭税を政府に納めよ、それも年々金子にて納むることは困難ならんゆえ、日に幾らか余計に働いて、その製造物をお前が引受けて、これを売って利を得、政府に納むべき金子はお前が立替えて納めたらよかろうと言ったところ、畜生の域を脱することが出来れば、実に再生の恩とも思うとのことであった。

それで、そのころ小栗上野介が御勘定奉行であったけれども、権勢は諸老中を凌いでおったので、しばしば小栗に弾の一条を言い出して見たが、いつも穢多の世話などはよい加減にせよとて受けつけぬけれども、今のうちに片を付けて置かぬと、どんなことになるかも知れぬと思うゆえ、心配しておった。そのうちに慶喜公が大坂から還《かえ》られたから、早速お人払いを願うた。慶喜公は甚だ淡泊な方で、縁側に出られて、何ンだとお尋ねがあった。よってかくかくと弾の一条を申上げ、このことは立花御老中にも申上げて置きましたと言ったら、立花を呼べとの仰せがあって、呼ばれてお尋ねがあったから、立花もかくかくと言上したところ、かかる大事を何ゆえ捨て置きしかと、小栗はお叱りを蒙《こうむ》った上、早速明日にも穢多悉皆《しっかい》庶民の取扱いをせよと仰せ出だされた。

けれども急に一同を庶民にしては、幕府の威権にも関わるということで、弾左衛門ならびに諸国にあって、毎年交替してその用人を勤むる重立ちたる者六人だけ、平民に組み入るることにして、とうとうその令が出た。それで全国一般の穢多は、明治政府になってから新平民になったが、弾左衛門ならびに六人の用人は、幕府の時、すでに庶民の列に入ったのである。

反対された梅毒検査

その頃である。私は梅毒検査を行なおうと思って、諸遊廓《ゆうかく》に相談したところ、楼主の中で賛成する者も少なくはなかったが、また反対する者も多くて纏《まと》まらぬ。よって根津《ねづ》に遊廓を再興して、ここより梅毒検査を実行しようと思うて、楼主たちに計ったところ、始め従来同心（町奉行所附き同心）輩の中に、強談をなして金円を貪《むさぼ》り取る者があって、営業も思わしく行かぬというて躊躇《ちゅうちょ》のていだ。

そこで、それは心配するな、時の町奉行石河駿河守（石川《いしかわ》利政）に話して、彼らの足踏みのならぬようにしてやらんとて、根津の顔役常磐屋万七に命じて、同心の心悪しき者を書き出させ、その書付を持って石河駿河守に話した。そこで石河は配下一同に、今度できる根津の遊廓には立入らぬようにと内訓をしたところ、部下の者が甚だ不服で、何故かの遊廓に限りて立入ることが出来ぬかと沸騰したが、かかる心得違いの者があるからだと言うて、かの書付を見せられたので、一言もなく服してしまった。そこでみな安心して根津に遊廓を起すことになった。

私はそこに梅毒検査所を建てんがために、地面を画して、西洋医学所梅毒病院附町屋敷と書いた大きな柱を立てた。その時に遊女屋が十一軒出来たが、未だ棟上げの時に、私が会津に脱走したため、とうとう梅毒検査は行なわれずにしまった。はじめ検査所を吉原の近傍に建てるつもりで、御船蔵三棟の払い下げを願うて許されたが、御維新の騒ぎで、瓦《かわら》のみ私の手に帰したが、材木は本所の某という者に取られてしもうた。その瓦は早稲田《わせだ》学校を起した時に用い、その後、雉子橋内の大隈《おおくま》邸に用いたが、今はどうなったか知らぬ。

### 牛乳と西洋料理

牛乳を飲むことを盛んにしたのは私である。病人などには是非のませなければならぬと考えて、由良牛馬大丞の処に行って、無病の牛を世話してくれと言ったら、痩《や》せた親子の二匹をよこした。それを牽《ひ》いて帰ったら、門弟たちが、先生は牛の骸骨《がいこつ》を買って来たと言って笑った。それを馬丁の参次という者に、この牛の飼料として日に二朱やるから、よく世話をしろと言いつけた。参次も金二朱ずつだから、骨を折って世話をしたため、見違えるようにふとった。その乳をしぼって一合一朱に売ったけれども、まだ獣の乳などは飲むものがない。

ちょうど吉原の今紫《いまむらさき》が衰弱しておったから、これに飲ませ、また俳優の訥升《とつしょう》に飲ませたところ、これを飲むと舞台で呼吸《いき》がきれぬと言うて喜んだ。これから男は今紫が飲むから、女は訥升が飲むからというので、やや盛ンになって来た。そこで榎本対馬《えのもとつしまの》守《かみ》〔道章《みちあき》〕に勧めて、神田左衛門河岸《さえもんがし》に小屋を建てて牛を飼い、乳を売らした。

また東京で西洋料理も始めさせた。そのころ牛肉が食いたくなると、横浜まで取りにやるので、費用が大分かかるから、人をやる時は十斤くらい取り寄せて、それを成島柳北、柳川春三《やながわしゅんさん》、伴鉄太郎《ばんてつたろう》、宇都宮孝之進などの友達に分かったが、これは面倒だから、三河屋又兵衛に言い付けて、柳原《やなぎわら》に牛屋を出させたところ、なかなか繁盛した。

私は長崎にいた時に食った西洋料理を、時々思い出しては食いたくなるので、三河屋に西洋料理を始めてはどうだと勧めたところ、至極妙であろうと言って、横浜からコックを連れて来て、ドブ板新道に見世を開いた。これが東京で西洋料理の元祖だ。そのとき柳川春三が広告の原稿を書いた。

このドブ板新道とは下谷数寄屋町《すきやまち》のドブ板横丁のことか。なお三河屋はその後、神田佐久間町《さくまちょう》一丁目、同多町《たちょう》、同三河町二丁目、同永富町《ながとみちょう》板新道《いたじんみち》、同錦町《にしきちょう》三丁目と移動したらしい。当時の料理代金と品目は広告に「西洋御料理、並仕出し仕《つかまつり》候。御一人前、上金二百疋《ぴき》、肉四品、ソップ、菓子附、料理一式。御進物。中金百五十疋、肉四品一式、御折詰。並金百疋、肉三品一式、御重詰。右之外上々之部、御好次第出来仕候。西洋酒類、ブドウ酒、ビヤ酒、シャンパン酒、其《その》外《ほか》御好次第、菓製、西洋御菓子類品々」とある。編者註。

此間出版になった「同方会報告」の第十四号に、松本先生のお話が載せてありました中に、牛乳のことが書いてありましたが、あのことで、私は思い出したことがあります。と申すものは、私が少年の時、体が弱いので、親父が白牛酪《はくぎゅうらく》を買ってくれたことです。

白牛酪というのは、今の仏蘭西《フランス》公使館、あの雉子橋外の旧大隈伯の邸ですな、あすこが旧幕の御廐《おうまや》でした。その御廐で、白牛の酪を売ってくれる。それも伝手《つて》を求めて買うので、諸侯なども大分用いられたそうですが、それを滋養があるというので、持薬にいたしました。

何ンでも二寸五六分ぐらいの長さで、幅が一寸、厚みが五分ぐらいもありましたろうか。それで一片金一分ぐらいでした。一分は今の二十五銭ですが、その頃の一分はなかなか貴《とう》とうございました。或る時このことを、今は故人になられました中村敬宇《なかむらけいう》先生に話したことがありましたら、先生も用いられたそうで、お話に、筋違外《すじかいそと》の紀伊国屋《きのくにや》（薬舗）で買ったところが、貝へ入れてくれたのを、小刀で削って、水を入れた盃に浮かせて、飲んだことがあったっけとのことでした。どういうものか、昔は白牛でなければ滋養がないように、心得たものと見えます。全体、八代将軍が白牛を上州〔房州〕の峯岡《みねおか》牧場に飼われて以来のことで、それから次第に盛ンになったのでございましょう。峯岡は明治になってからは、県庁で持ったり、農商務省で持ったりして、今は民有になっております。（牛込会員）

## 十　流行歌

当世よくばり武士

世の耳目をそばたてしむる一事件の起る毎に、童謡の行はるゝは、今も昔も異ることなけれど、封建時代、言文の羈束《きそく》せられし頃に当りては、殊に盛んなりしは人の知る所なり。されば幕末、海外紛乱の世にありては、種々なる落首《らくしゅ》、替歌等行はれ、今に伝ふるもの少しとせず。左に掲ぐるチョボクレ節をもじりたる「当世欲張り武士」と題せるものも、またその一なるか、その文字の痛快適切なる、余の見たるこの種のものの中において、最も出色なるものとす。この作の出でたるは慶応四年（明治元年）三月の頃にして、作者は奥坊主なりといへれど、もとより確かなることの知らるべくもあらず。当時これを瓦版《かわらばん》に刷りて、幕府要路の士、ならびに各藩邸に配布せし者ありしかば、中にはそのざんぼうの甚しきを憤りて、作者を物色せしかど、遂に得る所なかりしとぞ。この「よくばり武士」は、幕末共に為すあるの諸侯なきを憤慨し、その内情を摘発して釐毫《りごう》も仮借せず。思ふが儘《まま》に嘲罵《ちょうば》し尽せる、意気の壮なる、一の大文字なり。さあれ言語野卑にして、且《か》つ人身中傷の字句多く、徹頭徹尾罵詈を極はめたるは、厭《いと》ふべきが如くあれども、これチョボクレ節の本色にして、敢《あえ》て厳格なる時事論と、同一視すべきにもあらざらんか。

そも〳〵このたび京都の騒動、聞いてもくんねえ。長州事件の咽元《のどもと》すぎれば、熱さを忘れたたわけの青公卿。歌舞伎芝居のとったりめかして、攘夷々々とお先まっくら。己《おの》が身を焼く火攻めの辛苦も、とんぼの鉢巻むこうが見えない。山気でやらかす王政復古も天下の諸侯に綸旨《りんじ》の何ンのと、勿体ないぞえ。神にひとしき尊いお方の、勅書を餌にして言いたい三昧。我田へ水引く阿曲の小人、とゞの詰まりは首がないぞえ。それにへつろう末社の奴原《やつばら》、得手に帆あげる四藩の奸物《かんぶつ》、隅の方からソロ〳〵這い出し、濡手で粟とるあわてた根性、眉に八の字、青筋出して、向う鉢巻すりこぎかゝえて、威張ったとっても、天下の諸侯はなかなか服さぬ。足もと明るいうちこそ幸い、お国土産の芋でもくらって、屁でもこき出しひったらよかろう。おらが親分お気がよすぎて、自分の政事を一から十まで取上げられても黙っているのか。おめえはそれでもいゝかは知らぬが、冥土《めいど》にいなさる神祖に対して、何ンと言い訳しなさる積りだ。二百余年の社稷《しゃしょく》の大業、人手に渡して済むか済まぬか、わからぬながらも積って見なさい。一朝一夕骨を折らずに、取ったか見たかの天下じゃ無いぞえ。七つの歳から駿河へ人質、数年の辛苦も臣下の忠義に、ようようお家にお帰りなさると、門徒の争乱、大高《おおだか》城内兵粮運びの、味方が原には一騎の脱走。武田北条左右に引受け、孤立の接戦、数ヵ度の敗軍、つく〴〵思えば涙がこぼれる。小牧山《こまきやま》なり、関が原なり、大坂御陣も、眉に火の火急の接戦。夏の炎天、兜の上から照りつけられても、水も呑めない。冬は寒気が肌を通して、霜を戴き兜の緒をメめ、昼夜を分たぬ艱難辛苦と、ともに積った七十有余の歳になっても、肉さえ食らわず、麁食に水呑み、昔を忘れず、肱《ひじ》を枕に山野に起き伏し、それに従う臣下も同様。こんな憂き目をなされた天下を、如何に気楽なお人だとっても、熨斗《のし》を張り付け進上申すと、渡す間抜けが唐にもあろか。

これも奸賊四藩のなすこと。腕を捲くってやっきと気を張り、ビシ〳〵やらかせ、しっかりしなせえ、馬に鞍《くら》置き鞭《むち》を加えて、ノンノン出掛けろ。譜代恩顧の諸侯もあるぞえ。

安芸の伯父さん（広島の城主、浅野家）どうしたものだよ。お前は当家のお聟《むこ》じゃないかえ。言わば一門同様なお方が、長州なんどのお先に使われ、狐になるとは呆れたものだよ。四十二万のお高はどうした。妾にばっかり入り上げたのかえ。譜代恩顧の郎党はげまし一手に引受け長州討ったら、少しは先祖へ言い訳立つべい。加賀さん（加賀金沢の城主、前田家）どうした、お前もやっぱりお聟じゃないかえ。今は息子のお代と云えども、しっかりしなさい。百万以上の大きなお高を掌握しながら、豆でも食らった鳩でもあるまい、隅にばっかりかがんでおっては、根っから詰まらぬ。大名の頭《かしら》か芋の頭か、何ンだかかンだか少しも分らぬ。今度は天下の安危に関わる、肝心要《かなめ》の大事の所だ、腕を捲くって憤発しなさい。仙台（松平陸奥守、本姓伊達《だて》）、南部（陸中盛岡《もりおか》の城主、南部美濃守）に、津軽（陸奥弘前《ひろさき》の城主、津軽越中守）の爺さん、ムク〳〵しないで何ンとか言いねえ。たとえお国は山の中でも、是迄度々お江戸へ参覲《さんきん》、少しは世間が知れたであるべえ。天下の大事は国家の大事だ。それとも西国奸徒の野郎に、頭《あたま》を叩かれあやまる所存か。グニヤ〳〵グニヤ付く蒟蒻野郎《こんにゃくやろう》だ。殊に仙台、お前《めえ》のお家の先祖は高名、二百余年の静に治まる泰平の基は政宗《まさむね》先生、天下の諸侯を一手に引受け、いくさを致すと言われた度胸に、皆々屈伏したではないかえ。それに何ンぞや今の始末は、あんまり手ぬるい。万石以上の四十八館《たて》、槍先揃えて中国征伐、一手に引受け憤発しなさい。金はなくとも米は沢山、蒸汽（船）でドン〳〵積み出すものなら、国は忽ち天下有福、それから憤発一旗あげれば、天下に敵する諸侯はあるまい。徳川中古の回復諸侯と、あっぱれ言われろ、しっかりしなさい。

次には会津の蠟燭《ろうそく》親方、お前はほんとに忠義なお人だ。四五年此方《このかた》憤発勉強、二十余万の僅かなお高で、かくまでするとは感心々々。今に奸徒が鎮静したらば、百万石には請合なるぞえ。猶々《なおなお》この上しっかりやらかせ。因備《いんび》（鳥取および岡山の両池田家）の腰抜け、呆れたもんだよ。お前は眼前、今の君には真の兄弟、それに何ンぞや、奸徒に一味と世間の風聞、不忠不孝のお人であるぞえ。家来不服で所置が出来ぬか。わずか一国二国に足らない、国の政事が行届かぬとは、生きて甲斐なき間抜けの親玉、いっそ死んだが何よりましだよ。阿波の野呂間（徳島の城主、蜂須賀《はちすか》家）もやっぱりそうだよ。土佐の奸徒にブル〳〵ふるえて、ヘイ〳〵あやまり、奴《やっこ》同様にさるゝは何事、お前のお家は立派なはえぬき、尻を端折ってヤッキとやらかせ。福井の坊ちゃん（越前福井の城主松平家、俗に越前という）何して居なさる、お前は田安の正統の人だぞ、殊に一旦《いったん》政治を執《と》ったる、肩書御所持の御身じゃ無いかえ。今の騒動はお前が篦棒《べらぼう》、諸侯の奥方国許住居と、やらせたことから起ったことだよ。お家は元来立派な御家門、何はさておき出でずばなるまい。向う鉢巻、七つ道具をしっかり背負うて、腕も砕ける奮撃突戦、矢玉を冒して進まにゃなるまい。それが出来ぬはやっぱり腰抜け。グズグズなさると首が飛びます。天下の人民こぞって憎むぞ。肥前の御隠居（佐賀の城主、鍋島《なべしま》家）、昼寝をなさるか。天下は累卵危くなったよ、出かけて騒動鎮めて下さい。今まで尽した忠義の廉々《かどかど》、こゝでたゆむと水の泡だよ。会津に劣らぬ文武のお人だ、何分お頼み申すとあるぞえ。肥後の先生（熊本の城主、細川家）、是も同様、惜いことだが砲術開けぬ、しかし日和を見ていちゃいけない、今度の争乱治めて下さい。黒田の先生（福岡の城主）ぐず〳〵しないで、早く出ないか。五十二万の高禄貪り、何していなさる。まご〳〵なさると、腰抜け仲間と人が云います。長崎警固も厳しくしなさい、薩摩に渡すと笑われ草だよ。雲州（松江《まつえ》の城主、松平出羽守）と姫路（酒井雅楽頭）は何しておいでだ。お二人さんとも立派な御家門、中国山陰押えの大名、しっかりしないと切腹物だよ。小倉（小笠原右近将監）はほんとに不愍《ふびん》なものだよ。中国西海平定したらば、何ンとか御所置をせねばなるまい。誠に気の毒笑止の限りだ。松山（伊予松山の城主、松平隠岐守、本姓久松《ひさまつ》）憤発感心々々、早く加勢をやるがよかろう。福山（備後福山の城主、阿部伊勢守）どうした、銘酒を呑みすぎ、酔ってはならない、砲術開いて先手を勤めろ。井伊（彦根《ひこね》の城主）や高田（越後高田の城主、榊原《さかきばら》式部大輔）は先にも懲りずに、少しは鉄砲開くもよかろう。戦地に臨んで、青菜に塩では困ったものだよ。先祖の武功も水の泡だよ。錆《さ》びた刀やへら弓ばかりじゃ叶わぬ世の中、主家の大変何ンと思うぞ、馬鹿げた野郎だ、こいつもやっぱり死んだがよかろう。藤《とう》堂《どう》（勢州津《つ》の城主）の爺《とっ》さん、早く出ないか。慶長頃まで五万の小禄、当家に仕えて三十余万の国主と云えども御譜代同様。国の異名にひとしき先生、貰うばかりが能でもあるまい。関西諸侯の旗の頭が、聞いて呆れて物が言えねえ。讃岐の高松（松平讃岐守）、大和の甲斐（郡山の城主、松平甲斐守、本姓柳沢《やなぎさわ》）さん、枝も鳴らさぬ太平の浮世に、十万余石の高禄貪《むさ》ぼり、家来に文武の世話もなさずに、飲み食いばかりに世の中送るは、虫けら同然。高を差出す仲間の頭《かしら》だ。そんな心じゃ腹も切れまい、縄を便りに首でも縊《くび》って、死んだがよかろう。上杉先生（出羽米沢《よねざわ》の城主、上杉弾正大弼《だいひつ》）お前は感心、譜代恩顧の人とは違って、大きなお高を取られたお前が、先年以来の忠義はなかなか諸人の及ばぬ所でござるぞ。佐竹（羽後《うご》秋田の城主、佐竹佐京大夫）の山出し、お前もやっぱり高を取られた仲間の者だが、今度の大変、非常の場合だ、恨みをさしおき勤めて下さい。尾張の太郎さん（尾州徳川）大きな篦棒、神祖以来の三家の頭といわるゝおん身が、先年以来の御所置は何事。宮のおやまの瘡毒身に染み、癲病やみとも何ンとも彼ンとも、たとえようなき家来の奴原。塒《ねぐら》に離れた烏じゃあるまい。うろ〳〵まごつき、ガア〳〵云っても仕方がないぞえ。寝《ね》惚《ぼ》けなさんなよ、お附きの御家老。紀伊さん（紀州徳川）なんぞは感服者だよ、一国こぞって兵隊こさえて、天下に忠義をつくしていなさる。水戸（常陸徳川）の甚六困ったものだよ。副将軍とも云わるゝお人が、一国さて置き、半国ばかりの政治が出来ぬか。家来は不服で四方に分散、お前も誠にすりこぎ野郎だ、高を差出し、十万ばかりの賄い貰って、引っ込み思案が相当だんべい。

それは扨置《さてお》きゾロ〳〵居なさる閣老参政、その他の役人、分別ついたか、因循姑息《いんじゅんこそく》も時に依ります。歌舞伎芝居の上使の壱岐さん（唐津の城主、小笠原家の世子、当時老中なり）、田舎侍役には立たねえ、ちんぷんかんぷんお臍《へそ》で茶が沸く。先年長州先手の総督、九州大名指揮するなンぞと、出掛けたところはべらぼに宜《よ》けれど、智恵が無くって了簡なくって、お尻《しり》が早くて、長崎なンぞへ欠落ちなどとは、誠に呆れる。江南小児の遼来々《れろれろ》所か、それとは替ってあかん弁慶、屁でも景清《かげきよ》、外道《げどう》の大将、天下の人民こぞって笑うぞ。唐の真卿杲卿《しんけいこうけい》が忠勇、画像を拝して張巡見なせえ、皆これ天下の英傑だんべい。これこそ天下の将帥と云われる。それに何ンぞや賊の旗の手、見るか見えぬにブル〳〵ふるえて、兵士を振り捨て、一人で欠落ち、馬鹿と云おうか臆病と云おうか、盲滅法《めくら》河童の屁の様な腐った根性、たとえようなきすりこぎ野郎だ。首でも縊って死んだがよかろう。困る伊賀さん（備中松山の城主、老中板倉伊賀守）、呆れた縫ちゃん（信州田野口《たのくち》の城主、老中松平縫殿頭《ぬいのかみ》、本姓大給《おぎゅう》）、下から経上がる平山図書さん（若年寄平山図書頭）、浅野の御隠居、川勝先生（若年寄川勝備後守）、是等もやっぱり学者の生酔、漢語交りの言葉を用いて、書付けなンぞはよしてくんねえ。机に向うて詩文の研究、山程書いても役には立たない。あっぱれ立派な物識《ものし》りめかして、事務策なンぞを無暗《むやみ》にやらかし、一《い》ッ廉《かど》天下の議論を述べても、社稷を助ける智恵が無ければ、腐れ儒者だと孔明《こうめい》が云わずや。春秋左伝に通鑑綱目《つがんこうもく》、史記や漢書や元明史略を、百度見たとて千度見たとて、生れ付いての馬鹿は直らぬ。鉄砲かついでピイピイドン〳〵やったがましだろ。武侯の中流、呉起が立策、七十余城を一時に落した楽《がく》毅《き》が行い、よく〳〵目を付け考え見なせえ。野呂間じゃ天下の助けは出来ない。ナポレオンでもワシントンでも、天下を治める技倆《ぎりよう》は格別、中々及ばぬ、勉強しなせえ。稲葉の兵六（房州館山の城主、稲葉家の隠居、兵部大輔。時に老中）どうしたもンだよ。腰抜け仲間のよぼ〳〵親爺だ、海軍総督聞いて呆れる。敗軍相当な臆病だましい、船に乗ったら嘔吐《はく》でもするより、外に何ンにも働き出来まい。まだある淀さん（山城淀の城主、稲葉美濃守、老中）、川越先生（武州川越《かわごえ》の城主、松平周防守、老中）、グズ〳〵して居ちゃお江戸が危ねえ。四五年かゝってよう〳〵仕立てた歩兵はお暇、倹約なンぞもお為ごかしに旗本苦しめ、金納なンぞと出掛けた揚句に、半高取上げ融通にしたのは何ンの為だえ。今が今まで兵士も出来ねえ。金があっても兵士が無ければ、いくさは扨置き何ンにも出来まい。かくの如くの斗筲《とそう》の小人、集まり挙《こぞ》って政事を執る故、内憂外患一時に起って、今にも知れねえ天下の累卵、それから俄《にわか》にガヤ〳〵騒いで、太鼓が直って、触れが廻って、兵士が這入《はい》って、小隊前へと号令掛けても、何が何やら分らぬ歩兵を、催うし散らして出掛ける騒動、馬鹿と云おうか、たわけと云おうか、耳はあってもきくらげ同様、まなこはあっても節穴同然。木偶《でく》の棒とは是等のことだよ。今に見なせえ、中国西国激浪みなぎる天下の騒動、お江戸は灰燼《かいじん》、その時どうする、ガラガラ崩れて、地べたへ転げて、鼻血と涎《よだれ》を流したとっても、六日の菖蒲《あやめ》に十日の菊酒、跡の祭で治まりゃ付かない。譜代恩顧の小禄大名、やっぱり間抜けで仕方も無けれど、是等は天下の米喰い虫にて、論にも足らない度外の奴原。何はともあれ肝心要の天下の権老、こんな事では誠に困った。神祖以来の尊き大業、賊徒の馬蹄《ばてい》に掛けるは嘆息、数も知れない旗本御家人、多くの中には一人や半分、忠義なお人がありそなもんだよ。三千以上の高を貪り、惰弱な奴原、役には立たない。かゝる危急の場合に臨んで、やっぱり寝惚けて半高なンぞと、己れに水引き小言を云いおる。主家が亡びて己が俸禄、万々年まで保つ所存か。お先真暗、足元見えぬも程があります。間抜けで腑抜けで、奥詰め銃隊、藁《わら》人形にも劣った人物、遊撃隊にも困ったものだよ。槍術剣術役には立たない。これ〳〵旗本しっかりしなせえ、今の時節は何ンと思うぞ。一同挙って京都へ詰め寄せ、愁訴と出掛ける覚悟は無いかえ。さりとは困った間抜け揃いだ。鳶《とび》の人足、土方と云えども、頭がやられりゃ皆々出掛ける。中間小者に劣った了簡、引っ込み思案は泰平な時だよ。是ほど励まし訳が分らにゃ、虫とも何ンとも云いようがござらぬ。残らず揃って両国橋《りょうごくばし》から身でも投げるか、豆腐で天窓《あたま》を叩き壊して、いっそ死ンだが何よりましだろ。大関《おおぜき》兄さん（下野黒羽《くろばね》の城主、大関肥後守。若年寄）お前が頼みだ。ビシ〳〵やらかせ、跡の奴等は頼むに足らない。玄蕃《げんば》（若年寄、永井玄蕃頭）の水呑み読書が足らない。漢学ばかりじゃ叶わぬ世の中、飜訳本でも見たならよかろう。平岡《ひらおか》丹州（若年寄、平岡丹波守道弘《みちひろ》）、石川《いしかわ》（若年寄、石川若狭守。常州下館《しもだて》の城主）、京極《きょうごく》（若年寄、京極主膳正。丹後峰山《みねやま》の城主）、立花《たちばな》（若年寄、立花出雲守。奥州下手渡の城主）なンぞは蛆虫《うじむし》同様、外夷に笑われ、京都は縮尻《しくじ》る、大名放れる、お人が無くなる、金が無くなる、世の中乱れる、お口は酢くなる、こゝらで一口《ひとくち》湯でも呑むべい。

　さても内々物づくし　慶応四年八月新版

文久出世がほうずがない
しかし八文にゃ成りそもない
百銭相場がわからない
それでもしまっちゃおかれない
あしたのお米の当てがない
むやみに上がるもほうずがない

おあしの安いもきりがない
それゆえ諸式もさがらない
買手も此頃からすくない
それでも買わずにゃいられない
こんどのおふれはそむかない
時世《ときよ》じせつはしかたがない
ゆう屋はまことに入りがない
六十四文じゃすてきもない
かぶを売るには買手がない
買った所がしかたがない
お武家の商いみっともない
それでも居喰《いぐ》いじゃつゞかない
町か屋敷かわからない
とのさま夜の目も寝られない
おくさまたいてじゃござらない
若様けいこもおぼつかない
お嬢様すましていられない

ごくらくするよりほかはない
火事といくさは食いたくない
鉄砲くっては命がない
雨のふるのもほうずがない
それゆえせんざいさがらない
天気になっても長もちゃない
こうこもうっかり食われない
塩をなめてもいられない
あぶらげ三十文ためしがない
手拭一朱じゃ買われない
三分の反物よくはない
ふんどし二朱では買われない
ぶら〱さげてもいられない
お酒も高くて呑《の》まれない
なまよい此せつ見たことない
あってもすくないたんとない
そのはずぽっぽにぜゞがない

内職ぐらいで食われない
道具の売喰いなさけない
じつに難渋この上ない
どうなることやらわからない
髪も二百じゃいわれない
わらじも二百じゃはかれない
はたごも一分じゃ泊まられない
二百のお酒もきゝがない
借金おおくて立ちきれない
此上借りるにゃ貸手がない
かけ落ちするには路金がない
しんぼうするより外はない
うらだな住居はなさけない
相談しょうにも相手がない
三味線ぺんとも音がない
たまに聞いても気が浮かない
吉原灯籠《とうろう》もつまらない

そののち花火もあがらない
なきごというてはコレすまない
お上のうわさはもったいない

ペルリキテコマル草

ないや〳〵、とんでもないや、今度渡来の亜米利加は、与力や通辞に取り合わないや。返輸《へんかん》取らずにゃ帰らないや。小田原評定追付かないや。小身旗本具足がないや。申し付けても間に合わないや。諸家の物入りたまらないや。みえも機転も続かないや。品川御台場まだ出来ないや。出来てもねっからつまらないや。大筒打っても届かないや。先ではちっとも恐れないや。だまっているのも智恵がないや。伊勢さん今度はあぶないや。隠居御世話も届かないや。木綿の紋付木戸もないや。棄捐《きえん》は中々まだ出でないや。御家人一同暮せないや。御触《ふれ》もさっぱり分らないや。今年の火事には盤木がないや。異国語はまだやまないや。とても神風吹かないや。是非もないや。彼是《かれこれ》いうのも勿体《もったい》ないや。公儀の御世話も抜目がないや。まず〳〵当分気遣いないや。

# 明治元年

塚原渋柿《つかはらじゅうし》

塚原渋柿園。本名は靖《しずむ》。嘉永元年江戸生まれ。明治元年徳川家に従い静岡藩へ。新聞記者を経て小説家となった。代表作に『天草一揆』『由井正雪』、翻訳に『魯国事情』などがある。大正六年没。

## 慶応三年の暮から明治元年にわたる江戸

昔の江戸の何か珍しい年中行事を聞きたいとの事ですが、それは世間にも「風俗画報」そのほかの著書雑誌もいろいろある。殊に江戸の年中の行事といっては事が余りにひろきに過ぎて、どこからお話し申していいか、殆《ほと》んど捉《つか》まえどころもない。で、右はやめとして、私は一つ、今から卅《さんじゅうご》五年前、維新の当時——慶応三年の暮から翌四年、即《すなわ》ち明治元年に亙《わた》る江戸の沿革の有様を、私が見た通り、否、むしろ出遇《であ》ったままのそのままを、すこしも作り飾らずに、小説家を離れてお話をして見ようと思う。

——さよう、その順序は、最初が三年の暮の芝の薩州邸の焼討ですな。それから鳥羽伏見の戦争を江戸で聴いた時、前将軍家（慶喜公）の東帰、江戸の開城、その冬に私どもが静岡に移住した時の惨状、彼の地へ行ってから旧幕府の武士——いわゆる無禄《むろく》移住の士族の面々が如何《いか》な辛酸を嘗《な》めたかという、年中行事でない、当時世間の行事というをお話し申す事としましょう。

蓋《けだ》しこれらの次第というは今なお親しく見聞された御人もあろう。しかし実際その艱難《かんなん》に出遇って見た者でなければ知らぬ話も多くある。いやまたその難儀といったら、とても想像などの及ぶべき儀ではないですからね。況《いわ》んや明治の以後に生まれた御人には夢にもというものであるから、或《あ》るいはこれは維新史編纂《へんさん》の材料の片端にもなろうとも思うのです。それが一つと。

……今一つは、近ごろ或る一、二の小説などを見ますると、かの当時の事情とまるで反対した事が書いてある。例えばあのとき徳川氏の旗本家人で「朝臣《ちょうしん》」というようになった人達を、何か非常に抜擢《ばってき》でもされた、栄典でも蒙《こうむ》ったように言ってある。その実、右は正反対で、あのとき朝臣になった者をば官軍の方でも余り珍重せぬ、ましてその世間からは非常に妙な悪感情を持ちまして、——つまりは「開化《ひらけ》」ぬという話でしょうが、魚屋八百屋でもその屋敷には物も売らぬというような有様もあったのです。そのまた当人も、その当時は人にも面会《あわ》ず、偶ゝ《たまたま》会えば赤面して、私どもも駿河《あちら》へ御供もしたいですが、家内にこれこれの難儀があるとか、親類にしかじかの苦情が出たとかで、まことに残念ながら、実に余儀なく……とか揉《も》み手《で》をして、あやまっていたくらいです。なかなか天朝の御直参になったからとて、威張り返って意気揚々の得々のどころの次第ではないのでした。

だから当時のありのままを正銘で語ったら、或いはその意外に驚かれる人もあろうが、その驚かれるところがこのお話の生命なので。しかし卅五年も前ですから、その月日、事実等にも定めし間違いも前後もありましょう。それらは宜《よろ》しく他の書か、または人に就いて是正して戴《いただ》く事として、まずは本文に取りかかる。

### 薩州邸の焼討

薩州邸の焼討は慶応三年の十二月廿五日《にじゅうご》とおぼえている。焼討というよりも、むしろ自焼というべきだが、当時世間ではみな焼討々々と言いましたから、ここもそう書いて置く。これはこの秋の頃から江戸市中に、強盗《おしこみ》、辻斬《つじぎり》、いろいろ物騒な事がはやって、夜になると日本橋京橋界隈《かいわい》、神田、芝、品川あたりの盛り場にも人通りの絶えたことがありました。

それで市中の諸所に屯《たむろ》所（寺院または大家など）が出来て、別手組《べつてぐみ》——幕府の御旗本御家人の当主、次三男、厄介に拘《かかわ》らず、剣槍《そう》馬術の心得ある者を選むというので、最初は東漸寺〔東禅寺〕、済海寺《さいかいじ》、東海寺等の異人館、即ち外人の居留している寺院の警護に附けられた。後には見廻組《みまわり》と改称したかに思っている。その頭で名の聞えたのは多賀外記である。

撒兵組——以前の御持弓組、御持筒組、即ち俗に「御持組《おもち》」といった与力同心、幷《ならび》に御坊主などから組立てられた銃隊。

新徴組——御旗本、御家人からも出たが、おもに諸方の浪士を集めた組で、後に新選組といった。近藤勇、土方歳三《ひじかたとしぞう》などの諸豪傑もこの組から出た。荘内の酒井左衛門尉殿の手について市中の見廻りを専務としていた。それ等がその屯所に詰め切って、市中の「巡邏《じゅんら》」というのをしていましたが、なかなか息《や》まない。しかもその賊はみな武士の打装《いでたち》で、二人三人、多いのは五、六人も組んでいる。浅草蔵前の蔵宿《くらやど》、深川木場《き》《ば》の材木屋などへ這入《はい》った者は七、八人以上もいたというので、何分これは普通の賊ではあるまい、この節諸方から入込んでいる浪士——後にいう憂国の志士等の所為《せい》か、或いは一、二大藩の家来かどうかという詮議《せんぎ》で、或るとき岡っ引の一人が彼の賊のあとを跟《つ》けて見ると、それが果して芝の薩州の上屋敷へはいったという。さてこそ、と言ったそれからがこの騒動。

火事ではなくて戦争

私の家は根来百人組の与力であったから、この時も市ヶ谷合羽《かっぱ》坂上の組屋敷（今の仲之町《なかのちょう》）に住んでいた。この年私は廿歳。このころ父は講武所の槍術の世話心得取締から御徒《おかち》目付に転じて、この時は他所へ出張していた。父が槍術の師匠は牛込東五軒《ひがしごけん》町《ちょう》にいた林肥後守《はやしひごのかみ》殿抱《かかえ》の伊能一雲斎、この人は当世の豪傑で、その伝は依田学海《がっかい》氏の著「譚海」にも出ていたかと思う。私もその子矢柄氏に就いて槍《やり》を学んだ。矢柄氏はその主林氏に附いて箱根から函館に脱走したとか聞きました。で、母はその旅中の無事を祈るというので、赤坂の豊川稲荷《とよかわいなり》へ日参をしていた。

この日はたしか不快か何かで、私が代参を言いつけられて、朝飯を終ったちょうど辰刻《いっつ》頃（今の八時）組屋敷を出ようとすると半鐘が鳴る。火事だ！　どこだかと聞くと、芝だという。ナニ、通例の火事だと思って、摂津守《つのかみ》坂から四谷大通りまでぶらぶら行くと、消防夫《しごとし》などが駈《か》けて行く。やがて堀端へ出ると成程煙が見える。大火事だ。それでも戦争などとは思いもよらず、紀国坂《きのくにざか》から右の豊川の社《やしろ》（今は往来の北側だが、その頃は南側）へ参詣《さんけい》して、帰りかけたが、世間の様子がどうも変だ。

そのころ赤坂には火消屋敷があって、その与力の浅井というへ私の叔母《おば》が嫁《かたづ》いている。そこへ寄って聞いて見ようと「叔母さん、火事は！」と上がり端から聞くと、叔母は奥から目を円くして飛んで来て「おやお前かえ、どうおしの、火事じゃない、軍《いくさ》だよ！　薩摩様の焼討だよ！　叔父《おじ》さんなどはもう疾《と》うに出ておしまいの！」と言う。

叔母の口気《こうき》では、私がここらにぶらぶらしているのをあやしんだものと見えましたが、ナニ、その叔父の出張も討手ではない、火消与力だから消防のためなのでした。が、戦争というので私も驚いた。勿論《もちろん》その前《ぜん》から薩長といえば幕府の敵、しかもこの賊も薩摩であるなどの事は、誰いうとなき風説には聞いている。さては愈々《いよいよ》開戦《はじま》ったのかな、と且つ駭《おどろ》き、且つ勇んだが、とにかくその勝敗というが気にかかる。怖い物見たしというもので、ここを飛び出して、溜池の端から虎《とら》の門《もん》外、愛宕下通りの藪《やぶ》加藤《かとう》の門前まで行くと、さすがにこの辺は人気も騒立《わきた》って、人の眼もきょときょとしている。荷物を片付け、土蔵の目塗りなどをしている家もある。山の手から出た消防夫《ひけし》などは火掛りも出来ぬので、梯子《はしご》や纏《まとい》をそこらに立ててたむろしている。

するとそこにいた一人は、私の家へ毎日商いに来る魚屋で、「若旦那《だんな》、どこへいらっしゃる。火事ですか、あぶないあぶない、御成門《おなりもん》（増上寺）あたりにゃ大勢詰めていて、人は通しません。今見て来ましたが、あなたのような人が一人捉《つか》まって拘上《ひき》げられた。およしなさい」と、しきりに止める。「だが、戦争は？」「ナニ、軍ですか、そりゃ今朝の辰刻頃です。もうありません。薩摩が負けて酒井様などの方が勝ったのです。今はその逃げた者の詮議です……」委細はわかった。なるほど詮議で往来がやかましいのか、それではつまらぬ。それはともあれ、まず勝ったとあれば嬉《うれ》しい、と悦《よろこ》び勇んで引返したが、その時にまた驚いたのは、またもとの道を四谷へ来ると、いや太平至極なもので、ここらは戦争ではない歳暮《くれ》の騒ぎ、大横町には市がある。富山《とみやま》（有名な呉服店）には客がいっぱい、紙鳶《たこ》はあがる、鯨弓《うなり》は聞える。羽子《はね》はつく、獅子舞《ししまい》の太鼓の音はする、絵草紙屋には人がたかって、役者の似顔画を馬鹿な面して眺めている。目と鼻の間の芝――火事はまだどんどん燃えてる、その芝で今戦争があって、兵燹《いくさ》で人家が焼かれているなどとは夢にも知らぬ。長崎の葬礼《とむらい》を江戸で聞くというような調子で、往来は絡繹《らくえき》、人はみな近づく春のいとなみに余念なしという景色を見て、私もその暢気《のんき》さ加減には大いに呆《あき》れた。

このとき焼けたのは右の芝三田の薩州の上屋敷から西応寺《さいおうじ》近傍、金杉《かなすぎ》四丁目から本芝《しば》一丁目二丁目あたり、また二の橋脇の嶋津《しまづ》淡路守《あわじのかみ》の上尾敷、芝田町《たまち》の札《ふだ》の辻《つじ》から先き、ここと南品川の橋向う辺は薩藩の落武者が傘に火をつけて軒に挿して歩いたので焼けたのだと聞きました。また高輪《たかなわ》の下屋敷（今の毛利《もうり》邸）も同じく焼けた。

その翌日からかけて四、五日というものは、市中の貧民（中には貧民ならざるものまで）が、この諸屋敷の焼跡に出かけて、家中の長屋から焼け残りの土蔵そのほかを打《うち》毀《こわ》して、米銭器物その他のあらゆる物を持出した。幕府の方でもそれを制したが、なかなか肯《き》かない。

何でも七、八日たつうちに塵《ちり》ツ葉一つ、焼釘《くぎ》まで綺麗《きれい》に攫《さら》って持って行ったと聞きました。その中に或る庫《くら》には銅台《あかだい》に金鍍金《めっき》した贋造《がんぞう》の二分金が巨万あり、また或る庫には電線(絹糸で絶縁した物)が一ぱい詰まっていた。或る人がそれを私に見せて、これが電気装置《じかけ》の地雷火の導火《くちび》だ、もう少しぐずぐずしたら或いは江戸中、これがために焦土《くろこげ》にされたかも知れぬ、と舌を慄《ふる》わして話してくれた。私もわからぬながら肝を潰《つぶ》した。

## 市中は太平無事

しかしこの後の江戸市中はやはり太平無事なもので、いつもと変らず、餅搗《もちつ》き、松飾、紙鳶、羽子《はね》、厄払い、借金取りの声のうちに三年は暮れて、明くれば慶応四戊辰《ぼしん》のめでたい正月となりました。

正月になっても市中そのほか、表面は賑《にぎや》かで、礼者も来る、獅子も来る。鳥追も万歳も来る。明けましては御慶《ぎょけい》の年賀に元日から二日三日と過ぎたが、いずくんぞ知らむ、この時はこれ鳥羽伏見の大戦争で、徳川氏三百年の基礎の顚覆《てんぷく》にのぞめる際ならんとは！しかし電信も鉄道もない当時、いかな早追いでも江戸大坂間昼夜二日半でなければ通ぜぬという時節であるから、これほどの大事件をも人は太平の屠蘇《とそ》のゆめ、前将軍家の御供に立って京坂にいる人々の留守宅でも、いやな話——慶喜公の御辞職以来、上方《かみがた》のごたごたする話ばかりで困ります、宅でも早く帰って来てくれますればようございますが、ぐらいなもので、依然例年の雑煮も祝って、二日の初夢に気楽な宝船も買っていた。

## 慶喜公の帰城

ところが十二日の晩でした。私はそのころ大久保の十騎組の内藤という人に英学の句読を授かって、この夜もそこで稽古《けいこ》をしまって、ちょうど夜の戌刻《いつつ》過ぎごろ谷町《たにまち》から念仏坂、三軒屋《さんげんや》というところまで来ると、薄月夜に手丸（提灯《ちょうちん》）をとぼして、「直さんか？」と慌てた声で呼び留めた人がある。私はそのころ直太郎といった。

「誰？」と見ると、それは松岡萬《まつおかよろず》という人、新選組の世話役か何かをして、私の同僚内海氏の甥《おい》、この人は平山行蔵《ひらやまこうぞう》先生の風を慕って奇行に富んだ人である。それが声も容子も非常に何か迫り立っている。どうしたのかと訊《き》くと「いや、実に大変です。京都は大戦争、敵は薩長で、御味方大敗走！　上（慶喜公）にも昨夜蒸気船で御帰城《おかえり》です。内海の伯父なども討死したかどうか知れません。私は今それを知らせて来ました。あなたももう御覚悟なさい！」と真《まこと》に血眼《ちまなこ》でいる。内海氏は当時京都の見廻組である。私もそれを聞いて実に仰天して、夢のように身が慄えた。「あなたはどうなさる？」「私はこれから隊中を集めて御沙汰《さた》次第に出張します！」と言って「これから高橋勢《たかはしせい》州《しゅう》（泥舟《でいしゅう》）の家へ行く」と言ったかのようにおぼえているが、そのまま氏は駈けるようにして去ってしまった。

私も前の薩邸焼討以来、この納まりはどうつくものかと、心ひそかに心配していた。すると八日か九日頃から京都で戦争が始まったというような風説――真に風のような説でしたな。誰が言うともなくちらちらと聞えたが、こういう説は多く御城の御坊主から漏泄《もれ》たものである。もとより取留めた話でもなく、しかし容易ならぬと思ったから、然《しか》るべき人のところへ行って問合わしても見たが、いずれも判然とした事はわからぬ。

この時ある家で慶喜公が薩長弾劾の奏問の写書《うつし》というものを見た。しかしこの時分にはこんな種類の偽書というも多かったから私も半信半疑でいた。ただ日増しにその風説は高まるばかり！　するとこの日（十二日）の昼頃であった。下男の老僕がどこから聞いたか、「昨夜親玉（慶喜公）は御帰城になったと言うッけ」と下女に話すと、下女はまた母に告げ、母は更に私に話して「直、どうお思いだ？」と問われたから、私は「そんな事はありますまい。そんなわけが……」と虚説《うそ》にしてしまって置いたのが、松岡氏からくわしく、確かに聞かされたのであるから、ただもう夢心地に宅へ飛び帰って「御母さん、こうですと！」と次第を話すと、母は聞くなり忽《たちま》ち涙をはらはらとこぼした。

私の母は恐ろしい勝気な人で、幕府の事を悪くでも言うと泣いて怒った人、非常に権現様贔屓《びいき》でありました。で、この前後の模様は、私が前年この「文芸倶楽部」に書いた「脱走兵」にもほぼ記してある。右も自然御間暇があったら御参観を願いたい。あの篇中の人物は、名前は仮設《うそ》だが、事実は確かにあったのです。

しかし上様《かみ》の御帰城という事は、その二、三日の後までも、真疑相半ばする説として世間の耳には聞かれていた。幕兵大敗北の話も同様で「ナニ、関東《こっち》は勝ったので、先鋒《せんぽう》は京都を取ったが、まだ御人数が足りないので、上様はその後勢《あとぜい》をお召伴《めしつ》れにお仲帰りになったのだと……」「勝負はよくわからぬが、上様はただ薩長の兵はよく働くと言っていらっしゃる……」「御奥へお入りの限《き》り、御表へも出御がないそうだが……こりゃ怪しいぜ！」

十六七日頃まではまだこんな事を言い合って、誰も五里霧中にありましたな。今考えて見ると余り馬鹿げた、幼稚《こども》らしい詮議とも聞えますがね、負けても勝ったと言いたがる人情と、秘密と疑惑とで支配されている人心と、事実の真相を知る器械のない当時においては、この馬鹿さ加減は是非もないものとして御覧下さい。然《しか》して実際の戦況というものの知れわたったのは、紀州そのほかから落武者の帰って来た廿日過ぎの事、さてそれからの騒動というものが実に大変！

私の家は右に申した百人組で、その前は江戸の大手三之御門（今の下乗門）の勤番をしたものですが、その後百人組が廃せられて京都の二条御定番与力というものになって、それで私も元治元子《ね》年に父の名代で京都へ行きました。父は前の講武所の方から昭徳公（家茂）の御進発の御供をして、その旅先で御徒目付に転じたのです。その後二条御定番もまた廃せられ、京都見廻組というものになって、旧同僚はみなこの戦争に出ましたので、その中で私の同僚では島田民吉（文政時代の画家鈴木《すずき》南嶺《なんれい》の孫にあたる人）組下の同心では関屋与二兵衛、大野金三郎など、みな私と一緒におり一緒に武芸の修行などした者が討死する。そのほかにも窪田《くぼた》泉州（泉州の父治部右衛門《じぶうえもん》氏は私の父の柔術の師匠、その因で私も泉州をば知っている）初め知人の戦歿《せんぼつ》は多くあった。それも残念だが、それよりもこの大敗というが実に残念で残念で居ても起《た》っても堪《たま》らない。

いずれ再度の盛り返しの戦争は是非ある事！　その時こそは！　と銃を磨《みが》き、弾薬の用意をして、刀に引肌《ひきはだ》（鞘袋）まで掛けて、今日か明日かとその沙汰を待っていたところが、二月になると上様は上野に御謹慎！　戦争はない！　という事にきまった。弔い戦をしないでどうするか、このまま敵に降参か、そんな事が出来るもんか、あるもんか！　と、ただ無暗《むやみ》に逸《はや》るのは私どもぐらいの年恰好《かっこう》の者のいずれも口にする議論、剣術の師匠へ行っても、柔術の稽古場へ行っても皆そんな事ばかり、泣くのもあれば罵《ののし》るのもある。そのうちに官軍は追いおい繰り込む。開城となる。もう仕様がないというので、或る者はその前後に脱走する。或る者はまた上野に拠《よ》る。これらの始末は人もよく知っていること、当時の書物にも書いてあるからくわしくは述べませんが、ただこの際の江戸市中は、商売もなく、交通もなく、闇夜の如くであったろうと思《おぼ》し召そうが、それがそうでない、依然繁昌《はんじょう》は繁昌の都会であったから、むしろおかしい。

## 避難の費用に金二百両

なるほど一時はさわぎましたな。それは官軍が今江戸に入ろうという二月の末から三月へかけての事で、今に市中は黒焼けになる、早く逃げろというもので、私の知人の家でも大分遁《に》げました。勿論その逃げるのは足弱の家族だけ、当主はさすがに家にいた。で、それらの女《もの》は手廻りの荷物を人足を雇って担がせる、車に積み、馬に負わせて運ぶというので、しまいにはその馬も車も人というものもなくなって、めいめい荷物を背びら負うて出かけるのもありましたな。

その落着く先というのは、知行所のある人は知行所、ない者は近い所で練馬《ねりま》近在、遠いので相州の厚木《あつぎ》、武州の川越、八王子《はちおうじ》、下総《しもうさ》の行徳《ぎょうとく》、市川辺でありました。ところがおかしいのは、熊谷《くまがや》辺へ逃げた者は中山道《なかせんどう》から来る官軍に追われて逃げ帰る。市川辺へ出かけた者は脱兵の戦争で死にはぐれの目に遇ったというのもありました。そのほかのも不自由と泥坊《どろぼう》の多いのに恐れて、五月頃にはまたみな江戸の故巣《ふるす》へ還《かえ》って来た。

上野辺の者は下総で軍《いくさ》に遇って逃げ戻ると、また彰義隊《しょうぎたい》の戦争で丸焼けになった等の話を多く聞きました。私どもでは母も祖母も、黒焦げになっても自宅で死ぬとて市ヶ谷の家を出ませんでしたが、それも一つは貧乏からで、その頃の人夫馬車《うまくるま》の賃銭というものは、右申した欠乏《たしな》いを無理に雇うのだからして法外な馬鹿価《ね》、下総の市川まで、駕《かご》一挺《ちょう》が金十両とか、荷車一台が同じく七両とか、ただ奪《と》られるような賃銭を貪《むさぼ》られて、それで先方は狭い汚ない百姓家に大勢おし込むというのですから、まずは四、五年前の鎌倉逗子《かまくらずし》の避暑旅行を、遊山でなく、命がけのドンチャンの鳴物入りでしたのでしたな。何でも私の組屋敷の或る人などは、行徳へ二タ月ほど行って、五人で当時の金の二百両も捨てて来たということでした。

泥棒の豊年

そういう連中が帰って来て見ると、また以前の江戸は江戸になる。しかしこの時分一番迷惑をしましたのは、蔵前の札差《ふださし》という蔵宿と、深川の木場の材木屋でありましたろう。肝腎《かんじん》の商売は上がったりに搗《か》て加えて、脱走の方からは、徳川氏のために恢《かい》復《ふく》の軍を起すのだ、金を出せ、貴様達も三百年の御恩沢は知ってるだろう、か何かで強談で千二千の大金を出させられる。中には喜んで出す者もあったが、官軍の方でもなかなかそこらに抜け目はなく、相応の用金は言付けた様子、またこの騒動の虚に乗じて、脱兵や官軍の真似をした強盗というやつが、錦片《きんぎれ》のついた筒袖《つつそで》に剣付鉄砲を担いだり、大刀を腰にして鉄扇を提《も》ったりして押し歩く。

つまり三月四月閏《うるう》四月五月の頃までは、無政府といえば先《ま》ずそのようなもの、泥坊の豊年と謂《い》うべきだから、質屋を初め両替屋、用達《ようたし》町人、そのほか金銭を多く扱う店というものは、夜はたいてい商売を休んだようでした。なお窃盗《こそこそ》も勿論はやる。その割合に火事の寡《すく》なかったのは、このころ降り続いた霖雨《りんう》のせいでもありましたろう。

しかし一方では小料理屋、さかり場という吉原、その他四宿《ししゅく》〔千住、板橋、内藤新宿、品川〕の遊女屋などはなかなか賑やかで、つまりそれは官軍の方は知らぬが、私どもの方は毎日諸方へ寄合っては妙な相談をする。ナニいつまで生きてるものかという風で、その崩れが多くそこらへしけ込む、それからでありました。そのころ夜中に官軍が斬られた、浪士が殺《や》られたというのは大概右の悪所場《あくしょば》の帰途などであった容子で、然《しか》もその衝突の烈しかったは、吉原土手、浅草広小路から上野山下辺、即ち官軍と彰義隊との落合う場所であったようでした。

### 札の降る話

お話は戦争とは別になるが、かのいろいろの物の降ったは去年の冬頃からこの三、四月までのことだと思う。その降った物の中で一番多かったは神仏の札に太神宮の御《お》祓《はらい》、中には石地蔵などが降ったという。降るといっても何も空から降るのではなくて、軒の上、塀の脇、門外などに転がったり、ちょっと載せてあるなどで、いずれ何者かのいたずらでありましたろうが、その御祓などの舞い込んだ家では、赤豆飯《あかのめし》を炊く、出入りの者に酒を振舞う、中には揃いの衣服《きもの》で万燈《まんどう》などを担いで、祭礼の真似や手踊りなどを催して町内を騒ぎ廻るのも見えましたが、この喧噪《さわぎ》は戦争騒動と両々相対して一時なかなか熾《さか》んなものでした。然《しか》してこの札の降ったは、東海道筋から江戸に最もはなはだしく、中山道の上州信州あたりにも及ぼしたとの事である。

## 連戦連勝の記事

五月から六月にかけては、ちとさる子細があって私は田舎の方へ行っていたから、その留守中の模様は知らぬが、五月の上野の戦争以後は江戸中に血腥《ちなまぐさ》い沙汰というのも絶えたらしい。それからの市中の風説はただ奥羽の戦争のみの事、その風説、即ちその戦争の模様を聞きたがり見たがる人情に投じて現われたのが、第一に錦画《にしきえ》、続いて諸種の新聞雑誌で、中にも勢力のあったのは岸田《きしだ》吟香《ぎんこう》氏の「もしほ草《ぐさ》」、福地桜痴《ふくちおうち》氏の「江湖《こうこ》新聞」、柳河春三氏？の「中外《ちゅうがい》新聞」、中江兆民《なかえちょうみん》氏？の「新聞雑誌」、「内外新聞」「六合新聞」などでありました。これらの中には前年から発行しているものもあり、また新聞といっても日刊ではない、月に二、三回、また「太政官日誌《だいじょうかんにっし》」「鎮将《ちんしょう》府《ふ》日誌」「鎮台日誌《ちんだい》」なども此の頃の発行だと思う。

多くは見て来たような虚構《うそ》ばかりついて、会津や脱走が勝ったと書かねば売れぬというので、その記事には奥羽軍は連戦連勝、今にも江戸へ繰り込むような事のみ書いていた。現に最も失笑すべきは、九月の廿四日に会津は既に落城している。それを何雑誌か名は忘れたが、その前後の発行のものに、会兵既に日光を占領して宇都宮に及び、その先鋒は近日長駆して草加越《そうかこしが》ヶ谷《や》まで来るという、既にその先触れもあった、というような事が載せてあったのを見ましたな。かの日清役《にっしん》の時、我が軍すでに田庄台近くまで進んだ際、「滬報《こほう》」だか「申報《しんぽう》」だかに、黄海《こうかい》の大戦に日艦孑遺《げっい》なしというような標目《みだし》を置いて、我が艦隊の悉く《ことごと》撃沈されてほとんど全滅という如き画を画いたり、また「賊帥謝罪」とかいう字の下に、大鳥《おおとり》公使とその他誰やらかが李鴻章《りこうしょう》の案前に降を乞《こ》うの図を出したりして得々たる体裁でいたのを、日報社の編輯《へんしゅう》局でみなが見て、且つ驚き且つ憫《あわれ》み且つ笑いましたから、私は、いや、そう高い声では笑えない、今から廿余年前には日本の新聞にもこういう事があったと言って、右の会兵長駆の話をして苦笑したことがありました。

え？　その脱兵に人気のあった理由ですか。……いや、それはどうという理窟《りくつ》もないですが、つまり薩長は強い、脱兵等は弱い、その弱いを贔《ひ》くという人情からか、或いは三百年の云々《うんぬん》なども幾分かその中には含まれていましたろうが、とにかく大義の名分のという論は抜きにして、当時の脱兵の人気というは素晴らしいものでしたな。現に幕士の青年にしてそのころ都下にぶらぶらしている者などをば「あの誰さんは脱走一つし得ないで！」と後ろ指を指してわらったほどの人気でしたよ。されば或る人などは、その老年の後の一人児、定めし蝶《ちょう》よ花、掌中の珠、いわゆる「一粒児」と秘蔵にしていたのでありましたろうが、脱兵のある隊へ来て、両親揃って涙を流して「この何太郎を何分お仲間に願います、私も御供をしたいが、この老齢《とし》ですからわざと差控えます、但しこれが討死と聞きましたら、夫婦とも死ぬ覚悟でござります、これも手離しとうはございませんが、せめて人間並《ひとなみ》の者にしてやりたいと存じますばかりで……」とぽろぽろ泣きながら依頼《たの》んでいたのを見た事もありました。この倅《せがれ》なる人は今なお現存している。

また先年亡くなった柴田是真《しばたぜしん》ね、あの人などと来たらまるで気狂いで、翁が半生の血を搾って購《あがな》ったといってもいい、これも有名な彼の李竜眠《りりゅうみん》の十六羅漢の画幅、それを携えて銀座役人の辻伝右衛門氏の家かへ行って、これを千両に買って下さい、その金を会津へ送って弾薬の料にして貰《もら》うから、と言って泣いて頼んだ事も聞きました。その また荘内の抱であった力士の朝日嶽鶴之助も、負傷《てきず》を受けてかえって来て、角觝《すもう》は弱くなったそうだが、その当時の贔屓といったら実に素晴らしいもの、満都の口を呻《うな》らせましたが、一、二の例をいえばまあこんなもの。……敢《あえ》て私は脱兵等の肩をもつでも何でもないが、しかし公平に彼等の心情を察して見たらば、真に古今の憫むべき者といったら、かれ脱兵等であろうと想う。

## 残念の二字

というものは、前にも言ったが、ただ彼等が当時の肚裏《こころ》に在るものは「残念」という二字きりで、一王の化を擾《みだ》るの、朝命に抗するのと、そんな料簡《りょうけん》とては毫末《ごうまつ》もない。それでまた一方の主家からしては彼の「恭順」で、心得違いのないようにという厳重な沙汰は出る。官兵に敵対するのは予（慶喜公）が首に刃を擬《あ》つるも同様だ！　などの畏怖《おそろ》しい書付も出る。けれども、ただ右の「口惜しい！」で前後無茶苦茶に飛び出したので。それで飛び出して見る。朝廷からはもとより賊！　然《しか》して主家の眼からは不忠の臣！　謂わば勝ってもその命に背いた咎《とが》で、切腹といわれても一言もないに、負ければ当然縛り首！　ちと落着いた料簡から考えると、何の趣意で、誰のために、この命がけの難渋な戦争をするのか、わからぬといえば実にこれほどわからぬ事はない。

蓋《けだ》し古今東西の歴史中に、こんな馬鹿げた戦争をした者が、あったかないか私は知らぬが、まあないでしょう。実以て至愚の骨頂、名利ふたつながらまず失っているとあるのだが、ただその名利を棄てた、至愚な、馬鹿意地の心地にみずからも安んじて、士を養う三百年のその恩に一命を抛《なげう》つ、いわゆる我が主あってその他を知らぬ三河武士の、狭い、小さい孤忠というのを世人も憫んで、買ってくれたのでもありましょうかね？　猶《なお》この事に就いては福沢先生の「瘦我慢説《やせがまんのせつ》」にもいってある。が、私は私で自分の考えだけをいささか申して置く。

多かった無禄移住

閑話休題として、さて徳川家も田安家から亀之助《かめのすけ》殿（今の家達《いえさと》公爵）が参られて、静岡藩、駿遠二国、七十万石と事がきまった。そこで藩士へ藩庁から諭達が出た。人多く禄寡し、在来の臣下を悉く扶持《ふち》することが出来ぬから、この際朝臣となるか、農商に帰するか、また、しいて藩地へ供せむという者は無禄の覚悟にて移住をしろ、と先ずは縁切状ですな、それを出された。

そこで藩士はこの三者の一を選んで身の処置をせねばならぬ次第となったが、その朝臣になると、禄高は従来取り来たりのまま——尤《もっと》も後には減らされたそうだが、地面家作、その他残らず現在形《ありがたち》のままで下されるという、これは至極割合の好《よ》い話であったが、何故かこれには応ずる者が寡なかった。まず旧臣中ひっからめて千分の一ぐらいな割合でしたかな。然《しか》もそれが千石以上の旗本の歴々に多かったのは事実です。これらも何か後来統計の参考になりましょう。そこで帰農商。これも帰農は寡なくて、あるのはやはり千石以上の知行取、即ち旧采地《さいち》に引込むというのに多かった。中から下にかけて、即ち卅俵四十俵の連中には帰商もかなりありましたが、多かったのは無禄移住、どこまでも藩地へ御供というのでありました。

藩庁でも朝臣の寡ないのを案外に思って、無禄連の多いのに頗《すこぶ》る困って、また諭達を出した。石を喰《く》うの砂を齧《かじ》るのとて、それは口でのみ言うべき事で、実際に行なえるものではない。彼地へ行って藩主へも御迷惑をかけ、銘々も難儀に陥るような事があっては、つまり双方のためにならぬから、はやく今のうちに方向をきめて、前途の生計にこまらぬようにしろ、と、こんな達示《たつし》が二、三度も出ましたね。それでも、何でも御供をしたい！　と。藩吏は甚だその処置に苦しんだらしかった。

悲惨な士族の商法

丁度それは七月から八月へかけての事でした。さあその帰農帰商の連中は、これから銘々商売というのを始めた。或いは酒屋、或いは米屋、古着屋、小間物屋、そのほか種々雑多な新店というが出来ましたが、そのうち一番多かったは汁粉屋、団子屋、炭薪屋に古道具屋でありました。この道具屋の店(我が居屋敷の長屋などを店にしつらえたもの)にある貨物《しろもの》は多くはその家重代の器物で、膳椀《ぜんわん》から木具、箪笥《たんす》長持、槍薙刀《なぎなた》の類《たぐい》、それらに一様の紋が揃って、金の高蒔絵《たかまきえ》のうるわしく耀《きら》めくなどは、見事に哀れっぽく情けなしとでも謂うべきようでありましたが、またその価の廉《やす》いというものはおびただしい。惣桐《そうきり》の重ね箪笥の手擦れ一つつかぬのが金一分（今の廿五銭）金蒔絵の紋散らしの夜具長持が同じく二朱（十二銭五厘）などという相場でしたが、これはそのわけで、当時いずれも品物は売るばかりで買う者がない。即ち供給余りあって需要がないからだ。

それから夜になる。この新米商人衆が大道へ露店を出す。その場所は山の手では四谷の大横町辺、赤坂の溜池最寄り、市ヶ谷の堀端通り、神楽《かぐら》坂下などが一番多かった。気の利いたのは桟留《サントメ》の袷《あわせ》に小倉の帯、新しい目倉縞《めくらじま》の前垂で、昨日までの大髻《おおたぶさ》を急に剃《すっ》こかした月代《さかやき》の広いあたまを、白地の手拭《てぬぐい》でまぶかに吉原冠《かぶ》りというものにした体裁だけは頗る巧《うま》いが、その客応対の調子というものは実におかしい。やはり殿様旦那様の頭横柄《ずおうへい》でなければ、堅苦しい馬鹿丁寧で、いや聞くも気の毒のもの、哀れなものでした。また中には焼摺木《やけすこ》に、黒木綿の紋付などで薩摩蠟燭《ろうそく》の油煙《ゆえん》に燻《くす》べられているのもあった。それで重い荷物を大風呂敷《ふろしき》に引背負って、据わらない腰つきでひょろひょろと出かけるなど、これを要するに目も当てられない無残の為体《ていたらく》。

御亭主の水野屋金左衛門、大河内屋助太夫などに於いてはまずその景色。御内にござる奥様早変りのお上さんのお何さんは、一昨日までも御嬢様の娘ッ子を相手に、御座敷の縁側で房楊枝《ふさようじ》を叩《たた》く、小楊枝を削る。今ならば差詰め摺附木《まっち》の箱というところだが、その時分にはそれがないから束藁《たわし》を束ねる、刻み煙草《たばこ》の葉を揃える、手の利く女《もの》は御仕立物所の看板を出す。しかしそれらは細々でも、もうけが皆無でも、手に豆を拵え損でも、資本をかけぬ労働組の方だったから、後々までも格別損耗をしませなんだが、酒屋、米屋、汁粉屋、蕎麦屋《そばや》、炭薪屋、もしくは小金貸などと来た者は、いや大抵えらい目に遇って、銘々が所持金、即ち資本――このとき帰農商の人々には藩庁から高割でいくらかの涙金《なみだきん》が出たかともおぼえている、それを瞬く間にすって、多くは見る蔭《かげ》もなくなりました。

現に私の知っている市ヶ谷本村蓮池《ほんむらはすいけ》の御先手与力の某はこの金貸を始めた。私、或るとき行って見ると、大勢の借り手が入替り立替り来る。それらがまたみな砂糖だ、酒だ、菓子だ、反物だというを持って来る。その家の細君が意気揚々と「塚原さん、商売はお金を貸すのに限りますよ。お金貸はいいものですよ。割のいい利を取って、手堅い証文を入れさした上に、こうように毎日いろいろな品物を貰います。これを始めてから菓子に酒に鶏卵に鰹節《かつおぶし》に魚というを買ったことはございませんよ、ほんとにいい商法！」と説き誇る。その買わぬはよかったが、肝腎の貸した金は悉皆《しっかい》倒されて、この年の内に五六百両を空虚《から》にして、後には夫婦乞食《こじき》になったとか聞きました。

また牛込神楽坂辺で汁粉屋を始めた人は、日々勘定を〆上げて見ると、儲《もう》かるわ儲かるわ！　儲かって仕方がないほどにただ儲かる。どうしてこう商売というものは儲かるものかと主人も怪しんで、更に家内の会議を開いて、その理由を探究して見ると、儲かるわけ哉《かな》、団子でも汁粉でも雑煮でも、その肝腎の餅なり米の粉なりの代が入っていない。それはみな知行所から無銭《ただ》で来ている物だからみな無代にして、薪炭も同じく無代にして、新たに買入れた小豆《あずき》と砂糖の代だけで算盤《そろばん》を執ったのだから、それで儲かったと初めて知れて、さすがに主人公、これではならぬ、それにしても米の値段はいくらだろう、と皆に聞いたが、その席にいた者は誰一人、一升いくらだか知っている者はなかったという笑話がある。

また或る人は銭勘定をするに、五十（四十八文）と百（九十六文）だけは漸《ようや》くわかったが、その間の廿四文、卅二文、六十四文の七十二文のというのになると、サア滅茶苦茶で、釣銭となると、よいほどに銭を摑《つか》んで、お客に勘定をして貰ったという奇談もある。そのほか酒屋は主人から先に飲みつぶれ、古着屋は奥様からべんべらを引張りたがるという。とにかくこんなありさまだから、とうてい永続のしようがなくて、早いのは三月か四月、よく持続《もつ》たのでも一年と辛抱したのは稀《まれ》で、悉皆《しつかい》つぶれて、ここに「士族の商法」という套語《とうご》の濫觴《らんしょう》を開きましたな。

### 米国の飛脚船

さてこれからは無禄移住のお話だ。私の家も同じくその無禄の一人だが、倖《さいわ》いに私は部屋住ながら広間組というものになった。で、父は当主の無禄移住で、家族を引伴れて彼の地へ行く。私はその組の同僚どもと、そのころ天野加賀守と加藤平内との率いていた草風隊（脱兵）の帰降して駿州田中《たなか》へ送られる、その護衛を彼の地までして、そのまま田中城の勤番をしろというので、十月の中旬、築地《つきじ》の本願寺《ほんがんじ》へ出かけた。すると、あのひろい本堂の中央に脱兵も百何十人といる。私の仲間も二百人からいた。

これより先き藩庁では、この移住者を輸送（私はことさらに、之を輸送という）するために米国の飛脚船を借入れた。移住者にして有福の者、また到底海路を行けぬという人達は陸路を辿《たど》るも多かった。この時の船は「ゴルデン・エージ」後に確か東京丸となった船でした。長さ七八十間に幅の十二三間もあったかと思う大船、それでもその会社の好意で、江戸の品川沖から駿州清水港まで三千両で貸切にしてくれたとかいう事でした。で、その船は台場の先に繋《かか》泊っている。これに乗る移住連はみな本願寺の寺中、或いは近辺の町屋などを借り受けて、今でいう選挙の事務所のようなていで、それへ早朝から詰めかけていた。その惣人数は二千五六百もあったろうという事で、それも当主は男子だが、跡の家族は老人子供、婦女病人などという多くは足弱で、とても一人で身の始末もならぬという者でしたから、これを艀《はしけ》船で本船まで送るというのが抑ゝ《そもそも》の大事件だ。手荷物は極めて少数に限られていたが、それでも皆一品も多くと持って行く。その扱い方にも手数がかかった。で、朝から数十艘《そう》の小船で幾百回というものを往返して、漸くその移住連の運搬を終って、さて最後に私どもが本船に移った。

時は今の夕六時過ぎ、その部屋は甲板の上に天幕を張って、船の中での露営というけしき、蒲団《ふとん》もなければ湯茶一つない。それでも我々の方のはただいくらか身のゆとりも取れる。ところが、その下方《した》の、かの下等室なる移住者の方と来たら実に大変だ。

惨憺たる船中

私も父や母や祖母や妹両人、それに老僕の仁平という者——この僕にも先立って暇を出したが、旦那様が無禄であちらへ御供をなさるなら、私も無給金でぜひ駿州へ附いて行きやすとて、どう諭しても肯《うなず》かんで、それでとうとう附いて来たので、この時は七十余の頑丈爺《もの》でした。その後、東京へ出る時また附いて出て八十余で死んで、今は市ヶ谷谷町の安養寺《あんようじ》に葬っている。これらのこの船に乗っていることは知っている。どんな様子だか一と目見たいと、階子《はしご》の口まで行って見ると驚いた！　船中の混雑を防ぐためでもあろう、階子はとってある。わきの手すりに捉まって下方を見ると、臥棚《ねだな》もなければ何もない伽藍堂《がらんどう》の板敷の上に、実に驚く、鮨《すし》を詰めたと謂おうか、目刺《めざ》鰯《し》を並べたと謂おうか、数限りも知れぬ人間の頭がずらりと列《なら》んで、誰も彼ももう寝ているのであるが、その枕としているのは何だというと他人の足で、自分の足もまた他の枕にされているのだ。

ところが御承知の江戸の女、むしろ日本の女かな――というものはみな船に弱い、隅田川《すみだ》の渡船でもちと風が強いと眩暈《めまい》がするという。然《しか》るにあやにくやこの日は稍《やや》ゝ暴風模様《しけ》で波が高い。既に築地から御台場向うの二里近くもあろうという海上を艀船で揺られて、もう大概いきついている上に、またこの例の石炭臭い、ごみ臭い、いやな臭いと、大勢の人いきれの腐った空気を吸わされるのだから堪りません。あっちでもこっちでも、もうげいげい吐く者がある。苦しんで唸《うな》る者がある。子供は泣く、病人はわめく。その中でかの崑崙奴《くろんぼう》の水夫《まどろす》は我鳴《がな》る。

それに、甚だ穢《きたな》いお話で恐れ入るが、便所です。もとよりこの大勢に五箇所や十箇所の便所で間に合うわけのものでないから、あの階子のかかるべき下方のところに、四斗樽《しとだる》を十四五も並べて、それに人々が用を足すのだ。それでも男子はまだそうでもあろう。たださえも物つつましい婦人方が、この大勢の見ている前でそんなことが出来ますものか。それもこの人々が裏店小店《うらだなこだな》の阿魔《あま》や嬶《かか》アともあらばこそ、今こそお情けの便乗者ではあるが、多くはみな然るべき御旗本御家人の奥様、御新造様、御嬢様、御隠居様ともいわれた人達で、中には自家の勝手元にも出たことのない、かの已《や》む事なき側の人もいる。それが浅ましいこの大恥辱を人前にさらさせられるのであるから、中には清水港へ着くまで用便を耐えて、そのために船中でも卒倒し、上陸後も病気になった人もある。実に、実に、牢屋《ろうや》どころでない、目の前に活身《いき》ながらの地獄でしたな！

それについて一つの話は、私の父はそんな事に丹念な質《たち》でしたから、その前に小形の虎児《おまる》を二つほど拵えさせて、手荷物として持って行ったが、これがため母や祖母は勿論の事、そのいまわりの人に大変に重宝がられて、あっちでも虎児、こっちでも虎児、虎児々々、どうぞ拝借と、大層な虎児の大持てだったと後で言って笑いましたよ。それに桐油紙《とうゆがみ》で拵《こしら》えた反吐《へど》袋、竹筒に糸をつけて風窓から海水を汲《く》む釣瓶《つるべ》なども重宝したとの事でした。けれども後には物の苦しさに堪え切れんで、各〻この樽に用を足す。それが溢《あふ》れる。時の哀れを留めたはその近傍にいた人達で、寝ている上へ流れて来る！　それよりもなお聞くにも堪えぬのは、右の満溢《まんいつ》の樽を、かの水夫どもが階子をかけて上へ引上げて、甲板から海へあけるのですが、その時にどうしたはずみか釣縄が切れて、それを頭上から浴びた者があったといいますわ！　いや、笑い事どころではない、今話すさえ実に怖ろしい！

その怖ろしい例をなお言えば、父の隣りにいたのが、廿四五の若夫婦と五十余の婆様で、その細君は妊娠でいる。船が少し動き出すと、その細君は苦しみはじめて、後には嘔《は》く、呻る、目も当てられぬ体！　夫なる人もはらはらしているが、ほかに仕様もないでいると、細君は狂気のように「旦那様！　その脇差を！　私は自害する！」

と悶《もだ》えながら傍の脇差に手を掛けたので、さあその近所は惣立ちで、私の祖母や母も、自分も呻って苦しみながら抑《お》し止《とど》めたという事でした。いや、そんな話はいくらもある。それになお驚くのは、この人数の詰まっているのはここばかりじゃない。ここはまだいいのです、このなお下方の艙庫《そうこ》に行って御覧なさい、そこにはこの倍もいて、混雑も非常です、と日本水夫の一人が語るのを聞いて、私は身慄いをした。闇黒《あんこく》世界！　地獄のどん底！　そこに詰められた人々の苦痛はどんなであろうか！　と。

ところで私だ。父母はじめ家族一同はどこにいようか、どうしているかと、頻《しき》りに見廻したがわからない。漸くの事で、遥《はる》か向うの風窓の下にいるのがそうらしい、とも想ったが、吊《つ》ってある硝燈《らんぷ》も息で暗いし、夜だから視力もとどかぬ。それでもそれかと、手欄に捉《つかま》って「お父さん！　お母さん！　塚原のお父さん！　お母さん！」と幾度か喚《よ》んだが、ほかにも私と同じくその家族の名を呼び、また自分の名を叫んで、その注目を求めようとする人が七、八人もいる。それらの声がこぐらかるのに、下方の泣き声、嘔吐《おうと》の声、苦悶《くもん》の声等が激しいので、何分向うに通じない。それでも漸くわかったのか、母が最初に見て、それから父、祖母とこちらを視て「直か？」とでもいうような手招ぎようの事をしてくれたが、ただそれはそれだけの事、しかしそれでも嬉しくて、また悲しくて、しばらくそこに立っていると、忽ち船中の役人らしい男が来て、何かわからぬ理窟を言って、そこにいた私ども七、八人を無理に以前の甲板に逐《お》い上げて、通路を閉《た》て切った。その後そこをば釘付けにして出入りのならぬようにしてしまったが、その時は無情なやつだと罵ったものの、混雑を防ぐためにはどうも余儀ない事でしたろう。猶《なお》この船中で、死人が四、五人、出産が五、六人あったと聞きました。しかしそれらは船長の米人が非常によく世話をして、残るところなくしてくれたと後での話です。

私はこれらの惨景《ありさま》を、幾回か小説に書いて見よう見ようと思っても、いつでも考えると胸ばかり迫って来て趣向も泛《うか》ばない。で、まだ書かずにいますが、ただ胸の迫るばかりではない、私の拙《つたな》い文と、日本の不足《たしな》い言語とでは、とてもその情景の十分の一も写すことが出来まいかと思っている。到底、悲だの痛だの、苦だの惨だのと、そんな文字をいくら列べたからとて、その時の私の心を満足させようともするものではない。

一人半扶持に一両二分

だから、まずこれはこれだけにして、かくて船は二日半にして恙《つつが》なく清水港に着いた。父母家族はこの港の禅叢寺という寺の本堂を仮りの旅宿とする。私は直ぐさま脱兵を護衛して田中へ行った。で、その時の私の給料というものは、一箇月一人半扶持に一両二分という取前だ。部屋住だから当主の半減である。かねての約束だから私はその金一両で自分を賄って、あとの一人半扶持と金二分をば親父に送った。その住む長屋のあばら素《す》胴《どう》も、自炊も、酒が飲めぬのも仕方がないが、いかな駿州の田舎でも一両では実に食いかねた。

よんどころなく、非番の折りには、城内から一里半ほどの城が腰（現在の焼津《やいづ》市城《じょう》之《の》腰《こし》）の海辺（今鉄道の通っている処）へ行って、青海苔《のり》を採って来て干して食う。或いは藤枝の山手の太閤平、盃松などの谷へ行っては蕨《わらび》や犬薇《ぜんまい》などを摘んでは喰う。いやもう伯夷叔斉《はくいしゅくせい》と嶋の俊寛《しゅんかん》を合併した景色でしたね。――え、その時分の一両ですか、まず今の三円五十銭から四円近くに当りましょうか。勿論その時分は物が卑《やす》くて金が貴《たか》い。――その金の貴い例に、いや、私の生涯の失敗談を一つ申しましょう。

前にも言いましたが、私は元治元年に京都へ上って、その翌年、親父が将軍家（昭徳公）御進発の御供をして、大坂で講武所から御徒目付に転じたので、私も京都を去って大坂へ行きました。そのころ木城安太郎という人がいた。御徒目付は御目付の支配下で、今こそ上下の懸隔があるが、この木城氏もその前年までは講武所の同じ槍術の世話心得で、殊に親父とは心易くした人、それで親父も時折りは遊びに行く。このとき木城氏、私の大坂にいるということを聞かれて、大手前の長屋の狭くるしい所にいるより私が家に来て書でも見たらどうだろう、望みなら書生にして置いてやろうと言われるので、そこで私も北天満《てんま》の氏が旅宿へ引移った。それは私の十八の年。

## 一箇年三万両の金

ところがこの木城氏は、かの古三河武士の気風があって、偏狭ではあるが愛君の念は深い人、国事の日に非なるを歎《たん》ずるの余りに、私へも毎度その鬱胸《うつきょう》を語られた事もあったが、或る夜の事、真にその太息をついて「直太郎、金が欲しいよのう！」と言われる。「何の事ですか」と問うと「今度一橋《ひとつばし》公（慶喜公）が摂海防禦《ぼうぎょ》総督というになられた。就いては一箇年三万両の金が要る。ところがその金が御金庫《くら》にない。今日も小栗下総（奉行小栗下総守）が、何か名案がないものかとしみじみと言ったが、拙者も実にこの金の事では心痛する」と涙をこぼされぬばかりの体、私もおろおろながら当時幕府の御金逼迫《ひっぱく》の事は聞いている。しかし三万両ばかりの金がこの大身代で出来ぬとは、実に情けない事だと思ってその晩は寝たが、それから二日三日たっての事、かの有名な野田《のだ》の藤を見物ながら城北の方へ遠足に出かけた。その帰途である。

或る小舟渡しの小川にさしかかると、折りしも申刻《ななつ》過ぎの事であったが、夕陽がその川に映ずる色が燦然《さんぜん》たる光を放って、まるで黄金の浪《なみ》をなしている。怪しんで視ると、燦爛《さんらん》も道理で、その川砂は悉皆《しっかい》金砂だ。驚きもし喜びもした。早速手拭に十つかみばかり引っくるんで、飛ぶが如くして旅宿へ帰って「先生、今日こういう獲物をして来ました」とかの砂を椀に入れて、水を満して、燭火《あかり》の前にさし出すと、その光輝は愈〻増して、そぞろに人目を眩《げん》ぜんばかり！　いや木城氏、膝《ひざ》を叩いて喜んだ。「いにしえから砂金というものがある、殊にその川は大和《やまと》川からわかれて来るなれば、この物は実にそれかも知れぬ。即ちかの川の上流には金剛山《こんごうさん》という金山もあるのだから！　これが金なら三万両は愚かの事、百万の金も一時に出来て空虚《から》の御庫も金で埋まる。但し黄金は火に焼けてもその色を変えぬものだから、明日明るい所で焼いて見ろ」というので、私もその夜は眠られぬほど嬉しかった。

で、夜明けを待ちかねて、炮烙《ほうろく》を三つ四つ買って、七輪に火をおこして焼いて見た。焼けは焼けたがあな無残で、金色をした物は真赤に焼けると、やがて鉄色に焦げてしまうのもあれば、粉になって灰になって灰と一緒に飛び散るのもある。「先生、どうもいけません！」と私が言うと「いや、そりゃ製法がわるいのかも知れぬ」と両人ともここで八分方力も落ちたが、その翌日かである。当時の奥医師で蘭学の名家石川良信《のぶ》氏（桜所）がこの旅宿へ見えたので、木城氏は酒間、私を呼出して、かの光る砂を出させて、その川の模様から炮烙煮の結果を話させた。

石川先生、その物を見てからからと笑って「いや、それは大間違いだ、こっちのは金雲母、そっちのは硫化鉄で、もちろん金などという物ではない、花崗石《みかげいし》の砂利のある川にはどこにでも在るものだ。まずそういう鉱物でも捜そうと思うなら、西洋の窮理〔物理〕学と舎密《セイミ》学〔化学〕を修《し》なさるが宜《よ》い。しかしそれをするとても今急の間には合わぬから、宇田川榕庵《うだがわようあん》の舎密開宗、川本幸民《かわもとこうみん》？ の気海観瀾《きかいかんらん》、佐藤信淵《さとうのぶひろ》の山相秘録《さんそうひろく》などを研究したら、大いに得る所があろうと思う」とくわしく話されて、私は初めてその物の性質を知って、まず大いに得る所はあったものの、とにかく事は散々の始末で、力も脱けて引退ったが、当時に於ける八百万石、天下の将軍職たる幕府の身代でも、一箇年僅《わず》か三万両の金にこの通りこまったもので、これで見ても当時の金のいかに貴かったかというのが知れましょう。

それからその秋、幕府の蔵入りを増させるというので、関東八州荒地開墾の議が起って、その掛りに小栗総州と右の木城氏がなられて、相馬藩《そうま》から二宮金次郎（尊徳翁《そんとく》の子息、当時五十余の偉大《おおき》な老人）御代官の江川氏から河野某という地方《じかた》にくわしい人を喚《よ》び上げて、まず武相両州の未墾地から丹沢《たんざわ》辺までもぐるぐる廻った。私も木城氏に附いて歩いたが、それも種々の故障が出てお止めになった。

話は戻って、或る日父の許《もと》から手紙が来た。その手紙によると、右の禅叢寺から岡清水という所へ引越した、その家は前に三保《みほ》の松原を見て、左に富士の山を望み、頗る好い景色であるから、家は汚なく狭いが是非一日来て見てくれろ、との事である。私も久しく逢《あ》わぬから是非行きたい。そこで田中から宇津谷《うつのや》を越え、安部《あべ》川を渡って静岡へ出て、小吉田から江尻《えじり》の手前、追分《おいわけ》という村からその岡清水へ、行程九里余の路を辿って、日の薄暮《とぼとぼ》に漸く父の家へ尋ね当てた。

まず一同に挨拶《あいさつ》して、その好景色というのを見ると、なるほど好い景色、障子をあけると、前に一面の駿河湾は、近くが黒んで、遠くがなお明るくて、夕凪《ゆうなぎ》の畳を敷いた如き海の上には、白鷗《はくおう》の浮いているかと思われる帆影がちらちら見える。右は何さま三保の松原、もう薄暮でよくは見えぬが、蒼《あお》い海にくろく出岬のうねったけしきはまるで嶋台の洲浜《すはま》のよう。左方を見ると「我ものと思へば邪魔な」と勝さんがこのごろ詠んだという富士の山、なるほど今は土地塞《ふさ》げの邪魔物ではあろうが、千秋の雪に今や夕陽のほんのりと残った美しさというものは、また千金の価値ある観物で、絵も及ぶまじき眺望ではあるが、またその家のむさくろしさというものは、筆にも及ばぬほどの汚なさだ。

実にひどい家

私の江戸の市ヶ谷の住居も、決して美麗の、立派のというではないが、とにかく四百坪ほどの地面があって、座敷から隠居所まで大小の間数が十一間、二百卅俵の与力の家として相当なものであったが、どうでしょう、その家といったら六畳に二畳、三尺の台所に一つ竈《かまど》、四谷の鮫ヶ橋《さめがばし》か芝の新網《しんあみ》あたりにある田楽長屋という気色の、然《しか》も古い古いぶち毀《こわ》れかかった建地の、天井もなくて、その板葺《こけら》の屋根も半分は腐っている。

賤《しず》が伏屋《ふせや》とか埴生《はにゅう》の小屋とか歌にでも詠むと豪勢風流に聞えるが、それが実際これが自分の住居かと思って見ると、はなはだ面白くも思われないので、「お母さん、実にひどい家ですなあ!」と私が言うと「いえお前、そんなこと言っておくれでないよ。これでもお前御泊《おとまり》さん(移住者の異名)にしちゃいい分のだよ。あの禅叢寺に一緒にいた○○さんの家は、町ではあるが裏家でね、△△さんの引越した先は村松の百姓家の破壊《ぼろ》けた馬屋を直したのさ。これでもここは一軒建てさ。物置の差掛けでも拵えりゃ当分の凌《しの》ぎにはなりますよ。ナニお前、どうせ凌ぎさ」得意ではもとよりあるまいけれども、むしろこの家に自ら慰藉《いしゃ》して、住むという心になられた母人の心がいじらしい。と私は思って黙っている。

不覚の涙

そこへ二人の背兄《せなあ》が来た。私の家の前に立ち止って、頻《しき》りに何か捻《ひね》くっている。何物かと見ると、家からのあかりで幽《かす》かではあるが、それは私もおぼえている父が番着の襠高袴《まちだかばかま》の唐桟《とうざん》の布片でこしらえた銭財布が、細い竹竿に五つ六つ下げてあるのだ。それを背兄が捻くっているのです。

やがて一人が「これいくらせずやア?」と言うと、母親が「七百文です」と答えた。背「六百に負からずかやア?」と言うのを母は聞いて、しばらく黙って考えていた。

兄はやがてぶらぶら行きかけた。すると祖母が「お滝や（母の名）、六百文に負けてお上げよ。そして直が久し振りで来たのだから、それで御酒でも飲ましてね……」私はそれを聞くと、何かは知らず胸が迫って、いわゆる「不覚の涙」というのでしょう、ただはらはらと涙が出ましたよ！

しかし母の口状ではないが、実際私どもなどは比較的その移住者の上の口でした。或る人の如きは真にその三食の資に尽きて、家内七人枕を並べて飢えて死に、また或る人は五日とか七日とか一粒の食をも得んで苦しんでいるのを、村の者が怪しんで、初めてその餓死にのぞんだと知り、或る者は逸早《いちはや》く麦粥《がゆ》を煮て食わせたところが、哀れむべしその男、ひもじいままに一度に数椀を尽くした、と看るうちに忽ち非常の苦悶を発してたちまちに息絶えたと聞きました。その他こういう惨話というは、そのころなかなか寡《すく》なくはなかったのです。今考えると実に幻夢だが、いや、私も随分いやな、えらい艱難の夢を見たものでした。

余り飢渇の事を言ったら、どうやら咽《のど》もひッついて来た。お話は先ずここらでやめて、一杯やりましょう。私も今は六百文の財布を売らんでも、五合や一升の酒は兎《と》や角《こう》やら飲めるようになりましたから……。

# 外国使臣の謁見

江連堯則《えづれあきのり》

江戸生まれ。元治元年に外国奉行となり、四国艦隊下関砲撃事件について外国との折衝にあたった。維新後、徳川家に従い静岡へ移住。妻は榎本武揚の妹。

## 慶喜公の大英断

慶応三年四月なかば過ぎでしたろうか。慶喜将軍には、すなわち日本大君《たいくん》の資格で、英、仏、米、蘭四国の公使を、大坂城に延見せられました。当時の英国公使は、有名のパークスで、仏蘭西がルシェス〔ロッシュ〕、米利堅《メリケン》がワンケンボルグ〔ファルケンブルグ〕、和蘭がホルスボルーク〔ポルスブルック〕でした。

歴史上で御承知の通り、幕府は長州征伐に手を焼いて苦悶《くもん》の折りから、兵庫開港の期日は迫る、また京都には、攘夷《じょうい》家の気焔《きえん》が熾《さか》ンと来ているので、政府の困難は一と通りでなかったのですが、行なわるべからざるところの攘夷論などに、耳を傾けて躊《ちゅう》躇《ちょ》しているべき場合でありませんから、将軍には大英断で、まず各国公使を、各別に饗応《きょうおう》されて懇親を結び、ついで公然の謁見を許し、国書を受領するという御都合に定められました。まことに当時にありては破天荒のことで、その時の通知がこうでした。

以書簡申入候。然者去年通達致置候大君大坂城に於て面謁之儀、国喪に付、追而《おって》期限可相定旨申進候処、愈《いよいよ》来月上旬面謁可致旨京都より申越候。右は両国臣民安寧の約束を固くし、交誼《こうぎ》を厚うせんが為に有之、此段申通候。拝具謹言。

慶応三卯年三月

井上河内守　花押

松平周防守　花押

小笠原壱岐守　花押

そこで、当時この饗応なり御謁見なりに関係した、外国奉行というものが四人、すなわち塚原但馬守《つかはらたじまのかみ》〔昌義《まさよし》〕、柴田日向守《しばたひゅうがのかみ》〔剛中《たけなか》〕、川勝近江守《かわかつおうみのかみ》〔広道《ひろみち》〕、それにこの老人、当時は一番の若年でした。さてこの四人が、銘々に一国ずつの公使を延いて、御目通りをすることに定まり、塚原が英国、柴田が和蘭、川勝が仏蘭西、私が亜米利加の公使を、引受ける役割にきまったのです。

英、仏、米は、各自国の軍艦があるので、公使はいずれも自国の軍艦に乗って、江戸から上《のぼ》りましたが、和蘭は自国船がないので、私と一緒に、三月中旬、わが軍艦奇《き》捷丸《しょうまる》で、行くことにしました。その他私共の同僚は、陸路を上坂し、いずれも先へ出向き待っていますと、やがて英、仏が来たり、米国は軍艦の都合で、少し期日に遅れて、四月二十八日に入港しましたので、私はそのとき羽織袴で、まず天保山沖の米国軍艦を訪問し、引返して、京橋口の上陸場まで迎えに出ますと、公使は水兵に取巻かれて上がって来ましたが、兵が皆イボレットを着けて、いかにも立派な服装《なり》をしていました。

公使は私の参ったのを大そう悦《よろこ》び、御一緒に歩きましょうと言って、手を引かれて旅宿まで同行しましたが、御覧の通り私は丈低《せいび》くで、おまけに痩《や》せている方でないから、只《ただ》でさえせっせと歩けないところへ持って来て、彼は偉大の丈夫と来ているので、手を引かれると言おうより、吊《つ》る下がって行くような始末で、おかしな風でしたろうが、私はそれどころではない。流汗淋漓《りんり》として、大骨折りで漸《ようや》く生玉中寺町《いくたまなかてらまち》の雲雷寺《うんらいじ》という、米公使の旅宿と定めた所まで送り届け、自分は近所の宝泉寺《ほうせんじ》を宿にしていました。英国などは同勢が多いために、数箇寺に旅宿を取り、公使は本覚寺《ほんかくじ》に止宿し、和蘭公使は顕孝菴《けんこうあん》に宿を取りました。仏蘭西公使は赤門屋敷と称《とな》える御城代の別邸が明《あ》き屋敷になっていたので、そこへはいり、寺院へは宿を取らなかったのです。

ちょっと話が横道へはいるが、当時威権のあった小栗上野介〔忠順《ただまさ》〕は、仏蘭西びいきなり、また公使は如才のなき人物で言うことが巧《うま》く、すこぶる幕府の信頼を受けていたので、この際も特別に待遇されたのだという評判もありました。したがって、只でさえやかましやのパークスなどは、何かにつけて厭味《いやみ》を言って困らせました。

さて、当時は攘夷家、殊に幕府を困らせようという、他日の自称愛国家が多く徘徊《はいかい》するので、警衛は一と方ならず心配したことで、この警邏《けいら》の任には、別手組および銃隊組が当り、英の旅宿近傍には別手組が百人、米、蘭の旅宿には各十人ずつ。仏蘭西には五十人を付けて警固しました。この人数の割当ては、先方の人数の多少に因って、割付けたものです。

なおこのほか市街には、町方与力同心は勿論《もちろん》、京都から銃隊組数百人が出張して巡邏したのですが、京都から安公卿《くぎょう》が「下にいろ」をきめて、住吉詣《すみよしもう》でなどと名を付けてやって来るので、外国人の散歩時分にでも出逢《であ》わせては面倒ですから、大いに注意を要しました。中には一種の欲心に駆られて、小遣い取りにやって来た者もあったでしょう。

御座敷に椅子卓子

とかくしているうちに御馳走《ごちそう》の時日が来ました。大坂城の西湖《せいこ》の間《ま》と覚えていましたが、或いは連歌《れんが》の間《ま》であったかも知れません。御座敷には椅子卓子を備えて、将軍には主人公となられ、閣老、参政、外国奉行、大小目付が列席し、各公使おのおの日を異にして招待したのです。すなわち英公使は四月二十五日で、和蘭が二十六日、仏蘭西が二十七日、亜米利加が二十九日で、来賓たる公使の服装は忘れましたが、むろん略服で、こちらは将軍を初め吾々《われわれ》まで羽織袴でした（当時すでに肩衣《かたぎぬ》は廃したり）。

米国公使のワンケンボルグは、元陸軍の中将校で、赤ら顔な肥えた丈の高い、淡泊な人でした。将軍は申上げるまでもない、英明敏達にあらせられ、殊に打ち解けて圭角《けいかく》なく、公使との御応対振りも、談笑旧識の如き有様であったので、公使も歓を尽くしたことですが、御座敷の欄間に、三十六歌仙の彩画の額が掛けてあって、吾々の眼には別に趣味はないが、これが公使の気に入ったと見えて、頻《しき》りに褒めたので、将軍から御詞《おことば》があり、公使は美人の額を戴《いただ》きたいといって、二、三面持って帰ったことでした。他の公使も、いずれも将軍とお話をして、頗《すこぶ》る満足し、実は意外に思ったらしうございました。

### 大紋に垂衣

内謁見が済んでから、また各公使をおのおの別の日において、今度は黒書院で、公然の謁見がありました。英、仏、蘭は四月の月末で、米国公使が最後で、五月の一日と覚えております。この日、将軍には上段の間にて、烏帽子《えぼし》、小直衣《こにうし》を着《ちゃく》せられ、小《ち》サ刀を指して椅子に掛けられ、閣老は垂衣、参政は大紋を着し、小サ刀を差し、袖《そで》かき合わせて立っている前を、吾々外国奉行は、同じ大紋を着し、公使を案内して御前に出ます。公使は帽を脱《と》って、立ちながら国書を読み上げ、みずからこれを捧呈《ほうてい》するのを、将軍は立ってこれを受けられ、将軍もまた何か朗読せられたように覚えております。公使は書記官を随《したが》え、将軍の御側には御小姓がいたでしょう。

当時の通事（通辞）は、外国方の中から、西吉十郎《にしきちろう》、森山多吉郎《もりやまたきちろう》、塩田三郎《しおださぶろう》、尺振《せきしん》八《ぱち》、米田桂次郎《こめだけいじろう》等が出ました。誰が何国公使の通弁をしたかは記憶しませぬが、塩田は仏蘭西語に達者のことは人も知っていますが、英語も出来た男です。

謁見はかくして短時間で済みましたが、大儀式の事ですから、いずれも謹慎を加え、将軍にも前の御饗応とは打って変って、まことに厳粛にいらせられたように拝見しました。礼典おわって後、白書院で茶菓を饗し、且《か》つ時服十襲を賜《くだり》わったかと思います。

この謁見には、公使は大礼服を着しましたから、吾々も大礼服、すなわち衣冠束帯でなければならなかったかも知れないが、大君が小直衣を着せられたによって、吾々は大紋を用い、閣老は垂衣を用いました。大紋というのは幅広の麻布で製し、染色は随意で、紋が大なるところより名称を下したもので、垂衣は大紋と同じ仕立て方ですが、精好《せいごう》という絹を用い、それで紋がないのです。

めでたく謁見も済みましたが、実にこれまでになるまで、彼我事情を異にしているところより、行き違いや議論が多くて困りました。その一つを挙げて見れば、御城の御玄関には、勅使でも乗物を寄せない例なのに、公使は騎馬で乗り込もうというようなことで、これは散々こねた末、桜の御門外にて下乗のことに折合いました。また西洋人は帽を脱るのが礼であるのに、日本では冠を取らないのが礼であるというような、反対のことが少なくない。また公使等は遂《つい》に靴穿《ば》きのまま殿中へ上がりましたが、和蘭公使はわざわざ上靴を持たせて来て、御玄関で穿き替えました。かようの些《さ》末《まつ》のことは随分多いことでした。

### パークスの苦情

英国公使のアールコック氏が帰国したのは何時《いつ》であったか、その後三年ほどは公使が欠員であって、この跡へ有名のパークスが来任したことであった。

パークスが長崎へ着くと、第一に耳にはいったのが、英国商人が殺されたということで、公使は非常に憤懣《ふんまん》した。兇行者《きょうこう》は伝吉、泰蔵という二人の日本人で、兇行後ある大藩へ匿《かく》れて遂に出なかった。この二人のうち一人は、明治政府に重く用いられた賢才であったという人もあった。

パークスは怒気を帯びて江戸へはいって来て、閣老に面会することになったが、果して長崎事件を劈頭《へきとう》に臭わせた。このたび拝顔を得るに就いては、遺憾ながら不快の事のみ申上げねばならない。然《しか》しまず快いことを一つ申上げよう。それは、嘗《かつ》て英船が常陸の鹿島《かしま》沖で難船したことがあって、そのとき土民が救助してくれて、えらい親切の世話に預かった。領主は初鹿野《はじかの》某(旗本の士)ということだが、日頃から領民への申付けがよく行届いているものかと見える。就いては英国女皇より、領主に勲章を贈ろうと思うたが、その代りにこれを与えて厚意に酬《むく》いたいと、一個の金時計を差出した。蓋《ふた》の裏に、英国女皇より日本初鹿野某に、何々の事に就いてこれを贈呈す、と彫ってあった。この話が済んでから、長崎の件を持ち出し、是非ともその犯人を捜し出して、厳罰に処せられたいと言うて、頗《すこぶ》る当路の役人を苦しめたが、前にも話した通り、犯人は大藩で隠匿《かくま》っていることだから、分からずじまいになった。

英の公使館は、東禅寺(高輪)の客殿を借りて置いたのだが、アールコック氏が帰国してからは、百事多端の折りからであるしするので、そのまま手を着けなかったため、屋根こそ洩《も》らね、畳は破れる、壁は落ちる、天井は蜘蛛《くも》が巣を張るという有様で、ずいぶんな破屋になっていたのを、パークスが来たから、急に掃除をして見たが、いかにも見苦しかった。

パークスは果して不平を鳴らした。狐狸《こり》の栖《す》むとも見える此《こ》の破屋へ、一国の公使を入れようとなさるが、仮りに貴国から我邦《わがくに》へ使節が来たとすれば、我邦は出来るだけ鄭重《ていちょう》の取扱いをする。これが国際間の礼儀というもので、貴国は古来礼儀の国と承っておるから、まさか英国女皇陛下を代表する使臣に対して、ここへ住めとまで軽蔑《けいべつ》はなさるまいと、こういうようなことを言った。

## 高輪の公使館

そこで、板倉閣老から命ぜられて、俄《にわ》かに英国の公使館を新築することになって、地所を選定したところ、泉岳寺の堂前に明き地があるので、そこに建築することにしたが、前は品海を控えて目に遮ぎるものがない。かかる場所へ層楼を建てれば、人目を惹《ひ》くところからして、必ず鎖港家にからかわれるだろうというので、小栗上野に協議して、平家造りで二棟に建築することにして、廊下続きにした。公使の随従者は少人数でないから、一棟にすれば屋根が高くなって人目に付き易く、且つ工費も嵩《かさ》むから、二棟にしたのだが、公使もこれには満足のていであった。

然《しか》るに普請もほぼ出来て、床に備後の薄縁《うすべり》（莫蓙《ござ》）を敷かせたところが、柱から戸扉を悉《ことごと》く塗らしてくれという註文《ちゅうもん》が出た。日本では白木の削りのいいところを見せるのが高尚で貴い。これを拭《ふ》きこめば光沢が出るから、むざむざペンキ塗りにして風致を害するよりは、このままにしろと説明したが聴き入れない。やむを得ずとうとうどす赤色に塗ってしまった。

公使館すらやっと出来たくらいだから、外国人が江戸へ来ても宿泊する所がないので、ホテルの必要を認め、やはりパークスの口出しで、幕府でも建築しようという考えになったが、せわしい世の中であるから、幕府の金を出してやるのもいかがと思い、ついに甲州の人と、ほかに一、二の人に命じて金主にならせ、相当の補助をしてホテルを造らせることにして、上海から絵図引きを呼び寄せて、図取りをさせ設計した。かれこれするうちに幕府瓦解《がかい》で、東久世《ひがしくぜ》中将に引継いで、私は静岡へ行ったから跡を知らないが、宏壮《こうそう》なホテルが出来上がって、二、三年たって焼けたと、後に彼の地で聞いたことであった。

幕府も紙幣を作ろうとした

三井《みつい》銀行が、海運橋《かいうんはし》の傍に出来たときは、大評判であったそうだが、これが既に旧幕の頃に計画されていたので、もとから三井組へ預金をすれば、八朱ぐらいの利を附けたもので、維新の際に赤松播磨〔範静〕及び肥田浜五郎《ひだはまごろう》等が、士族生計のため、銀行類似のものを横浜に設立する見込みで、三井の手代三野村利助《みのむらりすけ》へ相談をしたとき、三野村がもうじきに銀行を建てますから、暫《しばら》くお待ち下さいと言ったそうだ。この話が後にその形を海運橋にあらわした銀行で、そのうち駿河町《するがちょう》に移って、跡へ第一銀行が出来たのである。

明治になって、太政官札という粗末な紙幣が発行されて、十年ほど通用したが、これより先き慶応二、三年の頃に、幕府も紙幣を出そうとして、試みに三井組へ命じて作らせたことがあったが、それは太政官札などのような粗末なものではなかった。今の紙幣の如く、文字を刷り込みにして、紙も雁皮《がんぴ》の上等ものであったが、発行しないうちに維新となってしまった。

着手せんとした電信

電信、これも明治の時代になって実施されたものではあるが、旧幕の時に着手したい考えであって、出来なかったのはまことに遺憾であった。私が米国公使のワンケンボルグに相談して、いろいろ取調べをして、せめて江戸から横浜まで架設して見たいと思うた。ちょうどマカオンという米国の技師が来たから、詳細の調査をして貰《もら》って、閣老に敷設方の上申をした。閣老は、何分多端な時であるからといって決しかね、小栗に相談しろと言われた。小栗は頗るこれを賞讃《しょうさん》したが、金の点に至って、他に焦眉《しょうび》の急務が多いからと、二の足を踏んで、直ぐに取掛るということもしかねた。私も残念に思って更に考えていたが、米公使が言うには、貴国には電柱とすべき丸太は沢山あるから、ただ架線と工費だけで済むから、そう金はかからずと出来ると言ったので、また勇み立って考究して見たが、架設する場合には海岸を引かなければ経済的に行かない。すでに金のために行きなやんでいるのだから、街道には架けられない。ところで高輪あたりは諸藩の邸が多いから、邸中に電線を引き入れることは話がまとまるまい。また他の方法によるとしても、架設した結果が、電線截断《せつだん》という悪戯《いたずら》がきっと盛ンにあって、この取締りが付き兼ねるだろうという情けない断案のために、他日を期することになって、幕府時代を経過してしまった。

当時、米国の公使館は麻布の善福寺《ぜんぷくじ》であって、私の屋敷も近し、且つは親友の尺振八が通辞をしていたので、ワンケンボルグとの交際は頗る親しく出来て、電信のみならず、種々開明の利器に就いて調査したところもあったが、時勢が悪くて、一つも遂行し得なかったのは遺憾であった。

尺は後に本所に学校を開いて、門生が頗る多かった。今の知名の士にして、同氏の薫陶を受けたものは尠《すく》なくない。病歿《びょうぼつ》の後、他から養子を入れて家名を継襲した。尺秀三郎《ひでさぶろう》氏がこれである。

尺振八と同時に名を知られた通弁は、西吉十郎、後に成度《なりのり》といって、立派な裁判官になって、先年鬼籍《きせき》に入《い》った。今も名高くて健康な福地源一郎《げんいちろう》〔桜痴〕、それから森山多吉郎、これは維新後どうしたか一向聞かないが、この人たちであった。

当時、上野の雁鍋《がんなべ》あたりの処〔現在の京成上野駅近く〕にいた玉忠という商人が、手広く外国人との取引をしていて、外国人の土産物などに、古代の蒔絵《まきえ》物等を売り付けて便利を計っていたが、これが今の下谷仲町《なかちょう》にいる玉宝堂であったそうだ。

# 明治以前の支那貿易

山口挙直

錫次郎。海軍操練所教授を経て箱館奉行支配調役を務める。元治元年、洋式帆船健順丸《けんじゅんまる》で上海へ行き貿易を試みた。維新後、国の電信事業に従事し、電信寮、電信局、工務局で勤めた。明治四十三年没。

## 三本マストの帆前船

私が支那《しな》貿易を試みようと致しましたのは面白い話でして、今日から見れば冒険談に近い事です。上海へ参りましたのですが、船は健順丸と申す三本檣《しょう》帆前船でして、積み荷は会津人参《にんじん》、蝦夷《えぞ》の煎海鼠《いりこ》、干鮑《ほしあわび》などで、函館の物産会所から積んだのです。この事は函館奉行の竹内下野守《たけうちしもつけのかみ》〔保徳《やすのり》〕の計画で、勝海舟さんなども賛成し、伺い済みの上にて表面は荷蘭《オランダ》領のバタビヤ〔ジャカルタ〕へ航海すると称し、支那へ出交易の目論見《もくろみ》でしたが、人心の不折合いと申すので中止になりました。しかし小笠原図書《ずしょ》

〔長行《ながみち》〕殿も井上主水正《いのうえもんどのかみ》〔義斐《よしあや》〕殿も内々は力を入れられました故に、私が引受けて試みる事となりました。

当時は鎖港談判と申す時ゆえ、ずいぶん危険なる事でした。それに通弁はなし、金は二分判で二千両だけ、米は五百俵積みました。初めは塩田三郎を通弁にと約束しましたが、後には解約いたし、前に申す如く通弁なしでしたが、このとき森山多吉郎の宅へ浪人が切り込み、とても陸《おか》におっては危いと申し、二、三年は帰られないとて私の船へ逃げて来ましたので、両方の便利ですから通弁に頼みました。私の齢ですか、廿六《にじゆうろく》の時でした。今年は六十四になりますゆえ、たしか元治甲子〔元年〕の事と思います。飯島半十郎さんも同船をしました。乗組は百四十二人ござりました。――物産会所ですか、函館奉行の支配の下にありました。奉行ですか、竹内は前に申したような、なかなかの識見がありました。同じ奉行でしたが、村垣《むらがき》〔範正《のりまさ》〕は才子肌の人です。

さて神戸を出帆するに及びましても、上海とは口外いたしませんで、十二日目に上海へ着し、サードル島へ碇《いかり》を下ろしは下ろしましたが、全く日本人のみの手で航海を試みたことですから、実はこれから先はどうするのか分からぬと申すようなことでした。すると例の水先案内が小蒸汽で参りましたが、そこで困ったのは二分判の金で、東洋の金は好まぬと言って取りませんから、払いは運上所から渡すと定めて首尾よく入港いたし、荷蘭の旗印を見て初めて安心を致しました。そこでこの船の艦長は蘭人の弟子だと申し参って見ますと、大佐相当のカッテンレーキは居りませんでしたが、同氏の弟子であったことを話しましたので、好都合で三百年来のなじみだと大層に喜び、いろいろと世話をしてくれました。

水先料を払わねばなりませんから、千弗《ドル》余を借りて払いをすませ、コンシュルのところへ参り、商人の願いにより積荷があるから、売捌《うりさば》きを頼むと申し、コンミスションも出す約束をしましたので、干鮑も煎海鼠も十倍以上の代価に売れました。荷蘭領事のクルースに相談を致し、商業用は蛯子砥平が引受け、領事に頼む事と致し、政治向きのことは英国公使に依頼することに致しました。

### 道台王宝樹と面会

公使の注意にて支那政庁を訪《おとな》いました。時の上海道台は王宝樹と申しました。まず第一に私どもの位階を問い官職を尋ね、政府よりの往来状、旅行免状の有無を問いました。私の答えましたのは、日の丸の旗は国民一般の印だが、中黒の旗は政府の船のみに立てるもので、全く政府の船だが、風浪のために漂泊して来たので、拙者は位はないが、海軍奉行支配組頭格という職で、布衣《ほい》に続く身分だと申し、時服を着て御紋を示し、刀を抜けと言いましたが、抜きませんでした。柄《つか》の鮫《さめ》を見て、これは我が国の品だというような顔をしていました。なにぶん位階と官職が明瞭《めいりょう》でなければ道台は面会せぬということで、書翰《しょかん》で紹介すべしとの返答です。

私どもは逢《あ》えぬような身分の者が書翰で紹介するのは国際法に不都合なり、逢えぬなら逢わんでもいいと申すような権幕で英公使に申しますと、公使は親切に諭しまして、どうも君達は若いから困る、この間も池田《いけだ》筑後守《ちくごのかみ》〔長発《ながおき》〕が来たが、筑後守も若いので困った——筑州《ちくしゅう》より十日遅れて私どもは上海へ参ったのです。ホテルは一日十五ドルでしたが滞在し、公使が親切に、手紙をよこすなら明朝の十時までに私のところへ送ってくれ、道台へは訪問のすみし事として、二時頃に迎いをよこすからと言ってくれましたので、その言の如くに致しました。

さて翌朝に六人以上八人の輿丁《よてい》の舁《か》く輿《こし》を持って来て、公使が一切引受けるからこれに乗って来いと申すことになり、城内へ参りますと役所がありまして、門外の左右に士官らしき者が立っていましたから、受付だろうと思っていましたら、その者が道台の王氏でした。書院へ通りまして周囲を見ますると、掛物もあり椅子もあり、掛物の側で挨拶を致し、テーブルの近くへ集まり茶を飲みました。私どもよりは日本茶十斤入りの錫《すず》の大茶壺、大和錦の帯地二本、氷心子《ひょうしんし》の太刀作りの刀を奉書に包み、水引をかけて贈りましたら、ろくろくに礼も言わぬうちにボーイが持って行ってしまいました。——衣服ですか、私どもは羽織袴、フンゴミ、大小刀の姿でした。船中ですか、船中は乱脈です。タッツケ袴に福草履、ソギ袖のブッサキ羽織、雨天には頰被《ほおかぶ》りもあれば韮山笠《にらやまがさ》もあると申すような事でした。

道台との話は面白いことです。道台が日本は長く鎖国であったのに珍らしいことだ、しかし以後は開港場へ来たれ、未開港へは来るな、今度はこの船は漂泊なら仕方がない、などと話のうちは別段に困りませんでしたが、日本の天子様の御名は何と申すと問われたのにはハタと困りました。むかしは学者でも漢学者などは知りませんくらいです故に、私どもは知りません。黙っていると、道台は日本文字で書いてくれろと申しました。実は字も知りません。そこで名案を思い出し、片仮名で「キンリ」と書いて見せましたが、今日から考えれば実に無鉄砲のことでもあり、大笑いの次第でもあります。

それから私どもは道台に、支那政府には何々という宰相官がありますかと問いますと、日本の武鑑のような物を取り寄せて見ておりましたが、なにぶん十分にはわからぬと答えました。大国ですから任免も急には分からぬ事と思いました。その翌日でしたか、今度は英仏などの外国人には知らせず、日本人の私どもばかりが茶園へ参りて道台と懇談を致しました。長髪賊の分捕り品もありました。私はこの時「日本外史」を道台へ贈りましたら大変に喜びました。その後暇乞《いとまご》いは書翰で申しやりましたら、道台から紋縮緬《ちりめん》二疋《ひき》と紙箋《しせん》をたくさんに贈って来ました。

## 讃州塩飽の水夫たち

お話は跡戻りをしますが、当時の水夫は讃州塩飽《さんしゅうしわく》の者が多く、函館でも登用して同心にもしたものです。これらが兵庫へ帰りましたから、故郷へも帰れるだろう、金毘羅《こんぴら》へも参詣《さんけい》が出来るだろう、などと考えて楽しんでいますと、和田《わだ》の岬を西へ取り、沖へ出ると西風に駛《はし》りましたが、後には東北に取り、海門嶽〔開聞岳《かいもんだけ》〕をうしろに見て西へ西へと出ましたものですから、外国へ行くことと知れ、水夫どもは非常に落胆して、一時は争論がましくなりました。御承知でもござりましょうが、当時は誰も四国沖は乗る者がなく、榎本と伊沢が一度航海した事があるだけでした。また下ノ関は騒ぎで通行が出来ませんでした。――この時は暴風雨に出逢い帆も裂けました程でした故に、森山さえ浴衣《ゆかた》の尻《しり》ぱしょりで働きました。それに水夫の苦情がありましたから、二千両抛《ほう》り出してやっと鎮静しました。

上海のお話はまだいろいろござります。今に記憶していますのは水が悪いので、十二ヘンごしを用い、医者を頼むと五ドル取られ、支那人が掛物などを売りに来たり、私どもの姿を見て古代の風なりとて大変慕わしく申し、しかし近くへ寄ると臭いので鞭《むち》で追い払いました。私どもの船の水夫が珍らしがりてフラソコの空瓶を買うのと、頰被りは見苦しくござりますから禁じました。

## 持ち帰ったのはテール綱と水銀

さて長崎へ帰ると、なにぶん外国へ往って来たというので、水夫どもの勢いが強く、丸山〔長崎の花街〕であばれましたから、だんだんと支那へ参りました事がやかましくなり、特に煎海鼠や干鮑を持って行ったことがむつかしくなり、一年ばかり長崎と函館の間にて掛合いました。この時に支那から積み帰りましたのは、テール綱と水銀などでした。綱は咸臨《かんりん》、朝陽などへ売り、水銀は函館商人の伊勢平へ売り、利益がござりました。

それから大坂へ着しますと、その頃の町奉行の松平勘太郎さんが注意してくれましたのは、浪人がお前さん達をねらっているから、昼は上陸しても夜は船にいろと申すほどでした。松平勘太郎さんから勝さんへ手紙を送る。笹倉鋳太郎さんが船へ来る。浪人は何故に外国などへ往ったと申し、笹倉も早く兵庫を出ろと申しました故に、水夫に金毘羅の代りに伊勢参りをさせようと申し、伊勢へ参りました。鳥羽の稲垣は私の姉聟《むこ》になりますので、参宮するならよほど注意しろと申し来たりました。

## 神風を祈る水戸藩士

今日から見ると夢のようなお話ですが、そのとき水戸の藩士は風を祈るために山田に参り、熱心に神風を祈っていまして、唐物屋《とうぶつ》などはこわされるというわけです。水夫を上陸させましたが、五十人一ト組として上げました。果して水戸の士につかまり、船長は何時頃に上陸するかと問われたそうで、私もだいぶ危険と思っていました。その時には御師《おし》の家におりましたが、御神楽《おかぐら》が始まるから湯に入れと申すので、湯に入り浴衣でいますと、船の者が古市《ふるいち》へ参っておって、早く私にも来いと申して来ました。すると例の水戸士が御師の家に来て、私に逢いたいと申しますから、酒肴《しゅこう》を命じて置いて座敷へ通し、私は山口という者だが、酒を飲まぬとお話が出来ぬと言って、互いに酒をあふりまして外国の話を致し、幕府へ献上のつもりで持って来ました十六発の短銃を見せたり、オルゴルを鳴らして見せたりして帰しましたが、その日の夕飯頃に割腹をせられたそうです。

その後は応接は大坪伴吉にまかせ、古市へは行かずに碁を打っていましたが、津の藤堂の家来が来て、なにぶん危険ゆえ二見《ふたみ》へ行けと申し、切り棒駕籠《かご》で迎えが来ましたから、山田を出立しました。——水戸士の名ですか、奇妙な名ばかりで、三月節句郎というのがありますから尋ねましたら、前中納言より拝領の名前でした。「ミカヅキ、セクロー」と読むのだとの答えでした。風の神へ千日祈願して攘夷を刀でやるつもりだと話し、源だの藤原だのとむつかしく名乗りました。

それから江戸へ帰りますと、池田筑州は半知にされ、英仏蘭英の四箇国で下ノ関を撃つという騒動ゆえ、浦賀へ避けていました。私どもの船を御用になるから来いというような事で、ズルズルに外国へ参ったことは許されました。私どもの船は外国奉行の田村肥後守〔直康〕と目付の兜《かぶと》庄左衛門が乗組み——新藤昌蔵も原田も乗りました。やがて浦賀を出るとバラメートル〔気圧〕が下り出し、天気が俄《にわ》かに変じて来ました。兜は一切私どもへまかせましたが、田村は船暈《せんうん》に窮しながら海上を航し、私どもは品川から四日目に兵庫へ着しました。ちょうど勝〔安房守〕さんが順動丸で兵庫へ来た時でした。御用がすみ田村は陸を帰り、私は海路を行き、早く横浜へ着しましたが、田村を待ち受けて神奈川へ出迎いに行きました。

# 幕末外交瑣談

田辺太一《たなべたいち》

天保二年生まれ。甲府徽典館《きてんかん》教授。慶応三年徳川昭武《あきたけ》遣欧使節の随員としてパリ博覧会に出席。維新後、沼津兵学校教授を経て、外務省勤務。明治四年岩倉遣外使節団に随行。後に元老院議官、貴族院議員も務めた。著書に『幕末外交談』。大正四年没。

## 雨宿りの吉田寅次郎

往事茫《ぼう》として夢の如しで、ペルリが浦賀へ来航したのも既に六十年の昔となった。ペルリ来航当時の状況については、既に世間に知れ渡っている事実以外、格別語る程のこともなく、且《か》つ大抵は拙著「幕末外交談」に尽くしていると信ずるから、ここには多く言わぬが、その来航当時を回顧して、私にとり忘れ難い一場の物語りがある。

ペルリの来たのは嘉永六年六月であるが、その年の早春、私は兄について上方《かみがた》へ行き、京大坂を見物して尾州に立ち寄り、中山道《なかせんどう》を経て江戸に帰ったが、その帰りがけに木曾街道太田《おおた》川のほとりにて吉田《よしだ》寅次《とらじ》郎《ろう》〔松陰〕に会うた。それは太田川で俄《にわ》か雨に逢《お》うて、とある掛茶屋に休んでいると、そこへ同じく雨宿りに来合わせたのが寅次郎であった。

もとより未知の間であったが、そこは武士同士の馴染《なじみ》も早く、二言三言話し合ううちに寅次郎は、この先の土手に尾州藩の儒者秦先生の書いた碑があるが見たかと問う。見たと答えると寅次郎は、あの碑の詩には「何処無山秀。何地無水流。借問東西客。此山水有不」とあるが、いかにも狭い了簡《りょうけん》じゃ、それで拙者は前の二句はそのままにして、あとの方を「借問建碑者。曾東西知不」と直してやったという。

話が面白くてこれより道連れになり、とうとう江戸まで一緒に来たが、私の宅は浅草三味線堀に在り、寅次郎は九段《くだん》坂上の斎藤弥九郎《さいとうやくろう》の道場へ行くというので、白山《はくさん》下の小さな料理屋で別盃を交し、再会を期して別れたが、これが実に嘉永六年の四月で、ペルリはそれより二箇月後に来航したのであった。この不思議の遭逢《そうほう》は、私がペルリの来航を回想するごとに必ず想い起すのである。

浪人儒者の鳥山新三郎

米艦の浦賀へ来たときは、私も行って見た。吉田も行った。このころ佐久間象山《さくましょうざん》は浦賀へ西洋砲術の教授のため行っていたので、吉田はその従僕の体で行ったのである。

私はこのとき初めて異船を見、また初めて外国人の顔を見たのであった。

この時分、鳥山新三郎《とりやましんざぶろう》という浪人儒者があって、数寄屋《すきや》橋外に門戸を張っていたが、今でいえば有志者ともいうべき人で、慷慨《こうがい》談をする書生などが寄り合い、始終賑《にぎ》わっていたが、私も吉田の紹介で二、三度逢った。この人は安政元年正月、ペルリが二度目に浦賀へ来たときに、吉田等と一緒に米国軍艦に乗ろうとしたが果さず、ついに浦賀奉行に渡された。当時こういう風の団体は、あちこちに随分たくさんあったようである。

この当時わが一般国民の外国に対する感想というものは、それは今日からは想像の出来ぬくらい幼稚なものであった。第一外国に対して、ああとか、こうとかいう纏《まと》まった考えを持っている者は、殆《ほと》んどいないと言ってもよいくらいであった。ペルリ来航の報の江戸市中に伝わった時、市民は大変に狼狽《ろうばい》混雑をしたと伝えられているが、事実はそれ程のこともなく、多少家財の取片付けをした者などもあるけれども、大した混雑を来たすという程ではなかった。事実をいえば、非常の混雑をするというまでに、こちらの外国に対する知識が進んでおらなかったのである。勿論《もちろん》少しは騒いだけれども、近所に火事のある程には驚かなかった。

また幕府の対外知識の幼稚なることを示す事実としてこんな事もある。ペルリは嘉永六年に来航して、来年重ねて返事を聞きに来ると言って帰ったが、その来年を待たずに暮のうちに再び来たので、幕府は大いに驚き騒いだ。というのは、陰暦以外陽暦の存することを知らなかったからで、こちらでは暮でも、向うでは確かに新年のつもりであったのだ。

今から考えて見ると滑稽《こっけい》のような話であるが、当時の対外知識なるものは、実際こんなものであったのである。

## 金銭のことは知らぬ

その後、安政五年五国仮条約を結ぶときに、外国奉行という役を置いて外人との応接に当らせたが、この時分の老中は間部下総守《まなべしもうさのかみ》〔詮勝《あきかつ》〕で、外国公使との応接等は一切この人がやっていた。ところが外国といよいよ交易を始めることになって、第一に困難を来たしたのは貨幣の問題であった。天保当時、水野越前《みずのえちぜん》〔忠邦〕の建議で、その以前文政時代に行なわれておった南鐐《なんりょう》という貨幣を潰《つぶ》して一分銀を鋳造し、それがこの当時に行なわれていたが、この一分銀の割合で外国と金銀同種同量の取引をすると非常の損をすることになるので、二朱に通用する南鐐を復活して二朱銀を鋳造し、これを交易に用うることにした。

この貨幣の問題について、各国公使は頻《しき》りに老中に対して談判弁論を試みたのであるが、間部下総守という人は井伊大老の先を働いて、京都あたりで有志家を押えたりなどした人で、なかなか隅には置けぬ人物である。それで外国公使が二朱銀のことについてかれこれ言うた時、下総守は「余は大名である。金銭のことは知らぬ」と巧みに逃げたので、これには向うの者も呆《あき》れ返っていた。下総守はよくこういうことを言う人で、お茶屋などへ行って払いをする時にも「拙者大名の事ゆえ金のことは存ぜぬ」と言うたなどという話が、よく伝えられていた。

## 祝砲問題

外国人と応接をして、あまり負けずにこちらの言い条を立て通して行ったのは、安《あん》藤対馬守《どうつしまのかみ》（信正《のぶまさ》）であろう。別に学問のある人ではないが、よほど常識の発達した人で、殊に外交の事には大いに意を用いていた。この時分、外国軍艦が横浜へ入る時、必ず祝砲を打ったものであるが、それに対してはこちらでも挨拶《あいさつ》をせねばならぬのだけれども、こちらでは鉄砲を打ってはならぬというので、不体裁にも裃《かみしも》を着て浜に出で、「滞りなく御着でおめでとうござりまする」などと挨拶したものである。いかにもそれが間が抜けているので、後には外国公使に対して、着港の際なるべく祝砲を打たせぬようにしてくれと申込んだ。

ところがその後（万延《まんえん》元年）我が使節が米国に赴き、桑港《サンフランシスコ》へ着した時に、こちらから祝砲を打ち、向うでも打った。その事を我が国にいる米国公使のハリスが聞いて、安藤対馬守に対して「我が国軍艦が貴国へ来て祝砲を打つについては、今まで何かとやかましく言われた。然《しか》るに今度貴国の軍艦が我が国へ行って祝砲を打たれたということであるが、これはどういう訳であるか承りたい」と苦情を持ち込んだ。すると対馬守すかさず、「そこでござる。元来祝砲ということは我が国に慣例のない事である。それゆえ貴国の軍艦に対してはなるべく打って貰《もら》いたくないと申込んだのであるが、しかし貴国では祝砲を打つのが例になっている事だから、我が国軍艦の参った時も、それを打ったのである。それを今貴下にそう言われて見ると、こちらでも言いたくなる。一体我が国の者が貴国へ参って祝砲を放つのが礼であると同じように、貴国の軍艦も我が国へ参れば、それを打たぬのが礼ではござらぬか」と突っ込んだので、相手も返す言葉なく、そのまま口を噤《つぐ》んでしまった。これらは些《さ》細《さい》の例であるが、対馬守という人は万事こういう風に、二度と相手に口を開かせぬことが巧《うま》かったのである。

## 談判問答の筆記

以前は外交上の問題になると、私ども外交に関する役目を仰せ付かっていた者は、問題毎にそれぞれ意見書を老中の手許《てもと》に差出し、その意見書には、これはこういう風の御挨拶なされたがよかろう、あれはああいう風に御談判なされるが然るべしと一々こまかく書いたものであるが、対馬守が老中になられてからは、以後左様にこまかくしたためるに及ばぬ、大要だけで宜《よろ》しいということになった。それで対馬守はその意見書を卓子《テーブル》の上に置いて外使と応接していたが、以前は応接に時間がかかり、灯のつく頃までも退《ひ》けないことが多かったが、対馬守になってから要所々々を捉《とら》えてはどんどん談判を進めるので、いつも手早くはかどった。ただ、この人の時になってからは、応接の時の互いの談判問答を筆記する、その筆記がなかなかやかましくて、ぜひ今晩のうちに書けという。

その筆記は少なくも美濃紙で二三十枚あるので、よほど手数を要し、大抵八ッ時（午後十時）頃までかかったものであるが、それが終ると封印をして老中対馬守の手許に差出す。老中は直ちにそれを自身検閲し、もし筆記に誤りがあれば厳重訂正させる。それが終えるまでは一同退出することが出来ぬ。もちろん老中も寝ない。そのため退出時の深更になること多く、愛宕町の御役宅で日の出を見たことも珍らしくなかった。とにかく安藤対馬守という人は、時務についてはなかなか精励した人である。

かくの如く対馬守は精励恪勤《かっきん》の人で、且つ談判応接に巧みであったので、大いに外国公使の信用を得ていたが、なかんづく米国公使ハリスはひどく対馬守に惚《ほ》れ込んで、万事に周旋してくれたため、国交上非常の便宜を得た。殊にその坂下《さかした》門で斬られた時などは、普通の者ならばそのまま気絶でもするか、さもないまでも、とても事務を見るなどということは出来ぬところであるが、対馬守は一向平気なもので、頭に繃帯《ほうたい》を施したまま、平日と変らず外国公使に面接したので、一層の信服を得たようであった。しかしこうい対馬守が果して外交上に立派なる見識があったか否かは大いに疑うべきで、もしこういう点から論じて行ったならば、堀田備中守《ほったびっちゅうのかみ》〔正睦《まさよし》〕などよりはずっと劣る人ではないかと思う。ただ如何《いか》にも勉強家で、且つおいそれの挨拶が巧く、決して負けておらなかったという点に於いて、幕末外交家中第一の人と称してもよかろうかと思われる。ほかの事については随分評判が悪いが、外交の巧かったことだけは事実である。

## 西洋嫌いの井伊大老

井伊大老については安藤老中以上の毀誉褒貶《きよほうへん》がある。現に島田三郎《しまださぶろう》君〔ジャーナリスト、政治家〕の如きは大老を以《もっ》て非常の偉人となし、開国の第一人と称しているが、私の見聞するところでは、それほどの人物とは思えぬのである。いかにも外国との条約の結ばれたのは大老の時代であるけれども、単に大老の時代に条約が出来たというだけを以て、この人を開国の第一人となすは、ちと早計ではなかろうか。

大老がこの条約を結ぶに至ったのは、一つは各国の談判の急迫を告げたので、それに恐れを抱いたのと、一つはその以前に堀田備中守が勅許を乞《こ》いに京都へ行き、朝廷に於いてもこの上は仕方がないというような意味を洩《も》らされたため、大老の決心を促がしたものであって、決して大老自身がどうこうというしっかりした考えを持っていたのではないと思う。大老はどちらかといえば西洋ぎらいの人である。

それはその自作の「今更に　異国ぶりを　習はめや　こゝに伝ふる　ものゝふの道」という和歌に現われた思想を見ても分かるのみならず、武術を奨励する上にも西洋式の武術は排斥して、弓とか槍《やり》とかいう日本固有の武術をすすめた。またこの当時九段に設けられた蕃書《ばんしょ》取調所の如きも、大老の時代になってこれを廃して医学館に合併するやの風説もあり、同所の主任古賀某は私の知人であったが、この人などは「今の大老ではもう蕃書取調所も何もやめられてしまうかも知れぬ」と言って深く嘆息していたくらいであった。井伊大老はかくの如く西洋ぎらいの人であった。かかる人に対して開国第一人の名を与えることが出来るか否かは甚だ疑わしいのである。

有体《ありてい》に言えば大老は、開国とか鎖国とかいうことは殆んど分からなかった人で、ただ幕府の意見を十分に立て通して行こうという方に意を注いだ人である。仮りに申せば、もし朝廷に於いて開国説をお取りになれば、大老はあべこべに鎖国論を以て反対するという人ではなかったかと思う。即《すなわ》ち何事にも朝廷の政策に反対して、幕府の意見を立て通し、これによって幕府の威厳を昔に返して、青公卿《あおくげ》どもに鼻を明かせてやるというのが、この人の理想ではなかったかと思うのである。かく考え来たれば、単に大老が安政条約締結の当事者たりし故を以て、これを開国の恩人視する如きは、甚だ無意味のことと言わねばならぬのである。

# 目撃した薩英戦争

清水卯三郎《しみずうさぶろう》

文政十二年、武蔵国羽生《はにゅう》の酒造業の家に生まれる。江戸で蘭語、横浜で英語を学び、慶応三年のパリ万国博覧会に日本人商人として出展。その後、洋書や歯科医療器具の輸入販売を行いながら、明六社にも参加した。明治四十三年没。

## 手紙を読む時だけ出席

私は武州忍《おし》の近傍羽生というところの者でござります。職業は半商の姿で、廿七八歳の頃でした。横浜におりまして田辺太一君〔四〇三頁参照〕と御懇意になりました。当時、定次郎と申す者と懇意になり、この男が薩摩へ行かんかと申しました故《ゆえ》に、何の用かと尋ねましたらば、英国が償金を薩摩へ取りに行くのだと申します。行きは行こうが国法は破られないから、免状を貰わなければならぬと申しましたらば、英人が一切取扱ってくれました。

横浜を出ましたのは七月の下旬かと思います。軍艦は六隻で、一「フリート〔艦隊〕」には足りませんでした。私は毎日毎日甲板へ出て見ましたが、水先きなどはただ恐れて私に近寄りませんでした。鹿児嶋へ着しましたは夕方五時頃でした。その辺は水の深さが五六十丈もありました。そこで一夜碇泊《ていはく》いたしました。翌朝になると薩摩の士が三、四人尋問に参りまするると、英人が、生麦《なまむぎ》で我が国人を斬ったゆえ、その妻子の賄料を取りに来たと答えますと、その返事を聞いて帰りました。その時に英人は船中必要の野菜、菓物など買いたしと申しました。

その翌日に薩摩から使者が参り、書翰《しょかん》を持って参りました。私をば別の室に隠し置き、後の証人となすゆえ、よく聴き置きくれよという。それより談判始まり、ただ人を斬るということは猥《みだ》りにする者に非《あら》ずというに、行列を切ったゆえ、殺すは日本の習慣であるというて、言い述ぶるは頗《すこぶ》る穏かにして、薩摩とは少しも見えず。それから私を呼び出し読めと申しまするゆえ、その手紙を見まするると、行列を切ったから止むを得ず斬ったので、其方《そのほう》の国でも行列を切る無礼をすれば、衝くとか推すとか、又は斬ることもあるだろう、我等は無暗《むやみ》に人を斬ったのではないとしたためてありまして、その手紙を読む時だけ私は出席いたしましたが、たいへん暑い日で眠くってたまりませんでした。その応接には英人はニーロ、アレキサンドルとガバという人々で、終りにはニーロそのほかも、なんだつまらぬというさまにて引込み、ただアレキサンドルばかり残り、何でも明日九時までに確かな挨拶《あいさつ》を致せと申すことでした。

アドミラルの本船めがけて

さて翌朝になりますと、陸の方から菓物を積んだ船が五艘《そう》参りまして、各〻軍艦へ乗り寄せましたれど、他の船へは寄せ着けず、ただ一艘のみアドミラルの本船をめがけて寄せ来ました。その人々の面相は恐ろしい顔色でした。後に松木弘庵〔寺島宗《てらしまむね》則《のり》〕に聞くと、アドミラルの艦中へ斬り込む気であったそうです。その時の返事に即答は出来ないと申すことでした。翌日英人が早く、私のまだ眠っているうち、軍艦を乗り出し、桜嶋《さくらじま》より奥の方へ繋《つな》ぎありました薩摩の蒸気船を引張り来まして、桜嶋付近に繋ぎ置きました。これは申し遣わした償金の方の質に取り置くのだそうです。

やがて陸の方を見まするところ、たいへんに士が奔走しました。すると間もなく薩摩の方より二、三発放ちますと、英の方にも挨拶として二、三発放ちて、これより英の方にて碇《いかり》を上げる者あり、片付ける者ありして昼飯を食い終りまして、ゆるゆる軍艦の艦隊も揃い、旗艦を先として進み、やがて陸近く列《なら》べて撃ちはじめました。薩摩の方にても撃ちつづけ、山も崩るるばかりでありました。この間に英の旗艦のケピテンとコンマンドルが撃たれて死にました。そのほか数人ばかり死にました。

さて後に至り薩摩人の談に、英艦は弾丸尽きて徳利に石を詰め撃ちたりと言う人もありましたなれども、英の弾丸は今用いる徳利の形に似たれば、聞き謬《あやま》りたるものならん。さてまた薩摩の方の弾丸は円き形にて、その内に鉄丸が入れてありました。英人はこれを見て、この弾丸はオロシャ式なり、必ず日本にオロシャ人がいて助くるに相違なしと申しておりました。

もちろん私は初めて戦争を見ることでございますから、実に驚きました。そら戦というと、私の部屋が病室となり、アドミラルの船が真先に行きましたが、初めは薩摩の弾丸は届きませんでした。やがて艦隊が揃って陸近く寄ると、ドンドン撃ち出して薩摩の弾丸も打ちあたり、艦隊を打ち破る、数人死にました。私は甲板におりましたゆえに、下へおりようとしてもはいれませんから、覚悟しておりました。一時間ばかりは両方から撃ちまして、煙で少しも向うの方は見えませぬ。書記のガバが私を大砲の蔭《かげ》へおきました。西洋人で廿歳ぐらいの男が顔を青くしていました。

## 松木弘庵と五代才助

大砲が撃ちやみ煙が晴れました。ちょうど今の三時頃、大風雨がありまして、軍艦はいずれも動揺しました。その中の一艘は堪えずとや思いけん、浮木を縛りつけて碇を切り棄てました。船を廻《まわ》してもとのところへかかり、その夜はそこで食事をすませ、楽隊も吹奏して泰然たる様子でありました。

その時でした、前にお話いたしました薩州の二隻の蒸気船は――軍艦と申すは名ばかりで、小さな蒸気船でありました。英人は戦が始まると、その蒸気船に火を付けて焼きました。船長の松木弘庵と五代才助《ごだいさいすけ》〔友厚《ともあつ》〕の二人を連れて来て、私に知っているかと申しまするゆえ、松木は知っておって、この人を便りに参ったと申しましたら、二人を逢わせました。二人とも悄然《しょうぜん》として、どうして西洋人に勝てるものか、いくらそう言っても分からないから仕方がない、とうとうこんな騒動にした、しかし舟子どもを助けてやりたるは後に喜ぶであろうなど言いあいました。

前にお話しました錨《いかり》のことは、南部弥八《なんぶやはち》〔弥八郎、薩摩藩士〕という人に談じて取り出せば、多くの価になると申し置きました。然《しか》るに或《あ》る漁師の見付け出したるを、薩摩にて英に返したと聞きます。

またその翌朝も海岸へ近寄り、船を廻転《かいてん》させて二三十分撃ちましたが、薩摩の方は弾丸の尽きしものと見え、早く砲声が止みました。それよりすぐさま江戸へ向けて帰りました。薩州の方のことは南部弥八に聞きました。また船中にては毎々「ラム」酒を呑《の》ませました。この酒を取り置きたれば、松木と五代にも与えまして慰めました。この船に来る前、五代は心配し、火薬庫へ火を付けようと考えているようで、松木もたいへんに心配していました。松木は廿五両持っていて、これさえあれば当分を凌《しの》ぎ、そのうちには工夫もありと言いました。

さて横浜へ帰りは帰りましたが、当時の幕府は力がありませぬゆえ、薩藩へ両人を渡すかも知れぬ。渡さるれば殺されるに極《き》まってる。当時必要の洋学者を殺すは天下の為に惜しみまして、ひそかにかくまいます方策をなしました。しかし松木はなかなかに平気なようでした。

横浜へ帰着しまするど、米人のウエンリイト〔ヴァン・リード〕という人が来ました。この人かねて松木と懇意ですから、英国の「アドミラル」に話してもらうと、俘《ふ》虜《りょ》ではない、自分で江戸へ連れて往きてくれよと請うゆえ、乗せて来たのであるという。それよりその夜、船へ乗せて江戸へ送ろうと致しましたが、大層に骨が折れました。夜の十時頃に生麦の近所へ上がりましたが、それより道に迷い大師河原に往き、川岸をたどりて漸《ようや》く海道に出ましたそうです。この頃は道中に張番があってやかましくありますゆえ、大小は取って丸腰となって江戸へ帰りました。

厳しくなかった穿鑿

私はその前に免状を友人に頼んで役所へ返し、江戸へ来て見まするど、両人とも来ていません。これは捕まったに相違ない。薩人に知られたら斬られるに相違ないと心配していますと、朝十時頃に山駕《かご》に乗ってやって来ました。その夜は江戸の堀江町《ほりえちょう》の船宿に泊まらせました。そのときの奉行粕屋の穿鑿《せんさく》もあまり厳しくありませぬゆえ、ひそかに私の田舎へ連れて行きましたが、兄はこのような話にならず、よって親類の四方寺《しほうじ》村〔埼玉県熊谷《くまがや》市〕吉田六左衛門に謀り、同分家の吉田市右衛門方へかくまい置きました。その途中も馬や駕では知れる恐れがございますゆえ、歩行《かち》で参りまして、前のように預けて帰りました。後に聞きますと、英字新聞――たしかヘラルドに戦争の絵図が出ましたのを取り置きましたが、全く英国の方では薩摩を撃つ考えはなく、薩摩の方から撃たなければ戦争にはならなかったと思います。寺嶋の読んだ新聞にも、英国の議院では平和説が多数であったそうでした。この寺嶋氏が松木の姓を改めたは、それらの故であります。天下は一変し、参議大臣にまでなりまして……。

お話は戻りますが、松木は潜んで一年半も田舎におられ、五代は長崎へ行くとて吉田次郎を連れて出立しました。そのとき私、五代に向って言う。君から顕《あら》われると申しましたら、それは必ず大丈夫だと申すにつき、上野の精進料理は静かで客が少なくありますから、ここで餞別《せんべつ》の酒を酌みかわして別れました。それから五代は次郎を連れて長崎の懇意なところへ潜みました。

## 重野安繹が全権

さて薩摩と英の講和談判は、今の重野《しげの》安繹《やすつぐ》が全権で、大久保《おおくぼ》市蔵《いちぞう》〔利通《としみち》〕が後見をいたして参りました。横浜では清水がいいと申すことで、南部の弥八郎氏が私の家に来られ、和睦《わぼく》の談判だが、一国一家中の騒動ゆえ、暫《しばら》くのあいだ三月まで延ばしてくれと申すことであります、さりながらなかなかたやすく聞き入れまいと言い残し、それより横浜に行きガバに申しますと、高官の者をよこせと申します。私も一番威張りました。命を受くれば私も高官だと、日本風でなく無遠慮に申しました。するとガバは奥に行きました。そうするとニーロが書付を持って来て、もはや和睦の使者が来るだろうと思っておったと、先を越されました。戦争は好まぬ、和睦の談判は早いがよい、後れると纏《まと》まらぬと申すので、種々弁解すれども聞き入れず、その趣を告ぐれば、重野と海江田が考えおりしが、すると重野氏は独り罪を負うと申すことで極まりました。

全体前にも申す如く、英でも戦争を本気にするつもりでなく、また戦争から評しますれば、なんにしろ当時大英国を相手の戦争でございますから、実に牛角《ごかく》の戦いと申してもよいのです。されば英国の方が負けとも申すべし。和睦は極まり、薩からも幕府からも償金を出してすみました。

# 日蘭交渉の一片

長岡護美《ながおかもりよし》

天保十三年熊本生まれ。熊本藩主・細川斉護《なりもり》の六男で、下野喜連川《きつれがわ》藩主・喜連川熙氏《ひろうじ》の養子となるが、後に離籍。維新後に参与、熊本藩大参事を経て、ケンブリッジ大学に留学。オランダ公使、元老院議官、貴族院議員などを務めた。明治三十九年没。

## 維新前の西洋文化

幕政も採るべきことは維新後にても用いられました。実に徳川の昇平三百年間は、その恩沢を忘るべからざることとです。私の祖先は諸君も御承知の如くに家康、秀忠、家光等の特別の恩を受け、肥後に於いて大封を領せし次第でござります。今日は私の経歴より記憶することを申上げましょう。

私は幼年の頃より武将の伝記並びに和漢の歴史を好みました。今日となりますれば愈《いよいよ》〻大才英傑の跡を考え学ぶに必要なることと思います。家康の事は世に伝わる三河後風土記、大久保《おおくぼ》武蔵鐙《むさしあぶみ》を初めとして、たくさんなる書籍がございます故に、私も相応に読み覚えております。また私の家祖忠興《ただおき》と石田三成などの関係は家譜に詳細に記載してございます。

私は元来、旧藩熊本で生まれ、九歳より十七までは野州《やしゅう》に住居いたしました故に、関東の事もよく存じております。ペルリの来たりし時は十二歳でしたゆえ、世間の事は細かに存じてはおりませんが、何分にも騒々しき事で、夜分などは断えず早追いの声が致すような有様でした。その翌年十三の歳から少し世界の事なども耳に聞くような次第でした。当時は浦賀条約、下田条約等の大事もあり、有名なる江川太郎左衛門《たろうざえもん》、筒井肥前守《つついひぜんのかみ》〔政憲《まさのり》〕、川路左衛門尉などの言行もよく聞きました。

今日より考えて見ますれば、旧幕はなかなか天下の大勢に通じて外事を処置いたしました。特に筒井などの人物はなかなか沈着した者で、大砲の試験のあった時にも、他人は響きの強きためにそこより顚倒《てんとう》しましたが、筒井は少し坐《すわ》り直して見苦しき事など致しませんでしたといいます。江川は申すまでもなく砲術に熱心で、我が国の軍制には大功労のある人です。王政維新の前後には人物もたくさん出《い》でましたが、旧幕府においても人才はたくさんありました。全く三百年の余徳と心得ます。

前にも申しまするが如く、旧藩は徳川家とは関係の深き家でございまするゆえ、早くから講武所へも藩士を出して西洋の兵式を学び、新見豊前守《しんみぶぜんのかみ》〔正興《まさおき》〕、小栗上野介、木村摂津守などが米国へ遣わされました時にも、藩士を随行せしめ、ポーハタン号にてパナマへ上陸し、ワシントンへ参り、欧洲《おうしゅう》諸国を巡回し、喜望峯《きぼうほう》を廻りて帰朝し、その頃の航米記といえる書物がありました。その後旧幕よりまたも欧洲へ第二の使節竹内下野守を遣わされました。

その時には旧藩士の岡田節蔵と申す者が随行いたしましたほどですゆえ、熊本藩は実のところを申すと、一旦《いったん》は諸藩よりも早く進み、王政維新前五、六年までは西洋風も進みました。そのころ私の父の歿《ぼっ》するとともに、藩論は攘夷《じょうい》説が本流となり、一時の開進の風が挫《ざ》折《せつ》して、ついに王政維新の頃には余程遅れし事となりました。なにぶん旧藩は徳川と離れ難き関係もありながら、御承知のような有様でした。

また旧幕府と荷蘭《オランダ》は深い交際でして、荷蘭も長崎にいまして、為に非常の利益がござりましたゆえ、日本の事というと、なるべく他の西洋諸国へは知らせぬようにしたのです。私が荷蘭の公使となりて参りました時に、蘭国の水師提督に面会しまして聞きましたが、むかしは遠州灘《なだ》などで飲用水に困りましても、ほかの国の船でも荷蘭の名でなければ長崎におられませんでした。実に旧幕と荷蘭の交際は親密でしたとの事を聞く。

或《あ》る日蘭国の外務大臣に何か昔の書類がありますかと尋ねましたら、昔から日本と荷蘭の関係通信はことごとく爪哇《ジャワ》の鎮台の権下に在りて、その国には書類はございません。昔より蘭国は爪哇を中央となし、台湾も鄭成功《ていせいこう》以前はこれを領し、印度《インド》の錫蘭《セイロン》をも領しました云々《うんぬん》との話でした。

荷蘭は諸君も御承知の通り、その広さは九州ぐらいですが、牧畜は実に盛大でございます。土地の三分一くらいから一箇年に八百万頭も牛が養われ、従って牛酪《バター》も大層な製造高でございます。しかし残りの三分の二は殆《ほと》んど空漠の野にて、地味すこぶる瘠薄《せきはく》でジャガ芋も十分に生長せず、大樹木もなきほどですゆえに、何か事をなすには爪哇へ行かねばならず、かような事情でありまするゆえ、自然と爪哇、スマトラなどへ植民し、旧幕府とも盛んに通商し、爪哇の手形と申すものもございました。この爪哇の事は十分に調べたきものと存じます。

実に日本にて西洋風の兵式の開けましたのも荷蘭が本元です。かの高嶋四郎太夫《たかしましろうだゆう》〔秋帆《しゅうはん》〕や私の藩の池辺などが罪人となりましたのも、荷蘭より砲術を教えられましたゆえでございます。近世の事ばかりでなく慶長の頃も……平戸の貿易時代も荷蘭は旧幕より好遇されました。この時代に荷蘭が台湾を領しておりまして、水夫が七人漂流し、朝鮮で非常に虐待され、平戸へやっと逃げ帰り、幕府より手厚き世話を受けました始末書が一冊あるのを、蘭国の医者から私に贈ってくれました。実に珍本で、爪哇に一冊とその一冊あるのみです。しかし荷蘭の古文でございますゆえ、飜訳《ほんやく》するにもちょっと誰でも出来る書物でござりません。その時に公使館にワンデンポルトと申す者がおりまして、原書は珍書でも翻訳せねば無益ですから、私に原書を下さるなら翻訳しましょうと申す事で交換しました。

またシーボルトの弟のヘンリー・シーボルト氏はシンガポールに住みまして、原来独逸《ドイツ》人ですが、前に申した事情から蘭人となり、幕府の時代にたいそう日本の事を海外に紹介し、海外の事を日本へ紹介した人です。この人の尽力で出来た荷蘭の日本品博物館を見ますると、葵《あおい》の紋の付いている品もたくさんござります。どうして厳重なる掟《おきて》のありし頃に、葵章のある品が海外へ出ましたかと存じますと、猿を輸出する藁《わら》の下などへ入れて送りましたものだそうです。

## 蒸気船を一覧

また私は二度目の上京の頃より、ぜひ蒸気船を一覧しようと存じまして、水野《みずの》和泉《いずみの》守《かみ》に迫り、旧幕府の汽船順動と朝陽を借り、旧藩士もたくさんに乗せて初めて汽船というものを視ました。当時同乗しました旧藩人が生存しておりましたなら、今日朝廷の御用にも立つ者がござりましたろう。このとき順動丸乗組の士官を招待しましたが、その中に今の荒井さんも柴さん、小笠原賢造さんも見えました。しかし旧藩地ではなかなか開けませんで、外国人の匂いがするの何のと申して嫌いました。薩藩は早くから開けていました。勝さんが鹿児嶋へ行かれた前から開けていました。これは全く琉《りゅう》球《きゅう》から西洋風をいろいろと学び得たのです。それでも英国と戦争の時などは未《いま》だ日本風の古式を用い、小倉に出兵の時も火縄筒がありました。しかし世の中の事は当って砕けろとか申し、物に触れて一時に開発しました。薩州も英と戦争の後、長州も下関戦争の後に俄《が》然《ぜん》として局面を一変しました。旧幕府は薩長等よりも早く開け、一時は大村も原田一学も大鳥もおりましたが、物に触れずして薩長より遅れました。

旧藩などはやっと王政維新の頃に外国の光りがさし西洋に導かれました。故《ゆえ》に維新後も開けた人物は旧幕に多くござりました。とにかく旧幕は外交を開き、蘭、亜の公使の注意もありましたろうが、阿片《アヘン》も禁じ、その当時には適当の条約を結びました。

浦賀へ亜米利加人の来ました時は、私の旧藩士は浦賀へ出張し、三浦三崎は長州藩でしたが、みな旧式の兵隊です。なにぶん私の旧藩士などの中には、鑿《のみ》にて蒸気船の底《ほ》を穿ると申す水泳隊もあったほどです。旧藩の長岡監物《ながおかけんもつ》が率いました兵隊も、すべて古代でしたが、藩邸内だけの調練は洋式もありました。何分にも亜米利加は和らかに幕府を導き、ついに今日世界の諸強国と交際するようになりましたのも、その初めは平和国の亜米利加が元でござります。

私の願いは広く歴史の事実を家により聞き出し、後世に残るように致したくござります。旧幕府には美事も沢山にござります。玉川《たまがわ》上水だけでも今の人が議論の多くして実のあがらざるとは反対に、たしか大久保主水《おおくぼもんと》と申す人が挑灯《ちょうちん》の火で四谷から羽村《はむら》まで測量し、羽村の入り口などは一度水を逆流せしめて戻すなど、驚くべき技倆《ぎりょう》でござります。この他にも民政上、徳義上、或いは藩々との関係など、面白き事が沢山にござりましょう。

荷蘭帆船「スペルウェル」号難破始末誌

左の一篇は一千六百五十三年荷領「バタビヤ」を発し台湾に寄港し、それより日本へ航行途次、朝鮮海岸に於《お》いて難破したる荷国帆船「スペルウェル」（鷹《たか》）号難破日誌より抜萃《ばっすい》したるものなり。我国後光明《ごこうみょう》天皇承応《じょうおう》六年徳川厳有《げんゆう》公（家綱《いえつな》）の時に当《あた》る。

一千八百九十一年一月東京公使館に於て古文より荷蘭人「レヲンファンデ・ホルデル」英訳。

「スペルウェル」号の船長「レイニール・エークヘルット」という荷都安士提潭《アムステルダム》の人なり。この日誌を蔵したる人を「ヘンドリック・ハーメル」といふ。荷国「ゴルカム」の人なり。

衆説に拠《よ》れば本船乗組の人員総計六十四名なり。

本船は初め「バタビヤ」より啓行《けいこう》し、帆に任せ駛《は》せて安穏に台湾に至り、更に纜《ともづな》を解きて日本を指し航行せり。然《しか》るに途次颶風《ぐふう》に逢《あ》ひ、一千六百五十三年八月十五日の夜、某嶋の海岸に船体を乗り上げたり。その時には猶稔悉《なおじんしつ》せざれども、後日聞くに拠れば朝鮮所属「クエルバルト」嶋なり。而《しか》して乗組総員六十四名の内、卅六名は辛うじて九死の難を免れ一生を得しも、嗚呼《ああ》憫《あわ》れむべし、ここに蝟集《いしゅう》したる嶋民のためにその翌十六日皆生捕となり逆遇を受け、加之《のみならず》船は目の前にて破砕されたり。然れども嶋民は米塩水を少許《ばかり》与へければ僅《わず》かに飢渇を免れたり。かくて数日を経たる後、その生存者を捕へんため官吏数名来り、王命を遵奉《じゅんぽう》すと称して内地に移し王城に護送せり。その後朝鮮に滞留したる十三年は実に俘囚《ふしゅう》にてありければ、その艱苦《かんく》言語に絶せり。而して生存者の内八名一小舟を得て国を脱し、肥前の五嶋《ごとう》に著《ちゃく》したり。初め「クエルバルト」に難に逢ひしとき、生存者を捕ふるため来りたる官吏の内に外国人を見受けたりしが、その名を「ヤン・ヤンス・ウェルテウレー」と云ひ、これもまた荷人〔オランダ人〕にて、これより先き十七八年前、この近海にて難破したるその船の乗組人員なり。爾来《じらい》拘留せられ朝鮮海岸に於て外国船の難破したるときは通弁官として用ひられたり。生存者はこの人に頼りてその予期したる日本に送られんことを企望したれども、幾《いくば》くもなくして生存者の朝鮮を去らざるやう計りたりと聞き、且《か》つ国王の意は何国人を問はず、朝鮮海にて難破したる船人は再び朝鮮を離ることを許さずして、日給を与へ余命を保ち朝鮮王に臣属たらざるべからずと諭令を受けたり。かくて常に厳守せられ、その身を属したる知府《ちふ》もしくは他の官吏にても、その人の善悪良否に従って如何《いか》なる労役をも受け之《こ》れに従事せしめられ、初めは外出他行を禁止せられたりしが、日月を経るの後この禁制も弛緩《しかん》になり他行するを得たり。

京城《けいじょう》〔ソウル〕に居たるとき即《すなわ》ち一千六百五十六年、脱走を試みたるものありしがため、廷尉《ていい》等は生存者を悉皆殺戮《しっかいさつりく》せんとせり。時に王及び王の兄弟並びにその他の官吏等は之《こ》れを肯《がへ》んぜざりければ、幸ひ助命にて全羅道《ぜんらどう》に謫《たく》せられ、「ニットシアン」一名「チュラベイン」市に禁錮《きんこ》せられ、その後本市近傍の城塞《じょうさい》に遊歩するを許されたれども、国都の隣近或は日本人居留の地に至ることは厳に禁ぜられたり（訳者曰《いわ》く、之れに拠って見れば当時この辺に日本人の居留地ありたるや明かなり）。日誌記者は朝鮮形情を説いて曰く、朝鮮の東南隅日本に最近の地に港あり、釜山《プサン》と名づく。大坂を去る凡《およ》そ廿五六里ばかり（?）なり。而して釜山と大坂の間に嶋あり、対馬嶋と称す。朝鮮人之れを「テイモット」といふ。この嶋もと朝鮮に属せしに日韓戦争後日本に譲り、その代りとして「クエルバルト」嶋を領せり（訳者曰く、之れに拠って見れば「クエルバルト」は日本に属するがごとし）。

国産は国内人参《にんじん》を耕作し、幾分を韃靼《だったん》〔タタール、モンゴル人〕に貢《こう》し剰余を日本人韃靼人に売与す。

日誌中朝鮮人の性情を説いて曰く、国人性柔和にしてよく事を信じ、殆ど我輩の云ふことを信用せしむるを得たり。特に僧徒に至ってはその心婦人と同一なり。即ち最も信ずべき人に聞くことに符合せり。抑〻《そもそも》数十年前日本軍の来りて国王を殺し、巨多の城邑《じょうゆう》を焼き及び韃靼人の凍氷を渡り来て朝鮮を占領せしとき、国人は敵のために戦場にて殺さるゝより森林中に逃匿するを勝れりと思ひ、逃匿せし者の縊死《いし》を見出《みいだ》したり。縊死は国風にて恥となさず、却《かえ》って大いに憐《あわ》れむといふ。

朝鮮貿易を説いて曰く、貿易は外国取引の不盛のみならず、国内の商業もまた不盛なり。外国人の取引は対馬嶋の日本人のみにして、市の東南隅釜山に居留地を設立せり。この居留地は対馬太守の領する所たり。而《しか》して日本人は釜山の地に胡椒《こしょう》、蘇木《そぼく》、白礬《はくばん》、水牛角、鹿皮、海豹皮《あざらし》、その他荷人清人《しん》より日本に輸送したる品物を輸入せり。即ち朝鮮品と交易して日本に持ち帰り自国の用となせり。

朝鮮の沿革を記して曰く、この国韃靼の占領する以前は極めて殷富《いんぷ》にして人民太平を楽しみ、且つ飲み且つ食ひ天の福を享《う》けてありしに、今は日本人韃靼人の掠奪《りゃくだつ》に逢ひ貧困しければ、凶年には命を繋《つな》ぐを得るを以《もっ》て幸ひとす。これは韃靼に貢すること重くして苛《か》なればなり。

朝鮮人は韃靼人を「チークス」また兀良哈《オランカイ》と呼び、荷を「ナムパンコク」と称す(日本人の荷を南蛮といふより訛伝《かでん》したるならん。荷人の初めて日本に来りたる時は、日本人未だ他の外国あるを知らず、葡人〔ポルトガル人〕荷人の別なく一般南蛮と称し、暹羅《サイヤム》〔シャム、タイ〕、東京《トンキン》〔ベトナム北部〕より来るものをもまた南蛮人と称せり。荷人と日本にて称したるはその後より然るなり。朝鮮人は荷人の何国人たるを知らず、日本人よ り伝はりしまゝ南蛮と称したり。且つ煙草の初めて朝鮮人に知れたるは五六十年前にて、日本よりその種子と栽法とを伝はりたり。故に往々「ナンパンソイ」と称するも南蛮草の意なるべし。爾後《じご》国内一般用ふることとなり、今にては四五歳の小児に至るも吸ひ、男女皆吸ふを常とせり。

朝鮮の鳥獣を述べたる中に曰く、朝鮮は虎多く、その皮は韃靼と日本に輸送せり。一千六百六十四年末、彗星《すいせい》天に現る。之れに拠って人心沮喪《そそう》し、遽《には》かに戦艦を準備し城塞を固め兵食を蓄へ以て不虞《ふぐ》の事を待ちたり。その所以《ゆえん》を問へば曰く、嘗《かつ》て韃靼人の来襲したるとき及び日本人の蹂躙《じゅうりん》したるとき、共に同一の天象現れたれば、今また日本人の再び来寇《らいこう》することあるべしと。これ朝鮮人の最も怖るゝは日本人の来寇なればなり。

これより先き生存者の配せられたる地にて五穀稔《みの》らず、三年の間凶歉《きょうけん》相続きたることあり。土民困弊して一命を繋ぐ能《あた》はざるものあり。之れに依《よ》って知府は生存者を三分し、之れを三処に謫《たく》したり。荷人おほく死亡し、当時生存の者僅かに廿二名なり。その内十二名は「サイスイン」に送られ、五名は「シヴンシェン」に送られ、五名は

「ナムマン」に送られたり。かくて一千六百六十六年に至り「サイスイン」に在りし生存者、相謀りて協規同力貯蓄をなし、因《よ》って一小船を買はんとせしも、官の罰を恐れ朝鮮人中に力を添ふるものなし。乃《すなわ》ち隣人と船手とに賂《まいな》ひ一船を獲《え》たり。九月四日「サイスイン」より格別遠からざる府内にある生存者二名を誘ひ、総計八名乗船して遂《つい》に朝鮮を脱走せり。今その記事を見るに左の如し。

抑〻《そもそも》我輩相会して策決し計定まり、遂に一千六百六十六年九月四日脱国の準備整ひければ、夜に紛れて脱せんとせり。時に既に夜に入り人の看《み》るものあるなく、月独りその皎色《きようしよく》を形《あら》はしければ、海潮の退かざる間に抜錨《ばつびよう》し、余は上帝の加護に頼らんとせり。乃ち薪炭の備へも成りたれども、物を送りて舟に載するには城壁を越えざる能はず。之れに因って近隣のもの少しく喧噪《けんそう》せり。然《しか》るに我輩の喜悦何に喩《たと》へんやうもなく、米水鍋《なべ》等船中必要の品を携へ、月夜難なく城壁を越えたり。船中には桶《おけ》を積み、本州より弾丸の達する位の処にある一小嶋に至り飲水を用意せり。かくて無事に府城を脱し、戦船を通過せしも別に見咎《みとが》めらるゝ事なく、風も幸ひ追手にて海流も順なりしかば、帆を揚げて湾外に走り出でたり。翌暁帆船に出会ひ彼は礼をなしたれども、我は海軍巡邏《じゆんら》の船たらんを恐れ答礼なさざりき。

九月五日、旭紅《きよつこう》東天に出づるや、天気静穏風もなく平らかなれば、帆を卸《おろ》し楫《かじ》を執《と》りて力に任せ漕《こ》ぎ出せり。これは帆を揚げては反《かえ》って他船の注意を惹《ひ》き起し、誰何《すいか》せらるゝ恐れあればなり。午時《ひる》頃に及び軽き西風吹き始めたり。因って帆を揚げたれども磁石の用意も無ければ、東南を推し量りて柁《かじ》を取りたり。夕陽の頃より西風烈しく、この頃は既に朝鮮の極南隅を跡にし、再び生捕に逢ふの杞憂《きゆう》もなくなりたり。

九月六日朝、この日は前日より西風を受けたれば日本の二嶋を認め、晩に至り平戸に接近せり。時に平戸なるを知らず、後に之れを知れり。而《しか》して我輩は初めて日本に来りたれば、一人として海岸の形状を知るものなく、加之《しかのみならず》朝鮮を去るとき、長崎に往くには右舷《うげん》に認めたる嶋を失はざるやうにすべしとのみ聴き、精《くわ》しきことを聴かざりしゆゑ、我輩相談して極小に見えたる嶋に碇泊《ていはく》せんとし、また再び夜中に陸地を離れ西方に出でたり。

九月七日、風区々《まちまち》にして定まらず、軟風に帆を揚げ群嶋に沿ひて走りしが、嶋々互に接近するを以て風上に出んことを勉《つと》めたり。かくて薄暮帆卸し檣を取りしが、時に天気悪くなりたり。而して一小嶋に近づき、こゝに錨《いかり》を投じ以て風避けんとせしが、嶋上の燈光恰《とうこうあたか》も小星の如くにして処々に輝きければ疑懐霽《は》れず。近づかざるを可と考へ、終夜軟風を船尾に受け走れり。

九月八日に至りて見れば我船の所在は前夜と少しも異ならず。これは海流の為なるべしと考へ、因《よ》って群嶋の風上に出んがため、外海に漕ぎ出したること二里余なり。然るに逆風強く波浪大にして次第にその勢ひを逞《たくま》しうせしにより、奮励して力を尽し海岸に漕ぎ戻し、午頃某湾に入りたり。因って錨を投じ携へたる食物を料理し腹に充《あ》てしが、何といふ嶋の辺にあるや、之れを知るに由なし。偶〻《たまたま》漁船の我船傍を通過せしものあり。これは我輩の意を注ぐものにもあらざりしが、日暮風稍〻《やや》減じたるとき、両刀を横たへたるもの六人一船に乗組み、我船に沿ひ来り進み過ぎてその一名を対岸の方に上陸せしめたり。我輩この様を見るや直ちに錨を抜き帆を揚げ楫を取り、必死になりて外海に漕ぎ出んとせしが、間もなく我船は彼輩のために捕へられたり。もしこの時風は我船に向ひて吹き来らず、数隻の他船も湾の四方より来り集らざれば容易に逃げ去ることを得しならん。然りと雖《いえど》も今は如何《いかん》ともする能はず。因って作りおきたる木槍《きやり》竹槍を用ひ、一場の血路を開かんと決心せり。是《これ》に於て敵船の近づくに従ひその動作と言語を視聴せしに日本人の如く思はれたり。やがて彼輩手真似をなして、我輩何処に至るやと問ひたり。因って此《こ》のごときとき用ひんとして作りおきたる小「プァリンス」旗を示し、「ホランド」「ナガサキ」と大呼せり。彼輩は又々手真似をなして帆を卸すことを命じければ、その意に従ひしに、彼輩我船中に乗り移り、柁を取りし者を自船に移し、我輩を引き去って一村に至り、而して大なる錨と綱を以て我船を繋ぎ、番船を置きて我輩を守らしめ、且つ我輩の内より猶一名招き、両人を率て上陸し種々質問せりと雖も、彼我言語通ぜず、相互に意を解する能《あた》はざりき。然る時陸上にては群集の人喧噪し、その人皆二刀或は一刀を腰に帯せり。我輩は相顧みて語なく、愁傷して色を失ひ、嗚呼天運はこゝに尽きたりと思へり。然るに日本人は種々工夫を尽し、手真似して長崎の方角を指し、その地には荷船五隻あり、及び荷人居留することを告げて我輩を慰諭せり。然れども我輩は猶疑《ぎ》懼《く》措《お》く能はず。既に敵の術中に陥りたれば、逃走はさておき、また如何とも詮方《せんかた》なければ自足せざるを得ざりき。かくて夜に至りしが、一大船ありて湾内に入り来り、我輩をその船に乗り移らしめたり。この船は即ち我輩を長崎に護送したるものなり。こゝに一嶋吏あり来りしが、この吏は嶋中にて第三に位するものなりといふ。よく我輩の荷人たることを了知して、我輩に告ぐるに手真似を以てしながら曰ふやう、長崎に荷船五隻碇泊せり、故に四五日中にその地に伴ひ送るべければ安堵《あんど》すべし、此処は五嶋と称し、嶋人は皆日本人にして皇帝の配下にありと。また手真似にて我輩はいづれの地より来りしやと問へり。之れに依って我輩は千緒万端手真似を尽し、十三年前朝鮮の某嶋にて難船し、爾来朝鮮人に生捕られ、この頃朝鮮を去ることを得たれば、再び同国人（荷人）に接せんがため長崎に至らんと欲するなりと告げり。これより次第に打ち解けたれども、先きに朝鮮人より聞きたる所にては、外国人の日本海岸に来るものは必ず殺さるとなり。因って猶心を安んずる能はず。この時に至るまで我輩は就寝する能はず。四十里間曾《かつ》て知らざる海上を旧《ふる》き危険なる小船にて航行せり。

同月九日、十日、十一日、引き続き前の嶋に碇泊し、我輩は陸上にても船中にても厳に護衛せられたり。この時日本人は我輩に良き食物、水、薪炭その他我輩の欲したるものを与へたり。またこの頃は降雨連日歇《や》まざれば、日本人は篷《とま》を覆ひて雨を除《よ》けたるにより、我輩も乾燥する処に居るを得たり。

同月十二日、日本人は我輩に長崎航行中必要の品を給し、午後錨を抜き湾を発し、日暮嶋の同側に入り、一村の海岸に錨を投じ、此所にて夜を徹せり。

同月十三日、日出の頃前に述べたる等三吏来り、朝廷に奉るべき品物及び書信を携へ船に乗組みたり。我輩も錨を解き大船二隻と共に揚帆せり。これより先き上陸したる我輩中の人二名は大船に乗り来りたれば、長崎に至るまで会する能はざりき。この日の暮に長崎湾に入り、夜半港に達し錨を投じたり。さきに聞きたるに違はず、五隻の船碇泊せり。実に五嶋の人民は我輩を鄭重《ていちょう》に取扱ひたるを以て、その厚意を謝せんがため何品か贈らんと欲せしが、別に携帯する品もなきにより米を贈りたり。然るに何品をも受くるを肯《がえ》んぜざりき。

九月十四日、我輩皆上陸を許されたり。時に会社の通弁官之れを歓迎せり（訳者曰く、之れによれば当時出嶋《でじま》に和蘭会社既にありたりと見ゆ）。而して種々質問あり、一々之れに答へしが、皆筆記して奉行の手に渡せり。午後に至り奉行に謁見せしが、種々質問を受けたり。因って事情を答へければ、奉行は此の如き小船にて太洋を越え来りたることを賞讃《しょうさん》せり。その後奉行は通弁官に命じて我輩を嶋に伴ひ会社長に渡すべしといへり。

我輩の会社に至りしとき、社長「ウィルレム・フォルケルス」氏、副長「ニコラス・デ・ロイ」氏その他社員の好遇を受け、我輩は久し振にて再び国服を着することを得たり。是に於てか社員等の親切なることを思ひ、全智全能の神彼輩に幸福と恩恵とを与へたまはんことを祈り、且つ善良の神常に我輩囚獄の身上より脱することを許したまひ、十三年廿八日の長き星霜を忍耐したる苦難危険より救ひ出したまひしことを感謝し、併せて猶彼地に残れる八名の患苦を免かれしめ、同国人の内に帰り来んの日を与へたまはんことを祈りたり。

十月一日、「フォルケルス」氏嶋を去り、同月廿三日七隻の船を率ゐて長崎港を出発せり。我輩はあらかじめこの一行と共に「バタビヤ」に帰らんことを期せしが、奉行の命に因って猶一年間止《とど》まることとなりたり。因って心中鬱々《うつうつ》不楽にて船隊の出発を見送りたり。

十月廿五日、通弁官来り我輩を嶋より呼び出し奉行の前に伴へり。時に奉行はさきに謁見したると同様の事を問ひ、我輩もまた同様の答をなせり。問答の終りたる後、通弁官は我輩を嶋に送りたり。居ること数日、会社長より奉行に我輩の引渡しを歎願《たんがん》せしに許容ありたれば、我輩の喜悦実に言はん方なし。因って奉行に好遇を受けたることを謝したる後、奉行の従者に送られ会社長の家に至り我同国人の好遇を受けたり。　時に我輩は此の如き恩恵を受けたることを神に謝したり。

その後数日を経て「バタビヤ」に往く船あり、之れに依って一千六百六十七年十一月二日恙《つつが》なく「バタビヤ」に着し、これまでの事を談じ且つ我輩の経歴したる日誌を呈せり。時の総督は我輩を好遇し、且つ本国に帰ることを許容せり。

我輩は一千六百六十七年十二月廿八日「バタビヤ」を発し、海上無事にて一千六百六十八年七月廿日、我国都安士提潭《アムステルダム》に安着するを得たり。我輩謹みて神の恩恵を感謝す（我国霊元《れいげん》天皇八年戊申、徳川厳有公四代のとき、清は康熙《こうき》七年）。

朝鮮を脱したる人名左の如し。

主計　ヘントリック・ハーメル　「ゴルカム」の人
ゴーウェルト・デーニス　「ロッテルダム」の人
ヤン・ピーテルス・テ・ウリース　「ウリースランド」の人
ヘリツ・ヤンス　「ロッテルダム」の人
マーテンス・イボッケン　「エンキューセン」の人

コルネリス・ギルクス　「安士提潭」の人
ベネヂクチ・クレルク　「ロッテルダム」の人
デーニス・コーヴェルツ　「ロッテルダム」の人

# 徳川民部公子の渡仏

呉陽散士

## 名刺の肩書に困る

徳川民部《みんぶ》大輔《たいふ》殿（今昭武《あきたけ》殿といわれる水戸家の御隠居）が幕府の末に、仏蘭西の博覧会へ行かれたのは、徳川大君《たいくん》の御名代で参列せられたので、思召《おぼしめし》もあったろうが、仏蘭西公使のロシェス（ロッシュ）が小栗上野介あたりから説き込んだのも一因であったに相違ない。とにかく民部殿が行かれて、当時英公使のパアクス等が、徳川将軍は日本の大君にして諸侯を隷属すると主張せられるが、それは虚言で、大君は諸侯の大なるものに過ぎない、日本の主権者ではない、との見地を打破しようというのも一つの目的であった。

そこで民部殿を派遣され、引続いて留学させられる見込みであった。そのとき仏国に出張していた我が公使は向山隼人正《むこうやまはやとのかみ》（黄村《こうそん》）で、その下に田辺太一氏が組頭、今日なれば書記官にいて、民部様来遊に就いては、その目的に副《そ》うように心配されたが、茲《ここ》に困ったことは民部殿の名刺一件で、その肩書に苦しんだ。

仏文のソン、アルテス、プランス、アンペリアル、は親王家に当るするので、ついにホヲン、アルテスの尊称とジャポニイの字を以《もつ》て当てはめたが、ごまかしに過ぎない。たといパアクス等の見地は誤っていて、日本には天子の下に大君あり、その大君が国の主権を握っていることに就いて疑いないにしても、外交上文字に差支える。向山とも困ったものだといって話したことであったが、慶喜公大政返上の事たる、深慮のあらせられたことには違いないが、外交上この一点に困ったことも亦《また》一因であったろう。

仏蘭西の博覧会へは島津からも出品していて、岩下方平《いわしたまさひら》が出張し、ロアド琉球即ち琉球王と名乗り、一個の独立王国の如き体で、博覧会の出品目録にも、岩下の名刺の肩書に、琉球国王松平修理大夫《まつだいらしゆりだいぶ》云々《うんぬん》とある。そもそも薩摩が出品したのは、在仏のカオント・モンブランの周旋に頼ったもので、東洋の出品者は、支那、暹羅《シャム》、交址《こうし》〔ベトナム北部〕、琉球、日本と記されてあった。

日本から頼んだ博覧会の理事にバアン・ロセップというがあって、この理事からナポレオン帝が博覧会を見に来る前日に、陳列品のことで相談したいと言って来たので、田辺氏が行くことになった。薩摩の岩下もいた。田辺氏は洋服出立《いでた》ちで、岩下は黒縮《ちり》緬《めん》の羽織に袴《はかま》を穿《は》いていた。田辺氏は琉球を一国視したる理由を尋ねた。明答を得ない。それから琉球のことを説明して、附庸の国であることを納得させた。それにしても琉球を独立国として扱ったのは、他の例にでも拠《よ》ったのであるかと詰問すると、決して左様ではなく、外交上何等の取調べもしたのではない、ただ申出のままに扱っただけと言う。然《しか》らばとて岩下に向って、その申立てのことを責めた。モンブランに聞いてくれというに過ぎないから、既往は措《お》いて、轡《くつわ》の付いた旗を卸し、日の丸の国旗を立て、琉球の文字を削らせた。この交渉はようやく纏《まと》まって、然らばこれが約条書を出せという段になった。岩下がその稿を起したのを見ると、薩摩政府とあるから、これはいけぬ、修理大夫の札を立てろと言ったが、彼は修理大夫一個の出品物ではない。領地の産物であるから、是非とも薩摩太守政府と記したいと主張した。

藩は公儀、幕府は大公儀

全体当時は、諸侯は皆おのれの藩庁を公儀といい、幕府を大公儀といっていた。随《したが》って漢学者などはみな自藩を、何々政府と書いていた。そこで論議して見たが、話が纏まらないので中止することになったが、この日は日曜日で、ロセップは日曜日にかかわらず、明日ナポレオンが来るので、この打合わせを開いたくらいで明日に延ばされない。よんどころなく政府と書くことは慣例もあるのでこれを許し、佐賀の鍋島《なべしま》からも出品しているから、薩摩同様日本肥前政府と掲示させ、大君政府の分は日本大君政府と書いて、ナポレオン帝の見廻《みまわ》りを済ませた。

### 新聞の悪評

ところがこの事を新聞で悪く書いて出した。日本大君の出張員は飲み慣れないシャンパン酒に酔ってしっぽを出した。大君の国だと主張するは真っ赤の虚言で、ヒューダル即ち封建の国ゆえゼルマン聯邦《れんぽう》と同じく、大君も薩摩も同様だ。日本みずからもこれを認めて、大君政府、肥前政府等、みな揃って甲乙なしに額を掲げているではないかと。よってこちらでは、箕作麟祥《みつくりあきよし》に答書を作らせて新聞社に投じた。その主意は、一国の主《あるじ》が必ずしも政府というではないとの論旨であった。

右の誹謗《ひぼう》した新聞が日本へ届いた。仏蘭西公使のロシェスが大怒りで、大君の貫目を知らせたい見込みが、反対の結果を現わしたといって残念がった。幕府から田辺氏は呼び戻されることになった。氏は帰ったら首でも切られるだろうと思った。向山が心配した余り窮策を考えて、前将軍は西洋のことがお好きだからというので、初めて博覧会に出たオードグラフ・テレガラフ、こちらで物を置くと先方へそのまま出る奇体の機械を買上げて、この使用を覚えて帰れ、それを将軍の前へ持参して、御前でやって見たら、罪が軽くなるだろうといって、只今《ただいま》田辺はそれを稽古《けいこ》にやってあるから、すぐ帰国させられないといって、一方には教師を見つけた。瑞西《スイス》のニューシャニールにその発明者がいたので、言葉も文字も知らなかったから、箕作に同行を頼み、一箇月ほど伝習を受けた。そのうちに向山氏も不首尾で、栗本《くりもと》（鋤雲《じょうん》）氏が来て代ることになったが、田辺氏は向山氏に先立って、慶応三年十二月廿九日に帰朝して、着届とともに待罪書を出したが、罪は問われずして、案外にも突然御目付を仰付けられた。

全体、仏国で新聞に叩《たた》かれたり何かして、工合《ぐあい》がよくなかったにも訳のあることで、初め日本にいる仏蘭西公使館付一等書記官のカションが、民部殿の御世話かたがた随行するつもりであったのが、長崎の領事ジュリーが御同伴申上げることになった。そこへ英国公使館付のアレキサンダア・シーボルトが同船して、万事如才ない質《たち》ですべて調子がいいので、いろいろとシーボルトに頼むこととなって、ジュリーには何となく遠慮がちになったものだから、彼は甚だ喜ばない。巴里《パリ》に着いて民部殿が三世ナポレオン帝に謁見のとき随員を書出した。こちらから向山黄村、田辺太一。民部殿のガバナ即ち御付きとして山高信離《やまたかのぶつら》、渋沢栄一《しぶさわえいいち》、高松凌雲《たかまつりょううん》。通弁には保科俊太郎《ほしなしゅんたろう》、山内勝《やまうちかつ》明《あき》（二人とも横浜伝習所の修業生）であった。仏蘭西の外務省では英国へ対しての挨拶《あいさつ》であろう。民部殿にシーボルトを同伴するようにとのことであった。こちらから書出さなかったが、中越しゆえ同伴して行った。そこへ丁度おくれてカションが着いた。それで直ぐ御前辺の通辞をしたいと言い出したが、向山は書上げたるものでもあるしするから、保科に通辞をさせると言い、且つ何ンでこんなに遅れたのだと責めたが、とにかく外務省の方からの申条によって、カションと参内することになった。カションはいよいよ通辞がしたいかして、田辺氏の処へ泣き付いて来た。お前の弟子の保科が通辞をするのは、むしろ心に喜ぶべきではないか、と話したがなかなか承引しない。だんだん話を重ねた挙句、ナポレオン帝の口上はカションこれを日本語に訳し、民部殿のお話は保科が仏語を以て通ずることになった。

葵紋ぢらしの四頭立て馬車

もう一つ仏人の気を損じたことがあった。民部殿があちらへ行かれるに就いての資金のことだ。当時仏蘭西は帝国であったが、飛脚船会社の上海支店長にレイ・クレイとかいう者が日本へ来た時、六千万フランの国債を仏蘭西で引受けることを小栗上野と約定し、その周旋をすることになっていた。その後レイは国へ帰っているので、小笠原壱岐からその人に宛て、私書ではあったが、民部殿の行かれることに付いて万端たのむ、と非常に慇懃《いんぎん》な手紙をやっておいたが、向山氏が立つとき早速金の不足を感じ、また持参もならず、民部殿が博覧会への出張を終えて各国を巡り、大君の名代として国交を温める筈《はず》だから、少なからぬ金を要する。然るに小栗から既にレイに手紙がやってあって、六千万フラン借りる筈だから、その中から費消しろとのことであった。やがて民部殿は日本大君の弟として交際を始めた。独乙《ドイツ》の太子が訪問に来た。こちらからも答礼をしなければならない。がたくり馬車でも行かれぬ。葵《あおい》紋ぢらしの四頭立の馬車で行くことになった。コロネル・ヂレットがナポレオン帝から命ぜられて、民部殿の御付になった。

この有様で仏蘭西にいるのだから、金は忽《たちま》ち欠乏した。そこで田辺氏がレイのところへ金を借りに行ったところが、国債のことは談判中止になって、民部殿お出《い》でのことは知らなかった、というような冷淡な態度であったから、田辺氏は然らば逆為替《かわせ》で英国のオリエンタル・バンクあたりで借りましょうと言って、その事になった。和蘭には内田恒次郎〔正雄《まさお》〕、赤松大三郎《だいざぶろう》〔則良〕がいたので、同様の手段で五万ギュルデン〔ギルダー、オランダの通貨単位〕、英国には川路太郎〔寛堂《かんどう》〕、中村敬助〔正直《まさなお》〕、林董三郎《とうさぶろう》等がいたので、これからも借りて来て金が調った。仏蘭西人はこれを見て、不快の感を起したようであった。

# 和蘭留学の話

あられのや主人

赤松則良《あかまつのりよし》。天保十二年江戸生まれ。幕府御家人吉沢雄《ゆう》之進《のしん》の次男。播磨網干《あぼし》の商家だった祖父の赤松家を継ぐ。長崎海軍伝習所で学び、咸臨《かんりん》丸で渡米。その後オランダへ留学し、造船学を学んだ。維新後、横須賀造船所所長、佐世保鎮守府司令長官、横須賀鎮守府司令長官を務めた。大正九年没。

甲科及第の俊才

内田恒次郎〔正雄〕は、百俵取の小普請万年《まんねん》千秋《ちあき》（今後備陸軍中佐で沼津に退隠している）の弟であった。十八九歳で学問所の試問に甲科及第をして俊才の名を博した。そのころ世運の進歩に連れて蘭学修業の志を起したが、恰《あたか》も当時余は坪井信良《つぼいしんりょう》（理学士坪井正五郎《しょうごろう》の父、現在せり）の塾に在って、蘭学の修業をしておったので、或《あ》る人が内田を紹介して来て、蘭学を教えてくれろという頼みだ。余は漸《ようや》く十四五歳の時で、蘭学といっても僅《わず》かにその門に頭を突込んだに過ぎない。なかなか人に教えるなどという力がある訳のものではないけれど、そのころ蘭学をやっておった者は、医者には少しはあったが、士分では実に罕《まれ》なものであるから、是非というので、覚束《おぼつか》ないけれどABCから始めて、蘭学の手ほどきをした。これが内田恒次郎と知り合ったそもそもである。

安政の初年、和蘭政府から蒸気船(スームビング号、後に観光丸と改む)一艘《そう》を、我が幕府に献貢して勧告した結果、旗本の士をして蒸気船の操縦を、蘭人に就いて伝習させることになって、海軍練習所を長崎に設けられた。そこで伝習生は幕府直参の者の中から(薩摩佐賀その他の藩からも学生を送った)選抜して、幾度にも長崎へ伝習御用を命ぜられたが、余も蕃書《ばんしょ》調所へ出役して間もなく、その選に当って出掛けることになった。このとき内田は廿《にじゅう》一二歳でもあったろう。とにかく学問所の甲科及第者という名誉を持って、青年者中有数の英俊と認められ、殊に蘭学にも渉《わた》っているというので、第一に政府の当局者から望みを嘱されて選ばれたので、余も同行することとなって、長崎へ赴いた。

## 長崎へ伝習御用

さて長崎に行ってからは、我々と一緒になって蘭人の教師に随い、航海運用測量語学などを学んでおった。この蘭人の教師中にウィッヘルスという者がいたが、内田を大層愛した。それというものは、内田は漢学の力のあるは勿論《もちろん》、一体学才があって出来栄えがよく、殊に学事には非常に熱心な男であったからであろう。

安政六年であった。幕府は種々なる都合上からして、この長崎練習所を廃せられ、蘭教師も帰国することになったので、余等の連中も江戸へ呼び戻されて帰ったが、内田はウィッヘルスに頼んで、同人からその筋へ申し立てて貰《もら》って、政府の許可を得、蘭人が日本を引払うまで、三箇月ほども一人とどまって、ほかの者が学ばなかった、微分積分などの高等数学の教授を受けた。しかしこれらの数学の力は、内田のためには後年に至って、余り顕著なる用をなさなんだように思われる。

余は長崎から帰って、直ぐに軍艦操練所（築地にて今海軍大学校の在る所なり）教授方手伝出役を命ぜられ、日々出勤した。内田も程なく帰って来て、余と同役を仰せ付けられて、勤務することになった。余はこの後僅かにして軍艦咸臨丸に乗込むことを命ぜられ、米国に渡航することになって、品川湾をいよいよ解纜《かいらん》したのは、同年（安政六年）の十二月であった。内田はやはり操練所に止《とど》まって、相変らず教授方手伝を勤めていた。この時分万年の家を出て、内田姓を冒したのである。ちょうど井伊掃部頭〔直弼〕が、暴徒に暗殺された年〔安政七年〕であったと思う。

## 内田家の婿養子

そもそもこの内田家は、下総の小見川《おみがわ》を領して居った内田加賀守（一万石）の末家で、一千五百石を食《は》んでおった旗本の内田主膳という人の家で、この内田に片目で跛《びっこ》の一人娘があった。それの壻養子ということになったのである。内田家は本郷お茶の水辺に屋敷があって、相応に内福な家であったそうな。で、内田へ壻養子にはいって間もなく、御小姓組へ御番入りをして、部屋住で三百俵の俸禄《ほうろく》を賜わる身になったが、軍艦操練所へは従前の通り出役しておった。

文久二年に、和蘭へ幕府から軍艦製造を註文《ちゅうもん》するについて、その製造中海軍の学術を実地に学ばせるため、直参の士の中から青年者で、これらの学業に堪うると認められて抜擢《ばってき》された者は、御軍艦組から内田恒次郎、榎本釜次郎《かまじろう》（武揚）、沢太郎左衛門、田口俊平《たぐちしゅんぺい》、赤松大三郎（則良）の五名、蕃所調所からは津田真一郎（真道）、西周助（周）、医学生では林研海、伊東玄伯《いとうげんぱく》とで、以上の九名が和蘭留学を命ぜられて、一同揃って同年の六月に咸臨丸に搭乗して品川を出発し、八月の末に長崎へ着いて、それから九月の中旬和蘭の商船で、カリプス号という小さな風帆船に便乗して、我が日本の地を離れて和蘭へ向った。内田は千五百石取の旗本の若殿で、この同行者中、一番身分が良いところからして、留学生の取締の心得を以て、御用を勤めるようにという内命があって、会計の締めくくりもした。内田は吝嗇坊《しわんぼう》〔けちんぼう〕と朋友《ほうゆう》から誹《そし》られたくらいに、金銭上のことは厳密で、節倹を守った男であるから、会計主任としては適任であると言ってよかろう。もし榎本、林などという、金銭に切れ離れのよい者に、出納を任せたならば、勘定合って銭足らずというような始末が、生じたかも知れない。

カリプス号へ乗り込む

カリプス号に乗組む前、長崎に滞在中のことであった。内田が同地の骨董《こっとう》店で、玉《ぎょく》の観音の像だの、朱泥の急須《きゅうす》などを買込んで、和蘭へ携えて行ったが、船中で観音の像を持出して、我々の前で荐《しき》りに誇って、その作の精巧にして雅致あるはもとより、玉の堅緻《けんち》なることは、とうてい鋼などを以《もっ》て瑕《きず》を付けることは出来ない、然《しか》るをかかる彫刻を施し得るは、支那《しな》人特殊の技なりなど喋々《ちょうちょう》と説明した。我々は当時一介の青《あお》書生《しょせい》で、美術品を鑑識するの眼は殆《ほと》んど皆無であったから、内田が得意になってしゃべるのが、いかにも暢気《のんき》らしく聞えて、癪《しゃく》にさわってたまらない。余は内田め、また持病が発したなと思ったが、どれ左程堅いものか、見せ給えと言って、その観音の像を手にとり、小柄《こづか》の刃先を以て足の裏をガリガリとやったら、僅かであるが瑕が付いた。内田はこれを見て、乱暴なことをするなと大変怒ったが、前に自分が言った詞《ことば》もあるので、仕方なく泣寝入りで、金剛砂か何かで瑕跡を磨いておったが、余もあとでは気の毒なことをしたと実は悔んだ。内田も美術品を持出して講釈を始めると、ほかの者にけなされるので、それからというものは、部屋の内で密《ひそ》かに一人で娯《たの》しんでいたのを屢〻《しばしば》見かけた。

### 玉細工の観音像

和蘭へ着いて後、或るとき内田は余と共に英国倫敦《ロンドン》へ遊びに往った。その折りケンシントン博物館〔現在のヴィクトリア&アルバート博物館〕を縦覧したが、だんだん見物して美術部に至ると、ここには一千八百六十年の役〔アロー戦争〕に英国人が、北京の円明苑で分捕った宝物類が非常にたくさん在って、びっくりするほどであったが、或る一室には玉《ぎょく》細工などのみ殆んど一千種余りも陳列して、中に観音の像も数体ある。いずれも稀世《きせい》の品なること、我々の凡眼にも鑑別《みわけ》ることが出来る。内田が船中で自慢した玉細工の像などは、顔色なしと言ってもよかろう。とても比較物《くらべもの》にはならない。内田も殆んど呆然《ぼうぜん》たる有様で、垂涎《すいぜん》三尺その室を去りかねたくらいであった。これから後は内田が自慢の観世音菩薩《ぼさつ》も、鞄《かばん》の底へでもしまいこまれたのか、御姿は再び現われなかった。

内田は審美心に富んでおった。書生仲間では相応に美術品の鑑識があったと思う。

それに内田家は旗本で裕《ゆた》かの方ではあるし、自分は三百俵の俸給を賜わっている身分であったから、自然骨董品などを捻《ひね》くることが出来たのであろう。日本画などをちょっと画くだけの腕があって、和蘭渡航中にも各地の景色や風俗などを写し、和蘭へ行ってからも同じく筆を執っておった。その傍ら写真を蒐集《しゅうしゅう》していたが、おいおい土地に居馴染《なじ》んで、油絵を屢ゝ見るにつけ、大いに日本画の及ばざるところあるに感服し、油絵師に就いて熱心にその技術を研究したか、帰朝する頃には少しは描けるようになった。後年「輿地誌略《よちしりやく》」〔教科書として使用された〕を著した時、挿入した絵画の多くは、和蘭在留中に得たところのものである。

和蘭に在留中、内田の細君、即《すなわ》ち家付のお嬢さんたる片目で跛の細君は、江戸で病死した。この訃音《ふいん》が和蘭へ達したとき、内田の朋友は揃って旅宿を訪ずれて、不幸を弔ったが、さてそのあとで異口同音に、一杯奢《おご》りたまえと言ったことがある。内田も悔みと悦《よろこ》びとを同時に受けたので、挨拶《あいさつ》にまごついた様子が余程妙であったと、笑話の種にその当座は残っておった。いったい内田は神経質の男であった。おのれが志したことは飽くまで窮めようと思って、感服するくらい物事に熱心になる方であったが、惜しいことには些細《ささい》なことにも心配して、気が安んじないために、大局に眼を注ぐことが出来なかった。これがこの男の欠点である。しかし当時の旗本などの多くは、知行所の百姓をいびって、その日を碌々《ろくろく》として暮している。その中で、とにかくこの男ぐらい進取の気力に富んでおった者は、珍らしかったのである。

品行は方正で、酒は殆んど呑《の》まなかった。否、呑めないのである。前にも言った通り、朋友からは吝嗇坊と綽名《あだな》を付けらるる程の節倹家であったから、内田は酒が呑めないのではない。銭が惜しいのだと嘲《あざけ》る者もあった。しかしこれは全く悪口に過ぎない。尤《もっと》も人に愛せらるる性質ではない。俗にいう角のある人で、殊に自分の家柄を誇って、何となく他を軽んずるような風が見えたのと、留学生一行の取締というのを鼻に掛けて、朋友に命令を下すような事が度々あったので、留学生の気受けは甚だ良くない。であるから他の書生も壮年者の常として、故意に内田の言うことに背くような按排《あんばい》で、内田はまた例の小心な男であるから、こうなると弥〻《いよいよ》激して来るという始末で、時々意見の衝突が起った。

開成所の教授方

幕府から誂《あつら》えた軍艦開陽丸の進水も了《おわ》り、日本へ廻航《かいこう》するようなことになったので、内田も榎本、沢などの留学生と共に、開陽丸に便乗してやがて帰朝した。榎本は帰朝後間もなく海軍奉行となり、沢も幕府の海軍に仕えたが、内田は生得船暈《せいとくせんうん》に感じ易いので、極く船に乗るのを嫌っておった。それ故でもあろうか、和蘭へ往っても海軍の事は殆んど学ばなかった。で、内田は帰朝しても海軍の方は避けて、開成所の教授方にはいってしまって、ついに文事で一生を送るような次第になった。

維新の際、幕府の海陸軍に籍を置いたものは、世禄をなげうって大概脱走を企て、ついに逆境に身を陥れたが、内田は軍事に職を奉じておらなかった為ででもあったろうか、それとも大勢の趨《おもむ》くところに心付いたのでもあろうか、直ぐに朝廷に仕えて、やはり引続いて開成所に勤め、一身上さほどの変動もなく、安々と駿河台に邸《やしき》を構えてその日を送った。開成所が本校と改まり、官制の変更があった時に、大学中博士に任ぜられ、正六位に叙せられたが、例の気質であるから、同僚との交際が円滑にいかなかったのが原因ででもあったろう、ついに官を辞して民間に下り、著訳の業に従事した。このころ輿地誌略だの、海軍沿革史などの有益な著述があったので、これらの著を記念物として、明治十年に病歿《びょうぼつ》した。内田の著書中の輿地誌略が、我が国当時の教育界に与えたる効果の偉大なものであったことは、今更言うまでもなく、世の人の知るところである。

# 幕府軍艦開陽丸の終始

沢　太郎左衛門

天保五年江戸生まれ。長崎海軍伝習所で学んだ。文久二年幕府がオランダに軍艦開陽丸を発注したことに伴いオランダへ留学、開陽丸で帰国した。戊辰戦争では開陽丸軍艦頭として新政府軍と戦う。維新後、海軍兵学校の教官を務めた。明治三十一年没。

一

西洋型造船の嚆矢

私は会員沢鑑之丞《かんのじょう》の父沢太郎左衛門と申す者でございます。今日出ました訳はこの幕府の末に製造になりました開陽丸の終始に就きまして、お話するように中沢さんから御依頼がありました。私は昔者であり年寄りでありますから、活発にしゃべることは出来ませぬが、私は昔から日記を書留めて置くことが好きでございますゆえ、その当時の事を筆記いたして置いたものが残っております。それをつまりお話じゃアない、読んでお聴かせ申すつもりでありますから左様御承知ください。そこでこの筆記を初めから読み始めますと大変長くなりますから、自分で要領と思うだけを引抜いてお話するのでありますが、自分で要領と思っておりましても、諸君に於いてこんなつまらぬ所は止めてくれと仰《おつ》しゃる方もありましょうが、どうか暫時御辛抱を願います。

開陽丸は抑〻《そもそも》幕府の末に和蘭国に註文《ちゅうもん》し拵《こしら》えた船でありまして、キールを据え付けしより三箇年半ほどにて出来上がりまして、慶応三年に江戸の海に乗込みました。この船を拵えますまでには、幕府の末の事でございますから種々混雑がありますので、一応その記事を読んで申上げます。皆さんも定めし御承知でしょうが、嘉永の六年までは幕府で大船を拵えることは禁制になっておりました。そこで外国船の来船は支那、和蘭国商船だけにて、長崎までは来港し差支えぬようになっておりました。然《しか》るに嘉永の末に、水師提督ペルリが搭乗した亜米利加の軍艦が江戸近海へ乗込んで参りました。さあその時の騒動は非常なもので、火事装束などを着し、斎藤弥九郎のお弟子などは竹具足で宜《よ》いと言うて、品川へ押掛けて行くような騒ぎでありました。さて嘉永六年九月に至って、ぜひ日本で大船を作らなければ大洋を乗ることが出来ぬ……竜骨《ガワラ》〔船底の中央の部材〕のある船を作らなければならぬ……その時分はキールの事をマギリガワラと言っておりました。その時分からようよう許されて外国の船がはいっても差支えないということに至り、大船製造のことも諸藩に広く触れられたことになって、それから大きな船を拵える気運に立ち至ったのでありますが、諸藩に就いても十分その心掛けがありまして、鹿児嶋に於いては最も早く三本柱西洋形の船を拵えました。

ところが、その時分の船を作る船体船具等は、和蘭国造船書の図のみを以《もっ》て製造せしもので、初めて安政元年五月、相州浦賀に於いて鳳凰丸《ほうおうまる》という船を拵えました。これは長《た》け四十一間ばかりありまして、三本柱でマギリガワラの着きたる船でございます。これが日本に於いて西洋形の船を製造しました嚆矢《こうし》でありましょう。

そのころ鹿児嶋に松木弘庵という人がありまして、この人が蘭書をよく理解し、その造船書に依《よ》って鹿児嶋で鳳瑞丸、昇平丸《しょうへいまる》、大元丸などという船を拵えました。この松木氏は後に寺嶋陶蔵《とうぞう》と改称し、維新ののち伯爵となりました寺嶋宗則君のことでございます。その頃より西洋形大船を拵えようという考えが諸方に起りました。水戸の老公の計画で朝日丸〔旭日丸《あさひまる》〕という船を石川嶋《いしかわじま》で拵えまして、なかなか美しい船でありましたが、いかんせん進水の時、頭を突込んでしまいまして釣合い甚だよろしくありません。それですから人がみんな朝日丸と言わないで厄介丸と申しまして、よく不都合な人があると、アア水戸の船かというような悪口が流行しました。この船が十分に用立ちませんでした。これはもとより軍艦じゃない、三本柱のマギリガワラの付いておる船というまででありました。

### 津波にやられたジャナ号

さてその年の九月十八日に、大坂の海岸に露西亜《ロシア》の船が突然はいって来ました。そのとき大坂市中は大変な騒ぎで、戦争でも始まりました景況でございました。これは安治川口の方へ寄せてはいって来ました。この軍艦というのは露国の使節プーチャチン〔プチャーチン〕という人が乗って来た、ジャナ〔ディアナ〕号といって長け卅二《さんじゅうに》間、幅五間二尺ありまして、通商条約を請求いたしに参りました。ちょうどその折りには長崎、下田の内で応接することになっておった故、外国船はこの二箇所よりほかで応接することは出来ませぬ。それ故に大坂では断わったところが、オロシャ人であるから、言葉が分かりませぬ。……通訳する人がおりませぬから余程ごたついた末、一向どうも分からない。そのうち長崎、下田で応接するということが漸《ようや》く分かったものと見えまして、大坂を出帆して下田に向って来ました。下田へ廻《まわ》る時分には諸方から急使で天朝へ御届をする。どこにこんな船があった、ここにこんな船がおったという騒ぎで、天朝及び幕府の騒動はひと方なりませぬ。そこで安政元年十月中旬に、ついに下田へはいって来ましたが、そうすると下田へはいりますや否や、その月〔十一月）四日の大海嘯《つなみ》で、このジャナ号は大浪《なみ》に揺られて、大砲は暴れ出し三本マストは折れて大変損害を蒙《こうむ》りました。この船に積んである大砲は五十二挺《ちょう》でございまして、六十斤が四挺、卅斤が十八挺、廿《にじっ》斤が廿挺、これだけの大砲がジャナ号に備えてありました。その月六日に至って、大砲があると船で暴れ出すので困難しましたから、よんどころなく五十二挺の大砲をみな下田に上げました。然《しか》るに運搬する船を雇わんとするにも、外国船のことゆえ、漁船一艘《そう》出すものはありませぬ。よんどころなく本船に附属するバッテーラ〔小船《はしけ》〕の大きいのを用いて上げました。どうして上げましたか、とうとう残らず陸揚げをしました。

その後この大砲をみんな幕府へ贈りました。私は幕府海軍操練所に於いてこの砲を扱いましたことがございます。明治六年に御承知でございましょうが、築地の海軍兵学校に稽古《けいこ》用の砲台を築いた折り、私がこの卅斤の大砲一挺を砲台に備えて生徒方の稽古用に致しました。その後明治八年に露西亜の軍艦が横浜にはいって来まして、或《あ》る日艦長ブリュノーはじめ六名の士官が兵学校を拝見に来ました。然るところその大砲が稽古用に備えてありました故、且つ驚き且つ悦《よろこ》び、艦長はじめ余程感じましたようでございました。それより私にいろいろの事を聞きました。幸いそのころ和蘭国海軍士官コーニングという者が兵学校に雇い教師でおりました故、この者に通弁をして貰《もら》い、私の覚えているだけの事実をすっかり話しました。艦長は帰るときに、大砲に付いている鷲の形及びその番号まで、油墨《あぶらずみ》を出して写し取り持って往きました。この大砲、今日はどこにありますか知れませんが、今日の用には立ちませんのでございます。

戸田で造ったシコナ号

さてジャナ号におきましては、船内に潮水が頻《しき》りに浸入いたします故、修覆しなければならぬから、良い港を貸して貰いたい、そうして船を直したいと申出ましたが、その時分に要路に当っている人でも、日本の内でどういう港が斯《こ》ういう事に適するか心得ておりませぬ。そこでいろいろ評議の末、伊豆の代官江川太郎左衛門君にその場所の選定方を命令されまして、伊豆国君沢《きみさわ》の戸田《へだ》という所を極めて申しやりました。ところが露国艦長には大層悦びました。もとより戸田という所を知っておったと見えます。そこで十一月十七、八日のころ下田を出掛けましたが、檣《ほばしら》も折れており、その他どうも船の馳《はし》ることについて、よほど困難したものと見えます。しかのみならず戸田へ廻るところの潮流がたいへん悪くって、駿州小浜《おばま》の沖合へ来ました時分は、水垢《あか》がはいって来て、一升かい出せば一升五合はいるというわけで、とうとう船は沈没してしまいましたが、乗組はうまく逃れまして、三軒家浜《さんげんや》という所へ上陸いたしました。

その近傍の人がその有様を見て実に気の毒であると言い、幕府でもどこまでも保護せんければならぬと言っておりました。それゆえ静岡地方へ達しを出し、日本船をたくさん出して、ついにプーチャチンほか五百人ほどの人を戸田へ移転させました。艦長は大佐リッスケ、副長はボシエットという人であります。この乗組中和蘭語に通じている人があって通弁も行届き、互いの情実がよく分かりました。その時分はセバストポールの戦〔クリミア戦争〕の時分でござりました故、英吉利《イギリス》でも仏蘭西でも露西亜の船に行き逢《あ》えば襲撃せんという有様でございますから、艦長はじめ乗組人は小銃だけは持っておりました故、あらかじめ防禦《ぼうぎょ》の準備をなし、なんどき英吉利、仏蘭西の軍艦の襲来するも心配のないように用意いたしておりました。その勇気はずいぶん感心のことと存じました。

そこで軍艦ジャナ号はもはや形も見えざる程に沈没しました故、仕方がございませんから新規に船を造るよりほかありませぬ。ここに於いて幕府に願い出してその材木、鍛工、船大工等を募集することに至りました。この場合となりましては、幕府要路にある人もよく情実を知り、まことに気の毒の感を以ておりますから、別段議論もなくその請求に応じ、伊豆地方その他静岡地方より材料及び工夫等を出し補助いたしました。また先刻申しました水戸の朝日丸の製造に掛っておりました、水戸公より附け置かれし造船役人及び大工鍛工等もこれを望んで幕府へ出願して、戸田港へ工夫として参りました。さてジャナ号の乗組のリュテナント〔尉官〕中に余程造船にくわしい人がありまして、速かに図を造り、また乗組の船大工に巧者なるのがありました故、日本の船大工並びに鍛冶《かじ》職等を手伝わして、二本柱のスクーネル船を拵えました。これは余程小さい船でございますが、釣合もよく且《か》つ堅固に製造したものでよく走りました。

そのとき手伝いに参りました日本人の職工は非常に勉強いたし、よく注意して手伝いました故、西洋造船の諸法を実地に得たる者多く、特に上田寅吉《うえだとらきち》の如きは最も巧みに覚えました。たとえば造船の初めマギリガワラを造船台に据え、首材後材《ステムスタルンポスト》を建て肋材《フレーム》を植え船梁《ビーム》を固着し外板に及ぶ等、その順序をよく知りました。また外銅板を張るにコールターを浸せる厚紙を用うる如きは、この時初めて知りましたものでございます。そこでこの船が出来上がりますと、シコナ号と名を付けまして、ちょうど安政二年二月出来上がって、それで三月廿三日にプーチャチンほか百名ばかり乗って戸田を出帆し、カムシャッカへ航行いたし、露国に無事に着しました。そのとき初めて西洋形大船を拵えることがよく分かり、それより方々で大船を拵える計画を致しました。そのシコナ号はその後露国より幕府に贈呈いたし、その時の厚意を謝しました。これを君沢形《さわがた》と称し操練所の附属となりました。

我々も諸方を乗廻しました。そのとき戸田村の船大工上田寅吉なる者は余程よく注意いたしたものと見え、後年、開陽丸を拵える時分、またその修覆等には余程用に立ちました。当時は故人になりましたが、維新後横須賀造船所の技師となりまして、その実効を顕《あら》わしましたは人々のよく知るところでございます。

## 二

英国海軍少将スライライキ

前回に申述いたしました、露国軍艦ジャナ号乗組プーチャチンほか百名ほどは、豆州君沢戸田港に於いて新造せしシコナ号に乗って、カムシャッカへ航行いたしましたが、四百人ほどはなお君沢に残っておりました。丁度その頃亜米利加の商船二艘下田へ入港相成りまして、その一艘はケレータフと称するパーク（形の名）船、今一艘はスクーネル形でございました。この二艘を雇い入れまして、残りの人員乗組み、またカムシャッカに帰りました。その後露国より日本へ礼文が参りましたに依って、一同無事に本国へ着しましたことが分かりました。そのころ露国軍艦取扱掛りというものが幕府に置かれまして、老中には阿部伊勢守、大目付には筒井肥前守、その折りには下田奉行なるもの二人あり、伊沢美作守《いざわみまさかのかみ》〔政義《まさよし》〕、都築駿河守〔峯重《みねしげ》〕、御目付には松本十郎兵衛、村垣与三郎、御儒者より古賀謹一郎《こがきんいちろう》でございました。

さて安政元寅《とら》年七月三日、長崎に英吉利国の軍艦ウェンセスター号が入港いたしました。その乗組に同国海軍少将スライライキという者が長崎奉行へ左の書面を出しました。

長崎の長官たる御奉行へブリタニヤ国女帝ヴィクトリヤの趣意を以て衆議一致して、彼の露西亜国より欧羅巴《ヨーロッパ》を押領せんとする手段に向ひ、欧羅巴の為め防禦の企てをなし、その情実を告知せんとする書面左の如し。

一　今般同盟国より数多《あまた》の軍勢を出し露西亜国と合戦に及び候

一　露西亜国の諸軍勢戦策尽きて終《つい》に自己の港に引退き潜まり居候

一　露西亜国の諸衛数箇所は同盟国の手に入れ或は荒廃せしめ、又トルコ国に侵入せし露西亜国の軍勢は散々に敗北し境界内に退去に及び候

一　露西亜国の艦船及び諸砦《しょさい》は勿論その退去せし屯所等に至るまで手に入れ候か又は滅却せしむる企に候処、露西亜国にては漸々《ようよう》その境界を広めサガレイン及び蝦夷地《えぞち》にも及ぼし順《したがっ》て日本へ志を向る計策に有之《これあり》候

一　右の訳にて私義ブリタニヤ女帝の命を受け東方海上の大将として此度当地へ相越候、尚ほ右一件に付同盟国の軍艦追々日本諸港へ入津に及ぶべく、是は露西亜国の軍艦、我同盟国商船等を奪掠《だつりゃく》する防禦《ぼうぎょ》を為《な》すためのことにして他意なき事は予《あらかじ》め御聞置被下度《くだされたく》候

右は余義なき情実に付、同盟国軍艦此地に来り候はゞ諸港へ入津の義御免許有之《これある》様希望に候、何卒此段御含にて其向《そのむき》の人々へ宜敷《よろしく》御通達被下、差支なき様御取計の程奉願候

ブリタニヤ女帝の軍艦ウェンセスターに於て

一千八百五十四年九月七日（我安政元寅年七月十五日）

リヤ・アドミラル・ジョン・スライライキ

ドンクル・キュルシュスの建白

それでこの書面が長崎からして江戸に参りましたところ、幕府の役々に於いてはまあこんな事に初めて逢《あ》いましたから、各老中に於いてはまず一時は大いに心配し、また考えうるに、なるほど国として軍艦がなくては此の如き場合には大いに不都合なれば、どうか日本に於いても軍艦をたくさん製造しなければならぬということの計画が、この時より益〻盛んになりました。この頃の老中は阿部伊勢守〔正弘〕、牧野《まきの》備前守《びぜんのかみ》〔忠雅《ただまさ》〕、松平大和守〔和泉守、乗全《のりやす》〕、松平伊賀守《まつだいらいがのかみ》〔忠固《ただかた》〕、久世《くぜ》大和守《やまとのかみ》〔広周《ひろちか》〕、内藤《ないとう》紀《き》伊守《いのかみ》〔信親《のぶちか》〕の六人でござりました。ところがその軍艦を拵えようという考えは、まあなかなか盛んになりましたところが、軍艦ばかり拵えましても、それに乗って戦をするところの軍人がなくてはならぬということで、要路の役々に於いて評議がござ

りました趣であります。ところが、その方角が立ちませぬ。然るところ、そのころ長崎の出嶋に和蘭の領事官ドンクル・キュルシュスという者がありまして、この人は日本の時勢をよく察しておったものと見えまして、昨今日本では軍艦を拵えようということに気を揉《も》んでいるそうだということで、自分は欧羅巴の各国の工合《ぐあい》を書面にしたためて、丁度その折り長崎に和蘭の軍艦でヘデー号というが参りまして、ファービュスという人が艦長でございました。この人は和蘭に於いても随分評判の海軍士官でありまして、それでこの者にドンクル・キュルシュスは相談を致しまして、一体の海軍の筋合いというものを書いて貰いたい、それを日本に建白するからというので、ファービュスは頼まれまして、海軍の業務から各国に於いての軍艦の数まで調べまして、ドンクル・キュルシュスに出し、それから長崎の奉行に出しました。

それが江戸へ廻りまして幕府要路の人々の評議になった。然るところ、このころ軍艦を拵えようという見込みが付いておりましたから、これは大いに便りを得たということにて、そこで斯《か》くの如きことを和蘭から言って出ましたにより、断然海軍というものを日本に開くことに決しました。しかしそれにはどうしたらよかろうということを長崎の奉行からして、なお和蘭の領事官ドンクル・キュルシュスに相談致しまして、日本に海軍を始めるということに定まりました。

ところが、その折りは外国人というものを無暗《むやみ》に江戸や何かに住まわせるということとは出来ませぬ訳で、和蘭人は長崎の出嶋に限り住居を許されておりましたが、いずれにしたところが和蘭に頼んで、軍艦に乗ることを師匠として習わせるがよいということになりましたが、稽古をさせるには長崎に出なければならぬから、長崎で伝習御用ということが起りました。幕府で一番に命ぜられましたのは永井《ながい》岩之丞《いわのじよう》〔尚志《なおゆき》〕君で、同人はそのとき御目付でありまして、大いに尽力せし人でございました。永井君に次ぎ矢田堀景蔵《けいぞう》〔鴻《こう》〕、勝麟太郎《りんたろう》〔海舟〕両君が今の艦長の位置になって伝習に参ることになりました。そのほかの者は我々のような者が一同命ぜられまして、長崎に参って海軍の伝習を受けるということになりました。ところが、最初海軍諸術の授業は重に講義を以て教えられました。船が無いから実地に稽古することが出来ませぬ。それをあらかじめ和蘭でも推察いたしまして、スームビングという軍艦がバタビヤにありましたのを、これを日本に向けまして幕府にくれました。長さ廿九間、幅五間、馬力百五十、大砲六門、外車の蒸気艦にして、その軍艦をくれましたから、そこで実地に稽古が出来ることになりました。これを観光丸《かんこうまる》と改称し、この軍艦のために一同がまあ海軍の工合が分かりました。一艘では足りませぬ故に、また更に和蘭国に二艘の軍艦を註文になりました。その一艘は咸臨丸、また同様の船で朝陽丸という船が出来まして、この二艘というものがなかなか伝習のためには用をなしました。観光丸で一番初めの伝習の人が出来上がりまして、江戸の海に乗出しました。

## 咸臨丸と朝陽丸

さて咸臨丸と朝陽丸とは姉妹《しまい》船でありまして、長さ廿七間半、幅四間、馬力百、大砲は十二門ありました。この咸臨丸という船は御承知でもございましょうが、戊辰《ぼしん》〔戊辰戦争〕のとき犬吠《いぬぼう》の沖で颶風《ぐふう》に逢いまして、その後清水港にはいりまして、ついに官軍のために焼かれてしまいました。朝陽丸は官軍の持ちにして函館の戦に火薬庫に弾丸を受け破裂しました。……それから日本で軍艦らしいものの出来ましたのは、英吉利からくれましたエンピロル号、後に蟠竜丸《ばんりゅうまる》と改称せし船にて、これは安政五年七月五日、三艘の船に伴われて品川に参りました。これは英吉利より日本大君《たいくん》の御召船ということで持って参りました。実に立派なものでありました。私は江戸に参りませぬ前、長崎で伝習を致しておりましたとき、この船が参りましたからその時に見ましたが、製造方もなかなか堅牢《けんろう》でございますし、且つ艦内の装飾というものが実に美を極めたものであります。大君の召されようというところの艫《とも》の室は実に非常の造作で出来た所がある。また御次の者が居ろうという所も立派に出来ておりまして、この船は函館でもずいぶん働きを致しました。これは向うのつもりでは大君の御召ということで送りましたが、大君は軍艦で出るなどということがありませぬから、当り前の軍艦にして使いました。その後いろいろ船が出来ましたけれども、みな飛脚船あるいは商売船等の古船を買込みました為に、一向戦争に用立ったものはありませぬ。

　それでその後文久元年に内海測量ということが始まりまして、富津《ふっつ》近傍測量として私も参りましたが、最も心配をしたのは小野友五郎《おのともごろう》君でありました。同君の計画には、台場を建築するは今日の急務なれば、まず観音崎《かんのんざき》、猿嶋《さるしま》を専務として測量すべしと、君沢形にて富津地方をめぐりました。六月四日に軍艦奉行井上美濃守（信濃守、清直《きよなお》）見分として出張されました。その際、小野友五郎君の説には、今いろいろの船があるが、古船同様で戦争には役に立たぬ、台場を造っても台場ばかりで防ぐことが出来ませぬから、小さな軍艦で大砲の大きなものを積む船を拵えたらよかろう、ずいぶん日本で出来ないことはないと述べましたとき、井上氏の申すには、然らばまず試みに一艘製造に取掛かるがよろしかろうという事に定まり、その後いよいよ命令を受けて小野君が引受けて計画しました。長さ十七間二尺、幅は二間半、馬力は六十、大砲は三門でござります。この船は落成まで長く掛かりました。その折りの相談は廿艘も拵えるつもりのところが、なかなかそうは参りませんでした。掛り役は小野友五郎、沢太郎左衛門、春山弁蔵《はるやまべんぞう》にて造船所は石川嶋と定め、キールを据え付けしは文久二戌《いぬ》年五月七日、進水式は同三亥《い》年七月二日、落成は慶応二寅年の五月になりました。蒸気の製造を担任しておりました肥田浜五郎君が和蘭に参って、その他の人も和蘭に参っておったものでありますから、ついに永引く事に至りました。しかしこの船はなかなかよく出来て、釣合いも宜しく堅牢であって、なかなか運転のよい船でござりました。この船は千代田《ちよだ》形と称し、函館の戦争に従事いたしましたが、故あって官軍の手に取られました。

初めアメリカに注文

まず軍艦というものは右申上げましただけのものであって、今日まあ考えて見ますれば、みな小さな船であります。然るに文久元年酉《とり》三月頃から、海軍のことに就いては永井玄蕃頭《げんばのかみ》君及びその他要路の方も余程力を入れ、追いおいこれを拡張しようということでありましたからして、その折りは安藤対馬守信正という人が老中で外国掛りで且つ英断家でありました。而《しか》して亜米利加の公使とは最も親密の交際をしておられました様子でございました故、ぜひ今度は亜米利加に於いて蒸気軍艦の大きいのを三艘ほど拵えて貰いたいということを依頼になりまして、その軍艦の製造中役々の者を留学にやりまして、実際のところを見せて、その他のことをも習わせて貰いたいということを頼みましたところが、速かに承知しまして、そこでその留学に遣わすところの人員を選ばれました。内田恒次郎、榎本釜次郎、沢太郎左衛門、田口俊平、高橋三郎の五人がやられることになりました。高橋三郎君はその後和蘭に註文替えの節御免になって、赤松大三郎君がその代りに命ぜられました。また蕃書《ばんしょ》取調所教授方より津田真一郎、西周助両君が留学に同行することになりました。このほど死去された西周君はその人であります。さて各〻その訳を以て支度に取掛かりおりましたところが、そのころ北亜米利加合衆国に於きましては、内地にゴタゴタが起り戦争が始まり、他国の船を受合うどころか、我が国戦争に用うる軍艦の製造にいそがしき故、日本より依頼のことは一とまず断わるということにて、その翌文久二戌年三月十三日に、左の通りに命令を受けました。

　先般亜米利加国政府へ蒸気軍艦御誂《おあつらえ》相成、右製造中御軍艦組及洋事調所教授方之者等諸術研究として被二差遣一候旨被二仰渡一夫々《それぞれ》支度取整ひ候儀の所、亜国政府の方差支有レ之、急速其運びに不レ至候に付、改めて右軍艦和蘭国政府へ御誂替相成、依て役々の者も同国へ可二相越一候。

という申渡しを蒙りまして、和蘭にいよいよ参るということが極《き》まりました。

さてその留学として洋行する者は、いずれも士分の者ばかりで実地のことに都合が悪いであろうからというところからして、諸技術職業実地研究の者を選んで留学せしめんと、その掛りに於いて人選いたしまして、海軍所に於いては水夫の扱い方を覚えるために、水夫小頭古川庄八《ふるかわしょうはち》、その手伝いに一等水夫山中〔山下《やました》〕岩吉《いわきち》という者が命ぜられ、鋳物師には中嶋兼吉《なかじまかねきち》、只今《ただいま》は殿橋の近辺で中嶋工場という小さな製鉄所を設けております。測量器械師には大野弥三郎《おおのやさぶろう》、この人はなかなか名の聞えた器械製造職でございました。その後大坂の造幣廠《しょう》でいろいろの器械を拵えましたが、当時は故人になりました。それから船大工には上田寅吉、これは前回に申しました通り造船のこと《くわ》に委しい者でございます。鍛冶職には大川喜太郎、これは和蘭に於いて留学中不幸にして歿《ぼっ》しました。そのほか宮大工の久保田伊三郎という者がありましたが、これは小石川《こいしかわ》にて名高い大工でございましたが、残念なるかな長崎へ参ると肺病に罹《かか》って、ついに向うに参ることが出来ませず、その年の末に江戸へ帰りまして死にました。この事に至りしは老中安藤対馬守殿の英断に幾分か力があったことであろうと、私は想像いたします。それに就いて安藤対馬守殿の事を、皆様が御承知でありましょうが、余計なことではありますが、その事実を一応お話を致します。

## 安藤対馬守の外交

安藤対馬守という御方は欧羅巴の事情に就いては余程心掛けがあったものと見えました。この方は安政七申《さる》年すなわち万延元年でありますが、この申年は閏《うるう》三月一日に万延と改元になりました。さて安藤君の御老中になりましたのは、万延元申年正月十五日でありました。直ぐに外国御用掛というものを仰せ付けられまして、外国のミニストルの応接はこの方お一人で引受けてなされました。よほど対話されるところもうまいということでありました。尤《もっと》もその時は仏米公使が勢いがござりまして、その者と別して安藤君が懇意になり、ついには両国の公使というものは安藤君のお館《やかた》に出ては食事等もなし旁《かたがた》〻にして、実に分け隔てない程に交際されたとの評判でありました。それまでの老中というものはミニストルなどに普通の話も致しませぬ。なるたけ用のほかは話をしませぬようでありましたから人情が通じませぬ。ところが安藤君に於いては頻《しき》りに宅に招いたり、また御自分の方からも尋ねたりしたことがありました為に、よほど情が通じておって話をされたということであります。自然ほかの御方から見れば懇切に話をされました故、工合がよかったと察せられる。

## 堀織部正の割腹

そこでこの時分に函館奉行、外国奉行兼帯に堀織部正〔利熙《としひろ》〕という人がありまして、この人は博学多才の人で、外国の事情に通じて政事向きにも巧みな御方でありました。そこで安藤君もこの人には一目置いておられたと申す事でございました。外国との争いが起りましたとか、その他むつかしい事に至りますると、堀君に臨席して貰って応接をしたということであります。安藤君が外国取扱を一人で受持って計らうようにという別段の命令があった以来は、どうも時々都合の悪いことがあったと見え、堀織部正が心配されたことが毎度あったと申すことでした。安藤君はそのころ堀織部正の言われた事を、時として採用しませぬ事がありまして、そこで堀氏という人は元来剛直の人でありましたから、不都合の廉《かど》を時々諫言《かんげん》を十分に申しました。しまいにはえらい劇《はげ》しい諫言をして、ついにこの人は木挽町の邸《やしき》で腹を切って死なれましたが、この訳というものはなかなか容易の事でございません。

### 劇論と遺書

そこで安藤君を諫《いさ》めましたときの事が、堀氏の死にました後に書面でこれが残っておりました故に、人々が遂《つい》にこれを知るようになりました。その箇条と申すものは丁度この頃は京都の方でもゴタゴタが起りまして、鎖国攘夷《じょうい》の論盛んなる時分でありましたから、外国人をなるたけ近付けないようにするということが起っておりました。故に安藤のなす事とは余程ちがった事があるのでございます。その事を堀織部正は見抜きましたから、貴下のなさる事は今日の世論に背いていることがある。当時亜米利加の公使をしてお邸に招いたり、或いは日本国の政事上の事に就いて密議をなされたり、時として食事等をして殊のほか馴《な》れなれしくなさるということは、実に不都合であるから、これはお止めなすった方がよかろうというのは第一箇条であって、貴下は米国公使に近付いて遂に兄弟分の約束をしたということであります、亜米利加から貰い物をしてその返礼に慶長小判、正保《しょうほう》金等を遣わされたということであるが、これは最も不都合の事である、また亜米利加の公使は或るとき安藤君の奥に於いて非常に酩《めい》酊《てい》いたし、同家の召使なる女中に戯れしとき、その女中を当人に与えたということであり、私どもその頃聞きましたには、その下婢《かひ》の一条は恐らくは或る者が巧みに流言させた事であると承りました。ことによりますればそうかも知れませぬ。

またそのほかにも、亜米利加と仏蘭西の公使に御殿山《ごてんやま》の地を永久貸し渡すということがありました。これは貴下に於いて専断というものでありますから、これは許されないことであろう。これは箇様なる大義を犯すということは実に国賊ともいうべきものである、それよりまだ甚しいのは、ひそかに承るに亜米利加公使漫《みだ》りに天子を廃することを議すという、閣下にはこれを承諾し国学者をして探らしめ、ひそかにその事を議せしと噂紛々である、実に大逆無道この上なきことである、貴下に於いては最早《もはや》この老中はお引きなすった方がよかろうということで辞職を勧めました。そこで安藤君が大いに怒りまして劇論がありましたそうでござります。然るに堀氏という人がなかなか聴きませぬ。安藤君はついに一言もいうことのならざるように至りましたと申すことであります。

さて堀氏はこのとき御殿を引きまして、自分の家に戻って、この箇条を一々書きまして、遺書をも残し割腹して死なれたということであります。これは万延元申年十一月五日、この堀織部正は御留守居堀伊豆守〔利堅《としかた》〕殿の長男でありまして、部屋住でございますから、腹を切って死にましても家に拘《かか》わることはありませんでした。とこ

ろが妙なことでありまして、その年の十一月の八日でありました。殿中御沙汰《さた》書に、

安藤対馬守殿申渡す

金五枚　　時服二つ

箱館《はこだて》奉行外国奉行兼帯
堀　織部正
名代　津田《つだ》近江守《おうみのかみ》

年来誠実に出精相勤、蝦夷地御開拓之義に付ては初発より精神を入れ取扱、外国御用近来別して多端之所格別骨折候に付被下之《これくださる》。

浪士による襲撃

この事というものは、これで関係は済みませぬ。文久二戌年正月十五日に安藤が登城しようというとき、五、六人の浪士が要撃いたしまして、対馬守殿の駕籠《かご》に切込み傷を負わせました。肩のところを突き破ったと申すことでありました。その折りは忍び供の附く頃で、すべて要路にある大名は忍び供というものを附けることが流行《はや》ったのであります。これは井伊掃部頭殿の刺されたときから起ったことで、中には十人連れるもの卅人連れるものもありました。短き着物に馬乗袴《はかま》で本供の両側に分かれて行きましたものでありました。安藤君の忍び供は五十人ほどであったそうでござります。

ところが浪人は僅《わず》かに六人のところへ五十人の人数が集まって防禦しました故、浪人は忽《たちま》ち殺されましたが、そのうち一人は安藤君が駕籠から逃れ出で、それより坂下御門に逃げ込まんとする時、跡を追いかけた浪士は甲田〔河野《こうの》〕顕三《けんぞう》という者で、安藤君が危くも一刀でやられようという場合に、忍び供に一人よほど足の早い者がありまして、そこへ駈《か》け付け、甲田なる者を一刀に切り殺しました。

　それで安藤君が危く助かって、坂下御門の見張番所で創《きず》の手当をされました。この甲田顕三なる者と小山《おやま》鼎吉、児嶋強介《こじまきようすけ》なる者は堀織部正の家来であって、織部正の切腹されたのち三月ばかりを過ぎて、木挽町の屋敷を脱走し行くえ知れずとなりし者と承りました。なお一人は水戸の家来黒沢五郎《くろさわごろう》、今一人は越後の者で河本《かわもと》壮太郎そのほか一人でありましたが、これは姓名を聞き落しました。それでこの時分の人の評判はなかなか大変なことでありました。さて安藤君は肩を少しやられただけのことで、ついに半月ばかりたつと出勤をされた。ところが安藤君が四月の十一日に御老中を御免になりまして溜詰《たまりづめ》に仰せ付けられまして、その時に格別の訳を以て美濃守兼常《かねつね》の刀及び三所物を拝領になりました。これは対馬守の工合がよかったが、八月十六日安藤対馬守殿召されましたが、自分は出られませんで、名代小野次郎右衛門を出されました。

　勤役中不正之取計有之候段追々御聴に達し急度《きつと》も可レ被二仰付一筈《はず》の処、出格の以二思召《おぼしめし》一先達て村替被二仰付一候場所其儘《そのまま》被二召上一、替地の義は追て可二被下一候、且又隠居被二仰付一急度慎み可二罷在《まかりあり》一候。

この時は大変の御咎《とが》めでありました。安藤君はその御子息の鏻之助殿に家督を譲りまして隠居の身となりました。これは安藤君の事につき私が記し置きました日記様のものでございました故、ここに申し添えいたしました。

和蘭行きは合計十五人

そこでこれから本文に移りますが、和蘭へ一同参ることになりましたその折り、長崎の病院詰に伊東玄伯（今名方成君）並びに林研海君おられまして、これもやはり私ども同様に和蘭に行くように命令を蒙りました。さて当時和蘭へ行くところの士分の者が九人、実地の方に掛かって職方そのほかの者は六人、都合十五人で開陽丸註文の時に参りました。

それから私どもが和蘭に参りまする時分には、飛脚船というものがござりませず、その他あちらに通うところの蒸気船というものは日本には決して参りませぬでありました。和蘭行きの者はまず咸臨丸に乗って長崎まで行き、それから同地に来港しました和蘭の商売船に乗って往くようにということを命ぜられました。文久二戌年五月廿六日にその旨を命ぜられ、六月十八日に品川を出発いたしました。長崎に着きましたのは八月廿三日で、凡《およ》そ六十五日掛かりました。只今で考えますれば欧羅巴に行ってしまった時分であります。その訳は六月十八日に品川を発して浦賀に寄って、それから直ぐに出帆しようというときに、波が荒くして出られません。そこで滞留を致しまして伊豆の下田に着しまするると、その頃は関東筋は麻疹《はしか》のたいへん流行の時でありまして、第一に麻疹に罹ったのは榎本君、それから私、そのほか職方ものはそれぞれ寝る。咸臨丸の乗組は大半麻疹に罹って、三分の二以上病人になりましたから、ついに下田を出発することが出来ませぬ。それから八月二日まで下田におりました。その日漸く出帆しまして志州《ししゅう》地方を航行し的矢浦《まとや》に着し、八月九日ここを抜錨《ばつびょう》し、紀州の沖を通って兵庫に参って、二日ほど滞在してそれから内海の方を航行いたしまして、讃岐の塩飽嶋に着きました。この塩飽嶋に参りました訳は、水夫小頭古川庄八及び一等水夫山下岩吉なる者の生国でござりました故に、その者の親戚《しんせき》に会わせ暇乞《いとまごい》をなさしむるためにこの嶋に着けました。

## 塩飽嶋水夫の由緒

その塩飽嶋の水夫というものは有名なもので由緒がござりまする。我が海軍の伝習の初めに水夫のことに就いていろいろ評議がござりましたところが、永井岩之丞君の建白で、塩飽嶋の者を水夫となし伝習に使ったらよかろう。その訳というものは塩飽嶋の全嶋というものは無年貢である。それはどういう訳かと言えば、太閤秀吉《たいこうひでよし》が朝鮮征伐をなしたる折り、水夫を取らるるにこの嶋人より重に募集されました故に、朝鮮の戦が終ってそれぞれ帰朝の後、塩飽嶋は無年貢にするということになっておりました。それを家康公に於かれましても、やはりそのままになされて、幕府時代はこの嶋まったく無年貢でありました。それを永井君がかねて知っておられまして、なお取調べて軍艦の水夫は塩飽嶋より取るということに至りまして、塩飽嶋でもまた名誉でありますから、奮うて人数を出すということに至り、また太閤秀吉塩飽嶋の水夫を募集せしは文禄《ぶんろく》元年四月廿五日でありましたということを、その時の名主に聞きました。

御用金二万六千ドル

さて八月十四日にこの嶋を出船しまして、その後二箇所に船がかりをなしまして、長崎に着《ちゃく》いたしたのは八月廿三日でありました。それより九月十日まで同所に滞在いたしますことになりましたのは、バタビヤまで乗って往こうという和蘭船の修繕がよほど手間どれました訳でございます。然るところ、その船は九月七日に落成になりまして、九月十一日の朝その船に乗りましたが、これは商船でございます。長崎とバタビヤ間を通いまするカリプスという帆前船で、実に小さな船でありました。その船長ポールマンという人並びに一等安針役、二等安針役一人、大工一人、水夫六人、コックー人、給仕一人、これだけ船の乗組でありました。我々の仲間は前に申す通り士分のもの九人、附属が六人、その他長崎よりバタビヤに帰る蘭人が四人乗込みまして、十一日の朝出帆となりました。この折りは旅行免状というものがありませんで、日本にある和蘭の領事の案内状及び老中よりの添書を持って参りまして、御用金は二万六千弗《ドル》持参いたしました。さて我々の着服と申すは、今考えると余程妙でございますが、羽織、袴、大小は勿論、頭に被《かぶ》るものは菅笠《すげがさ》または桐油《とうゆ》の頭巾《ずきん》を拵え持参いたしました。麻上下を持って往く人もありました。私などは傘提灯《ちょうちん》まで持って参りました。江戸出立前、軍艦奉行よりの注意に、和蘭に在学中は身体の保全を守るはもとより、第一切支丹《キリシタン》宗門というに肩を入れてはならぬ、衣服等も彼国の風に移ってはならぬから、よくその辺を心掛け在勤するようにとの注意がございましたから、そこで頭も野郎頭で元結《もとゆい》、鬢付《びんつけ》油などたくさん持って参りました。

さてカリプス号、長崎を出帆せしときは風は北西で僅かの風でありました故、船の走りは四ノット半が山々でありました。それより台湾の海峡を通りまして、香港の沖を通過して九月十八日北緯十六度十四分の洋中に至りましたとき、ムーソン〔季節風、モンスーン〕という風に出逢いました。これは極まりし方向より吹く風で、船の進行八ノットになりました。だんだん寒暖計が昇り正午は七十五度〔摂氏約二十四度〕ほどになりまして、この日は初めての日曜日でありました。蘭人どもは美しい着物を着てテーブルに就き、我々も単物《ひとえ》に袷《あわせ》ばかりではまずいから、袷の紋付に袴を穿《うが》つがよかろうというので、内田君などは金のはいった小袴を穿《は》いて、めいめい脇差を差してテーブルに就きました。ところが一緒に乗っている客などは不思議に思い、また水夫などは珍しいと見えまして、ややもすれば我々の周囲に来たり見物いたしました。本船サバタ嶋の右側を進行する時、どうも殊のほか暑くなりまして、寒暖計は八十度〔約二十七度〕に昇り、デッキの上に出ますには野郎頭では堪えられませぬ程ゆえ、菅笠を被って出ました者もあり、手拭《てぬぐい》を頭に纏《まと》いました者もございました。その体裁は今日考えて見ますると実に妙なものでありました。

ガスパル・ストリート

廿五日には温度が非常に昇り八十五度〔約三十度〕になりました。江戸に在るときの土用中の工合でございます。その日の夕方でありましたか、南西の方向五、六里のところに一箇の嶋を見ました。これはナトナスアイランドという嶋であります。その近傍は暗礁のありますことはおびただしいもので、実に危険の所と思いました。それゆえ夜分は航海を止め、よい加減の所に錨《いかり》を下ろし、夜が明けると走り出すということでございました。それから十月の四日にガスパル・ストリート〔ガスパル海峡〕を通行いたしましたが、この前はまた暗礁が沢山ございまして、小さな嶋なども随分ございまして、翌五日は午前四時に抜錨いたしまして、針路は南々西の方向に進行しました。赤道近くに来たりますると驟雨《しゅうう》は日々数回来たり、黒雲水際に起るを見れば忽ち風雨来たる。そのために酷熱を一洗し凌《しの》ぎよくなります。またトレードウィンド（恒信風〔貿易風〕）の境にある場所は常に無風のものであります。然るに夕立雨はたびたび参りまする故、そのとき帆船は幾分かを進行いたします。実にこれは航海者の幸いと申すものでございます。

ガスパル・ストリートの中央に樹木の繁茂した小嶋があり、プロリヤト又はプロポンコといい、これは中の嶋という義であります。この嶋の西の瀬戸をスクレスフィールといい、まず暗礁が少のうございますから、本船はそこを航行しました。この辺に小嶋が数多ありまして、土人はみな印度の黒人でございまする故、野蛮人でございます。漁業は常でございますが、海賊をも働きます。この東方の嶋にラングアイランドという嶋があります。飲料水の名所でございますが、土人が猛悪なるため、その水を得ようとするには軍装して行かざれば危険だと承りました。この日、海面油を流せしように静かでございました故、船は少しも進みませんで、潮流強きがためにプロリヤト嶋に殆《ほと》んど一里ほどまでに流されました。依《よ》ってまず此所《ここ》に投錨いたしました。本船の位置は南緯二度四十分、東経百〇七度十分、温度は八十六度〔三十度〕でございました。この辺の潮水の干満は一昼夜に一回で、その差は九尺ほどでありました。

暗礁に乗り上げる

翌六日の朝六時ごろ風が出ましたから、これは幸いだというので錨を上げまして走り出しまするとドンと船を当てました。そりゃこそ船を暗礁に突き当てたということになりますと、船長は狼狽《ろうばい》いたしましてバッテーラを出して投げ錨に綱を取ってようようにして引出しましたが、しかしこの近傍に至ってはどこもかしこも暗礁だらけであります。それで投げ錨を以て船は出ましたが、そのうちにまた突掛けましたから、またまた投げ錨を曳《ひ》き出さんとしましたが、なかなか船が動きませぬ。おいおい潮が引いて参りまして、本船は漸く傾きました故、船長始め一同心配をいたし、左右舷《げん》側の深さを計りまするると、午前十時に一尋《ひろ》〔六尺、一・八メートル〕になりました。船の傾き益〻甚しく且つ風はございませぬし、干潮となりました故、その時は引出す工夫がありませぬ。それからして乗組一同評議し、この次の満潮を待って一つこの船を引出そうという覚悟を致しました。

然るところ船の当てましたところが巌石《がんせき》でございますから、大きな岩の間に挟まっておりましたから、余程の力でござりませねば出すことは出来ませぬ。船長ポールマンも実に気違い同様になりまして、昼飯も食いませんで茫然《ぼうぜん》としておりました。一等安針役はその前日より感冒に罹りておりましたが、起き上がって参って、午後二時卅分頃になって端船に小錨を載せて、あるとあらゆる綱具を持ち、艫の方十五六度右側に投げ錨をしてその距離卅間ほど離れ、綱を本船に結んでケプスタンで巻きましたが、どうしても動きませぬ。このとき榎本君も大尽力をされ、また古川氏もいろいろ工夫をしましたけれども、ついに出ませぬ。その際、船は十八九度も傾きました。そこで船長は最早致し方がないと見えまして、私どもを甲板に集めて、さて諸君に対して申訳がない、この上は策の施し方はありませぬから、近辺の嶋に上陸して命を全《まっと》うするよりほか仕方がありませぬ、どうぞそのおつもりで上陸の支度をなされ、なお猶予があれば船内の荷物を運ぶようにしましょうという事に至りました。その時は一同弱ってしまいました。この後どうなろうかと存じまして、互いに言葉もないくらいでありました。

## 馬来人に頼む

ところが今申しました一等安針役は不快でありますけれども、なかなか活気のある人で、船長は弱ったけれども、なにこの船の出ないことはないというので、船を浮かばせる趣向をいろいろ致しましたが、少しも出る模様はありませんでした。船は益〻破れる景状になりました。時にプロリヤト嶋近傍の猟船と覚しきもの十一艘ほどおりましたのを見付けて、一等安針役がそこへ参り、漁猟船と覚しきもの三艘を連れて参りまして、乗組の人も五、六人もおりましたか、この次の潮のとき本船を引張り出す手伝いをなさしむる趣向と見えました。その船子というものは実に異様の姿で、頭毛は縮んで肌は黒く光り、実にまあ何とも申しようのない人間でありましたが、これは馬来《マレー》人種でございます。これらの船が参りましたとき、私どもの姿を見てまた胆《きも》を潰《つぶ》しました。さて我々上陸しようという際でありました故、大小を差しまして暑いから羽織も何も着ませぬ。単物《ひとえ》一枚で帯を締めたばかり、頭は散らし髪でありましたから、馬来人種もこれを見て余程おどろいたと見えて、容易に本船に乗って参りませんでした。ややあってその人員が本船に乗移り、それより話し合いましたが、蘭人のファン・サーメレン、船長ポールマンはマイレス語〔マレー語〕が出来ました故、忽ち話が纏まりて、手伝いをしてこの船を引出そうということに至りました。また我々も必死に手伝いを助けようというので、六日の晩はそのままに船に居るという事に至りました。

三

プロリヤト嶋上陸

十月六日、カリプスという船を暗礁に引っかけ、投げ錨をし、又は反対帆を掛け、潮時を待って船を引出そうとしました。ところが、何分当り前では船が出ません。そこで馬来人の漁夫の援を借りて、やって見ようという見込みになったまでは前回に申上げました。さて十月七日に至りますと、午前から夕立雨がえらく、それには早風も交って来ますし、従って波がすばらしく高くなって来ました。そこでカリプス本船は横に非常に動揺しはじめました。この日の寒暖計は八十七度〔約三十一度〕でなかなか暑うございました。午前七時過ぎに前日約束した馬来の漁夫が四艘の船を持って参りました。一艘に四人ずつ乗っていましたから十六人になります。そこで潮の高低を測って見ましたが、十時過ぎになると増して来ましたから、それから引出す支度をして、ちょうど十二時頃には支度は整ってしまったけれども潮が足りませんでした。午後一時頃には大概満潮と心得ましたから、乗組の者一同一所懸命になって引出す工夫を始めました。ところがこの朝からの夕立雨と早風で船が動揺したため、底に穴が明き潮が漸次船の中へはいり込んで重みがついたゆえ動かない。投げ錨で往くだろうというので、その綱をしゃちで捲《ま》いて〔棒に巻きつけて〕……綱の中には鎖もはいっていました……せっせとやったので鎖も縄も切れてしまいました。そのとき船中のあかを測ると三尺余になっていました。そこでもう一同あきらめて落胆しました。仕方がないから船を捨てて近辺の嶋へ上がるより策なしと決し、それから申合わせ、馬来の今の四艘に手荷物を載せ、そうして銘々分乗して近辺のプロリヤトの嶋へ来たりました。この時に古川庄八、大川喜太郎両氏は船に残りて荷物の揚げ方を致しました。この漁船中には槍《やり》みたようのものがあり、剣の如きものがありました。その剣の名を尋ねたらペタングと言いました。身はうねくっていました。それから槍の先を見ますと、魚骨の尖《とが》ったのを付けたのでございます。それから錆《さ》びきった鉄砲が二挺ありました。四艘の中の一艘にありました。この時に林研海《はやしけんかい》先生が自分の脇差を抜いて土人に見せたのです。さあ漁夫はたいへんに驚きました。そうでしょう、ペタングに比較して夏なお寒き日本刀のきらきらするを見たのですから、余程これでおじた様子なので、こちらも少し安心した気味でございました。

ヤッコウと命名

さてプロリヤトへ着いて見ますと、樹木もたくさんありまして、いろいろ珍らしいものもありますが、いずれもみな水中から生えておりますが。全く陸地にあるものは至って少ない。少しばかり高い場所には水に浸らない樹もありました。この種類は山楠《やまくす》のようなものです。そこで我々の荷物はだんだん船から揚げて参りまして、高台のところへ野宿の準備を致し、それからまず嶋中に獣でもいては険呑《けんのん》ゆえ、手分けをして吟味を始めた。ところが獣類はとんといませぬ。そこでもとより野宿いたしまするので便所もないのですから、穴を掘って便所を造り、第一番にはいったのが私でございました。やっていますと草の中にゴソゴソするものがありますから、よく見ますと赤蛙のようなもので丈の長いものが一つ見えました。さあ大いに仰天しまして、便も達することが出来ないで、早々そこを出まして人に尋ねましたところ、山下岩吉という男が申しますに、いやそれはヤッコウヤッコウといって鳴いてるあれに相違ありません……よくヤッコウなるものを見ますと、日本の守宮《やもり》のようなもので、丈が一尺五寸ばかりのものがある。この虫は樹におり、また水におることを致し、おびただしくおりました。もとより名が知れませんから一同でヤッコウと名を付けました。それとまた珍らしい蛇を見ました。丈は三尺ばかりで細さが煙管《きせる》の羅宇《らお》〔火皿と吸い口をつなぐ管〕ぐらいで、色は緑色で実に美しいもので、とんと私は欧羅巴印度を廻りまして以来、決してこのような美しい蛇を見たことはありません。

ニヤモック襲来

カリプスの本船は、この日午後五時頃に荷物はあらまし揚げましたが、部屋部屋のところまで潮がはいった旨を大川、古川両人が嶋へ来ての話でございました。さあそこで七日の晩には一同評議区々《まちまち》で、このさき何としようという騒ぎで、その時の心持は何とも申上げられない程でございました。さて十一月〔十月〕八日午前十一時頃になりますと、沖合に一艘の蒸気船が見えました。ほっという思いで、その船に救助してくれという旗合わせを始めたが、この船は知ってか知らずか、ずんずん行ってしまいました。それで何でもこれは通行の船によく知れるようにしようというので、嶋中三箇所に焚火《たきび》を始め、嶋に立っている枯木の高い上へ、日本の旗と和蘭の旗とを結び付けて立てて置きました。そうしたら通行船に見えるだろうと思いました。

この日の午後になりますと、また恐ろしい夕立がありまして、テントにした帆木綿《ほもめん》から雨が漏って一同びしょぬれになりましたが、五時頃からだんだん晴れて来て風が少しもなくなった。夕方のことでしたが、西と北との間から一群の薄雲のようなものが向って参りました。何だろうと見ていますと、それが嶋へ下るや否、さあ皆が痒《かゆ》いと言い出しました。一同単物を着ていましたから、どこという差別なく痒くなりました。手といわず、足といわず、顔はもちろん背中まで痒くなったのです。これはこの辺に名高いニヤモックという虫に刺されたので、この虫は芥子《けし》粒のような小さな虫で、刺されると赤くなってちょいちょい跡がふくれます。

ラキヤと妻子

プロレパルという嶋、これがここから西南十三四里の処にあるということを聞きました。そこには土人ながらもラキヤといって即ち酋長《しゅうちょう》のあるということで、ここへ船長から致して漁船へ托《たく》して、馬来語を以て文通しました。そこで十月九日になりますと、午後二時頃にたくさんの漁船がまいりました。廿艘ばかり参りました。この中に一艘五百石ぐらいという船が交って参った。それでこの大船が十町もあろうという沖合へ錨を下ろし、ちょっと申上げますがこの錨は木の叉《また》です。それから小さい船へ五、六人乗ります様子で、望遠鏡で見ますと、それがだんだん私どもの方へ参りまして上陸しました。この中に坊主が二人、女が一人、子供が一人乗っておりました。ラキヤが妻子を連れて来たのです。坊主は上等の者に限ります風習だそうで、この一人は即ちラキヤで、立派な更紗《さらさ》のきれを肩から斜に掛けている。書記官はこれも坊主で、チヨッキばかり一枚着て、二人ともペタングをさしていました。この書記官がすべての応接を致すので、こちらは船長と乗組の中にファン・サーメレンという蘭人は馬来語によく通じます故、それで一部始終の事をラキヤに話を致し救助を頼みました。ラキヤの言うには、昨日のお手紙で委細承知《い》たしているから、漁猟船を集めてこんなに持って参りました、直ぐさまお出でになるように致したいからとて、それからプロレパルの嶋へ行くことになりました。

このとき私どもはみな野郎頭も元結がはじけて、ぶっちら髪で単物の上に大小をさしていました。この姿に坊主二人をはじめ皆おどろいた様子でした。船長が地図を出し日本の位置を示しましたので漸く会得しました。そこで廿艘の船へ一同乗ることとしたところが、荷物が随分あって、日本人の荷物ばかりでなく、船に載せてあったものを出しました。それでこの船に荷物を積み人割りをしたところがなかなか乗りきりませぬ。そこでまず乗れるだけ行こうというので、内田、赤松、津田、西が士官で、職方には古川、大野、中嶋、山下、蘭人にはファン・サーメレン及びスコーテン、この両人が馬来語が出来ます故に附いてまいった。それで出船しまして、残った者はあとの荷物を調べ、跡片付けをして後の便船を待って行こうということになりました。

この日、夜に入りますと恐ろしい夕立雨がして、夕立の後は雨が風を抑えるので、きっと無風になります。そうすると非常に蒸暑くなって来て、かのニヤモック先生が得たり賢しで襲撃して来る。その難儀はなかなかひどうございました。オーデコロンという香水を塗るといいというので、めいめい体へ塗りましたが、これも一時の防禦法で、香気が立ってしまえばやはりいけないのです。いろいろとめいめい工夫して、単衣を被ったり割羽織を被ったり股引《ももひき》を穿いたりして見ましたが、林君と私は考えました。着物をかぶると暑し、仕方がないから嶋中を運動するがいいというので、実は駈け廻ったくらいです。三箇所の火はどんどんと焚いていますが、ニヤモックは煙の隙を狙って切込む勢いなので、火のそばにいても役に立ちませぬ。この日私はこの運動のために、ちょいと胴乱を木に掛けて置いた間に土人に盗まれました。

小船で菓物

十月十日にはまた午前に烈しい雨で、昼頃からニヤモックに攻められ連日苦戦を致しました。ところがだんだん食物はなくなり窮しました。そこへ一艘の小船が参って菓物をたくさん持って参りました。手真似で買わないかということが分かった。船長とボーイに一人馬来語が出来る者がありますから、掛合って貰い、ピサンというものを買いました。これは芭蕉《ばしょう》のことでその実でございます。長さ一尺ぐらいで太さは燗《かん》徳利《どっくり》の口ぐらいなもので、皮をむき食うと何ともいわれない味です。それからアナナスというもの、即ちパインアップルです。もう一つコイニイというもの、これは林檎《りんご》と竜眼肉〔風味はライチに似ている〕とまぜたようなものです。また一艘魚屋が来ました。赤鱝《あかえい》を持って来たのです。凡そ二尺ほどございました。それからそれを早速買いまして素人料理で、日本から持って行った醬油《しょうゆ》で煮ました。ちょうど一尾一弗ぐらいと覚えました。その旨さは今もって忘れられませぬ。六日以来、塩の粥《かゆ》ばかり食っていた腹だからでございます。

芭蕉の葉の帆

さて腹は出来たが、待ちこがれている迎え船は夕方になっても影も見えないで、一同案じておりましたが、翌十一日午前八時頃に七艘の船がプロレパルから送られて来まして、聞きますと、前日の商い船は私どもがここにいることを聞いてプロレパルから来たのでございます。それから残荷をみな積みまして、榎本、林、伊東、田口、私、大川喜太郎がこの船へ分乗しました。午前十一時に支度も整い、プロリヤトを跡に見て出掛けました。沖合まで出ますと帆を揚げるという訳で、その帆というものは芭蕉の葉で造り椰子《やし》の枝を編み組合わして、それで畳むようにした物で、画《え》にかいてある支那の帆のまずいのです。その船の幅というものは実に狭いもので、二人並んでは乗られません。さあそれで海へ出たのですから、丸で木の葉が風に揺られているようです。

午後七時頃になりますと漸く嶋が見えました。それから乗ってる黒ン坊に尋ねますと、プロレパルということが分かりました。直ぐに着くだろうと思うと、どうしてなかなか北の方へ廻り……見たのは東海岸なので……嶋に沿って凡そ五、六里も参りましたろう。この晩です、雷鳴が致しまして、しかも早風なので余程はげしかったので、岸へ近寄るは危険ゆえ、手真似でなるべく沖へ沖へと出ました。この船には船頭四人しか居合わせませぬ。もう雷雨の前から風がございませんから、帆を下ろして妙な楫《かじ》を以て掻《か》くだけの話です。それがために四人の船子はよわってしまいまして、ついには漕《こ》ぐのを止めて寝てしまいました。私の船には伊東君も一緒に乗っていられまして、伊東君も心配して手真似でおどしかけたのです。私は刀を抜いて脅迫しようとしました。そうすると伊東君が、それはいけない、もし船子が恐れて水中へでも飛込んだら方角は知れず、殊に海の中だから如何《いかん》ともすることが出来ないではないかと言われたので、いかにもと存じて手真似で船を進ませる催促を致しましたのです。

## 大きなラキヤの邸

この日にカリプスの船長ポールマンがプロリヤトから私の方へ来ないで、水夫小頭と水夫二人を連れて東の方ビリトンへ行ってしまいました。この嶋はボルネオの側蘭領のいい嶋です。船長はここへ逃げたのです。十二日の暁三時頃に上がり場と覚しき処へ参りました。まだ暗くてどうすることも出来ません。そこで岸へ着けて少し待っておりました。そうすると先にプロレパルへ行っている方々がひどく心配なすって、始終海岸を探索したそうで、この辺へは古川庄八が出ておりまして、大声で呼んでくれましたので大変安心いたしました。それから一同上陸をすることになって、そのうちに人夫もだんだん参りまして、荷物を総体揚げてラキヤの邸へ運ばせました。それでこのラキヤの家に私ども十五人は止宿いたすことになりました。

ラキヤの家というのは山上にありまして、凡そ三千坪もあろうという大きな邸でございました。周囲は板塀で囲い廻して隅々へ櫓《やぐら》というようなものが拵えてある。そこに古びた元込めの中砲がありました。長さ一間半、貫目が凡そ百匁で、薬を入れてぐいと押し栓をかうのです。鋼鉄で拵えてあります。この中砲は靖国《やすくに》神社遊就館《ゆうしゅうかん》にありますのと同じものでございます。それから板塀の方々へ穴があけてあって、こちらの矢狭間《やざま》とでも申しますもので、そこから弓鉄砲を射られるように拵えてあったのです。ラキヤの家は板塀の中央に建っていまして、屋根は瓦葺《かわらぶ》きで宮の形、すなわち破風《はふ》造りです。本屋があるとまた一つ四角な家がある。これは即ち前庁です。実に拝殿と少しも違いません。それが客座敷になっています。板の間でして、妙な卓子が一つあります。椅子もございました。そこへ人を通して饗応《きょうおう》するのです。それから座敷のようなところに四箇所寝台を据えた室があります。その寝台のところにアンペラ〔筵《むしろ》〕が敷いてあって、蚊帳《かや》のようなものにて覆うてあって、また細長い四尺ぐらいな枕が一つある。この蚊帳みたようなものは最も入用で、ニヤモックの攻撃を防ぐ唯一の道具です。

それからこの場所へみな押合って寝ました。尤《もっと》も連れのうち三、四人は、どこへ休みましたか覚えません。この家の後の方三、四町のところに、また同様の瓦屋根の家が一つありました。これを聞いて見るとラキヤの親類ということでした。そのほかの家の屋根はみな椰子または芭蕉の葉でありまして、まず日本の茅葺《かや》きですな。床はよほど高い。下を歩行《ある》ける程である。……ラキヤの家は縁までが高くない、漸く三尺ぐらいです……両側すなわち二方に階子《はしご》を設け、蘆《あし》で造ったような御簾《みす》を掛けてある。とんと日本の神代は斯くあらんと思いました。この嶋の樹木は檳榔子《びんろうじ》、椰子、芭蕉で、これだけは日本人に知れますが、そのほかサゴの如きは初めて見たので、その木は前お話した家の柱になる木で、棕梠《しゅろ》の質でその心《しん》が食えます。その他見なれない樹がたくさんございます。獣類という動物はモンエットという尾の長い猿があります。それから猪首《いくび》な大きな野牛、木鼠、それだけは見ました。鳥は鶏は日本と同じで、また鶏と鵞《あひる》の如き鳥があります。しかしこれは水鳥ですから鵞でしょう。

黒砂糖入りの珈琲

私どもはプロレパルに上陸し、かようにラキヤの家に宿泊しております間に、時々立派な二尺ぐらいの箱を、給仕の者が一番先へ卓子の上へ持って来ます。その蓋《ふた》を取って見ると、檳榔子の葉が一側並に綺麗《きれい》に並べ、その次に仕切りがあって真白な粉が入れてある。また次の、即ち終りの大きな仕切りに、藁《わら》の太いのが切って入れてある。これは日本で客来のとき、第一に煙草盆を出すと同じことで、その箱の中の白い粉というのは石灰です。これを檳榔子の葉に包み、丁度シガーをペーパーに包むようにして、そして前歯で咬《か》むのです。やって見ましたが非常に渋い。とにかく石灰を咬むからでしょう。土人の唇は真赤になっていて、歯は檳榔子のために黒くなっております。この習慣はバタビヤにもあります。それで太い藁は葉巻煙草という格で、藁の中に煙草がはいっている。火を付けて吸って捨てるのです。

それから箱を出して置いて珈琲《コーヒー》を出します。もちろん黒砂糖のはいったのですが、これは本式です。ラキヤもここへ来て同じ卓子を囲んで朝餐《ちょうさん》を喫しましたが、これは饗応のためだということです。珈琲の後、米の飯を皿へ盛って出しました。至極結構には聞えますが、皆様には召上がられない南京米《ナンキンまい》です。……この土地には米が二度出来るそうです。……それからピサンの油揚、鶏肉《とり》の汁……ソップみたようなもので、その中にキンコが入れてある。ピサンの醋漬《すづけ》、魚類、それから飯の終りにピサンの砂糖漬、これも黒砂糖に漬けたのです。かように取揃えて銘々に出しました。このラキヤが一緒に食いますとき、銘々のところへホークと匙《さじ》と、また皆の中へ小刀が三つばかり出ました。その時分は私どもはまだ西洋料理に馴れないのです。三叉《ホーク》で食うも甚だ不都合でございました故、上田寅吉に頼み、めいめい箸《はし》を拵えて貰いました。このホークなども珍客のときに出すのだそうでございまして、ラキヤは手で食うのです。つまんで口へ頰張りますが上手なものです。食いこぼしたり頰へ付けたりしません。私どもが箸を出して食うのを見て感心した様子で、後に貸してくれというので貸しましたが、つまめない様子です。平素彼等の食事は米にピサンの油揚、醋漬ぐらいでございます。我々日本の珍客が来たというので、この朝からラキヤの命令で、板囲いの中へ大道臼《うす》の小さいのを据え付け、男女打交ってこつんこつんと南京米を搗《つ》き始め……この杵《きね》というのは中が細く上下が太い、兎の米搗きの画で見るやつです……三十人もかかって毎日搗いていたということを後に聞きました。始終搗いていました。

馬来語の学校

それからこの日食後に伊東、林両君、私、大野弥三郎、この四人で散歩に出掛けました。赤松君、榎本君もあとから来ました。村々の様子を見ようとして、あちこちへ出ますと、どこにも床の高い家があって、そこから我々を見物に出ることおびただしい。その時に私どもは、単衣《ひとえ》のいいのを着て大小をさし、笠を持ってる者は持って、多くは笠を失った故、手拭で頬被りをして……このとき山道へ参りまして、モンエットを初めて見ました。それからリスという木鼠も……村の内に学校如きものがあり、十二三歳の小児がたくさん寄り集まって、本を読み手習いをしていました。皆これは馬来語です。それから皆一同ラキヤの宅へ帰りまして、昼飯も朝飯同様の工合でした。午後四時頃になりますと、一艘小船がこの嶋へ着きまして、ラキヤの家へ参りました。立派な西洋人、これがバンカ嶋のトバリーという処にいる領事館の書記官でございます。バンカの都をミュントックと申しまして、この書記官はファン・ダンメンという名です。前々日あたりファン・サーメレンとスコーテンの両人から領事館に文通したのですが、文通に応じて参ったのです。聞いて見ますと同人の言いますには、皆様をバタビヤへお送り申す御相談に来ました、いずれ三、四日の内に蒸気船一艘をこの嶋へ向けますから、その思召で荷物を始末して、着船次第お乗込みなさいましというので、この夜はダンメンと我々と物語りをしました。長崎に伝習に参っている蘭人とは話も出来ますが、この辺へ来てはなかなか話せません。榎本君は器用の性《たち》だから、どうかこうか蘭語で会話をされました。この晩はダンメンは止宿いたしまして、ラキヤの親類すなわち後方の家へ泊まりました。それから十三日の朝の食事にはダンメンも供に食ったのです。その時ダンメンがしきりに我々の大小を見て、この大小を記念に貰いたいと言いました。津田真一郎君が己がやろうとて白柄の大小をやりました。……不断差《ふだんざし》から上下差までみな五六腰ぐらい持っていました。この大小を貰いましてダンメンは実に悦びました。それで津田君へ報酬としてバンカ特産の錫《すず》を、只今は持合わせていないから、和蘭へ向けて差上げますと約束した。むかし日本へ来た錫は皆バンカの産でございます。

昼にダンメンは帰りました。それから翌十四日に至りまして、めいめい安心した気味で愈〻《いよいよ》この嶋内を探検に出掛けた。方々廻った内、山合いの木の繁った間の流れに、大きく池の如く掘り広げた場所がありまして、そこに籐《とう》のようなもので編んだ御簾のようなもので、池の中央を囲ってあります。その囲い外には多勢裸になって泳いだり洗ったりしています。これは湯屋なのです。即ち水にはいるのです。真中に囲いのあるのはラキヤの行くところだそうで、私も一《ひ》と風呂試みました。いかにも清水でございました。

常備軍艦ギニー

十月十五日にはやはり夕立が参りました。この辺は毎日二度ぐらいはきっと参ります。よくしたもので夕立が来ると、ずっと凌ぎいいのです。この日の十時頃にバンカの方から一艘の蒸気船が来ました。よく見ると軍艦です。皆さん御承知の通り、ウィンプル即ち細長い旗を今はペンダントと言いますが、これをたててそれから二艘の小船を引いて参りました。こちらの押送りぐらいの船で、やはりバッテーラのように出来ています。それから午後二時頃にバッテーラが一艘来まして、真先にやはりウィンプルをたてて、共に和蘭の旗を飜《ひるがえ》して来ました。海軍大尉が一人乗込んで、上陸して応接になりました。これはバンカの常備軍艦のギニーという船で、大尉は即ち艦長です。その人の申しますには、私の乗って来た軍艦は、あなた方の迎えに出たものであって、艦内にはトバリーのレシデントが乗っております……レシデントは鎮台という義で、これが総指令長で、バンカから近所の嶋を残らず支配しているのです……さて二艘の引船の一艘は諸君の荷物を載せるため、今一艘は蘭人の難船したる者に向けるつもりであります、故《ゆえ》に速かに諸君の荷物をお積込みなさいましと言われた。この時には実に生き返った心持が致しました。

それからこの間に二艘の押送りみたような船が参りましたから、銘々も手伝って、そうして荷物を積み始めた。何に致せ荷物がなかなか沢山ですから、この一艘には日本人の荷物ばかり積み切れません。それからラキヤに頼んで、なお二艘ほど出して貰うことにしました。せっせとやりましたが、暁の二時頃に漸く船積が出来まして、銘々がそこへ乗込むことに致しました。その時にラキヤに厄介になりましたから、サーメレンから話して貰い、入費を払いたいと申しまして、八十六弗三十仙《セント》、この時やりました。なお榎本君からラキヤへ短刀一本、裁付袴《たつつけ》、日本の旗、赤松君より手槍一本を記念のため遣わされました。そしてみな船へ乗り出掛ける趣向にはなりましたが、さてどうもここの潮は一昼夜に一度ですから、この時はちょうど退潮で仕方がない。またそのうちに例のニャモックが沢山やって来ました。この時は船の中だから運動も何も出来ません。

それから翌十六日午前四時少し過ぎまでここにおりまして、潮時もようございますからそろそろ出掛けた。このとき小船に分乗したのが、迎船の一には榎本、内田、田口、津田、西、林、時計師大野弥三郎、船大工上田寅吉が乗り、プロレパルから雇いました大きい小船に伊東、赤松、沢、小さい方へ古川、大川、中嶋、山下これだけ、バンカの迎船今一艘とそれからカリプスに付いておりましたバルカス船（大ボート）とそれだけへ蘭人一同と申しても九人ですが乗りました。この日は朝より雨模様でして、海上へ出ますと非常の雨が来ました。いずれもずぶ濡《ぬ》れになってしまった。正午頃に至りまして軍艦のいるところを見ると、その軍艦が錨を上げ始めた。忽ちそれから蒸気を盛んに焚き出して出掛けた。さあ一同奇怪千万に思いました。あとで聞くと仏蘭西の商船が洲《す》へ乗上げ、動けないのを引出しに行って、うまく往ったということを知りました。

軍艦ギニー号が元の錨場へ帰って参りましたのは午後四時頃でした。それから私どもの船が軍艦まで漕ぎつけたのは五時頃になりました。ところが蘭人の乗っております船が参りません。これにはファン・サーメレンとラスコイトが乗っております。さて一同が軍艦へ乗込みました時は、ずぶ濡れに致して、頭は散し髪で、足袋跣足《たびはだし》で、その姿は狂人に等しうございました。レシデントは半甲板におりまして、私どもを実に丁寧に扱いまして、葡萄《ぶどう》酒や麦酒やビットルなどを卓子の上へ備え、士官がお酌をしてくれるのです。レシデントから艦長に命令したと見え、暫《しばら》くするとお通り下さいというので行って見ますと、士官部屋をすっかり明け渡して、柳行李《ごうり》などを運んでくれました。それからめいめい着物を着換え、饗応の料理を食いました。

そのうち出帆用意がととのいまして、錨を揚げる様子でした。榎本君が気が付いて、ファン・サーメレンの船が来ないようだからというので、内田君と二人でレシデントに掛合いましたが、レシデントの答えに、私どもは皆様のお難儀を救いに参ったのであって、皆様の荷物も悉皆《しっかい》積み終って見れば差支えはない訳ですから、直ぐに出帆いたしまする、ファン・サーメレンは疾《とっ》くに私がここに参っていることを承知で参らぬのは、その意を得ぬ訳でありますが、皆様方は御心配下さるに及びません、私が呑込んでおりますからと言って、七時頃に出帆いたして夜の十一時頃にトバリーの港口まで参りましたが、たくさん船がいるようで、その頃まで瓦斯《ガス》ランプなどは知りませんでしたが、こいつが諸処についておりました。またそのとき蒸気がスチームパイプから音をさせていましたは、今出帆するかの如くに思いました。これが即ちメイルボートなのです。初めてこの名を聞きました。するとと本艦から突然三十斤のカルロンナーテ砲から空砲を打出しました。砲は筒の短いのでよく丸のきくもの故、艦打砲には、このころ流行したもので、短いから込め換えに早い。まず今日の速射砲です。この発砲が合図なので、レシデントが私どもの迎えに来る時、このメイルボートがトバリーの港に着いていた故、日本人を連れて来るまで待てと言付けたのですが……これはバタビヤ通いのメイルボートなのです。ところがギニー号の来方が遅かったために、メイルボート即ち飛脚船は出帆の準備を致しおりました。それを発砲したのは止まれの号令なのでございます。それから本艦はずっと進行して、メイルボートに横付けをして、私どもの荷物や何かを船べりから船べりへ送るという次第で、速かに片が付いたのでございます。

# 四

## 突然響く合図の空砲

前回に於きましては、ギニー号から合図の空砲を放ちましてメイルボートの出発をとどめ、ギニー号を横付けにして船べりから船べりへと荷物を送り込むというような都合で、速かに片付いたというところまで、お話を致しました。その際にはこのミントックのレシデントの注意が一《ひ》と方《かた》ならんことであって、またその尽力の非常であった為に、無事に都合よくこの飛脚船へ乗ることが出来たのでございます。故にその謝礼として内田君から金蒔絵《まきえ》の短刀一振をやりました。それから田口君は軍艦ギニー号の艦長と心易くなりまして、その者から好まれて大小一腰を進物に致しました。このメイルボートの内にはバタビヤの傍なるスラバヤ詰のアジョダント・レシデント、即ち副鎮台及びその家族だという者が乗込んでおったが、このミントックにいます所の人で、アジョダント・レシデントに懇意な者が沢山ございまするので、その折り送別に参りました。そこでもう甲板の上がたいへん賑《にぎや》かでありました。その場合へ私どもの異風なる身なりをして大勢乗込みましたから、さあ驚くまいことか、いずれも私どもを見る者ばかりになってしまって、また非常な混雑を起しました。そこで船は出帆しようというところが、その騒ぎについて一同がそこへ止まっているということになったものですから、カヨイト即ちケビンに於いて酒宴を始めたのです。それは我々が珍らしいから、一同その様子を見ようと思って、わざわざカヨイトへ寄り集まったのです。それがためにメイルボートの出帆がだんだん遅延いたしまして、翌十七日午前四時頃までそこに止まっておったが、ようやく四時卅分頃に出帆を致しました。

さあそれから相客の蘭人どもがみな珍らしがって、私どもの近辺へ来ましていろいろの事を問いました。船はだんだん進みて十月十八日の午前八時少々過ぎにバタビヤの港に着きました。この船は百六十馬力であって、外車の蒸気船でございます。船長の名はシェーンといいまして、年の頃五十有余の人で、なかなか老練家でありました。さてこのバタビヤはどういう場所であるかというに、和蘭国の印度の領地第一の開港場でありますから、商売上実に盛況でございまする土地で、それがため港の内に各国の軍艦商船とも三四十艘碇泊《ていはく》しておりました。そこで我々は海岸の家々を見まするに、まず煉瓦《れんが》造りの燈台《とうだい》に目を止めました。これは実に初めてのことで、私どもは全くその燈台の在るのを知りませんでした。また宏壮《こうそう》な建家も見まして、甚だその盛んなのに驚きました。

### はじめて見た馬車

それから我々は午前九時頃にバッテーラに乗りまして本船を出かけ、同じく十一時四十分にハルモニー即ち待合茶屋に休息しました。午後一時頃に至りますと運上所の役人が参りまして、旅館の極まりたることを申し聞けました。この者はホーゲルという人でありました。二頭曳きの馬車を数台用意して来まして、それへ我々を二人ずつ載せてインドスというホテルへ連れて参りましたが、この途中でもって二、三人の会計役に出逢いました。その中のバッセレーという人は日本人の取扱掛りであって、このホーゲルという人と共に世話方を心得ているのでありました。そうしてこの二人は先年日本へ参り、永く長崎出嶋に滞在しておった人でありますから、片言交りの日本語が通じた男であります。さて我々は馬車というものの現物はこの時初めて見たので、まことに良い便利なものと思いました。このホテルは間口が廿間、奥行が卅間余で、正面に石の門がございます。右の方の側には二階造りの建家があり、左の方の側には平家が建ててあり、奥の方にまた大きな二階家がございまして、中の処はガーデン即ち庭園になっております。そのガーデンの中央に水浴場を設けまして、またその側に平家の建物があります。これは離れ家であって、我々はここに滞在することになりました。客室は六箇所に区別しまして、そのうちの一番室を内田君に向け、且つそこを会食所と致し、二番室から五番室までを我々が二人ずつ合宿いたしました。六番室は職方の者六人を住まわせました。このホテルでは馬車も貸しまするし、人足も出しまする。それがため入口の左側に大きな廏《うまや》がありまして、そこに馬の卅頭も繫《つな》いでありました。またその裏手は総雪隠《せっちん》(共同便所)となっておった。ここにおかしきお話がございます。それはピスポット即ち便器というもののあるのを知らなかった故に、わざわざこの遠き総雪隠へ数回通ったことでございます。

さてこの滞在館の近傍には憲兵が一人ずつ始終詰めておりました。これは見物人を制するためであるが、またよく我々の用をも達してくれました。翌十九日メイルボートからして我々の荷物を陸揚げ致しました。このとき船長がわざわざ参りまして言うには、荷物は税関に於いて改めがあるので、みな切り解かねばならないから、立会いのために一人出て下さいというのであった。ところが、どうも非常にいろいろな物がはいっているから、切り解かれては大変ですから、掛りのバッセレーの所へ尋問に参りました。バッセレーの言うには、決してその事には及ぶまい、日本人がこのたび渡来したるは商法のためではない、和蘭本国へ留学のために来られたるのであるから、荷物に於いては決して不正なことはないから、拙者より断わりを遣わそうと言うて、税関へ書面をやり、無事にその荷物は引取りますることに至りました。

それからこのホテルで出しまする三食に於いては、実に珍味を揃えて出しましたので、難船以来ひどい物ばかり食べておりましたから、実に何ともいえぬ旨《うま》さを感じまして、ずいぶん非常に食しました。またこの恐ろしい炎熱中に氷を出しましたのは、これまた一驚を喫しました。我輩江戸に在るときは、加州侯から雪献上ということを知っているばかりですから、驚くのも尤もでございます。このとき初めてアイスクリームというものを食べました。それからビールや葡萄酒などへみな氷を入れ、めいめい多量に飲みました。さてこのバタビヤに滞在いたしましたのは、十月十八日より十一月二日までおりましたのですが、その間のことは余りくだくだしいゆえ略して置きます。

バタビヤの流行病

そこでバタビヤの土地に於いて一種の熱病が流行ります。これは印度地方一般のことで、気候が悪いから起るので、まず初めて参った者は十中の八九は皆やられるそうでございます。これをガストリセコールツ即ち食滞熱と申しますが、印度の土地のみならず、熱帯の地に於いては気を付けなければいかんと申すことであった。然《しか》るに遂にこの病に罹りまして、津田、西、林の三君並びに私と職方の者が三名、同時に寝るような訳になりました。この時にはやはり遠い総雪隠へ通いますので、まことに難儀いたしました。

さてこのバタビヤの位置を申しますが、南緯六度八分、東経百〇六度五十分で、爪哇嶋《ジャワ》の端でありまして、実に大都会であります。そうしてバタビヤより十一里ほど南の方、ボイテンソルフという処に総督府というものが立っておりました。バッセレーに人口を尋ねたら、欧羅巴人が二千八百人、支那人が二万五千人、馬来の土人が八万人ほど、ムール人が千人ほど、亜剌比亜《アラビア》の売奴が九千五百人ほどであると言いました。土人の風というものは、赤あるいは黄の交りたる縞《しま》木綿で製した筒袖《つつそで》が多くの着服で、男子は赤青色の交りたる唐更紗で頭を巻きますし、女子は頭髪をうしろへ垂れまして、中途のところで糸を結んで散らばらないようにしてあります。いずれも履物はなく跣足で奔走しております。それからみな檳榔子と石灰を喫しますから、唇は紅を付けたようになって、歯は鉄漿《おはぐろ》を付けた同様に黒くなっております。また道路というものは横町に至るまで瓦斯燈を排列しまして、電信の線は蜘蛛《くも》の巣を張ったようでありました。私どもは初めて見たのでございますから実に驚きました。

虎と鰐

それから土地の動物はいろいろの種類のものがありますけれども、蘇門答臘《スマタラ》嶋〔スマトラ島〕のように象はおりません。虎と豹《ひょう》とは沢山おりますそうで、その虎や豹を土人でも誰でも殺した者には、五ギュルデンの褒美を遣わすことであります。尤も尾と耳とを持って行けば殺したということの証拠になるのだそうです。またコルコダイル即ち鰐《わに》というものがおりまして、これも漁船などが打殺すと五ギュルデンを貰うのです。これらの動物は人の害を致しますから、褒美をやってなるべく殺させる訳なので、私どもの参った時分には余程減じたのだそうでございます。それから病院、養育院、諸学校、製鉄所、諸機械所、城営、国会議事堂等、このバッセレーの案内で委《くわ》しく見せてくれました。まず自分の買っただけをお話しますが、この土地の物価はどうであるかというに実に高いと思いました。まず自分の買っただけをお話しますが、下等の巻煙草が百本一弗、石鹸《せっけん》が六つ入り一弗、ストローハット即ちアンペラの夏帽子のような冠《かぶ》り物が二弗半、木綿製のチョッキが二弗七十五セント取られましたが、今考えて見ますと、さほど高くはないのでありましょう。

十一月二日即ち千八百六十二年十二月廿二日でございましたが、この日の払暁《ふつぎょう》にバタビヤを出発することになりまして、一同五時に起き六時に支度を整え、インドスの旅館を馬車で出掛け海岸へ参りますと、卅馬力の小蒸気船が待っておりまして直ぐに乗込みました。それからテルナーテと称しまするフレガット（上甲板中甲板の二段に砲を備えたる船をいう）造りの帆前船に乗組みました。この船は喜望峯の沖を超えて、欧羅巴に航海を致しますところの客送り船でございます。私ども連中十五人のほか、相客というはバタビヤに在勤していた外交官が一人、同じく書記生が一人、海軍々医が一人乗込んでおりました。この日は風が悪うございまして、出帆出来ないでバタビヤの港に碇泊しました。翌三日午前八時五十分に本船は抜錨しまして、バタビヤの瀬戸を航行いたしましたが、全体この瀬戸は暗礁が多く、且つ潮流が悪い処でございますから、夜中は必ず碇《いかり》を打って止まることになっている。この辺の深さは十一尋《ひろ》から十五六尋の間で、温度は正午に八十七八度〔約三十一度〕でなかなか熱く、私どもは木綿の筒袖一枚、又は単物を着用いたし、その上に薄き割羽織を着て、甲板を散歩するのになお熱いくらいでありました。この瀬戸は蘇門答臘と爪哇との海峡と申します。

祝言を発して新年を迎える

文久二年の十一月十一日は千八百六十二年十二月卅一日でありまして、西洋人の歳暮に当りまする。それがため晩餐には種々な食品を出しまして、シャンパン酒を数本抜いて歳末の祝宴を開きました。それから水夫総員がホローテマストのラー即ち大帆柱の桁《けた》に昇りまして、数本の煙火を揚げ、また甲板に備えてあるところの十八斤の大砲三発を打出しまして、その際にウーラーウーラーという祝言を発して新年を迎えました。このウーラーというのは、例えば日本で万歳万歳というような訳でございます。カョイトでは酒宴がなかなか盛んでございまして、蘭人は互いにタォースを致しました。これは祝詞のことで、また演説もございました。続いて水夫連が数人カヨイトへ押込んで来て、茶番狂言を始めたり、また唱歌を数番いたしまして、丁度それが翌朝の午前三時までに終りました。そこで我々からもどうかせずばなるまいというので、内田君の名を以て和蘭銀百ギュルデンを総体の祝儀に遣わしました。さあそうすると水夫どもが残らず寄って来ましたから、何であるかと思うと、みな握手に参ったので、これには随分恐れました。

翌十二日は西洋の一月一日で、この日は風がまるで反対で、船を出すことが出来ないから碇泊しておりました。その場所は蘇門答臘の近海ノースアイランドという小嶋の沖十五町のところで投錨したので、深さは十八尋でありました。そうするとマレースの小舟が二艘来まして、本船へ菓物や尾の長い小猿や鳥類を売りに参りました。それから十六日にはサンダストリートに入りまして、嶋々の中間を通行いたしますので、夜分はやはり錨を打たなければなりません。この瀬戸はちょうど日本の中国四国の間と同じようで、その草木が繁茂して風光の美なること、実に筆に尽くされない程でありました。ただ樹木の中で椰子の木の多いのが日本と違っているところでありました。船はだんだん進みまして廿日の午後三時頃にようやく印度洋へ出ましたが、バタビヤからここまで参るに風の方向さえよければ四日間ぐらいで来られるのでありますが、不幸にして反対の風ばかりであったから、かように手間が取れました。この夜推測いたしましたところが、本船の位置は東経百〇四度廿五分、南緯六度四十二分で、これから本船の方向は正南西一直線に向けて参るので、即ち喜望峯へ行くところの方針でございますが、潮の流れはまことによいところであります。それから十一月廿四日に至りますと、雨というものはもう少しもございませんで、午後二時頃の熱度は実にえらいことで、部屋の内の金物類まで焼けて手の付けられないようでした。これは風が南から東に廻るところで、いつも無風だそうで、それ故に非常に熱いのであります。なぜ無風になると言えば、トレードウィンドとムーソン風の界《さかい》なので風がなくなるのであって、これをスチルと申します。トレードウィンドというのは恒春風〔恒信風、貿易風〕のこと、ムーソン〔モンスーン、季節風〕というのは支那から印度地方にかけて吹くところの風でございます。

フカザメを釣り上げる

それから十二月二日となりまして、本船の位置が東経百〇五度五十八分、南緯十三度廿五分で、この日はまた午前から凪《なぎ》でありまして、温度が高まり非常に熱うございました。その時にフカザメ一尾を釣り上げましたが、その大きさ一間二尺ほどであった。それを夕食にバタで揚げて食べましたが、なかなか旨うございました。このサメを甲板に引揚げました時に、その腹のところから子のようなものが二尾甲板に落ちました。ちょうど長さが五寸ほどありまして、水夫の言うには、これはソーフフヒスというもので、サメには付きものであるが、恐らく人体に虱《しらみ》のたかるようなものであろうと申しました。それから船長はこのフカザメを獲る時には良い風が参りますので、船乗は最も祝うことでありますと申しまして、一同満足でございました。夜になりますと果して少々涼しい風が吹いて参りました。しかしこれはサメが取れたから良い風が参るのではなく、良い風の吹くべき位置まで船が進んだので、サメもまたこの辺で取れるのでございます。

高くに見えた南十字星

六日の夕方になりますと愈〻東南の風が吹き始めました。さあトレードウィンドが始まったと、みな大喜悦でした。船の速力を測りましたら七ノットであった。翌七日になりましても風はなお東南と定まっておりまして、これが全くトレードウィンドでありました。速力も始終七ノットと極まりまして、十二月十一日正午の測量によると、船の位置は東経九十五度八分、南緯十八度廿三分で、この風が始終極まって吹きますから、暑気が余程減じて来まして、薄暮から温度が六十七度(約十九度)ぐらいになり、夜中甲板を散歩するのに、筒袖ぐらいでは寒くておられないようになって来ました。ちょうどこの夜は月が明らかで、空はよく晴れ渡り、一点の塵雲《じんうん》もございませんので、コロイスステルが地を出ること余程高く見えましたから、一同珍らしく思いました。コロイスステルというのは南極星のことで、また十字星と申します。その訳は蘭語でコロイスは十字のこと、ステルは星です。それ故に十字星と称しまする。この

夜榎本君が一詩を賦しました。その詩に曰《いわ》く、
弥月天涯失寸青。長風相送入南溟。船頭一夜警過冷。巽位漸高十字星。
その後は日々快晴でございまして、トレードウィンドは益々強くなりましたから、船の速力は八ノットから九ノットの間を進行しました。十五日に至りまして正午少々ばかり雨が来まして、風がだんだん北へと廻りました。これがトレードウィンドの崩れかかりなのです。この夜私が日記を書こうと思い日本暦を見ますと、ちょうど節分でございました。そこで考えますと、実にこの航海も永い間のことで、私どもがこの洋行のために品川を出帆いたしましたのは文久二年六月十八日のことで、その後諸所に上陸も致しましたが、漫々たる海上にあることが殆んど半年ばかり、しかも未《いま》だ行途遥《はる》かなことを思いますと、まことに呆《あき》れてしまいました。ついに赤松、伊東両君と私と寄って日本のことを思い出し、いろいろな話を始めました。さあそうすると話の落ちはいつでも食物の事になりまする。
それから十九日の夜分、一同カヨイトへ寄合いまして、バタビヤの話が始まりまして、その往来に電線を張ってある丸太が何の木であったかという議論が起ったが、どうも決しませんで、ついに船長がそこにおったから聞きますと、かの木はカポックと称《とな》え、その実は木綿《きわた》であって形は細長く、中心にポンヤのような物がある、これは極めて柔軟で、夜具または枕に入れるのに最も良き物である。またその実を石油と石灰

と混和したるものに浸し、それを緘秘に用いますと石のように堅くなる、実に結構な木であると話を致しました。この十九日は船の位置が東経七十三度四十四分、南緯廿三度廿一分でありました。また風が少しもなくなって温度が高まり、正午が八十二度になりました。この日にシイラザメを一尾釣り上げましたが、これは和蘭語でドルフヒンといい、英語にてドルファインと申します。前にお話いたしましたフカザメと同じようなものでありますが、シイラザメの方は尾が切れておるだけが違うのでございます。この日の午後に榎本君が詩一首を賦しました。曰く、

　路入南溟已幾千。海風吹夢日如年。尋常午睡為清課。正是家郷窮臘天。

　十二月廿六日に至りますと風の方向がだんだん変って、十分北に廻って参りました。これがトレードウィンドとスチルデゴルドルとの境界である。スチルデゴルドルとは静かな海ということでございます。この日正午の測量が東経六十一度卅一分、南緯廿五度四十一分であった。さあこれからがなかなか大変なので、マダカスカル嶋の沖からして、喜望峯の近辺まで参りますところの海面は、竜巻あるいは颶風の多い場所であるから、船長はじめ一同が実に心配を致しました。全体東印度海の颶風というものは、赤道の南緯十度乃至《ないし》十二度の所からして吹き起り、太陽が靺鞨《まつかつ》線より赤道へ廻る時間で、即ち十二月から四月まででございます。この靺鞨線は英吉利でトルビック・オフ・ケブリコロン、即ち冬至規といいまして、廿三度半の線でございます。この辺

の颶風は回旋いたしますことが、中心からして海里で七十五里ほどの遠きに達します。そうして南半球に起りますところの颶風は右廻りである。それ故に風に向ってこれを避けようというには、右に遁《のが》れますれば宜しいので、北半球の颶風は反対で左廻りですから、左に避ければ免かれるのであります。十二月廿九日はちょうど日本の大晦日《みそか》でありまして、このマダカスカル嶋の近傍へ参りましたので、田口俊平君が戯れに一句をやりました。

まだかすと　聞いてうれしき　年の暮

それから私ども一同カヨイトに集まりまして、江戸の歳末の景況などをいろいろ話し合いましたが、しまいには食物の話になりました。考えますれば実に永い航海であって、船中また外になす事もございませんから、どうか早く本船のあっちの方へ行くことを希望するばかりでありました。それから翌日は我邦の文久三亥年正月の元日で、西洋の千八百六十三年二月十八日に当ります。この日は天気が稍《やや》ゝ曇りまして蒸暑く、日本の五月頃の気候でございました。この時に本船の位置は東経五十二度十二分、南緯廿八度廿八分になっておりました。そこで私は書初めとして一句をやりました。

帆にふるゝ　風も新し　沖の春

また榎本君が一詩を賦して懐を述べられました。

四大乾坤海水環。著鞭先我孰躋攀。一年両度逢三伏。万里孤行入百蛮。

博望曾慙招世笑。長沙空抱済時艱。蒼涼此景向誰語。眼見狂瀾立作山。

屠蘇の代りにシャンパン

それから元日の式を行なうために、同行の者がみな黒紋付に小袴及び割羽織を着し、脇差扇子を帯して、午前十時にカヨイトに集まり、新年の賀を祝しまして、船からシャンパン酒を七本買い、これを屠蘇《とそ》の代用に致し、船長及び一等按針役、その他相客の蘭人ホーフェニュス、海軍軍医のファン・エーセレン、書記官のブルーム等を招いて祝宴を開きました。すると船長から菓子を二瓶出してくれ、なお晩餐には船長の注意でえらい飾りを致し、また別段の献立を致しました。この献立をちょっとお話いたしますが、フェリミセリのソープ即ち蕎麦《そば》の入りたる鶏のソープです。それから湯煮の薯《いも》、鶏肉のカツレツ、その中へ独活《うど》を入れてある。また青豆の砂糖煮、菜のバタで煮たもの、豚肉の酢あえ、鶏の丸煮、牛のラカン、梨の砂糖煮、但し酢を交えてあります。フッチングの菓子、アイスクリーム、乾葡萄の砂糖漬、アマンドル、これは実の形及び味とも南京豆の如きもので印度から出るのである。それから缶詰の桃がありましたが、私どもは初めてこの缶詰というものを知りました。酒は白葡萄酒を三本出しまして、なかなか盛んな馳走《ちそう》でございました。それから船長の心付けで、内田君に話を致し、日本人の名儀を以て、水夫総員へ夕食にスロッキー二献をやりました。そのスロッキーというのは、樽《たる》の中へジンを入れ、日曜日または何かの祝儀の時には、夕食に一杯ずつやるが当り前だそうであるが、この時は別段のことで二献ずつやったので、それはどうも非常に喜びました。

船長の安堵

この日正午に実測を致しましたところが、マダカスカルの沖、ブールボン一名はリウニオン・アイランドという嶋を通り過ぎたことを明白に知りました。そこでこの季節に颶風の起るべき場所は最早避けてしまったというので、船長が大そう安堵《あんど》して話しました。その筈でございます、これまでの間船長は夜分もろくろく臥《ふ》せりませんでしたから。あとで話しますのに、実はなかなか苦しかったのですが、これから喜望峯の沖には暴風というものはありますが、颶風というものは恐らく無いと言うてよいくらいなものだと申しました。正月四日の午後三時頃から雨が降って来まして、東南の風がえらく吹いて参りました。随《したが》って船の進みもまた非常に増して余程よく走りました。それがため夜分になりますと浪は高し、その上に電光が交って参りまして、まるで嵐のような工合になって来ました。我々はこれは颶風であるかと思いましたが、船長の言うには決してそうではない、マダカスカルの嶋に近寄ったから、陸の風が混合してかような訳になるのだと申しました。それから十日に実測を致しましたらば、マダカスカルは最早通過いたしまして、亜非利加《アフリカ》地方へ海里七十里ほどになっておりました。故《ゆえ》に稍ゝ《やや》冷気になりまして、椰子の油が凝結した、寒暖計は七十六度〔約二十四度〕であると言いました。この椰子の油というものは、そのくらいの冷気に逢うと固まるものでございます。

鳥類頻りに来る

十五日には本船の位置が東経卅一度四分、南緯卅二度卅九分、喜望峯に近寄りたること海里で殆んど四十里ばかりになった。翌十六日の夜になりますと、またまた雨が来まして南風が強く、浪は非常に高く、船の動揺がなかなか盛んでありましたけれども、風の方向が良いために、船の進行は実に早うございました。この日から海面の水色が変じて来まして緑色となりました。これは喜望峯の山脈にまで参った兆候であります。十八日の日に海底の深さを測りましたら、九十尋少々余でした。十九日の実測に依りますと、東経十九度四十五分、南緯卅六度八分となりましたから、最早喜望峯の山脈を経過したことが知れました。するとその途端に海面が色を変じ青くなりました。そうしてこの両三日以来というものは、鳥類が頻りに船の近辺へ群がって来ましたが、その鳥の種類はカープガン、アルパタロス、マリフェート、ドモニーなどという鳥で、カープガンは日本の雁《かり》と同じようで少し大きく、マリフェートというは翼短く鳰の種類で、ドモニーというは鷗《かもめ》の種類であります。冬の月になるとカープドイフというのが参るそうです。これは亜非利加鳰でございます。それから廿四日の午後二時頃にボルトギーセメノアーを釣上げましたが、これは海月《くらげ》の一種であって、我邦語ニラというもので、喜望峯の近海には多分におります。

廿七日正午に船の位置は東経八度卅五分、南緯廿七度五十九分となりまして、温度は七十五度でございました。前日からして風がまた東南と定まりて来ましたが、これは即ちトレードウィンドの始めでございます。それ以来船の進行が余程捗取《はかど》りまして、今度は亜非利加の裏へ出ました故に、船の動揺がちっともございません。二月四日の実測には西経〇度卅七分、南緯廿一度十分となりました。この日に和蘭の商船一艘を右舷に見ました。その船からテルナーテ号へ信号をしました。何であろうかと思うと経度を問いましたので、直ぐに答えを遣わしまして、それからいずれへ寄るかということを聞きましたら、シントヘレナ嶋〔セントヘレナ島〕へは寄らないで本国へ直行するということを信号を以て答えました。

## 五

さて二月七日の朝に至っても、トレードウィンドが依然として吹いておりますので、船の進行が大層ようござりました。正午になって測量をして見ますると、本船の位置は西経五度卅八分、南緯十六度六分である。それでシントヘレナのシントゼームスという港は、西経五度卅八分、南緯十六度八分でありますから、実測との差は僅かに南緯で二分ほか違いはしない。一分は日本の十六町八合である。で、まず一里ばかり距《へだ》たっているのですから、嶋影が限界にはいらなければならない。然《しか》るにとんと嶋と覚しきものは影も見えないので、船長はじめ一同疑惑を生じまして、これは殊によったら汐《しお》の工合で船を反対の方へとられやしないかと思いまして、なお念のために再度の測量を試みたが、やはり同前でありました。然るところ午後一時頃に至って一等按針役が大檣《たいしょう》の上へ登り、望遠鏡で東西を見廻したところが、やがて本船の右舷の方に当り、嶋が見えると言って大声で呼ばわりましたので、それといって一同甲板で手に手に望遠鏡を持って視ますと、凡そ十四五哩《マイル》の距たりと覚しきところに、鯨の形に髣髴《ほうふつ》と嶋のようなるものが見えました。これが果してシントヘレナの嶋でござりました。抑〻《そもそも》このトレードウィンドの吹きます地方は空が平常一体に曇っておるように霞《かすみ》が懸かって、遠いところの海上は十分判明には見えません。それゆえ乗組一同大いに疑いを起した訳でございます。そこで嶋が見えたから、その方角に向って船を進めて参りました。ところがそのうち漸次日が暮れて来たので、その嶋へ近寄るのは甚だ危険でございます故、ツーカムアバイト(一所を往返していること)をして、翌朝を待つことになりました。

我々の一行がテルナーテ号に乗組んで、爪哇《ジャワ》を出帆してからこの日まで、百廿四日間というものは、茫々《ぼうぼう》たる大洋の中に在って、水と空とのほかは一の山をも見ません。ただ我々が日本に於いて見たと違わないのは日と月とのみで、それも既にこの辺に至っては、北斗星は地平線下に影を隠し、太陽は位置を変じて始終北の方に見て参りました。この日、榎本君の吟ぜられた詩があります。

去載深秋発瓊陽。路程十有五旬強。春風喚起往時夢。吹向烈翁幽死場。

山はみな巌石

明くれば二月八日の午前六時卅分頃に、嶋の形を手に取る如く判明に見ましたので、一同雀躍《じゃくやく》して悦びましたが、この折りの嬉《うれ》しさというものは、とうてい陸にのみいる人の想像の及ぶところではありません。さて本船はこの嶋の左側を航行するうちに円《えん》錐《すい》形の嶮山《けんざん》を見たが、これは即ち有名のソイクルブロード山でありました。すべてこの辺の山はみな巌石であって、海中より屹然《きつぜん》として峙《そばだ》っている。実に天嶮近づくべからざるところの地でありまする。樹木はもとより岩石のことであるから一向生えていない。ただ所々に石の白点が見えるのみでございます。本船はこのソイクルブロードの側を沖の方へ廿七八町離れて通過いたしまして、午前十一時十分に本嶋の西海岸なるゼームスタウンという一の小さな港に投錨いたしました。

シントヘレナの嶋には高山がたくさんあります。第一にはジャアコンスピーキ山、これは海面上の高さ凡そ二千六百九十尺で、第二は二千六百七十尺のコッコルズポイントという山、それからパレスヘウフル山が二千四百六十五尺、まずこの三つが重《おも》なる高山であるのです。さて、このシントヘレナ嶋に立寄る船が東南東の方より近付く時には、嶋の中央に当って高い山を見ます。この山は北に跨《また》がって海面上二千二百七十尺である。その辺は岩石が聳《そび》えて嶮岨《けんそ》なること実に愕《おど》くばかりでござります。その端の海岸に突出しておるところの山は、高さは凡そ二千尺もあって恰も屛風《びょうぶ》を立てたような有様です。ここをパルンスハウスと申します。そこからして東南に沿うて参りますと、前に述べたソイクルブロード山が在るのでございます。

テルナーテ号が錨を打ちました時に、ゼームスタウンの港に碇泊しておった船々は、英国の商船が四艘、瑞西の国旗をたてたのが一艘、ハンボルフの船が一艘、都合六艘の船が錨を下ろしておりました。このほかに帆檣《はんしょう》もなく舷《ふなばた》もくだけて無残に焼き捨てた船が五艘見えました。甚だ不審に思って何であるかと尋ねたところが、これは亜米利加の売奴船であったのです。この売奴のことは法律を以て禁制になっておるから、公然出来る仕事ではないけれども、私利を計るところの奸商《かんしょう》が往々ひそかにこの禁を犯して、亜非利加地方に参って数百人の黒奴を買集め、印度地方に送って巨利を貪《むさぼ》る者があるので……この五艘の船もこれをやろうとしたところを英国の軍艦に見付けられ、ついに捕獲されてこの港に引致の上、積込んでおった売奴は悉《ことごと》くこの嶋へ上陸させて、厳重に保護をしてやり、その船というものは犯則の罰として残らず焼き捨ててしまったのだということを承りました。

## 高価な洗濯料

さて本船がこの港に錨を打ちまするると、この嶋の警察医が書記役を随えて艀《はしけ》に乗ってやって来まして、検疫のために出張したが流行病者はないかという尋ねに、船長からして一切左様な者はないと答えました。そこで検査済の上、赤点の染め出してある細長い旗を大檣の頂へ引揚げました。これが流行病者のないという印なので……。この旗を揚げると忽ち岸からして小舟がたくさん、二、三人ずつも乗って漕ぎ寄せて、本船の周りへ集まりまして、何ぞ御用はございませんか、旅籠屋《はたごや》はこういうところにありますと言って宿引きが来る。また洗濯婆が洗濯物の有無を聞きに参ります。それはなかなかの混雑です。この人種はたいてい黒人と白皙《はくせき》人との雑種でして、皮膚は鼠色をしておって、唇が厚く反り返って随分みにくい。それから我輩は長途の航海をして来たので、汚れた肌着類がたくさん溜《た》まっておりましたから、この洗濯婆に命じまして、明日の夕刻までに仕上げて納めるように約束いたしましたが、その洗濯賃の高価なのには一同驚きました。木綿の筒袖の襦袢《じゅばん》が一枚について洋銀廿二仙ずつの割合なので、これでは洗濯代で新調することが出来ると言って笑いましたくらいです。

この日の午後一時に通い船を傭《やと》いまして、一同上陸いたすことになりました。この艀《はしけ》は通常のバッテーラのようであるが、よほど大形で舵《かじ》がなく、舳《へさき》に三尺ほどの丸太が建ててある。それで上陸場は本船から三町ほど距てた所で石階が設けてあるが、この海岸は大洋より襲い来たる波浪が強いので、小船を繋ぎ留めることが出来ない故、上陸する者は舳にある円材に縋《すが》り付いて、船体が浪に漂い岸に接近する折りを窺《うかが》って陸へ飛び上がるのです。それから上陸往来はたった一と筋で、岩を截《き》り開いて海岸の通路と致したので……これを右の方にだんだん行きますと、大きな起重器《クレーン》が据え付けてある。重い荷物の揚げ卸しに用いる機械です。またこの辺に砲台がございましたが、ここには英吉利の海兵が赤い着物を着て警衛しております。その砲台の位置は低い場所であって、卅斤の大砲が数門並べてある。その間々に卅九拇《ドイム》の臼砲《きゅうほう》が備えてあって、その傍には実弾榴弾《りゅうだん》等が数多積み上げてありました。そうして海兵六、七名が始終巡邏《じゅんら》して厳重に警護しておりました。なお砲台はこのほか諸所に見えました。

さて市街の入口に至りますと、堅固に築き立てた石門があって、その処をはいると右側に憲兵の屯所がある。その隣家がハーヴァルマスター（港長）の官舎でして、そこに時辰球《じしん》、これは高い棒を立てて、その頂きに丸い球が載せてあって、正午になると仕掛けでこの球を落す。するとそれを碇泊の船々で見ておって、この地の正午を知るのです。港々には大抵設けてあるもので、ここにも備えてありました。左の側の堤上には英吉利の国旗が飜《ひるがえ》っておる。その傍に高い光った高楼がありました。これは望楼を兼ねた燈明台でございます。その前の通りは幅十間余もあって、往来の左側には各国々の旗章をたてた領事館が甍《いらか》を並べ、なかなか盛んな通りでして、この町をメインストリートと称します。

鎮台からの使者

我輩が上陸する折りに、テルナーテの船長も案内をするために同行して、メインストリートの右側にある、この嶋で有名な旅店ストーレルスホテルへ投宿いたしました。この旅店の家屋の構造は、バタビヤで泊まりました宿屋と違って階下に部屋がありません。入口から直ぐ梯子《はしご》で二階へ上がりますと、ここには大いなるサロン（室）が二つありまして、我々はそこで休息いたしました。暫くすると英国の外交官だといって一人、それに三人の紳士風の者が同行いたしてやって参りました。そこでまず我輩の安着を祝してくれまして、それから当嶋の鎮台が貴君方にぜひ御面会をして懇親を結びたいから、明日午後何卒ロングウードの官舎へ御枉駕《おうが》を願いたいと言いましたが、この話がありました時分には、あいにく案内の船長がいないので通弁に差支え、殆んど困却いたして、榎本、西両君が筆談で応接をやったが、なかなか意が十分に通じない。まるで唖《おし》の話のようで、ただ手真似をするだけの事がありました。やがてその紛雑《ごた》中へ船長が帰って来たので、はじめて通弁が十分出来た故、その子細がはっきり分かった次第に至りました。そこで明日は必ず罷り出ますからという約束を致して、同人たちは帰ってしまいました。

それから内田君と船長と同行して、この嶋に在留しておる和蘭のエーゼントのモスという人の許《もと》へ参って、この地の通用金に両替をして貰いました。昼食後になって榎本、伊東、林、津田、西の諸君と共に市中を見物に出掛けようといって、一同羽織袴に両刀を帯し、草履を穿いてメインストリートを歩いたところが、道路には男女の見物が我々を観ようというので、実におびただしいことで、子供などは何か叫びながらうるさいくらいに跡を付いて来ます。尤《もっと》もその語は我々には一向分かりません。山手の方へ三町ほど行くと左右に分かれる道がある。その右の山道を凡そ二町ほども参ると、大いなる庭園を持っている家があって、その門前に十二三歳とも覚しき娘さんが何かしきりに手真似で我輩を招く工合であるから、一同も面白半分試みに往って見ようと言って門内へはいると、その娘が先へ立って案内をするから、それに従って園中の家屋の在るところへ参りました。すると年歯ちょうど五十歳にもなろうかという男と、それに続いて卅七八歳とも思われる婦人と、また廿歳ぐらいの女とが出て来て、その園中のこんもりと茂った樹の下の、至って涼しい場所に設けてある腰掛へ、我々に腰を掛けろとしきりに手真似で勧め、それから珈琲、シェリ酒、菓子などを薦めて饗応を尽くし、一同を実に懇切に接待してくれました。この者はオルジビヤ（地名）のアーザル・オウェーという紳士で、婦人はその家族であったのですが、これは我々の風俗が妙であるから見物しようというので招いたのであります。

然るに我々の方でも先方の様子を観ようと思ってはいり込んだのですが、一同揃って一言の話も出ないので、手真似にて意を伝えようと思って種々苦しみました。先方でも大分これには刻苦したらしく見えました。この家を辞し去って帰り途《みち》、一町ほど行くと、またまた大きな庭園を持っている家で招かれてそこへも参りました。この時赤松君も後から追付いて同行されました。この家の主人はブリッチャールドという人で、その夫婦と子供とに応接したが、やはり前の通り言語が通じないので……。この日は内田君はじめ都合八名というものは、ストーレルスホテルへ一泊いたし、田口俊平と職方の方は本船へ帰りました。

ナポレオン一世の古跡

翌二月九日はどうも非常に好《よ》い天気で、例の霞もかからないくらいの珍らしい日であるから、一同午前に打揃って出掛けたが、この日は前日の不便に懲りて、土地の者の蘭語に通じている男を一人通弁に雇い上げて連れて行きました。まず第一に病院と寺院とへ行き、それから私がどうか砲兵の屯所を観たいものだと思ったので、御一同に付合って貰いまして屯所へ参り、許しを得て見物したが、旋条砲《しじょうほう》などがたくさん備えてある、なかなか堅固の砲台でして、大いに感服いたしました。

さて午後に至ると昨日の約束があるから、日本人一同ロングウードの鎮台の官舎へ行かなければならないので、船長に案内の為に同伴して貰えまいかと頼んだところ、早速承知してくれて、それについては好い機会だから、那破翁《ナポレオン》の古跡をも見物しようという船長の発言で、テルナーテの相客のエーセレン及びホーヘニュウスの二人の同行することになりました。そこで馬車を雇って、まず那破翁の墓地へ向って参りました。この墓の在る所は山道の少し谷間になっている幽静な土地で、そこに幅四尺少々余で長さが七尺ばかりもある一枚石を敷いて墓碑としてある。その周囲に鉄柵を設け、側に川楊《かわやなぎ》のような樹が植えてある。その寂々　寥々《りょうりょう》たる有様は、実に千八百二、三年頃、帝威赫々《かくかく》として欧羅巴諸国を震慄《しんりつ》せしめた那破翁が盛時を想うときは、慨嘆の情に堪えられないくらいである。このとき榎本君が賦せられた詩があります。

長林煙雨鎖孤栖。末路英雄意転迷。今日弔来人不見。覇王樹畔鳥空啼。

さてそれから那破翁が住居しておった所へ来たりましたが、この所は小高い土地でして、凡そ千二三百坪もあろうという庭園の中央に建家があって、その前に清水を引いて湛《たた》えた、実に心持のよい清潔な池が出来ている。それには鵝鳥《がちょう》、家鴨《あひる》などがたくさん泳いでいました。この池の周囲に種々の樹木が植えてあった中に、橡《とち》のような木が一本ありましたが、その樹の高い枝からして根が垂れて、それが地中に達している。これは不思議な樹だと思って、蘭人どもに聞いたけれど誰も知りませんでした。この那破翁の住まいました室は全く当時の姿のままに保存されていると承りました。その書斎であった所には大理石で造った帝の肖像が据えてありました。

那破翁第一世のこの土地におったのは、千八百十五年十一月より千八百廿一年五月五日死するまでで、その間はこの家に住まっておったのです。那破翁は五十二歳で死にまして、直ぐにこの地へ埋葬しましたが、廿八年前に遺骸《いがい》を発掘して仏都巴里へ改葬し、そのロングウード墓所の近傍は仏国で購《あがな》いまして、同国陸軍の将卒の衰老した者を、この地へ衛戍《えいじゅ》のために派遣してあるのだということです。それでこれらの墓所及び家屋にはそれぞれ保護人がつけてあって、その者が始終注意をしておるから、掃除も行届いて如何《いか》にも綺麗でした。この保護人が案内を致します故、我々一同から心付けとして五 志《シリング》を与えました。

それからこの家を見物してしまって帰ろうとしたところが、保護人の言うには、近所に住んでいる仏蘭西人のリュスマンという者が日本人に面会したい故、御案内をするようにとくれぐれも頼まれたから、お立寄り下さるように致したい、殊に同人の住んでいる家は、那破翁帝が存命中に新築を命ぜられて起工した家であるが、全く竣工《しゆんこう》しないうちに帝には死去せられたので、今日では右のリュスマンという者が住んでいるのであるから、幸いの折りゆえその新宅をも御覧になったが宜しかろうという勧めでそこへ参りました。すると待ち受けておったものと見え、家族一同が早速出て来て大した饗応を致しました。

さてそれより再び馬車に乗って前日約束をした鎮台の官舎へ参りまして、招待に従って日本人一同罷《まか》り出たと通じたところが、先方は今日午前中お出でのことと存じお待ち申しておったけれど、お見えにならないので鎮台は午頃《ひる》別荘へ出掛けて留守だという挨拶なので、榎本君などは約束を違えたと言って怒られたが、これは多分通弁の間違いであろうということで、止むを得ずそのまま旅宿へ戻りました。鎮台の官舎は非常に大きな構えで、その庭園に於きまして長さ三尺ほどもある山亀が遊歩しておるのを見て甚だ珍らしく存じました。我々一同夕刻にホテルへ帰りまして、この晩もやはり陸へ泊まりましてございます。

この夜は非常に蒸暑くって、室内の温度が八十度〔約二十七度〕まで昇りましたが、これは珍らしいことなのだそうです。抑〻シントヘレナ嶋は冬至規と赤道との中間に在るので、常にトレードウィンドが吹き通している。それゆえ樹木の枝がみな風下へばかり出ております。そのくらいですから温度がまことによく平均しておって、冬は平均五十八度五分〔約十五度〕、夏季は六十三度八分〔約十八度〕ということでございます。この日雇った馬車は一台四人乗の二疋《ひき》立てで、この一台の賃銭が三磅《ポンド》ずつでした。日本の今日の相場にすると凡そ廿八円ですな。

### 宿屋の勘定

二月十日は朝少し雨が降ったが、午後から快晴になりました。午前に榎本、赤松、伊東の三君と私とで散歩しながら、瑞典諾威《スエーデンノルウエー》の領事カロルという人の家へ参りました。このカロルという男は七十三歳の老人であって、同人の長男はアーダ・カロル、長女はアドリヤン・カロルという、その人達が出て饗応いたしました。この宅へ亜米利加のコンシュルのゼラードという者がやって来て、相識《ちかづき》になろうということで……。また廿歳ばかりの婦人が参りました。これは英国人の娘で名をピネロープ・ジャニスという者だそうでしたが、例の見物に来た様子であった。然るに言語が通じないから、ただにやにや笑っているばかりでお互いに困難しました。

この家を出て帰りがけに、また亜米利加の領事館へ招かれて立寄ったが、ここへも又々いろいろの見物がやって来ました。昼ごろ宿へ帰って食事をしてから、前日招かれたオウェーという人の家へ内田、伊東、赤松の三君と私とで暇乞いに行ったが、これは前日この家が一番手厚く御馳走してくれたからで……。その節誰であったか、日本の扇と日傘とを贈りましたら、大層珍らしがって悦んでおりました。午後三時半頃、旅宿へ帰って来て、宿屋の勘定を致しましたが、一人一泊で十六志《シリング》、シェリ一瓶二志十一片《ペンス》、ビットル一瓶三志、ゼネーフル即ちジンです、これが一瓶二志十一片、麻《マ》尼《ニ》刺《ラ》の巻煙草十本が一志半、麦酒が一瓶一志半、髪油が小瓶で四志、白金巾《かなきん》の並巾《なみはば》が一尺に付いて二志、このほかにホテルのスチワード（賄役）に三弗、部屋附の老婆に二弗、通弁兼案内者に五弗遣わしました。この嶋で一磅は和蘭の十二ギュルデン半の割合でした。この時分日本の一両は二ギュルデン六十五仙の割で、一磅は四両三分弱に当りました。

　シントヘレナ嶋は千五百二年に葡萄牙の商船が発見して、千六百二年に和蘭の手に入り、五十年までというものは和蘭の所領となっておって、その間印度地方へ航海する船は必ずこの嶋へ寄港して薪水食料を求め、同時に運上を払って参りました。その後、英国の東印度会社のために奪われてしまったが、寄港する船舶の扱い方などというものは別に前と変りはなかった。ところが千八百卅五年〔一八三四年〕の四月からして英国政府の領地となって、それから大いに改革して、そうして昨今の姿となったのです。当時本嶋の人口は凡そ六千九百余で、半ばは欧羅巴人、その他は黒人及び血脈混交の雑種がありました。この嶋に於きまして我々日本人の知っておった草木では松、尤も日本の五葉の松のように葉が短い。それから桃、枇杷《びわ》、梨、川楊、葡萄、覇王樹《サボテン》、これは非常に大きな見上げるようなのがある。それで赤い花がたくさん咲くから、なかなか綺麗です。その他にも種々の草木がありましたが、一向知らぬものでございました。

編者云ふ。文久元年幕府の命を奉じて沢君等と共に和蘭へ留学せられし賛成員赤松則良君が、当時の渡航日記中より那破翁第一世終焉《しゅうえん》の蹟《あと》を訪《おとな》はれたる一節を抄録して玆《ここ》に掲げ、以て本文の参照に供すること丶はなしぬ。

二月九日午前十時、那破翁帝の墓所に詣《もう》でんとて、余等の一行は通詞の蘭人を伴ひて旅館を発す。この日天気晴朗にして一翳《いちえい》の雲なし。馬車を駆りてメインストリートを過ぎ、左手の方サイデパットの山路に入る。須臾《しゅゆ》にしてアラムヒールに至る。この地海面を抜くこと一千九百六十尺、南東の貿易風衣袂《いべい》を襲うて暑熱を忘る。前路を眺むれば東方遥にロングウードを見る。顧ればジェームスタオン港眼下に在り。風景絶佳筆紙に尽し難し。頃刻《けいこく》にして帝の墓所に近づく。ジェームスタオンよりこの所に至る凡そ我三里なり。車を駐め歩して坂路を降ること二三町、墓地に達す。生籬《いけがき》を以て方八間の地を劃《かく》し正面に門を設く。側に衛所あり。仏蘭西のセルヂャント（軍曹）一人制服を着して守衛せり。余等刺を通じて門を入る。十歩にして帝の碑あり、囲らすに丈け五尺の鉄柵を以てす。碑は平地に一枚の石を敷きたるのみ。

拝し終りて此所を出で、再び車を馳《ち》すること少時、ロングウードなる帝の嘗《かつ》て住居せし邸前に抵《いた》る。車を下りて門を入り行くこと七十歩にして家に達す。家守仏蘭西のアヂュダント・オンドル・オヒシール（曹長）扉を排して余等を迎ふ。抑ゝ《そもそも》この家は蓋世の英傑那破翁第一世が、ワートルローの敗後この地に幽せられしより、千八百廿一年五月五日の午後六時永眠するに至るまで、六箇年の春秋を送迎せし旧墟《きゆうきよ》なり。その規模最小にして、構造も亦《また》極めて粗といふべし。今左にその略図を掲ぐ。

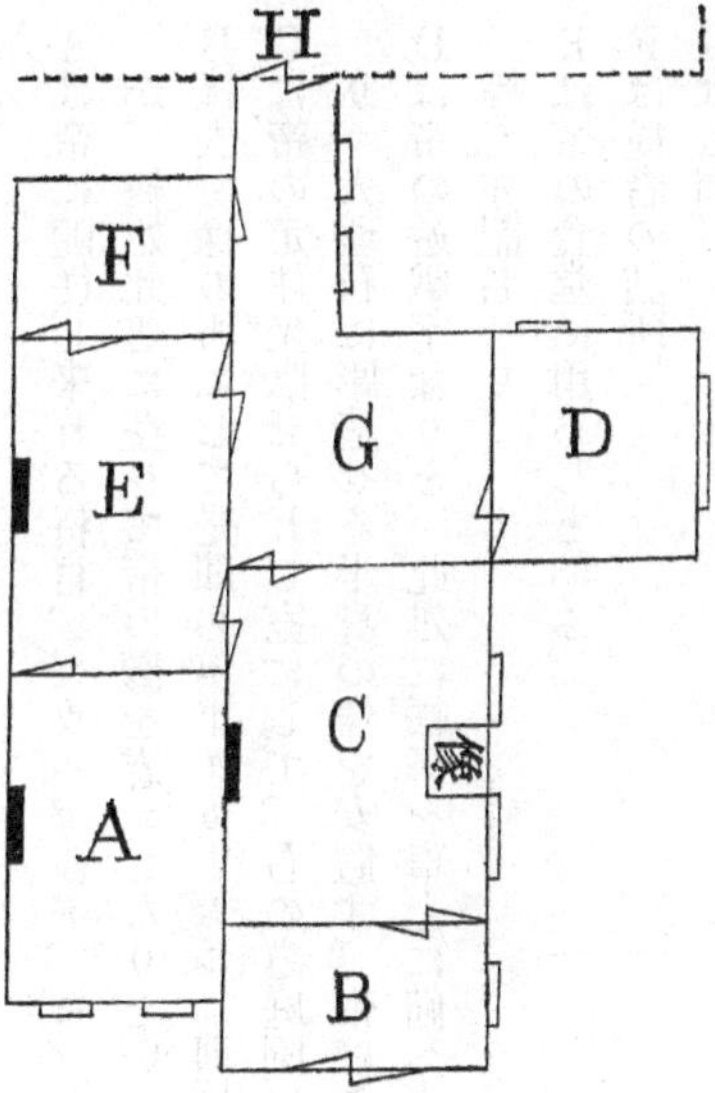

Aは帝に随従し来れる将官、ゴウルガルド、モントーロン及びレスカーセスの三名が、終始此処に在りて帝の鬱を慰めしなりといふ。

Bは玄関様の所にして是即ちホールカームル（前庁）なり。

Cは帝の定住坐臥《ざが》せられし室にして、右の方庭園に面して開きたる二窓の間壁に倚《よ》り、大理石に彫造せる半身の像を安置す。帝はこの場に於て瞑目《めいもく》せるなりとぞ。

Dは帝の遊戯室なりと。此処に帳簿を卓上に備へ来訪者の姓名を記さしむ。則《すなわ》ち余等も亦記名せり。

Eは帝の食堂に用ゐしといふ。

Fは従者の詰所。

Gは広間。

Hより先は庖厨《ほうちゅう》なり。

家屋は木造にして間口三間、奥行八間に過ぎず。内部の装飾亦質素にして視るべきものなし。室毎に説明書様の一紙片を掲げたり。今その一なる帝の居室に貼布せしものを謄写して左に示す。

On the 5th of May 1821 in these same room between the two windows, the great Napoleon the first breathed his last at about six O'clock in the evening !!!

Ye chof ascaders Conservateurs

古《いにしえ》はこロングウードは海面上高さ一千七百六十尺にして、廿五万余坪の平野なり。古はこの地松の深林なりしに、那破翁帝の幽居を設けんがため悉く樹木を伐払《きりはら》ひしかば、時人ヂッドウードと名づけぬ。故《ゆえ》に今日に至りても四望眼を障るべき大樹なく、半は畑となりて麦浪漲《みなぎ》り、雑草繁茂して喞々《しょくしょく》たる虫声を聴くに宜し。

海鳥の卵

さて午後五時少々過ぎに一同ホテルを引払い、海岸から例の艀《はしけ》に飛び乗って本船のテルナーテ号へ帰りまして、一同寄り集まって嶋の評判をお互いにしていると、やがて甲板で何やら知らぬがわやわやという大騒ぎが始まったので、一同出掛けて見ると半黒の婦人がたくさんやって来た。何であるかというと、これがみな淫売婦なので、中に四十歳以上とも見える婆も雑っておった。すると上玉だというのを得ようとするのでしょう、集まって来た水夫の中で競争が始まる。これが腕力でやるから堪らない。遂には泣き出す女もあるような、実に埒《らち》もない騒ぎであったのです。この夜、林研海君の詠まれた歌が一首ありました。

ますらをが　沖の小嶋に　あととめし　むかしをてらす　春の夜の月

テルナーテ船は翌十一日の午前七時にゼームスタオンの港を出帆し、方向は北々西に進行いたしましたが、トレードウィンド中であるから海面は極く静かで、船の走り工合は最も速かでありました。十六日に至りますと午前六時少々過ぎに、日本里数の凡そ四里ほどの距離に一つの嶋を見ました。これはやはり英国領のアッセンションという三角形の嶋で、人口は四百有余人、その多くは軍人であって、みな家族と共にこの土地に住居して、平常は商業を互いに致しております。日本でいわゆる土着兵でござります。

このアッセンション嶋は全嶋みな岩石で成立っておるために飲料水に乏しい。気候は余程の乾燥地であるけれども、しかし健康には極く良いということであります。産物というものは別にない。ただ海鳥の卵を採ってそれを売るが、その額は一週間に一万余顆《か》であるということです。本嶋警備のためには、ジョージタオンという所に砲台及び屯営が設けてある。その側に船を碇泊せしむることの出来る少しの湾があります。この嶋も元は葡萄牙《ポルトガル》の発見した所であったが、千八百十五年、欧羅巴顚覆《てんぷく》の時に英国人が取ってしまいました。この嶋の位置は南緯七度五十五分卅秒、西経が十四度廿五分五秒でござります。本船がこの近辺へ参りました頃は風が北西に変じ、温度が増して寒暖計八十五度を示しました。トレードウィンドはこのとき既に去ってしまったのでございます。

同月の廿三日に赤道直下を過ぎたが、炎熱は実に盛んでして、夜分寝まするに苦しむ程でした。それから廿八日の午後三時頃になりますと、北東の風が吹いて来た。ああ、これは北半球のトレードウィンドであろうと言って一同大いに悦びました。ここは北緯二度五十分、西経廿三度卅三分で……。その後は本船の方向を北西四分三西にして進行しましたが、走り方は最も良うございました。三月二日の夜に至って初めて北極星を見ましたが、九日になると風の方向が元の通り北西に変ってしまいまして、ここでまたトレードウィンドに離れました。この日正午の測量が北緯廿二度十三分、西経卅七度五十九分でした。

日を重ねて同月の廿七日に至りますと、前夜から北西の風がだんだん強くなって来て、おいおい西の方へ廻って烈風となり、雨も交りまして本船の動揺は実に甚しく、終夜眠ることが出来ないくらいでして、甲板などは海水が打寄せるために誰も上へ出ることが出来ません。しかし船の進行は非常に速かで十ノット平均となりました。四月三日の頃になると鷗のような鳥がたくさん本船の近傍へ飛んで参りましたが、これは則ち地方へ近寄ったためでございます。

七日の午前十一時頃でもあろうか、英吉利の旗を掲げた二百噸《トン》ほどの小さな商船が一艘、本船の近傍へやって来て信号をした。信号によって見ると、この船は亜非利加の地方からして英国へ帰ろうという際に風の方向が悪くなって、洋中に漂いおること百日余であった、そのために薪水食料が尽きて、乗組の者一同が非常に難儀をしておるから救助をしてくれろというような訳ですから、テルナーテ船は直ちに乗寄せて先方の望むところの飲料水及び食料などの欠乏品を与えて救助しました。かような事は帆前船の小さなので、この辺を航海する者には時々あることだそうです。

洋中の商い船は滅法高い

四月九日は正午の測量が北緯四十九度六分、西経五度五十一分で気候はたいへん寒くなった。ちょうど正午の温度が五十八度五分〔約十五度〕に至りました。それゆえ我々は綿入小袖に胴着、襦袢、それに羅紗《ラシャ》の羽織を引っ掛けて裁付《たっつけ》を穿き、そうして甲板へ出ましたが、なお寒いと思いましたくらいです。この日セリカッターと唱える船が本船に近寄って来て、やがてバッテーラを卸し、それへ食料品及び新聞紙などを積んで商いに参りました。普通のカッターという船は小さいのだが、この船は大きくして長さが十二三間もある。それで方々の船へ商いに来るのです。英吉利《イギリス》チャンネルの近傍に来るときは必ずこのセリカッターが参ります。セリカッター船は英国の海岸から出まする洋中の商い船で、その商品の価の高いことは非常なものです。馬鈴薯《ばれいしょ》が凡そ一斗二三升で代銀十二ギュルデン、鶏卵が百顆について廿四ギュルデン、それから相客の蘭人が新聞紙を買いましたが、倫敦《ロンドン》タイムスの十日ばかり前のもの一枚が二ギュルデン半という滅法界な値段でした。

　翌十日の午前、本船は水道中《チャンネル》にはいりまして、七ノット平均の速力を以て進行いたしましたが、海面は至って静かで、午後に至ると英国の海岸の方に三四十艘の漁船が見える。夜に入って陸の方を見ると、サルコンブ辺の燈台の光が遥かにきらきらと海面を照している。最早この航海も終りに間がないとなったので、一同なかなか勢いが出て来ました。四月十二日午後三時頃からして非常の霧が蔽《おお》って来て、十間先はまるで見えぬようになりました。本船はずいぶん速力が早かったが、危険であるからというので帆を減じて、そろそろ進行することに致しました。夜中に至りまするといよいよ衝突の虞《おそ》れがあるので、通行の船々で互いに信号の鐘を絶えず敲《たた》いて、各〻その位置を示しますが、随分この時は険呑でありました。

　翌日に至ると英吉利から出たパイロットボート（水先案内船）が所々に顕われて来て、いずれも信号で案内のことを促しますが、テルナーテ船では一々それらには断りまして行くうちに午前の十一時頃でした。和蘭の国旗を上げたパイロットボートが近寄って来たので、その船から水先人を雇うことに致しました。この日の午後四時少々過ぎにドヴァの海峡《ストレート》〔ドーバー海峡〕、これは諸君も御存じの英仏間の海峡ですが、まず無事に越しました。この両三日前からは日出が午前二時少々過ぎで、日没は午後九時でしたから、夜間は僅かに五時間しかありません。この辺では夕刻、日がまだ高く見えるので油断をしておると、俄《にわ》かに真暗になってしまう。これは太陽が地平線下に既没してしまっても、反照の作用で日が中天に在るように見えるので、そのためにかような風に突然日が暮れてしまうのです。

四月廿六日の午後二時少し過ぎに至って、本船の針路を東南東に変じて進行いたしましたが、これは和蘭領のブロースハァヘン地方に進むためであったからです。このとき蝶《ちょう》が一番《つが》い本船へ飛んで来たのを船長が見て、もう安心だと申しました。午後五時にその瀬戸へはいって少し行くと、向うからパイロットスチーマーがやって来た。この蒸気船は卅馬力で外車の装置でした。この船を曳船《えいせん》に頼んで進行いたしまして、八時にブロースハァヘンへ到着して錨を入れ、蒸気船は直ぐにそこから去って翌日を待ちました。それと同時に通い船へその港の税関官吏及び警察官が乗組んで、本船へ漕ぎ寄せて乗り移りまして、病人の有無を問い、また荷物の検査を致しましたが、この役人どもは我々の姿を視て余程おどろいた様子でした。それから内田君にその者等が種々尋問いたして、そうしてロットルダム・ハーゲ府及びレイデンへの電報を受合って帰りました。この電報は日本人取扱掛りを命ぜられた和蘭人へ伝達いたしまするためでござります。

# 六

## ホフマン博士からの手紙

そこでこの土地の郵便局からして、別仕立ての文通がございました。これはレイデン市に住まっておりまする、支那及び日本学の博士ホフマンという人からでして、内田君へ宛てよこしました書面でございます。その表面には日本文字で内田恒次郎様と記してございました。その書き方が実に日本人の書いたものとしか見受けられませんから、よほど不思議に思いましたが、全くこのホフマンの自筆でありました。どうしてこの人は漢字を能《よ》く書くかというに、なかなかえらい人でございます。それはこれまで支那人にも日本人にも接したことがございませんで、字書に就いて独学を致しまして、その文章を読みその字を書くことを覚えましたのだそうでございますが、実に驚いた人物であります。しかし中の書面は和蘭文でありましたが、その文章を訳しますると、左の通りでございます。

今般日本国の方々和蘭国に於て海軍の業及其他の学業を御修業あらん為御出の儀、既に此程バタビヤ鎮台より其筋に通知有之、依て和蘭本国に御着あらば拙者をして御差支無き様御取扱可申旨、和蘭政府より委任を受候に付、ロットルダム府の碇場にテルナーテ船着相成候はゞ、速に船内に出張拝顔を得候而御相談可致候、此段御承知迄《まで》申進置候也。

千八百六十三年四月十日

レイデン市

支那日本学博士　イイヘ・ホフマン

四月十七日午前十時に、前に牽《ひ》きましたところの蒸気船がまた参りまして、牽綱《ひきづな》を本船にとって直ちに引き始めました。丁度それが十時廿八分であったが、ブロースハァヘンの者は我々の参ったことを追いおい聞き伝えて、見物のために朝からして商船などに便船いたし、テルナーテ船の周囲に寄せて来ました。そうしてわやわや言っておりました。また土地の役人らしいような人物で、船長を知っております者は、船内へまで参りまして安着の悦びを述べ、且つ我々に近づきになろうと思って見物旁《かたがた》〻参りました。

それより本船はエルファアトと称えまする、幅凡そ四丁ほどの瀬戸を通過いたしまして、次第にロットルダム近傍へ向けました。この辺はロットルダム通行の小蒸気船が、多分に往復いたします故に、非常な賑わいでございまして、我々はかようの景況を見ましたのは初めてのことでございますから、実にその盛んなのに驚きました。午後六時卅五分にヘルレフウトスロイス、これは碇場の名ですが、こちらでいうと、恰も品川海から永代へはいる入口に似ている処であって、この川の入口は碇を打つに及ばず、船を岸に横付けと致すことが出来ます。ここでも日本人渡来のことを既に伝聞いたしておったと見えまして、その河岸に集まりました男女は何人であったか分からない程で、みな日本人を見物しようとて出て来た者でありまして、暮方までなかなか賑かでございました。

釣橋と撥橋

午後八時頃でございましたか、ホフマンが本船へ参りまして、それから一同と日本語を交えて挨拶を致し、種々の物語りを致しました。翌十八日午前三時頃に本船に綱をとりまして、また川の半ばへ引き出し、その綱に馬廿匹を付けまして、岸に在る土手の上を牽いて参りました。ちょうど本所小梅《こうめ》引船の通りで船を引くような工合でありました。ここの川幅は八十五間ございます。やはり小蒸気船、バッテーラのような船が往復しておりまして、非常な混雑でございました。この川筋に於いて私どもは初めて釣橋、撥橋《はね》を見ましたが、これは便利な橋だと思いました。その撥橋はどういう工合であるかというと、小さき舟は差支えなく通られるが、大船は橋が邪魔になるから、通行する時には橋の中程のところが両方へ撥ね上がるように出来ておりますので、釣橋は只今日本にもございますものと違いません。これは枝河に架けてあるので、その橋の処からまた大河へ出るのでございます。

押し合いの見物人

これよりまた少し蒸気船で本船を牽きまして、午後五時四十五分にテルナーテ船はロットルダム府の碇場に着しまして、本船は岸に繫ぎ止めました。この時ロットルダムの河岸には、やはり数万の男女が群集いたしまして、我々の上陸を見ようと思って、人の浪を打っておりましたが、巡査が数十人でこれを制しておりました。この時に我々の乗って参ったところのテルナーテ船の持主で、ロットルダムにおりまするレイキホルセルという人が、船のことを心配して早速見舞に参りました。それより税関の役員三名が船に乗って参りまして、ホフマン氏にいろいろ引合うようでしたが、私どもの持参して行こうという荷物を改めまして、それから午後六時四十分にホフマン氏に従い上陸を致しましたが、その節船長をはじめ乗組員には、永き航海の間いろいろ世話を受けましたことですから、丁寧に礼を述べ、暇乞いをして、十五人共にロットルダムに上陸いたしました。このとき見物の中からして同音にヘペヘペウーラー（萬歳）又はイヤッパニイス、ヘペヘペウーラー（日本萬歳）と二、三回大声で叫びました。

それから我々の周囲には見物人が押し合いへし合い致して、襲い来るような騒ぎはなかなかお話になりません。ために巡査数十名が出まして尽力を致してくれましたけれども、私どもは一歩も進むことが出来ないくらいでした。そのうちに巡査が七、八名、無理にその群集を払い除けまして、その途端に四人乗りの二匹立ての馬車が五台参りまして、それへ私どもと荷物とを割合って載せ、巡査が附き添い、見物の群集を押し分けて市街を通行いたしました。その街路の家々には、二階三階から頭を出して見物しまする者が窓に充満しておりまして、また重《おも》なる家では、入口に日本と和蘭の国旗を十字になして祝する処もございました。このとき私ども十五人の衣服は、黒の紋付、羅紗の羽織、小袴たっつけ等にて両刀を帯し、頭髪は常の如く髷《まげ》に結いて参りました。しかし伊東、林両君は医者ですから、元来坊主頭でありました故、その毛が追いおい伸びて斬髪と同様になりまして、外国へ参っては体裁がよいように見えましたた。この時分医者はみな髪を剃《そ》っておりましたのです。そうしていずれも冠り物はございませんでした。

煉瓦造りの停車場

午後七時五分にはホルランゼス・ポウルウェフという停車場に達しましたところが、この場所は煉瓦造りの大建築でございまして、手広な待合所が三箇所もあり、その傍にスタチョンス・コッヒイホイスという所がございましたが、これはちょっとした洋食及びボウトルアム（サンドウキッチのこと）その他コウヒイ、紅茶、菓子類、洋酒等を商っておる所でございます。私どもはホフマン博士の案内で、直ぐに上等客車に乗込みまして、それより見物の人に取囲まれる憂いはまず免かれました。私ども汽車に乗ったのはこの時が初めてでございましたが、午後七時四十五分に発車いたしまして、途中デルフト、スレイスウェイキ、及びスガラアヘンハアへ等に立寄りまして、同八時卅五分にレイデン市に着《ちゃく》いたしました。この時も停車場には非常な見物人でございまして、巡査の援《たす》けで辛うじて馬車に乗込むような訳で、それよりブレイスタラアトという町のホテル・デ・ソンという方に着いたしました。まずここが当分の滞在所となりましたのでございます。

四月十九日になりますと、午前十時から致してホフマン氏が参りまして、一同と馬車を駆って、まずレイデンの市中を見物させました。然るところ馬車が止まりますと数百の見物が寄せて参り、周囲に接しますから、一歩も下りることが出来ないくらいで、実によわりました。正午十二時にはホテルへ帰り食事を致しておりますると、スガラアヘンハアへにおりまするポンぺという人が尋ねて参りました。この人は海軍大軍医でございまして、以前長崎で海軍伝習の折り、医学教授を引受けまして、松本順《じゅん》〔良順〕君そのほかに教授を致した者でありますが、このたびは海軍卿《きょう》カッテンデイキ氏よりの命令で、日本人掛りとなりました故に、吹聴《ふいちょう》に参りましたので、それからその者の申しますには、なおいろいろ御相談することもありますが、近日また参りますからと言うて帰りました。

入浴料は五十セント

この日まで一同が永いあいだ入湯を致しませんから、湯屋のことを尋ねましたところが、このホテルより一町ほどの処にリュトヘルスという湯屋があるということで、一同がそこへ参って入浴を致しました。然るところ一度はいるのが五十セント、石鹸を用いまするとなお十セント払うのだということで、これまで日本に於いて十二文の湯にはいっておったのですからして、その高価なのには甚だ驚きました。欧羅巴に於いて湯屋に参りましたのはこれが嚆矢《こうし》でござります。

その日の夕方にホフマン博士が二人の弟子を連れて参りまして、私どもに近づきをさせました。この一人はデブレウクという者で、日本学を修業する生徒でございます。今一人はメイトルと称えまして、これも同様の学問を致す趣でありました。この日からこの二人を日々交代させて、私どもの案内者としてホテルへよこしました。それゆえ大きに便利を得まして、その土地の養育院、病院、大学校、中小学校、動物園、植物園、博物館、寺院等を十分見物いたしました。四月廿一日は我々当地へ着いたしまして以来、初めての日曜日でございまして、早朝からホテルの門前が見物人で群集いたしまして、一歩も表へ出ることが叶《かな》わないくらいでありました。午後二時頃ホフマン博士が参りまして、また馬車に乗ってこの土地の知事の所へ訪問に出掛けました。同家にては夫婦が出迎いまして、いかにも丁寧な扱いを受けましたので、その交際の巧みなるのみには感服いたしました。その時に初めて日本人が他客を扱う工合は、実に拙《せつ》な仕方であると思いました。

同月廿四日にポンペがまた参りまして、私どもの学術修業のことに就いては、和蘭国の外務卿の考えがあるので、その意見書を持参いたしていろいろ話がございました。その訳は我々はスガラアヘンハアへにおらなければ、とうてい十分なる修業は出来ない故、早々に同所へ引移るが宜しかろうと申しますことで、まず榎本、沢、伊東、林、田口の五人が同所へ引移り修業することと定め、同月廿七日にレイデン市を去り、スガラアヘンハアへ府へ移転いたしました。さて同府に参りましては、ニューウェスタラアトという所のチイマンという家に六人ともはいりましたが、狭くして甚だ不都合ゆえに、榎本君よりポンペ氏へその旨を談判いたして置きました。この府に参りましても我々の風俗が珍らしいので、毎日旅宿の門前には見物人で込み合いまして、一寸なりとも門外に出ますれば、忽ち周囲に寄せ来たりまして、歩行することが出来ません。それ故に買物でもしようという時には、必ず巡査に同行を頼みました。

羽織袴に帯刀で音楽会へ

廿八日にはまた日曜であって、学校帰りの子供等が門前に数百集まりまして、わあわあと叫び、或いは窓にいたずらなどをなす者がございました。この日三時の汽車にて内田、赤松両君がこの旅宿に着いたしました。この日午後六時頃に至りますと、ポンペ氏が参りまして、今晩は海軍卿カッテンディキの官宅に於いて、ピヤノ及びその他の音楽の催しがありますから、一同お出でなさるように致したい、依《よ》って私はその迎えに参りました、と斯様《かよう》に申すので、直ぐに我々は支度して同行しました。その来客は都府の紳士貴婦人で、いずれも上等社会の者でありましたが、私どもの衣服はやはり羽織袴帯刀で、足は紺足袋に草履を穿《うが》ち、頭髪は伊東、林両君のほかはみな大髻《たぶさ》の髷に結いまして、冠り物はもとよりございませんでした。ただポンペの注意で白の皮の手袋をはめて参りました。

そのとき特に目立ちました衣服は、内田君の金糸縫いの緞子《どんす》の小袴、榎本君の鼠地の琥珀《こはく》の割羽織でございました。我々がポンペ氏の先立ちにてこの席へはいりました時は、総体の来客は余程おどろいたようでありまして、一時は笑います者もなく、ただあっというて見たばかりでございました。それは外国の紳士貴婦人が見たこともなき異様な風でありますから、尤もの次第でございます。それからポンペに何か聞き合わせている者がありまして、また互いにささやいて笑う者もだんだん出来て参りました。私どもは初めてかような音楽を聞きました。

その後我々は蘭語を習うことの便りに、なるべくは互いに離散して住居する方が宜しかろうと、評議一決いたしまして、五月二日に内田君は同府の内ホウフスタラアトという処に、ヘメブレイデカアムル即ち家具及び賄い付の下宿を求めて転居しました。同月四日に榎本君がヘデンプテ・ビュルフウァルのスコロイドルという者の家に転じました。そこでポンペから話がございまして、これまで合宿いたした家も家賃の都合があるから、五月中は誰かその家におらなければならぬというので、伊東、赤松、沢、林の四人はここにおりました。五月十四日にポンペ氏の世話で、我々共同にて使うために、日給二ギュルデン五十セントと定めて、ウィッテという者を雇い入れ、各所の我々どもの下宿を廻り用聞きを致し、洗濯物などの持運び並びに小買物等をするという約定で、来たる十五日即ち陽暦七月一日より実行することになりまして、その廻りまする箇所及び時間を左の通り割付けました。

午前九時　ニューウェスタラアト　合宿所

同十時　ヘデンプテ・ビュルフウァル　榎本

同十一時　プラーツ十七番地　内田

午後一時　スポイ五十七番地　伊東、林

その他午後六時七時に、またまた榎本君方並びに私ども合宿所へ廻ることに致しました。

一同揃って写真撮影

五月十五日は火曜日で、天気がいかにも晴朗でございましたから、一同揃って写真を撮ろうではないかという相談をして、伊東、林、榎本、赤松及び私と五人で、ウィルレムスタラアト（町名）写真師プロンクという者の家に参りまして撮影したが、これがそもそも私どもが和蘭に着しまして、写真を撮った嚆矢でございます。このときの服装は誰も羽織袴帯刀で、草履を穿《は》き、午前十一時ごろ馬車で写真屋に行きましたが、写真屋の軒下は、見物人で実に立錐《りっすい》の地もないくらいの混雑、嘘でもなんでもない、まったく一時往来止めとなってしまいました。

その後各〻下宿を探索いたしまして、私はスポイスタラアトの小銃火薬等の販売を致しまする、ペフトという者の家へ住居いたしました。赤松君はスガラアヘンハアへ府の内の、ウァーヘンスタラアトなる時計師ベエルの家の二階に下宿いたしました。伊東君は林君と合宿いたすべき都合で、スポイという街の煙草屋の二階に下宿いたしました。田口君はウァーヘンスタラアトの煙草屋へ参りました。これらの家はみな二階などを下宿に貸しまするので、蘭語ではこれをヘメブレーデ・カームルといい、英語ではロッチング・ハウスと申します。それから津田、西両君と職方の者六人は、当分レイデン市に滞在して、語学数学等の伝習を受くることに定めました。

さてこのスガラアヘンハアゲの内に住居を定めました内田君ほか六人は、フレデリッキという語学師を、一箇月二百ギュルデンにて雇い、普通学の授業を受くることに致しまして、五月十六日に授業が始まりました。また内田、榎本、田口の三君と私とは、和蘭海軍大尉のジノウという人に就き、船具運用砲術の学科を伝習することに至りまして、五月十七日授業始めとなりました。榎本君は傍ら海軍機関大監のホイゲンス氏に依頼して、蒸気学一切のことを質問されました。私は海軍省軍務局長海軍大佐フレメリイ氏に頼み、その局員に大砲小銃のこと及び火薬製造のことを、質問することに計らって貰いました。内田君は造船学が受持でございますが、また傍ら諸国名所の実影画及びその写真を買収することを、頻りに勉強いたされまして、ついには数千枚の貯蓄を致しました。後年に至り「輿地誌略」編纂《へんさん》を致されまする材料となりましたはこれでございます。

伊東、林両君は海軍大軍医ポンペ氏に就き、窮理学〔物理学〕、化学及び人身窮理学の伝習を受くることになりましたが、後にニューウェジイプなる和蘭海軍鎮守府病院に入りまして、医学一般の修業を致されました。このポンペ氏の授業されました窮理化学には、榎本、赤松両君も出席して伝習いたされました。それからレイデン市に残っておらるるところの津田、西両君は、同市の大学教授フヒッセリング氏に就き、経済学、法律学等を修業されました。このフヒッセリング博士はそのころ有名の学者でございました。赤松君は後に開陽丸造船所ドルトレクトに転居いたし、学校教師グードハルト方に住居されまして、軍艦落成まで監督を致されました。船大工の上田寅吉もまたここに参りまして、赤松君の補助を致しました。赤松君はドルトレクトに滞在中、工学博士フハンデルマーテ氏に依頼して、土木水利建築学等を学ばれました。

### 西洋服に靴を穿く

さて我々は日本政府の意向を守りまして、日本服を着しておった次第であるが、諸家へ出入り致したり、市街を往復いたしたりするにも、その都度見物人の来襲にて、常に巡査の保護を受けなければなりませんから、ちょっと買物をするにも実に不便を極めたので、海軍卿のカッテンデイキ氏より頻りに勧められ、ついに西洋服に着替え、靴を穿くということに至りましたのです。しかし内田君はなかなかそれに服しませんで、衣類だけは筒袖を着ましたけれども、冠り物はトッパイ兜《かぶと》の如き物を拵え、それを冠って市街をあるきましたが、却《かえ》って目につくような訳で、見物人は益〻甚しくなりまして、如何ともすることが出来ないので、ついに止めまして、全く西洋人の服装に改めることになりました。しかし人種が異なっておりますから、当分のうちは多少見物人もあり、また子供の悪戯《いたずら》も随分ございました。

そのころ市中で子供の流行謡《はやりうた》が出来ました。その謡に

テウェー、イヤッパネース、エネ、バスバスバス、エーネン、ストレーキストッ

ク、ダール、ヘーン、ハーン

これを訳しますると、二人の日本人が行く、一人はバスを持って行く、一人はスを

持って行く、そうしてあちらの方へ行くというので、バスとはバイオリンの如き楽器

で、スを以てこするので、市中には乞食《こじき》の如き者が、これを持ってあるいているが、

それは一人である、日本人は二人掛りであるくのは乞食に劣るという意味で、日本人

を嘲《あざけ》りたる童謡でございます。

# 解　説

高尾善希

## 在野史学と柴田宵曲

私が大学院生の若かりし頃、ある学会で小研究会の幹事をしていたとき、たまたまその会に、ぶらりと小川恭一《おがわきょういち》先生がお見えになった。先生は平成一九年（二〇〇七）に長逝され、私が先生にお会いすることができたのは、これきりであった。会は村落史の研究発表で、先生のご専門である柳営（幕政史）ではなかったが、嬉《うれ》しそうにお聞きになり、懇親会にもご参加いただいた。その席で毛糸の帽子を指さされ、「いま文章を書いていまして、緊張して抜け毛が出ます」などと仰《おっしゃ》っていた。圭角《けいかく》のない、私のような若輩者にも親切かつ丁寧な態度で接する、謙虚なお人柄であった。

小川先生には『江戸の旗本事典』（講談社文庫、二〇〇三、のちに角川ソフィア文庫、二〇一六）・『江戸城のトイレ、将軍のおまる　小川恭一翁柳営談』（講談社、二〇〇七）・『寛政譜以降旗本家百科事典』全六巻（東洋書林、一九九七—九八）などの著書がある。抜け毛が出るのもさもあらん、緻密《ちみつ》で丁寧なお仕事である。三田村鳶魚《みたむらえんぎょ》（一八七〇―一九五二）の最後の弟子とされ、鳶魚の日記にも「慶応学生小川恭一」として登場する。

三田村鳶魚は「江戸学の祖」とされる江戸時代史研究の巨人である。著作は厖大《ぼうだい》だが、三田村鳶魚『鳶魚江戸文庫』全三六巻・別巻二巻（中公文庫、一九九六―九九）のシリーズにおいて、だいたいその主な著作に触れることができる。稲垣史生《いながきしせい》編『三田村鳶魚 江戸武家事典』『三田村鳶魚 江戸生活事典』（青蛙《せいあ》房《ぼう》、二〇〇七）によって概観しやすくなり、現在でも、時代考証の参考とされている。

鳶魚と小川先生に共通する点は、大学などの組織に属さず、一生、在野の研究者を貫いたことである。歴史学には在野の篤学に学恩をうけてきた伝統がある。むろん、かくいう私とても同様である。

とくに鳶魚の生きた明治・大正は、「官学アカデミズム」に対抗せんと、在野の学者が健筆をふるった時代であった。鳶魚は八王子千人同心の家系に生まれ、若い頃は、三多摩の自由民権の壮士であった。森銑三（一八九五―一九八五）『新編明治人物夜話』（岩波文庫、二〇〇一）には「若い頃は三多摩の壮士として、政治に夢中になっていられたというのだから、意外といえば意外で、来島恒喜《くるしまつねき》が大隈さんに爆弾を投じた事件には、若い翁（鳶魚）は、どこかの四つ辻で、見張をする役目をしていられたなどということも仄聞している」とあり、官学に対する鳶魚の反発の感情については、同書に「尊経閣文庫でのこと（略）落合った人から、『先生の御出身校は』と問われ、言下に、『寺子屋です』というなり、（略）岡本靖彦さんに、『岡本君、ぼつぼつ昼だ。何か食いに行こう』（略）出身校を鼻にかけたりする男には、けんもほろろな人間に一変した」と綴《つづ》られている。薩長藩閥政府に対する反発と彼の江戸学とは無関係ではなく、彼の学問には、徳川時代を回顧するにとどまらない問題が含まれていたと想像される。明治の世においては、徳川時代はまだ単なる「歴史」ではなかったのである。

この三田村鳶魚について聞き取り調査に協力し、鳶魚の文章の筆記や校正に携わったりしたのが、本書の編者である柴田《しばた》宵曲《しょうきょく》（一八九七―一九六六）である。宵曲も鳶魚同様に在野を貫き、大学出ではない博学の士である（本書の解題に、鳶魚が聞きとった浅野長勲談話について、宵曲の思い出話が記されている）。

柴田宵曲は東京府東京市日本橋区久松町《にほんばしくひさまつちょう》の生まれ、開成中学を中退したきり、学校とは無縁に過ごし、帝国図書館（「上野図書館」）に籠《こも》り独学に打ち込んだ。宵曲は文学や文学史研究のひとであった。そのいっぽうで、編集の才もあり、雑誌を編じ、鳶魚にも重用され、多方面に活動していた。友人の森銑三は「読書人だった」と評価している（森銑三『森銑三著作集第三巻』中央公論社、一九七一）。若くして俳諧《はいかい》を好み、自らも作句して、とくに正岡子《まさおかし》規《き》の研究に傾倒した。また、夏目漱石《なつめそうせき》など明治の作家についての文章も多くものにしている。著書に『古句を観る』（岩波文庫、一九八四）・（森銑三との共著）『書物』（岩波文庫、一九九七）・『評伝正岡子規』（岩波文庫、一九八六）・『漱石覚え書』（中公文庫、二〇〇九）・『柴田宵曲文集』（小沢書店、一九九〇—九四）などがある。宵曲は『日本及日本人』の編集や鳶魚の著作の編集も多く手掛けた。そのため、もちろん冒頭の小川先生も宵曲の姿をみており、『江戸城のトイレ、将軍のおまる 小川恭一翁柳営談』に、「柴田さんのことは、なんと言ったらいいのでしょうか……。下町育ちの江戸っ子で、やはり俳人と申しあげるべきでしょう。（略）柴田さんには定職がなくて、人の好意で生活しておられたように見えました」と記している。宵曲は、鳶魚より口述筆記の手当てのみならず、盆暮れの手当ても受けていたという。

かくして宵曲は、鳶魚や森銑三などという在野研究者と深く交わり、歴史や史料に関する知識を深めていった。

本書における証言者たち

本書は、柴田宵曲編『青蛙選書七 幕末の武家』（青蛙房、一九六五）をもとに、読者が馴染《なじ》みやすいように題名を変えている。青蛙房が東京帝国大学史談会編『旧事諮問録』の姉妹編として刊行したもので、徳川時代に関連する回顧録を諸本から合わせた本である。

本書にはペンネームも多く出ているが、人名が現れている限りにおいては、浅野長勲・村山鎮・大沢基輔・向井秋村・内藤鳴雪・伊藤景直・今泉雄作・宮崎三昧・梶金八・飯島半十郎（虚心）・江原素六・柴太一郎・立花種恭・松本蘭疇（良順）・塚原渋柿・江連堯則・山口挙直・田辺太一・清水卯三郎・長岡護美・沢太郎左衛門などである（本書注記、「あられのや主人」は赤松則良）。

彼ら発言者の立場はさまざまで、その発言の意図するところも一様ではない。ただし、多く見受けられるのは、「旧幕」（徳川時代）に対する弁護である。妻も『旧事諮問録』の回答者として応じた村山鎮は、「大奥秘記」冒頭、いきなり「君たちが旧幕府の政事をいろいろに論ずるけれども、その大体さえ知らないで、ただただ欠点ばかり指摘してはひどいよ。それは欠点も多かったろうが、とにかく殆《ほと》んど三百年間（略）治世したのは、世界中、周の代は知らず、こう永いことは聞きません。」とぴしゃりと言い放ってから、老中から布衣《ほい》までの幕臣たちの故実を詳述する。幕府も欠点はあったが一概に捨てたものではない、と言いたいのである。このような「旧幕」の弁護者を、明治時代、多少の揶揄《やゆ》を込めて「旧幕老人」「天保老人」ともいった。一方、自由民権運動も落ち着いた明治二〇年代以降、論壇に徳川時代の再評価の流れも生じていた。

夏目漱石『吾輩は猫である』にも、三毛子という雌猫の飼い主である女性に仮託して、「旧幕老人」が戯画的に描かれている。

「ほんにねえ」は到底吾輩のうち抔《など》で聞かれる言葉ではない。矢張《やは》り天璋院様の何とかの何とかでなくては使へない、甚《はなは》だ雅であると感心した。（略）「えゝきつと風邪を引いて咽喉《のど》が痛むんで御座いますよ。風邪を引くと、どなたでも御咳《おせき》が出ますからね……」天璋院様の何とかの何とかの下女丈《だけ》に馬鹿叮嚀《ていねい》な言葉を使ふ。「それに近頃は肺病とか云ふものが出来てのう」「ほんとに此頃の様に肺病だのペストだのつて新しい病気許《ばか》り殖《ふ》えた日にゃ油断も隙もなりやしませんので御座いますよ」「旧幕時代に無い者に碌な者はないから御前も気をつけないといかんよ」（夏目金之助『定本漱石全集第一巻』岩波書店、二〇一六）

このように、「旧幕」を尊重して誇りとし、「この頃」（明治維新以後）の傾向をこき下ろすのが「旧幕老人」の習いである。本書に登場する証言者たちは、このように極端ではないものの、「旧幕」の再評価を求める者、それを期待する同年代の読者も、少なからずいたであろう。維新によって否定され忘れられた旧幕の再評価ということが、重要な意義のひとつであっただろう。

——ここに、私個人の感興を披瀝《ひれき》することをお許しいただければ、本書などの「旧幕」の人びとの発言や口調には、時代に取り残された、鷹揚《おうよう》でのんびりとした空気が少なからず感じられる。むろん、維新の徳川家瓦解《がかい》、特に静岡移住の旧幕臣たちの話などには、悲惨で言葉もないけれども、幕府安泰なりし頃の「鯱病」（一三一頁）の話などは、時間が経過しているせいなのか、よい意味で間が抜けている。アジア太平洋戦争の終結とペリー来航の間は、一〇〇年も開いていないということが信じられないほどである。

本書の文章は昔の文章であるから、一般の読者にとって馴染みのない表現もあるかもしれない。「突き袖」（一八三頁）とはどのような所作か、「市が栄えた」（一八五頁）とは何かなど、戸惑われることがあろう。文章が整理されていない箇所もある。もし、本書に記されている幕府の人事のしくみや江戸城の殿中の様子などを知りたいという方は、冒頭にご紹介した小川先生の本や、深井《ふかい》雅海《まさうみ》先生の『江戸城―本丸御殿と幕府政治―』（中公新書、二〇〇八）のご一読をおすすめしたい。

本書に記されている文章は、近代になって残された、徳川時代を生きた人びととの得難い珠玉の肉声である。最近、本書のもとの本である柴田宵曲編『青蛙選書七　幕末の武家』の版元である青蛙房が閉じた（令和元年）という事情があり、今後、同書が入手困難になってしまう可能性もある。そのため、このたびかように文庫本とした次第である。髷《まげ》を結っていた時代がはるか遠くになってしまったこの令和の世に、本書が角川ソフィア文庫の列に加わり、気軽に古人のいぶきに触れることができるようになったことを、読者諸氏とともによろこびたい。

（たかお・よしき／三重大学准教授）

本書は、昭和四十年に青蛙房より刊行された『幕末の武家』を文庫化したものです。

底本は、明治時代の聞き書きを集めたもので、現代の人権擁護の観点に照らして、不当・不適切な表現が含まれています。「狂人」「気の違った者」「不具」「盲滅法」「跛」「唖」といった病気、身体、能力について当事者の苦しみを理解しない表現、「土人」「野蛮人」「酋長」「黒ン坊」「黒奴」「雑種」「血脈混交」「半黒」といった人種に対する誤った認識や不適切な表現、「淫売婦」といった特定の職業への差別表現です。しかし、執筆者・編者ともに故人であり、また幕末・明治を生きた人々の社会認識を伝える編纂意図を尊重するためにも、底本のままとしました。

# 幕末《ばくまつ》武家《ぶけ》の回想録《かいそうろく》

柴田《しばた》宵曲《しょうきょく》＝編

令和２年 10月25日　初版発行
令和６年 ６月15日　６版発行

発行者●山下直久

発行●株式会社KADOKAWA
〒102-8177　東京都千代田区富士見2-13-3
電話　0570-002-301（ナビダイヤル）

角川文庫 22395

印刷所●株式会社KADOKAWA
製本所●株式会社KADOKAWA

表紙画●和田三造





Printed in Japan
ISBN 978-4-04-400600-6　C0121

# 角川文庫発刊に際して

角川源義

第二次世界大戦の敗北は、軍事力の敗北であった以上に、私たちの若い文化力の敗退であった。私たちの文化が戦争に対して如何に無力であり、単なるあだ花に過ぎなかったかを、私たちは身を以て体験し痛感した。西洋近代文化の摂取にとって、明治以後八十年の歳月は決して短かすぎたとは言えない。にもかかわらず、近代文化の伝統を確立し、自由な批判と柔軟な良識に富む文化層として自らを形成することに私たちは失敗して来た。そしてこれは、各層への文化の普及滲透を任務とする出版人の責任でもあった。

一九四五年以来、私たちは再び振出しに戻り、第一歩から踏み出すことを余儀なくされた。これは大きな不幸ではあるが、反面、これまでの混沌・未熟・歪曲の中にあった我が国の文化に秩序と確たる基礎を齎らすためには絶好の機会でもある。角川書店は、このような祖国の文化的危機にあたり、微力をも顧みず再建の礎石たるべき抱負と決意とをもって出発したが、ここに創立以来の念願を果すべく角川文庫を発刊する。これまで刊行されたあらゆる全集叢書文庫類の長所と短所とを検討し、古今東西の不朽の典籍を、良心的編集のもとに、廉価に、そして書架にふさわしい美本として、多くのひとびとに提供しようとする。しかし私たちは徒らに百科全書的な知識のジレッタントを作ることを目的とせず、あくまで祖国の文化に秩序と再建への道を示し、この文庫を角川書店の栄ある事業として、今後永久に継続発展せしめ、学芸と教養との殿堂として大成せんことを期したい。多くの読書子の愛情ある忠言と支持とによって、この希望と抱負とを完遂せしめられんことを願う。

一九四九年五月三日

# 角川ソフィア文庫ベストセラー

## 江戸の旗本事典
小川恭一

時代劇や時代小説に出てくる旗本には間違いが多い。彼らのライフサイクルと経済事情、幕府の組織、家督相続、昇進・給与、「徳川家直参」の意味などをわかりやすく解説。知られざる旗本たちの実像に迫る。

## 武士の絵日記
### 幕末の暮らしと住まいの風景
大岡敏昭

幕末の暮らしを忍藩の武士が描いた『石城日記』。思わず吹き出す滑稽味に溢れた日記は、封建的で厳格な武士社会のイメージを覆す。貧しくも心豊かな人生を謳歌した武士たちの日常生活がわかる貴重な記録。

## 代官の日常生活
### 江戸の中間管理職
西沢淳男

時代劇でおなじみの代官。悪の権化のように描かれてきた彼らは、じつは現代のサラリーマンであった。四〇〇万石の経済基盤を支えた代官を理解すれば、江戸幕府がなぜ二七〇年もの間存続できたかが見えてくる。

## 増補版　江戸藩邸物語
### 戦場から街角へ
氏家幹人

17世紀、諸藩の江戸藩邸では、武力の抑制と争いの回避が優先されるようになった。しかし、武士にも意地がある。武士の道や面子を至上の倫理とし、「戦う者」から「仕える者」へ、変換期の悲喜交々を描く。

## 氷川清話
### 付勝海舟伝
勝海舟
編／勝部真長

現代政治の混迷は、西欧の政治理論の無定見な導入と信奉にあるのではないか――。先見の洞察力と生粋の江戸っ子気質をもつ海舟が、晩年、幕末維新の思い出や人物評を問われるままに語った談話録。略年譜付載。